CORNELL STUDIES IN ENGLISH

EDITED BY

M. H. ABRAMS

FRANCIS E. MINEKA

WILLIAM M. SALE, JR.

VOLUME XLII

THE VITELLIUS PSALTER

BY JAMES L. ROSIER

THE
VITELLIUS PSALTER

EDITED FROM

British Museum MS Cotton
Vitellius E. xviii

By JAMES L. ROSIER

CORNELL UNIVERSITY PRESS

ITHACA, NEW YORK

CORNELL UNIVERSITY PRESS

First published 1962

Library of Congress Catalog Card Number: 61-14849

Printed in Belgium

For Herbert Meritt

PREFACE

THE Vitellius Psalter, here edited for the first time, is one of six extant glossed Gallican psalters written in England within the period of approximately one century, 975-1075. With three of these psalters, those traditionally designated Arundel, Spelman, and Tiberius, it shares a common place of origin at Winchester, one of the most active centers of manuscript production in the tenth and eleventh centuries. Of the fourteen glossed psalters to both Roman and Gallican texts, the Vitellius manuscript is the most difficult to read because of damage suffered in the Cottonian fire, and for this reason it has been generally less accessible than the others.

In an edition of this kind of text it is essential that the gloss be reproduced precisely as it stands in the manuscript, since expansions of abbreviations and emendations of supposed errors all too frequently obscure important evidence of syntax, phonology, the glossator's use of a particular word, and the like. I have therefore retained the manuscript reading as faithfully as possible and have confined proposed emendations and expansions of ambiguous abbreviations to the Introduction and textual notes. The Latin text has been presented somewhat less rigorously, although a majority of the abbreviations and all observed manuscript alterations are discussed or cited.

The introductory matter is selective of points which are important for an understanding of the manuscript, general features of the Latin and gloss, and textual procedure. Two of the earlier students of Old English psalters called attention to the significance of the vocabulary in Vitellius, Lindelöf in 1914 ("Immerhin besitze von G . . . eine nicht geringe anzahl von kürzeren auszügen und einzelnen glossen") and Wildhagen in 1920 ("Er [G's glossator] schreibt nicht mechanisch und gedankenlos ab, sondern gibt oft selbständige Übertragungen"), and it has been found profitable to pursue this subject in some detail. The complex, often bewildering, problem of psalter relationships is not dealt with here, except in one note. Previous discussions of this nexus have been based on partial collations, especially those made by Lindelöf in 1904, but until an exhaustive collation of any one group or of all the psalters is made, reconstructions and conclusions must remain to a certain extent tentative. For the most searching inquiry of the Gallican psalter relationships, the reader is referred to Mr. Sisam's Appendix II in the recent edition of the Salisbury Psalter.

The number of specialized problems encountered in preparing the edition has required the assistance of many scholars, to whom it is a pleasure to record my thanks. Dr. C. E. Wright and Mr. Kenneth Sisam provided much help with paleographical details. Dr. Helmut Gneuss generously shared with me his wide knowledge of medieval psalter tradition. To Professor Sherman Kuhn I owe many excellent suggestions about procedures to follow in editing a psalter text. I am indebted to Professor Harry Caplan for many discussions involving questions of the latinity, and also for closely reading the Introduction. In addition, I am grateful for two generous grants from Cornell University: from the Research Fund of the Graduate School and the Grant-in-Aid Fund of the Department of English. Finally, I wish to thank the Trustees of the British Museum for permission to reproduce photographic plates of the manuscript.

J. L. R.

Ithaca, New York

CONTENTS

LIST OF ABBREVIATIONS

Ahd. Gl.	*Die althochdeutschen Glossen*, ed. E. Sievers and E. Steinmeyer; bd. 1-4 (Berlin, 1879-98); bd. 5 (Berlin, 1922).
Biblia ... Vulgatam X	*Biblia Sacra iuxta vulgatam versionem ad codicum fidem ... edita, X. Liber Psalmorum* (Rome, 1953).
BTD	*An Anglo-Saxon Dictionary*, by J. Bosworth, ed. and enl. by T. Toller (Oxford, 1882-98).
BTDS	*An Anglo-Saxon Dictionary Supplement*, by T. Toller (Oxford, 1908-21).
Cassiod.	Magni Avrelii Cassiodori, *Expositio Psalmorvm*, ed. M. Adriaen (Tvrnholti, 1958); 2 vols.
CGL	*Corpus Glossariorum Latinorum*, ed. G. Goetz (Leipzig, 1888-1923); 7 vols.
cor.	corrected.
Diefenbach I	*Glossarium Latino-Germanicum Mediae et Infimae Aetatis*, by L. Diefenbach (Frankfurt, 1857).
Diefenbach II	*Novum Glossarium Latino-Germanicum Mediae et Infimae Aetatis*, by L. Diefenbach (Frankfurt, 1867).

GPs.	Gallican version of the psalter.
Graff	*Althochdeutscher Sprachschatz*, ed. E. Graff (Berlin, 1834-42).
In Psal. Lib. Exeg.	*In Psalmorum Librum Exegesis, P.L. 93.*
Lindelöf (1904)	Uno Lindelöf, *Studien zu altenglischen Psalterglossen* (Bonner Beiträge zur Anglistik XIII; Bonn, 1904).
OHG	Old High German.
P.L.	*Patrologia Latina*, ed. J. Migne (Paris, 1844-1903). Cited by volume and column.
Rolle	*The Psalter translated by Richard Rolle of Hampole*, ed. H. R. Bramley (Oxford, 1884).
RPs.	Roman version of the psalter.
var(s).	variant(s).
Weber	*Le Psautier Romain et les autres anciens Psautiers Latins*, ed. R. Weber (Rome, 1953).
WW	*Anglo-Saxon and Old English Vocabularies*, by T. Wright, 2nd ed., ed. and collated by R. Wülcker (London, 1884).

THE OLD ENGLISH PSALTERS

A Vespasian Psalter, ed. H. Sweet, *The Oldest English Texts* (EETS O.S. 83, 1885).

B *Junius Psalter*, ed. E. Brenner (Anglistische Forschungen 23; Heidelberg, 1908).

C *Cambridge Psalter*, ed. K. Wildhagen (Bibliothek der Angelsächsischen Prosa Bd. 7; Hamburg, 1910).

D   *Regius Psalter*, ed. F. Roeder (Studien zur Englischen Philologie 18; Halle, 1904).

E   *Eadwine's Canterbury Psalter*, ed. F. Harsley (EETS O.S. 92, 1889).

F   *Spelman* (or Stowe) *Psalter*, ed. J. Spelman (London, 1640). An inaccurate edition; the canticles are not included.

G   Vitellius Psalter, MS Cotton Vitellius E. xviii; this edition.

H   Tiberius Psalter, MS Cotton Tiberius C vi; unedited.

I   *Lambeth Psalter*, ed. U. Lindelöf (Acta Societatis Scientiarum Fennicae, Tom. 35, No. 1, Tom. 43, No. 3; Helsingfors, 1909, 1914).

J   *Arundel Psalter*, ed. G. Oess (Anglistische Forschungen 30; Heidelberg, 1910).

K   *Salisbury Psalter*, ed. Celia Sisam and Kenneth Sisam (EETS 242, 1959).

L   *Bosworth Psalter*, OE glosses ed. U. Lindelöf (Helsingfors, 1909).

M   *Blickling Psalter*, ed. R. Morris (EETS O.S. 58, 63, 73; 1874-80), pp. 251ff.; the older glosses also by H. Sweet (EETS O.S. 83, 1885), pp. 122ff.

P   *Paris Psalter*, ed. B. Thorpe (Oxford, 1835); facsimile, ed. J. Bromwich *et al.* (Early English Manuscripts in Facsimile VIII; Copenhagen, 1958).

INTRODUCTION

THE MANUSCRIPT. For a description of the contents, collation, and foliation of MS Cotton Vitellius E. xviii, see N. R. Ker, *Catalogue of Manuscripts Containing Anglo-Saxon* (Oxford, 1957), article 224.[1] The manuscript was badly burned in the 1731 Cottonian fire, and the edges of some leaves have crumbled since then. As Ker notes, the "extreme measurements now . . . represent approximately the area of the written space," and this is especially true of the psalter and canticles, which appear on folios 18^r-140^v. Although marginal loss, in varying degrees, occurs on almost every folio, it is surprising how much of the psalter text—both Latin and Old English glosses —has remained intact. Parts of words, usually the first one or two letters, are sometimes lost on the extreme top, bottom, or side margins, but such loss is relatively small.[2] Wherever the Latin and the OE words have escaped crumbling, they are almost always legible in direct sunlight, even on those folios which have been most severely scorched.[3] There are eight small fragments[4] which have

[1] The account of the manuscript in Wanley's *Catalogus* (1705) is on pp. 222f.

[2] Many of the majuscule letters in red, blue, or green have been excised.

[3] On approximately 26 of the 123 folios containing the psalter and canticle text the damage has been particularly severe; these sections are ff. 94^r-100^v, 104^r-116^v, 121^r-124^r, 127^v-131^v, and 139^r-140^v. On badly burnt leaves, especially in ff. 128^v-131^r, the ink of the gloss has often flaked off almost entirely; many of the words, however, can be made out from the scratch of the stylus.

[4] The fragments are now on ff. 21^r, 70^r, 74^r, 92^v, 124^v, 127^r, 137^r, and 138^r.

been mismounted. In most cases the fragment has been mounted on the wrong side of the folio, and sometimes it has carelessly been placed on top of another word. The contents of the fragments, wherever legible, are given in the textual notes, and an attempt has been made to find their correct location.

DATE AND PROVENANCE. The date of the manuscript is traditionally given as the middle of the eleventh century; Wormald[1] assigns "ca. 1060" as the date for the calendars. There appears to be no reason to doubt that the manuscript was written at Winchester, but opinion is divided as to whether the scriptorium out of which it came was at the Cathedral or New Minster. Bishop[2] and Wildhagen[3] favor Winchester Cathedral, whereas Wormald suggests New Minster.[4] Sisam notes some evidence[5] which tentatively suggests that J originated at New Minster; if G and J are closely related, as I believe (see below), this evidence would also strengthen the case for G's origination at New Minster.

PSALM INTRODUCTIONS. A hand roughly contemporary with that of the main scribe has added introductions in red to each of the psalms and canticles. Although they are not glossed, I have retained them in the edition because such accretions are sometimes helpful in determining the history or relationships of manuscripts.[6] Almost all of

---

[1] Francis Wormald, *English Kalendars before A.D. 1100* (London, 1934), p. 155.

[2] Abbot Gasquet and Edmund Bishop, *The Bosworth Psalter* (London, 1908), p. 181.

[3] K. Wildhagen, "Das Kalendarium der Hs Vitellius E. xviii," *Texte und Forschungen zur englischen Kulturgeschichte: Festgabe für F. Liebermann* (Halle a. S., 1921), p. 69.

[4] *Op. cit.*, p. vi. While Wormald prefers New Minster as the place of origin, he notes further that "early in its [the manuscript's] history it crossed the road to the Cathedral (Old Minster)."

[5] Ed. of K, p. 58, n.3. Sisam observes that a phrase in J's litany is closely parallel to a clause in a slightly later New Minster book.

[6] Most of the other glossed psalters contain introductions, but they are generally briefer than those in G; as in G, they usually are later additions. Shorter introductions occur also in MSS Harley 603 and 2904,

the introductions, which are written in spaces left blank at the end of one psalm and the beginning of the next or in the margin, contain both a conventional rubric such as *Psalmus Dauid* and an interpretation from exegesis such as *uox Aecclesiae ad Christum*. The source from which the introductions are most consistently derived is the commentary, *In Psalmorum Librum Exegesis*.[1] The exegetical expansions are usually from the *argumentum*, occasionally from the *explanationes* (as Pss. 36, 38, 57, 90, 95, 96), and sometimes appear to be paraphrases or adaptations of the commentary (as Pss. 106, 136).[2] As a result of either the imperfect state of the immediate source from which it was copied or of carelessness in the process of copying itself, G's text is often fragmentary and corrupted.

OE *argumenta* to Psalms 2-50 are written in the margins in the hand of the main glossator, but since the margins have been severely damaged by fire and deterioration, the *argumenta* are very fragmentary, occasionally missing alto-gether; I have not attempted to reproduce them in this edition.[3] Similar, but not identical, *argumenta* occur also in P, but as Celia and Kenneth Sisam have demonstrated by collating the two,[4] G's *argumenta* do not derive from

---

Arundel 155, Cotton Galba A. xviii (Winchester) in the British Museum, and MSS Auct. D.2.1, Auct. D.2.4 in the Bodleian.

[1] *P.L.* 93, 478-1098. The sources of this commentary are discussed by J. W. Bright and R. L. Ramsay, *Journal of Theological Studies* XIII (1912), 502ff., and R. L. Ramsay, *Zeitschrift für celtische Philologie* VIII (1912), 421ff.

[2] A similar use of *In Psal. Lib. Exeg.* in the Paris Psalter introductions is discussed thoroughly by J. D. Bruce, *The Anglo Saxon Version of the Book of Psalms Commonly Known as the Paris Psalter* (Baltimore, 1894). Although both G and P derive these texts from the same source, the selections in both are distinctly dissimilar, dispelling any possibility that the two are related. A corrupted text of the *argumenta* from the same source also occurs in the Southampton Psalter (Irish MS C. 9, St. John's College, Cambridge).

[3] See the collations made by J. W. Bright and R. L. Ramsay, *The West-Saxon Psalms* [ed. of P] (London, 1907).

[4] *The Paris Psalter* (Early English Manuscripts in Facsimile VIII; Copenhagen, 1958), p. 16; see also their edition of K, p. 60, n.1.

P, and P cannot derive its text from G; hence "there was no contact between the two manuscripts." This conclusion does not rule out, of course, the possibility of some form of distant relationship, perhaps through a partial or complete recension of P which was available at Winchester.

CANTICLES. Eleven of the original fifteen canticles are complete in the MS, two (I and IV) are incomplete, and two (II, III) are missing. The edition follows the sequence of the MS, and the numbers supplied are those of Mearns's order:[1] 1, 4-6, 11, 7-10, 13-14, 12, 15. The Canticle *Te decet laus* (no. 18 in Mearns's Third Series) occurs at the end of Canticle XI as part of the original text. Mearns remarks that this canticle "is seldom found except in Benedictine books, added to, or connected with, the *Te Deum*."[2] The *Te decet laus* does not appear in any of the other glossed psalter MSS which contain canticles, and its appearance in other early English MSS seems to be quite rare; Mearns cites nine MSS in which it occurs, but all of them are Continental.[3]

HANDS OF TEXT AND GLOSS. The Latin text of the psalter and canticles is in the hand of one scribe throughout. In a few instances a contemporary corrector's hand (designated B in the textual notes) has finished a word or added words in spaces left blank by the original scribe: e.g., at Ps. 104.3 on f. 99[r] hand B has added *laudamini in nomine;* at Ps. 136.1 on f. 123[v] the original scribe has begun *re-*, but the rest of this word and the next are added by B, *-cordaremur sion*. The most extensive example of this hand occurs on f. 104[r], where B has added much of the text for Ps. 106.33-36. Also, several later hands have made corrections or additions: e.g., the same hand (probably

---

[1] James Mearns, *The Canticles of the Christian Church Eastern and Western in Early and Mediaeval Times* (Cambridge, 1914), pp. 65-66.

[2] *Ibid.*, p. 67.

[3] For the later (13th- and 14th-century) monastic use of the *Te decet laus*, see J. B. L. Tolhurst, *The Monastic Breviary of Hyde Abbey, Winchester* (Henry Bradshaw Society, vol. LXXX; London, 1942), VI, 9, 189.

of the late twelfth century) has added *deus* in Pss. 21.21 and 25.9 and has corrected *ruiens* to *rugiens* in Ps. 21.14; at Ps. 103.24 a hand, probably of the thirteenth century, has added the abbreviation $\overline{GLA}$ (= *Gloria*). A hand which is definitely postmedieval (perhaps of the sixteenth century) has made corrections in the prayer immediately following Ps. 151 on f. 131ᵛ; this hand appears to be in imitation of the original Latin style. The rubrics and psalm introductions in red are in a hand contemporary with, but different from, the main hand.

When the original scribe overlooked a word in copying, he wrote the word in the margin, usually to the left and slightly above the incomplete line of text, prefixing the word with a character which looks like a human embryo. In a few instances a corrector has added a word in the margin, marking both the word and the place where it belongs in the text by a small *h* hooped on the top stroke. Infrequently, hyphens have been added later to join separated syllables of a word in the same line, but never to join the end of one line with the beginning of the next.

The gloss is in two hands, both of which are different from that of the main scribe who wrote the Latin. The first hand, the main glossator, glossed the psalter and canticles from the beginning (f. 18ʳ) to the Magnificat (f. 138ʳ). The hand of the superimposed gloss (see "Added Glosses" below) is that of the main glossator's. The second hand begins at the Magnificat and continues to the end (f. 140ᵛ) of the canticles. Once the new hand has taken up the glossing, the main glossator does not entirely disappear, for he has intermixed a few glosses in his own hand (on f. 138ʳ) with those of the new glossator. There is reason to believe that the second hand was that of a novice and that the main glossator had turned over to him the task of completing the manuscript, perhaps as a serious exercise. The new hand is distinctly less careful and certain; the letters are clumsily made and the strokes often shaky. Furthermore, there is a curious mixture of traditions in the forming of letters, e.g., both the early and late (hooked) *g* appear, the ascenders are higher and split (a tendency towards elaboration), and the crossbar of the *e* is drawn out and hooked. The unsureness of the hand and the indiscriminate mixing of older and newer forms suggest the work of a younger man; the glosses added by the main glossator to the work of the other may have been intended as exemplars.

There are a few instances in which a gloss has been added by a different, sometimes later, hand. At Ps. 8.3 *7 þone forhosedan* is added in a different, but contemporary, hand; at Cant. XV.16 *godas ac* is added by a hand which is perhaps slightly later than that of the second glossator. At Cant. V.14 a much later hand (early thirteenth century) has erased an original OE gloss and introduced ME *blast*. A postmedieval hand (cursive; probably sixteenth century) has touched up faded glosses and added glosses at Pss. 11.9 and 100.3, 5. The number of different hands and their chronological spread in both the Latin and gloss suggest that the psalter has had an interesting history, but because the evidence is so slight (sporadic corrections and additions) it has not been possible to determine what that history may have been.

ABBREVIATIONS. The Latin abbreviations are the common ones of the time and are usually indicated by the horizontal bar, as *d̄s* = *deus*, *Q̄m* = *Quoniam*, and *pleb̄* = *plebis;* except at the beginning of a verse, the ampersand (&) is used throughout, although, exceptionally, the form *ʒ* = *et* appears at least once. Both *÷* and *ē* are occasionally used for *est*. Abbreviations occur more frequently in the Psalm introductions, and some forms occur there which do not appear in the main text, such as *n̄* = *non*, *þ̄* = *post*, and the tilted *ᘐ* (as in *consequit[2]*) = *-ur*.

There are at least three instances in which the aspirate is expressed (probably in the hand of a later corrector) by the Greek half-eta symbol (⊢: sometimes called the *spiritus asper*). At Ps. 144.7 aspiration is regular, *⊢abundantie*, but the symbol is used exceptionally at Ps. 108.5 *⊢odium* and Canticle VI.41 *⊢oderunt*.

In the gloss the common abbreviations ⁊ = *and*, ꝼ = *þæt*, and ⫽¹ = *oþþe* (Lat. *uel*) are used regularly throughout. The abbreviations *driħ* and *driħt* gloss *dominus* and its declensional forms, and *drihtñ* is sometimes employed for *domino* or *domini*. When the glossator writes the word out, *drihten* usually = *dominus, -um*, or *-e*, *drihtne* = *domino*, and *drihtnes* = *domini*. Since there are, however, a few unusual or ambiguous instances (e.g., 21.28 *dominum. drihtene*, 24.15 *dominum. drihtne*, 26.14 *dominum. drihtenes* [twice], 88.19 *domini. drihten*, and VII.61 *domino. drihten*), I have not attempted to expand these abbreviations in the edition. The horizontal bar over final vowels stands for *m*, as *þā* = *þam*, although in the word *forðā* it is not always certain whether the final consonant should be read *m* or *n*, since occasionally the form *forðan* appears (e.g., at Pss. 5.5, 6.3, 6.6, 53.6, 68.2). When the bar stands over a consonant, it is also not always clear what ending is intended, e.g., 10.5 *heofeñ* (*heofenum* or *heofenan*?), 73.7 *þiñ* (*þine*?), and 102.7 *israheł* (?). The other marks which appear are the apostrophe, as at 18.7 *heofen'* (*heofenum* or *heofenan*?) and 21.21 *min'* (= *mine*), and the waved vertical stroke (which in Latin = *-re, -er*), as at 71.11 *cyningˢ* (= *cyningas*).

PUNCTUATION. The method of punctuating the Latin text is irregular. The commonest mark for the midverse division is the *punctus elevatus*, ˙⟩, and the verse end is marked usually by a single point (slightly elevated above the ruled line). Occasionally the verse is punctuated ⸰⸰ or · ·. Infrequently, the midverse is marked by · (as at Ps. 89.3, 6, 8), and the verse end by ⸴ (as Ps. 88.47, 48, 49, 50). Because it is inconsistent and often effaced, I have not retained the MS punctuation; the verse end is marked here in the traditional manner with a point.

ACCENTS. The only mark of accentuation in the Latin and Old English is the acute sign, which I have retained

<hr />

¹ This sign occurs only in double glosses; occasionally it has been omitted.

in the edition wherever it is clear in the manuscript. The accent occurs sporadically some twenty-three times in the Latin, forty-two times in the Old English. As is common in Latin MSS, the accent frequently falls on monosyllabic words, such as *té*, *eś*, but more frequently in this MS the accent marks stress. The following examples reveal that the scribe had a good ear for Latin pronunciation: áttrahit, framée, áeris, ínopi, calígo, alienígene, sísare, and longánimis. Some of the Hebrew words which are accented are cherubím, áaron (accent as diaeresis), effraím, and beniamín.

The acute mark in the gloss often falls on monosyllables (e.g., sár, lác, bár, sǽd, án), monosyllabic prefixes (e.g., ástigon, íncleofum), inflected monosyllables (e.g., tíde, áre), vowel length (e.g., belúcan, cócere, úpahófe, swáswá, astíðedan), and in some cases the mark presumably indicates stress (e.g., gewínn, cýning, hérincg, gecéas, gewánað). Unusually, the accent marks *ge-* at Ps. 108.7: *gédemed bið*.[1]

LATIN CHANGES. Occasional alterations of readings are found throughout the Latin text, a feature which is common to many of the English psalter manuscripts, glossed and unglossed. In Vitellius the changes occur singly, i.e., they do not appear in batches in any one psalm or group of psalms, so that there is no apparent consistency or pattern for them. Nor are the changes confined to any one portion of the psalter, say the first fifty psalms, but are spread unevenly from Ps. 2.9 through Ps. 143.4. Altogether there are more than seventy alterations of readings, some of which were made before the glossing, some after, although the preponderance of changes occurred later than the gloss. As we might expect in eleventh-century England, where the Gallican version was supplanting the Roman,[2]

[1] Many of the added glosses carry the accent; see, e.g., Ps. 24.

[2] The names 'Roman' and 'Gallican' derive from the use of the texts in Rome and Gaul, respectively, during and after the ninth century. The RPs. represents the first revision made by St. Jerome of an Old Latin text, while the GPs. represents Jerome's second revision, the version which today is known as the Vulgate.

the greater number of changes here is from the Roman to the Gallican text. This fact alone, however, will not account for all the changes, since many of them appear to be a reinstatement of the Roman, or a variant, reading. For example, GPs. *innocentes* at Ps. 14.5 is altered to RPs. *-em*, RPs. *statuit* at Ps. 17.34 is changed to GPs. *statuens*, while at Ps. 20.2 an (older?) variant *tuo* is changed to RPs.-GPs. *tuum*, and RPs. *uoluntate* at 20.3 is altered to the variant *-em*.[1] Many of the changes are of inflectional endings, such as RPs. *hereditatem* to GPs. *-e* (82.13) and RPs. *pluit* to GPs. *-et* (10.7), and frequently a word has been added or deleted, such as *omnes* (RPs.) added at 44.13 and *domine* (RPs.) erased at 85.17.[2]

Some of the alterations are of particular interest because they involve rare readings, viz., readings which are known in only one or two other manuscripts. At Ps. 5.8 *et* has been added; according to Weber's collations *et* occurs here elsewhere in C alone. At 25.9 *deus* is added and at 129.8 *redemet* is changed to *-it*, readings which are recorded elsewhere only from CL and CLM, respectively. The word *eis* (105.9), which is cited elsewhere from CELM, has been changed (or corrected?) to *eos*. It is possible, of course, that some of these instances are not indicative of manuscript relationships but are simply coincidences. Because such evidence of altered readings is important for the study of Roman and Gallican psalter traditions in England and may also be useful in establishing manuscript relationships, I have retained the Latin text as it now exists, indicating the nature of the changes in the textual commentary. In the few cases in which the original reading has been made illegible by erasure I have suggested what the reading may have been by reference to Weber or the *Biblia ... Vulgatam* X.

---

[1] For all of the changes cited in the textual notes, the reader should consult Dom Weber's excellent edition of the RPs.

[2] In addition to the changes of readings there are, of course, a number of corrections of errors; e.g., *illis* cor. to *illi* (21.31), *uocis* to *uoci* (67.34), *sperant* to *-at* (83.13), &c.

Corrections of the Latin orthography are not un-
common and are presumably in accordance with the
pronunciation of the time. For example, *tamquam* is frequently altered to *tanquam, numquid* to *nun-, circumdate*
to *circun-, exsoluebam* to *-ban* at 68.5, and *mihi* to *michi.*
The erasure of *h* from the exceptional spelling *hoderunt*
at Ps. 67.2 is also apparently a regularization of pronunciation.[1] In the original spelling, *t* is sometimes spelled *d,*
as *capud* (26.6); one consonant is written where a double
consonant is usual, such as *mitentes* (= *mitt-*, 77.9), *deglutisent* (= *-ssent*, 123.3), and *sagitas* (= *-ttas*, 143.6);
and single consonants are doubled, as *mittiges* (= *mit-*,
93.13) and *commedit* (= *come-*, 104.35). Note also the
unusual *tsue* (= *sue*) at Ps. 32.16.

GLOSS: Added Glosses. An interesting problem of the
Vitellius Psalter is the appearance of many letters and words
which have been added to the original gloss by the main
glossator. The added glosses may appear as early as Ps. 8.17
uerticem. hnifel Ɩ *hnoll,** or very probably at Ps. 9.30
insidiatur. syrwað (Ɩ *sǣtað*), but they do not begin to accumu-
late until Ps. 17, from which point they occur densely to
Ps. 31. After Ps. 31 their appearance is continuous, but
meager and sporadic; at least one example appears in
most (but by no means all) of the psalms following Ps. 31
up to and including Ps. 135, and there are at least three
added glosses in the canticles. Pss. 73 and 77 contain a
relatively large number of these glosses, seven and eight,
respectively.

Added glosses are often instructive about glossatorial
habit and intention, and in the OE glossed psalters they
can be particularly helpful in determining manuscript
relationships, so that I have felt it necessary to make a
distinction in the edition between the original gloss and
the secondary gloss material. Such a distinction in G,
however, is extremely difficult, because the hand of the
added glosses is the same as that of the original glosses,

---

[1] Cf. the use of *spiritus asper* under "Abbreviations" above.

with the further complications of manuscript damage. A close examination of the glosses, especially in Pss. 17-30, suggested the following criteria for determining the added material:

1) The ink of an added letter or word is often lighter and browner than that of the original gloss. But shade or color of ink is not alone a conclusive indication.

2) The impression is approximately the same as the original, but frequently less sharp and clear.

3) The position and size of letters are important. (*a*) In double glosses, the new gloss is often higher, and in smaller script, than the first, because of cramped space. (*b*) The new gloss is sometimes extended into the margin or run against or curved around another gloss. (*c*) When the new gloss stands in an open space, it is often larger in script than the original; the letters may also be thicker, perhaps because of a change of ink or stylus.

4) In double glosses, the new gloss generally follows the first entry, but in a few instances it precedes.

5) For added letters, a stroke on the glossing line is sometimes made to indicate where the letter (placed above) should go, such as $g_j^e atu;$ also, a sharp contrast in ink shade of such letters helps to determine whether they were added later.

Contrasts, however sharp, of ink shade, color, and impression are particularly deceptive since they may have been caused originally by a dry quill, a newly dipped quill, or a honing or change of quill and later by faded ink owing to moisture in the manuscript or other damage. Heat from fire, on the other hand, may cause carbonization, so that the ink becomes darker, the impression sharper.

Wherever the collective evidence is particularly strong, the added glosses or letters are distinguished in the edition by enclosure in parentheses; glosses which I suspect to have been added but for which conclusive evidence is lacking are indicated by an asterisk. The analysis of these glosses must be understood, however, to be an approximation only. In designating them I have proceeded conservatively, so that there may be some glosses set off as added which are in fact original and quite probably a number, especially of single words (i.e., not in a double gloss), are not set off which were in fact added.

The nature of the added material is varied. The form which occurs most frequently is that of an alternative gloss, such as 17.43 ic forgnide (ł gewanige), dust (ł myll), fen (ł lam), stræta (ł lanena), 24.6 (cneoris ł) cynren. The other forms are:

1) Grammatical variants, such as Ps. 23.4 clænre (ł clæne), onfeng (ł onfehð), idel (ł idlum), swor (ł swereð), 26.3 þæt (ł þis), 30.4 beo þu (ł þu eart).

2) Addition of *ic, þu,* or *he* before or after verbs, e.g., 21.4 (þu) eardast, 21.25 forsyhð (he).

3) A single word (not an alternate), for which there is no lemma, such as 24.5 (to), 22.4 (þonne).

4) A change or correction made in an original gloss by the insertion or addition of one or two letters, e.g., 20.8 gehihte(ð), 20.11 forspil(d)est, 20.13 set(te)st, 21.25 ondræd(að), 23.6,7 g(e)atu, 28.9 (ge)gearwigend. In a few instances, not only has a letter been inserted, but part of the original gloss has been erased, such as 18.15 min(r)e, final *s* (?) erased, and 24.5 lær (ðu), altered from lære.[1]

Gloss and Lemma. Throughout the psalter and canticles there are a number of glosses which render the Latin, not of the GPs. of the manuscript, but of the RPs. or of some other variant reading. Examples are: 9.12

---

[1] The number of original double glosses is approximately 260. They occur continuously throughout the text, but some sections have a denser concentration of them than others. Their distribution can be seen in the following arbitrary breakdown: Pss. 1-16, 4 original double glosses; Pss. 17-31, 60; Pss. 32-50, 41; Pss. 51-75, 35; Pss. 76-100, 54; Pss. 101-125, 28; Pss. 126-150, 26; Canticles, 12. There are three original triple glosses, at 18.2, 67.26, and 79.15, and one instance of four glosses to a single lemma, at 24.21. The functions of these glosses are similar to those of the Added Gloss, i.e., to give (1) an alternate word, as *bodiað* ł *cyðað*, (2) a phonological variant, as *geatu* ł *gatu*, (3) a grammatical variant, as *wæron* ł *synd*, or (4) a gloss to the RPs. reading, as *gesette* (RPs. *statuit*) ł *sealde* (GPs. *dabit*).

wundru. studia (RPs. mirabilia), 26.8 ic sohte. exquisiuit
(RPs. quaesiui), 64.11 ondrencende. inebriat (RPs. inebrians),
94.3 micel is. magnus (RPs. magnus est), 146.2 somnigende. congregabit (RPs. congregans), and Cant. VI.33
hatheortnesse. Fel (D Furor). Such occurrences are common in the glossed psalters of the Gallican version. In
most cases these glosses which render other readings were
probably caused by the glossator's indiscriminate copying
of a source, which may have been a glossed RPs. (as K's
copying of D or a D-type gloss) or a mixed psalter. It is
also possible that a glossator had a RPs. near at hand and
occasionally glossed what he saw in it rather than in his
own text. These alternate readings in G are of particular
interest because the majority of them appear also in J
(see "A Note on Relationship" below). If we assume for
the moment that G served as a source for J, it would be
obvious that the J glossator copied such glosses mechanically, not noticing the difference between the gloss and
the Latin both of G and of his own text.[1] It would be more
difficult, however, to ascertain how the RPs. renderings
originally came about in G, although the process may have
been identical with that of J and K.

There are relatively few mechanical errors in the gloss,
and those which do appear are of kinds commonly attested
in psalter glosses. For instance, as the glossator's eye
moved up and down from the gloss line to the Latin, or
back and forth from a source to his own manuscript, he
sometimes saw a word a line or two above or below the
one he was glossing. At 21.28 he glossed *familie, onwealdeð*,
while glancing at *dominabitur* in the line below; at 53.7
he looked two lines below to *eripuisti* and glossed *disperde*
with *þu generedest*. In a very few places the glossator copied
part of the lemma into the gloss, such as *oferbos* (*superbos*)
at 118.21 and *oncensa* (*incensa*) at 79.17, or carried the
lemma over entirely into the gloss, as *te* (*te*) at 103.27,
da (*da*) at 118.73.

[1] Cf. a similar instance of mechanical copying in K; see the Sisams' ed.,
p. 18.

The division of Latin words or separation of syllables in the manuscript often caused the glossator to go astray. For example, *me-* is separated from *-tuentes* at 32.18 and is rendered *me ondrædende;* at Ps. 77.35 *excelsus* appears as *ex celsus* because of the erasure of *s*, and the glossator has rendered *is mære*, taking *ex* as *es* or *est*. Sometimes he misunderstood one Latin word for another, rendered a compound literally part by part, or confused a lemma with another similar to it, e.g., *amouit* at 65.20 is taken as a form of *amo* and glossed *lufode*, *inuia* at 62.3 is rendered *on wege*, and *iustitia* at 70.2 is confused with *iniustitia* and glossed *unrihtwisnesse*. Further errors of a like kind are: 33.13 *adylgode. diligit* (taken as if *deleuit*), 49.16 *forþam þe. quare* (as if *quoniam* or *quia*), 63.11 *reccend. recti* (as if *rector*), 103.11 *on æcere. onagri* (taken literally, *on [in?] agri*), 118.164 *ic lufude. dixi* (taken as if *dilexi*), and 134.5 *dagum. diis* (as if *diebus*).

A few Latin words, most of which occur after Ps. 40, are not glossed. The words most frequently unglossed are Hebrew place names or proper names, such as sinae, chanaan, iudea, galaad, abraham, and beelfegor. Place or proper names which recur often, e.g., israhel, sion, hierusalem, aegyptus, and iacob, are usually glossed but occasionally passed over. The repetition in a given passage of a common phrase, e.g., quoniam in eternum misericordia eius (in Ps. 135), or a common word, such as *deus* or *sanctus*, may account for the absence of a gloss. In addition, there is a small group of words which may not have been glossed because of the presence of a different reading in the RPs.[1] Examples are Ps. 57.10 intellegerent (RPs. producant), 58.4 ceperunt (RPs. occupauerunt), 59.8 partibor (RPs. diuidam), 64.5 atriis (RPs. tabernaculis), 67.13 specie, (? RPs. species), 67.17 coagulatos (RPs. uberes), 67.19 cepisti (also not glossed in J; RPs. captiuam duxit), 75.10 mansuetos (RPs. quietos), 75.12 munera (?Psalterium Mozarabicum, dona), and 88.41 firmamentum (RPs. munitiones).

[1] Cf. ed. of K, p. 20, and examples in K at Pss. 21.11, 26.4, 27.1, 30.13, 30.19, 34.5, 34.16.

In Appendix II of the edition of K, Kenneth Sisam notes that "the glossator or scribe of G snatches at resemblances between English words without regard for sense,"[1] but at least two of the ten examples he cites may plausibly be explained in a different way (see my textual notes for *on dust*, 61.5, and *onstyred*, 68.24). It is true, however, that there are some erroneous or garbled glosses which appear to have been induced by a similarity to another word. The more obvious instances, in addition to the ones given by Sisam, of such "snatching" are: 54.21 defecit. georade (= geteorade), 77.70 sustulit. naðær (= abær), 93.21 condempnabunt. generiað (= genyðeriað), 111.9 dispersit. he lædde (= he dælde), VI.28 Gens. beoð (= þeod), and 70.20 ostendisti. neosedest (= eowedest). The gloss *7 forst* to *Etham* at 73.15 appears to be an attempt to make sense out of a similar gloss in H, *and forts*, itself a corruption of *fortis* in D, even though OE *forst* has no relation to *Etham*. To explain all such questionable glosses as corruptions of a source or as a chance resemblance to another word can, however, be misleading, since there may be evidence that the glossator actually rendered what he understood in the lemma. Some glosses in G which appear to be simple corruptions are in fact ambiguous; e.g., see the textual notes to heortnessa (54.9), micclum (71.14), astyrode (73.20), and offrige (118.76).

The usual method in interlinear renderings is to gloss word for word without concern for syntax, and this habit prevails with few exceptions in the glossed psalters. There are numerous instances in G, however, in which the glossator has changed the word order of the gloss from that of the Latin, which suggests that occasionally he read forward in his text and then wrote the gloss in what for him was the normal order. In Ps. 14 he consistently inverts in the gloss the Latin word order of possessive constructions: vs. 1 in tabernaculo tuo. on þinum getelde; vs. 3 in corde suo. on his heortan, in lingua sua. on his tungan; vs. 4 in conspectu

[1] Ed. of K, p. 69, n.2.

eius. on his gesihþe; and vs. 5 pecuniam suam. his feoh.[1]
Also in 14.1 he inverts the postadjective order: in monte
sancto suo. on þinum þam halgan munte þinan. Elsewhere he alters in the gloss the Latin order of verb
constructions, such as 9.19 obliuio erit. bið ofergyttol and
43.18 nec obliti sumus te. ofergiten we ne syndon þe; or
of verb and subject or object, as 13.5 non erat timor. ege
ne wæs, 17.33 qui precinxit me. se me begyrde, and 17.39
confringam illos. ic hy geswence. In addition, he may
change the order of pronouns, e.g., 7.4 si feci istud. ic
þæs dyde, 15.1 speraui in te. in þe ic gehyht, and 21.29
ipse dominabitur. he [ ]yldeð sylf.[2] Relevant here, also,
are the five instances in which he separates a prepositional
adverb from what normally would stand as a quasi-
compound: 36.15 decipiant. hy awurpon ut, 65.12 transiuimus. we foran þurh, 87.17 transierunt. hy foran þurh,
104.13 pertransierunt. hy foron þurh, and 138.8 descendero.
ic astige adune.[3]

Free translations of the text occur rarely and the
intended meaning of those which do appear is not always
clear. At Ps. 39.10 the glossator has added emphasis to the
Latin by rendering *domine tu scisti* as *driht þu þe ealle þing
wast;* similarly, *hominem* is glossed *ealle men* in the context
qui docet hominem scientiam (93.10). To the Latin *deus
diiudicat* in 81.1 the glossator seems to have felt the need
for an object, since he translates *god eow demð*, and again
in 147.17 he introduces an indirect object: *Mittit cristallum
suum. he asendeð him gimstan his.* At 48.6 *timebo. ic me
ondræde* and IV.19 *reduxit. he me lædde*, in which *me* makes
no sense, it is questionable whether a free (but mistaken)

---

[1] See further 15.4, 17.16, 51.7, VI.16, XV.3. Cf. the unusual changes
of word order in the gloss in I, e.g., *in circuitu eius. ymbhwyrfte on his*
(75.12) and *ex inferno inferiori. helle of þære nyþeran* (85.13).

[2] The sign 7 occurs in the gloss a few times where there is no lemma
in the text or a variant reading elsewhere which would account for it,
but an explanation for some of the instances may be in a parallel construction
found in the same verse. See 16.5, 16.14, 17.26, 80.7, 104.1, 143.2, 148.10.

[3] For similar examples in Old English, see A. Campbell, *Old English
Grammar* (Oxford, 1959), pp. 32-33.

translation is intended, because *me* could possibly be an
error for a prefix *on-* to the verb which the glossator has
neglected to erase.

Psalters C and I are comparatively rich in glosses
which render an interpretive or theological sense of certain
words in the Latin, and in D there are marginal or interlinear Latin glosses from patristic commentary. Some
of the Latin explanations in D are glossed in K and possibly
also in I.[1] Interpretive glosses appear also in G, and since
some of them do not appear in other psalters, they attest
(if we assume no other glossed source for them) to the
glossator's theological interest in and knowledge of his
text. Most of the interpretive glosses in the psalters are
to proper names, especially Hebrew words which glossators
always had difficulty in rendering, and it is not improbable
that scribes working with the psalter text had a list of
such hard words with explanations. Furthermore, there
is evidence that the glossators of G and I took pains to
find an explication for particular words in a commentary,
such as that of Cassiodorus.[2] Glosses in G which probably
derive from another glossed source are sion. heannessum
(19.3, as D), hismahelite. synnahyrendra (82.7, as D),
siccimam. byrþen (107.8, as C), moab. deofol (107.10, as
D), and hierusalem. celestis uita. heofenlic lif (136.6, as
D [unglossed]). Glosses which appear in G but not in
other OE psalters are cham. aweg anam (77.51), initiati
sunt. þeoddon (105.28), maturitate. gelomlice (118.147),
cedar. syfullum (119.5), and effrata. sceawungum (131.6).[3]
Finally, there are three glosses which may be interpretive,
but for which the evidence is uncertain: usuris. micclum
(71.14), adinuentionibus. heldum (76.18), and tabescam.
ic aþolige (138.21).

Vocabulary. While double glosses are numerous in G,
and some Latin words are rendered by several different words

[1] See ed. of K, pp. 40-41.

[2] See Lindelöf's discussion in *Der Lambeth-Psalter* (Helsingfors, 1914),
pp. 26-27, and the textual note in the present edition to *Cham* at Ps. 77.51.

[3] For discussion of these words the reader is referred to the textual notes.

(not in a double gloss) throughout the text,[1] the number of words to appear for the first time is small. The following is a list of those words which appear in G but not in the other psalters; rare words in Old English are marked with †:

ætbred. auferas, 140.8	healica. excelsus, 46.3
ætgæd †. simul, 82.6	hnifel †. uerticem, 7.17
ardlice. uelociter, 68.18	modignesse †. benignitatem,
ME blast. turbo, V.14	51.5
efthwerfende †. rediens, 77.39	naðing †. nihil, 75.6
gehlutrudu †. probatum, 11.7	preostas. sacerdotes, 77. 64
gewidlige †. profanabo, 88.35	settungum †. insidiis, 9.29
gryre †. tremor, 54.6	underleigð. subponit, 36.24

Most of the new compounds not recorded in the dictionaries are translation words induced mechanically by the lemmata; of the following, *hlyncoton* may be an error:

edblewð. efflorebit, 102.15

emblissian. exultent, 67.4

forhoredan (MS forhosedan). ultorem (taken as if adultorem), 8.3

hlyncoton. claudicauerunt, 17.46

oferwanude. distuli, VI.27

samodweaxe. concrescat, VI.2

tobiddað. adorate, 98.9

An interlinear gloss as dense in vocabulary as is G would not be complete if there were not a few problematic words which defy an editor's interpretation. The hard words that have tempted speculation but yielded no ready explanation are þone forhte (20.3), seon (41.11), ætende (77.38), tofan (101.4), and fænn (103.3).

A NOTE ON RELATIONSHIP. The question concerning the interrelationship of the various manuscripts has long

---

[1] E.g., at different places *honor* is glossed by *ar, weorðnesse, arweorðunge, weorðscipe,* and *wurðmynt; tabernaculum* by *geteld, eardunge,* and *eardungstowa; immaculatus* by *unforgripendlicu, unbesmiten, ungewemme,* and *unwemmedum; thronus* by *setl, þrymsetl,* and *heahsetl; ecclesia* by *gelaðunga, gesomnunga, cyric,* and *haliga gesamnunge;* and *filius* by *cild, bearn,* and *sunum.*

interested editors and students of the Old English psalters, and while there are many conjectures about a near or close relationship between two psalters or among a group of them, no one has adduced conclusive evidence that one of the manuscripts was actually employed by the scribe or glossator of another. Most recently, Kenneth Sisam, following an elaborate discussion of "The Gloss D and Its Relations," has concluded: "Unless the corrector of E used D..., no instance has appeared where direct copying of one extant gloss from another is probable."[1] Mr. Sisam goes on to remark that we should not expect an instance of "direct copying" since "we must reckon the English glossed psalters of the tenth and eleventh centuries in hundreds." Whether there were "hundreds" of such psalters at one time seems to me a moot point, but even if we allow the possibility of their existence, this in itself would not render it improbable that two or more of the remaining psalters were *directly* related. Moreover, the fact that at least one group of psalters originated at the same place (FGHJ, and possibly B, at Winchester) might lead one to suspect that two or more of these came into direct contact, even if many more psalter manuscripts, now lost, were available there. The purpose of this note is to suggest that there may have been such a contact between two manuscripts, MS Arundel 60 (J) and MS Cotton Vitellius E. xviii.

Earlier scholarship has observed that G and J are in many ways related. On the basis of his partial collation Lindelöf decided that "da berühungen zwischen G und J vorkommen und z.t. sogar sehr einleuchtend sind, behandeln wir hier die beiden hss. gemeinschaftlich, obgleich anderseits nicht selten jede von beiden ihre eigenen wege zu gehen scheint."[2] He also conjectured that J may have been dependent at different points on G, not G on J.[3]

---

[1] Ed. of K, p. 75.
[2] Lindelöf (1904), p. 111.
[3] *Ibid.*, p. 115.

Both Wildhagen[1] and Heinzel[2] (who uses Lindelöf's collations together with one of his own) make similar assertions without making the relationship any more specific. The kinds of evidence cited by all three are (1) readings common to GJ which do not appear in other psalters, (2) shared renderings which are unusual or erroneous, and (3) glosses in GJ which agree with only one other psalter.[3] This evidence alone, it must be admitted, does not in itself establish with certainty that one of the two manuscripts was used in the preparation of the other. But other evidence may be adduced.

In his edition of J, Oess lists[4] 243 instances in which a gloss renders the reading of the RPs. and not that of the glossator's Gallican text. Of these glosses, 116, or almost one-half of J's, appear at the same places in G. The number of G's RPs. glosses which agree with those of J is greatest in Pss. 1-50: J = 110, G = 65 in agreement. The correspondence continues throughout the text with approximately the same 2 to 1 ratio: Pss. 51-100, J = 65, G = 25 in agreement; Pss. 101-150, J = 50, G = 22 in agreement; canticles, J = 18, G = 4 in agreement. Oess cites thirty-four glosses,[5] with which G agrees 12 times, which render a lemma that occurs a line or two above or below the line being glossed; the correspondences appear especially in Pss. 8-30, 53-61. The sporadic appearance of 7, for which there is no Latin authority, is a peculiarity which G and J share ten times, in Pss. 10.7, 16.11, 16.14, 17.26, 77.23, 80.7, 104.1, 118.167, 137.4, and IV.9. But this evidence, like that given by Lindelöf, Wildhagen, and Heinzel, while it clearly indicates some kind of near relationship, is still susceptible to the interpretation proposed

---

[1] K. Wildhagen, "Das Psalterium Gallicanum in England und seine altenglischen Glossierungen," *Englische Studien* LIV (1920), 38-39.

[2] O. Heinzel, *Kritische Entstehungsgeschichte des ags. Interlinear-Psalters* (*Palaestra* CLI; 1926), pp. 56, 114.

[3] The reader is referred to these three studies for the numerous examples given, since such evidence is not repeated here.

[4] Pp. 17-23.

[5] Pp. 10-11.

in different ways by Heinzel[1] and Sisam[2] that G and J both derive from a common ancestor.

There is, however, another point, which seems to me to attest to a proximal relationship, and that is the number of original Latin errors in G and J which are corrected in G. At 49.19 *dolus*, the original reading in GJ, is corrected in G to *dolos;* GJ *animam meam* (93.17) is corrected in G to *anima mea;* GJ *deieceret* (105.27) is corrected in G to *dei-;* GJ *ipse* (105.43) is corrected in G to *ipsi,* GJ *dispersionis* (146.2) is corrected in G to *-es;* and GJ *eis* (146.10) is corrected in G to *ei;* similar examples will be found at Pss. 71.10, 73.17, 76.7, 87.12, 88.20, 88.35, 90.7. At Ps. 45.4 both originally read *sonauerunt,* but in both *-a-* is erased. The MS division in G of *me — tuentibus* (59.6) has induced the mechanical gloss *me* in both psalters.

Psalter relationships are extraordinarily difficult to establish with certainty, and chance similarities can easily lead to unwarranted assumptions, but when two psalters which originate from the same church[3] share numerous points of likeness, it seems as justifiable to assume that one is derived in part directly from the other as it is to assert that they proceed from a common model. The mixed dependency of most of the Gallican psalters suggests that scribes and glossators, in the process of making up a new redaction, employed from time to time not one model but several, and in the course of the composition of G and J there is a considerable likelihood that one of the manuscripts was directly influenced by the other.

[1] Heinzel, *op. cit.,* p. 58.

[2] Ed. of K, p. 71.

[3] It is also pertinent that Wormald, *op. cit.,* pp. 141 and 155, assigns the same date, A.D. 1060, to the calendars of both G and J.

THE PLAN OF THE TEXT

THE Latin text and glosses are presented here as they stand in the manuscript, with as little apparatus as possible. Since the gloss runs above the line of Latin, the two are easily distinguished, and since it did not seem necessary to use different type for each, both are printed in roman. Italic type in the Latin is used to indicate letters, parts of words, or words which are missing from the manuscript. Wherever the Latin is missing, it has been provided from the common Gallican Psalter reading printed in Weber or, in the case of psalm introductions, from a known source, such as *In Psal. Lib. Exeg.* Square brackets in the glosses and psalm introductions indicate that part of a word or an entire word is missing; when brackets appear over a Latin word which stands or originally stood on a margin where the gloss line is missing, they represent the assumption that a gloss originally stood there. A Latin word with neither gloss nor brackets above it indicates that it was not glossed. Because of the loss of parchment in many of the leaves, it is not possible, in a large percentage of the cases, to estimate the approximate number of letters missing in a word; hence the brackets are spaced uniformly throughout. Colons are used for letters which are badly damaged or faded and hence illegible. Glosses enclosed in parentheses are those added by the main glossator; the asterisk designates glosses about which there is a question as to whether they were original or added. Abbreviations in the Latin have been expanded without comment, but retained in the glosses wherever it is uncertain, as in *forðā* (*m* or *n*?), what expansion should be made. The abbreviations of *drihten* and its inflected forms appear in the edition as they stand in the manuscript. The point which normally stands above *y* in the Old English has been omitted. The word division in both Latin and Old English has been normalized.

The manuscript punctuation, which is confused and often uncertain, has not been reproduced, and the Latin is punctuated according to the standard practice of most of the printed OE psalters. The cauda in the Latin and accent marks in both Latin and glosses have been retained.

Alterations and erasures are observed in the textual notes; if the erased letters are illegible a reading from Weber or another glossed psalter (usually J) is given as the possible original. For Latin alterations I have attempted to use the terms *cor.* (= corrected) and *changed* consistently, the former to signify that an error has been corrected, the latter that one reading has been altered to another (in the majority of these cases, both readings, the original and altered, are attested in Weber). The terms *read* and *for* have separate meanings; the first signifies my emendation of a scribal (or glossatorial) error or suggested normalization of an unusual form, while the second points to a gloss which is a completion of a gloss left unfinished in the manuscript. A comparison of glosses from other psalters is given only when it may serve to explain a reading in G, but such comparison does not imply that it is a result of a complete collation of all the glossed psalters. Readings cited from ABDFHJ have been checked against the MS involved, but for citations from CEIKP I have relied on the editions alone. With the exception of errors involving case, number, and tense, the notes provide discussion of glosses which appear to be inaccurate or unusual renderings of the Latin. Although the notes for a given verse often contain various kinds of information, they have been arranged together rather than partitioned into separate sections, since a point of one kind may frequently be pertinent to a point of another.

THE VITELLIUS PSALTER

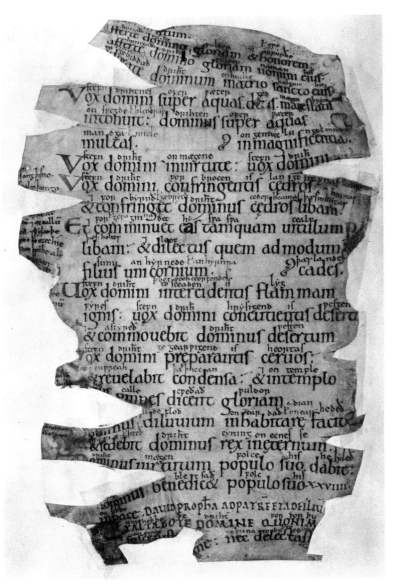

I. Folio 36ᵛ: Pss. 28.1–29.2. The hands of Latin and Old English; the added glosses; marginal *argumenta* in Old English.

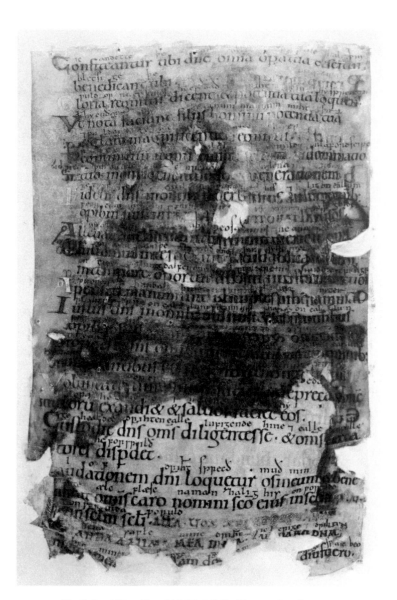

II. Folio 128ᵛ: Pss. 144.10–145.2. Manuscript damage.

1

[f.18ʳ] Incipit psalterium hoc est liber psalm*orum* numero
centum quinquaginta ·1· psalmus

eadig wer se ðe ne gewat on geþeahte arleas   7 on
1 Beatvs vir qvi   non abiit in consilio impiorum et in

wege synfulra   ne gestod 7 on heahsetle wolberendra
uia peccatoru*m* non stetit   et in cathedra pestilentię

ne siteð   ac in æ drihñ willa   his 7 on æ   his
non sedit. 2 Sed in lege domini uoluntas eius et in lege eius

s[ ]að   dæges 7 nihtes   7 bið swa þæt treow þæt
meditabitur die   ac nocte. 3 Et erit tanquam lignum quod

geplantad bið be þam rynum   wætera   þæt   [ ]
plan*tatum* est secus   decursus aquarum quod *fructum*

[ ] syleð on tíde   his 7 leafa   his ne   feallað
suum dabit in tempore suo. *E*t folium eius non defluet

7 ealle   swa hwæt swa deð   gesundfulliað   nalǽs swá
et omni*a* quecumque   faciet prosperabuntu*r*. 4 Non   sic

þa árleasan nalæs swa ac   swaswa [ ]   þæt   aweorpeð
impii   non sic sed tanquam *puluis* quem proicit

wind fram ansyne eorþa[ ]   forþon ne arisað   þa ar-
uentus a   facię   terr*e*. 5 Ide*o*   non resurgunt impii

leasan on dome [ ]   [ ]   on geþeahte soðfæstra
   in iudicio *neque* *peccator*es in consilio iustorum.

1

[ ]   [ ]   drihten weg soðfæstra ⁊ siðfæt
[f.18ᵛ] 6 *Quonia*m nouit dominus uiam iustorum et iter

ar[ ]   forweorðeð
im*piorum* peribit.

2

ii. Psalmus Dauid de conuentu in fid[ ] in passione

forhwi grymetedon þeoda ⁊ folc   sm[ ]gende synd
1 Quare fremuerunt *gentes*   et populi meditati   sunt

on idle   æt gestodan cyningas eorðan ⁊ [ ]m[ ]   eftco-
inania. 2 Adstiterunt reges   terrę et principes conuen-

mon on an   wið   drihtne ⁊ wið   criste   his
erunt in unum aduersus dominum et aduersus christum eius.

we tosliton bendas heora ⁊ onweg awurpon fram us
3 Disrumpamus uincula eorum et proiciamus   a   nobis

geoc heora   se eardað on heofenum bismrað hie
iugum ipsorum. 4 Qui habitat in cęlis   irridebit eos

⁊ drihten hypeð   hie   þonne he sprycþ to him on
et dominus subsannabit eos. 5 Tunc loquetur ad eos in

yrre his ⁊ on hatheortnesse his gedrefeð hie   ic
ira sua et in furore   suo conturbabit eos. 6 Ego

soðlice geseted   eom cyning fram him ofer seon
autem constitutus sum rex ab eo super sion

munt þone halgan his bodigende bebod   his
montem sanctum   eius predicans preceptum eius.

drihħ cwæð to me cild min þu eart ic [ ]dæge
7 *Domin*us dixit ad me filius meus es tu ego *ho*die

acende þe   [ ] þu fram me 7 ic sylle   þe   þeoda yrfe-
genui te. 8 *Postu*la a   me et dabo   tibi gentes here-

werd[ ] þine 7 æht   þine [ ]   eorðan   [ ]
di*tate*m tuam et possessionem tuam *termino*s terre.   9 *Reges*

hie on gyrde yrenre 7 swaswa   fæ[ ]   [ ]   þu gebrycest
*eo*s in uirga ferrea et tanquam uas   *figuli* confringes

hie   [ ] [ ]   cyningas   ongitað   ge beoð gelærede
eos. 10 *Et nunc* reges   intellígite erudimini

ge þe [ ]   eorðan   [ ]   drihtne on ege   7
qui *iudicati*s terram. 11 *Seruite* domino in timore et

wynsumiað h[ ]   on fyrhtu   g[ ]gripað   ge
exult*ate*   *ei*   [f.19ʳ] in tremore.   12 Apprehendite

lare   þylæs   yrsyge   drihten 7 ge forweorþen
disciplinam nequando irascatur dominus et pereatis

of wege rihtan   þonne   abyrneð   on hrædnesse yrre
de uia   iusta.   13 *C*um   exarserit in breui   ira

his   eadige ealle   þa þe getrywiað on him
eius beati omnes   qui   confidunt in eo.

3

iii. Psalmus Dauid uox Christi ad patrem de Iudaeis dicit

driħt   tohwon gemonigfealdode syndon þa þe swenceað
2 Domine quid   multiplicati   sunt   qui   tribulant

2. 9 The sign ⅂ = *et*, the RPs. reading, has been written in before
tanquam.   10 *intelligite:* second *i* over erasure, perhaps of *e.*   13 *getrywiað: i* added above in same hand.

3

me monige onarisað   togeanes   me   monige cwædon saule
me multi   insurgunt aduersum me. 3 Multi   dicunt   animę

mire ne   is   hæle ł o hire on gode hire   þu cuðlice driħt
meę non est salus   ipsi in deo   eius. 4 Tu autem domine

andfengend min   7 þu eart wuldor min 7 uppahebbende
susceptor   meus   es   gloria   mea et exaltans

heafod min   stefne minre to driħt   ic clypode 7
capud   meum. 5 Voce   mea   ad dominum clamaui   et

he gehyrde me of munte haligan his   ic   slepte   7
exaudiuit   me de monte sancto   suo. 6 Ego dormiui et

slæp ic ongan 7 ic eft aras forþon driħ   onfeng   me
soporatus sum et exurrexi   quia   dominus suscepit me.

   ne   ondræde ic me þusend folces   ymbsyllende   me
7 Non timebo   milia   populi   circumdantis   me

aris   driħt   halne   me do god m[ ]   forþā þe þu
exurge domine saluum me fac deus meus. 8 Quoniam tu

ofsloge   ealle   þa wiðerwerdan [ ]   butan intingan
percussisti omnes aduersantes   mihi sine   causa

toðes synfullra   þu geþreadest   driħt   is hælo 7 ofer
dentes peccatorum contriuisti.   9 Domini est salus et super

folc   þin   bletsung   þin
populum tuum benedictio tua.

3. 3 mire: probably this word was originally mine. In attempting to
correct to minre, the glossator simply added a lower stroke to n, making it
appear as r. ł o: for hælo.   4 min 7: 7 induced by mea et in the same
vs.   5 haligan: i added above.   6 slæp ic ongan: RPs. somnum coepi.
8 toðes: -es induced by lemma; note J toþas ł teþ.

4

4

In finem psalmus cantici Dauid *propheta* increpat
Iudaeos

mid þy þe ic þe gecigde þu gehyrdest me god   rihtwisnesse
2 Cum   inuocarem   exaudiuit   me de*us* i ustiti*ę*

minre in geswince   [ ]ræddest me   mil[ ]a
me*ę* in tribulatione   dil*ata*sti michi. [f.19ᵛ] Miserere

me 7 gehyr bene   mine   bearn ma[ ]a   hu lange
mei et exaudi orationem meam 3 Filii hom*i*num usquequo

hefige on heort[ ] tohwan   lufigeað idelnesse 7 geseceað
graui corde   ut quid diligitis uanitatem et qu*ę*ritis

leasunge   7 witað ge þæt ge   gemiclade driħt
mendacium. 4 Et scitote   quoniam mirificauit dominus

haligne his driħt   gehyrde me mid þy þe ic clipode to
sanctum suum dominus exaudiet me cum   clamauero ad

him   iersiað ge 7 nellan ge syngian þa þe cweðað [ ]
eum. 5 Irascimini et nolite   peccare qu*ę*   dicitis in

heortan eowrum 7 on incleofum eowrum ge beoð onbryrde
cordibus uestris et in cubilibus uestris conpungimini.

   onsægeað   onsægednesse soðfæstnesse 7 hihtað ge on
6 Sacrificate sacrificium   iustiti*ę*   et sp*ę*rate in

driħt   monige cweðað hwylc ætieweð [ ] godu getacnad
domino multi   dicunt quis ostendit nobis bona. 7 Signatum

is ofer us leoht andwlitan þines driħt þu sealdest
est super nos lumen uultus   tui domine dedisti

4. 2 *ic þe gecigde þu gehyrdest:* RPs. *inuocarem te exaudisti.*

5

blisse   on heortan minre   fram wæstme hwætes   7   wines
lętitiam in corde   meo.   8 A   fructu   frumenti et uini

7 eles his gemonigfealdode syndon   in sibbe on þære ilcan
et olei sui multiplicati   sunt.   9 *In* pace in idipsum

ic slepte 7 ic reste   [ ]þam þe þu driħt   synderlice
dormiam et requiescam. 10 *Quoniam*   tu domine singulariter

on hihte þu gesettestð me
in spe   constituisti   m*e*.

5

In finem pro ea quę hereditatem consequitur psalmus
Dauid uox Aecclesiae

 word mine mid earum onfoh   driħt   ongyt ðu clypunga
2 *Ve*rba mea auribus   percipe domine intellige clamorem

mine   [ ]   stefne gebedes mines cýning min   7 god
meum. 3 *Inten*de uoci   orationis meę   rex   meus et deus

mi[ ]   [ ]   [ ] [ ]e ic gebidde driħt   on ærnemergen
meus. 4 *Quoniam* ad te   orabo   domine mane

7 þu gehyrdest [ ]tef:[ ] mine   [ ]   [ ]   þe 7
    exaudies   *u*ocem   meam. 5 *Mane* adstabo tibi et

ic geseo þe forðan   na   god [ ]ende unrihtwisnesse þu
uidebo   quoniam non deus *u*olens iniquitatem   tu

eart   [ ]   eardað   neah þe awyrged [ ]
es.   [f.20ʳ] 6 *N*eque habitabit iuxta te malignus neque

þurhwuniað þa unrihtwisan beforan eagan þinan þu feodest
permanebunt iniusti   ante   oculos tuos. 7 Odisti

5. 4 7: RPs. *mane et.*

6

ealle   þa þe wyrceað   unrihtwisnesse þu forspillest ealle
omnes qui   operantur iniquitatem   perdes   omnes

þa þe sprecað   leasunge   wer   bloda   7 facenfulle
qui   loquuntur mendacium. Virum sanguinum et dolosum

onsceonað   driht   ic   soðlice in menigeo
abhominabitur dominus   8 ego autem in multitudine

mildheortnesse þire ic ingange on hus   þin   ic gebidde
misericordię   tuae. Introibo in domum tuam et adhorabo

to temple   halgum þinum on ege   þinum driht   gelæd
ad templum sanctum tuum in timore tuo.   9 Domine deduc

me on rihtwisnesse þine for   feondum minum gerece ðu
me in iustitia   tua propter inimicos meos   dirige

on gesihðe   þinum weg minne   forþon ne is on muðe
in conspectu tuo   uiam meam. 10 Quoniam non est in ore

heora soðfæstnes heort[ ] heora idel   is   byrgen
eorum ueritas   cor   eorum uanum est. 11 Sepulchrum

openiende is hraca heora mid heora tungum facenfulle
patens   est guttur eorum linguis suis   dolose

dydon   dem þu hie [ ]   gefeallað fram geðohtum
agebant iudica illos deus. Decidant a   cogitationibus

heora æfter   micelnesse   arleasnesse heora utad[ ] hie
suis   secundum multitudinem impietatum eorum expelle eos

forþam hie agrimsedon ðe drihten   7 blissiað ealle
quoniam irritauerunt   te domine. 12 Et lętentur omnes

8 þire: read þinre. et: the sign & is written above the line in the hand, it
appears, of the glossator. The reading tuam et occurs elsewhere only in C;
see Weber.   11 impietatum: u on erasure; var. -tem.

7

þa þe gehihtað on ðe on ecnesse wynsumiað 7 þu ineard[ ]
qui   sperant in te in ęternum exultabunt et habitab*is*

[ ] [ ] 7 wuldriað   in ðe ealle   þa þe lufi[ ]   naman
*in eis. E*t gloriabuntur in te omnes qui   dilig*unt* nomen

þinne   forþon   þu bletsast   r[ ]   driħ   swa mid
tuum 13 quoniam tu benedices iusto. Domine ut   scuto

scylde godes willan   þu gebeagadest us
     bone uoluntatis tue coronasti   nos.

6

In finem pro octaua in carm*inibus*

drihten ne in þinum yrre ðreað[ ] [ ] ne   on þinre
2 Domine ne in furore tuo   arg*uas* *me* neque in ira

hatheortnesse gewemmest me˘   [ ]   me driħt
tua   corripias   me. [f.20ᵛ] 3 *M*iserere mei domine

forðā   ic untru[ ] [ ] hæl þu me driħt   forðan þe
quoniam infirmus *sum* sane   me domine quoniam

gedrefede syndon bane mine   7 sauwl min gedrefedu is
conturbata sunt   ossa mea. 4 Et anima mea turbata   est

swiðe 7 þu driħt hwonne hugu gecyr ðu   driħt   7
ualde et tu domine usquequo.   5 Conuertere domine et

genere saule   mine halne me do for   mildheortnesse
eripe animam meam saluum me fac propter misericordiam

þinre   forðon þe ne is on deaðe se þe gemyndig sie
tuam. 6 Quoniam non est in morte qui   memor   sit

6. 2 *gewemmest: corripias* confused with a form of *corrumpo.*

8

þin in helle   soðlice hwylc andetteð   þ[ ]   ic wan   on
tui in inferno autem quis   confitebitur tibi.   7 Laboraui in

iumerunge minre ic hwea þurh syndrige nihte   reste
gemitu   meo   lauabo   per singulas noctes lectum

minre tearum miñ strewene miñ   ic læcce   gedrefed is
meum lacrimis meis stratum   meum rigabo.   8 Turbatus est

for yrre   eagan mine ic ealdig[ ] betweoh ealle   in sibbum
a furore oculus meus inueteraui inter   omnes inimicos

minum   onweg gewitað from me ealle   þa þe wyrceað
meos.   9 Discedite   a   me omnes qui   operamini

unrihtwisnesse forðam gehyrde driħ   stefne wopes
iniquitatem   quoniam exaudiuit dominus uocem fletus

mines   hyrde driħt bene   mine [ ]riħ
mei.   10 Exaudiuit dominus deprecationem meam dominus

gebed   min   onfeng   [ ]miað   7 sien gedrefede
orationem meam suscępit. 11 Erubescant et conturbentur

swiðe   [ ]lle fynd   mine sien gecyrrede 7 scomiað
uehementer omnes inimici mei   conuertantur et erubescant

hiora swiðe hrædlice
     ualde uelociter.

7

vii. Psalmus Dauid quem cantauit domino pro uerbis
     chusi filii eminei propheta dicit ad Christum

    driħ   god min on ðe ic gehihte halne   me do
2 Domine deus meus in te speraui   saluum me fac

7 hwea: read þwea.   8 for yrre: RPs. prae ira. in sibbum: did the glossator
take the lemma as in amicos?   11 scomiað hiora: cf. F sceamian heom, I
gesceamige heom.

9

from eallum eh-   tend   me 7 genere me
ex   omnibus per- [f.21ʳ] sequentibus me et libera me.

þylæs hwonne gerefne swaswa leo saule   mine   þonne
3 Nęquando   rapiat   ut   leo animam meam dum

ne is se ðe ne aliese ne   se se hie halne gedeð
non est qui   redimat neque qui   saluum   faciat.

driħ   god min gif ic þas dyde gif is unrihtw[ ] on
4 Domine deus meus si fęci istud si est iniquitas in

hondum min   gif ic ageald þam æftergyldendum me
manibus meis. 5 Si reddidi rętribuentibus   mihi

yfelu ic gefealle be gewyrhtum fram freondum minum
mala decidam   merito   ab   inimicis meis

in idlum   ehteð   feond saule mine 7 ge-
inanis. 6 Persequatur inimicus animam meam et com-

gripeð   7 fortredað on eorðan lif   min   7 wuldor
prehendat et conculcet in terra uitam meam et gloriam

min on myll   gelædeð   aris þu driħt on þynum
meam in puluerem deducat. 7 Exurge domine in ira

yrre 7 upahefe ðu in gem[ ]u feonda   minra   7 aris
tua et exaltare in finibus inimicorum meorum. Et exurge

driħt   god min in bebod þæt þu bebude 7 sio gesom-
domine deus meus in precępto quod mandasti 8 et sinagoga

nung folca   utan ymbseteð þe 7 for   ðyssum on
    populorum circumdabit   te. Et propter hanc in

---

7. 2 *from:* RPs. *ab.*   3 *se se:* read *se ðe.* *hie:* see Wildhagen's note
in ed. of C.   5 *fram freondum:* lemma taken as if *ab amicis;* cf. K 68.5
sawle. inimici (taken as if *anima*).

heanesse gang ðu drihten dem ðu folc dem ðu
altum regredere 9 dominus iudicat populos. *I*udica

me driħt æfter rihtwisnes[ ] minre ⁊ æfter
me domine secundum iustitiam meam et secundum

unsceaðfulnesse minre ofer me sie fornumen nið
innocentiam mea*m* super me. 10 *C*onsumetur nequitia

synfulra ⁊ ger[ ]ceþ rihtwisne smeagend heortan ⁊
peccatorum et diriges iustum scrutans corda et

lendena god rihtwisne fultum min from drihtne
renes deus. Iustum 11 adiutorium meum a domino

se þe halige deð þa rihtwisan heortan god dema
qui saluos facit rectos corde. 12 Deus iudex

rihtwis ⁊ strong ⁊ langmod ac ne yrsað he þurh syndrige
iustus et fortis et patiens nunquid *i*rascetur per singulos

dagas [ ]:e gesien gecyrde sweord his
dies. [f.21v] 13 *N*isi conuersi fuęritis gladium suum

[ ] bogan his aþeneð ⁊ gegearwað hine ⁊
uibrabit arcum suum tetendit et parauit illum. 14 *E*t

on ðæm gegearwað fæt deaðes strælas his byrnendum
in eo parauit uasa mortis sagittas suas ardentibus

gefremeð efne gebyreð on rihtwisnesse ⁊ geeacnað
effęcit. 15 Ecce parturit iniustitiam concepit

10 A small, mismounted fragment covers part of the gloss to *diriges;* the fragment, with the gloss letters -*:yn*-, may belong to the gloss to *inimicum* in 8.3, i.e., (*f*)*ynd*. 11 *halige deð:* Lindelöf (1904) suggests, read *hale gedeð*. 12 *langmod:* RPs. *longanimis*. *irascetur:* MS unclear, but appears to be corrected to -*citur* by later hand. 15 *on rihtwisnesse:* read *unrihtwisnesse; in*- separated from -*iustitiam* in MS. Before *concepit*, the sign & erased.

sár   7 gecenð unriht   bið gecyrred 7
dolorem et peperit iniquitatem.   16 Lacum aperuit   et

adylfð hine 7 gefealleð on seað   þone he gewyrceð
effodit eum et incidit   in foueam quam fęcit.   17

bið gecyrred sar   his on heafod his   7 on hnifel ł hnoll*
Conuertętur dolor eius in caput   eius et in uerticem

his   unriht   his   ofdune astigeð   ic andette drihtne
ipsius iniquitas eius descendet.   18 Confitebor domino

æfter   rihtwisnesse his   7 singe   naman   dritnes
secundum iustitiam   eius et psallam nomini   domini

þam heahstan
altissimi.

8

viii. In finem pro torcolaribus psalmus Dauid uox
     aecclesie ueter*is* de Christo et de fide dicit

   driħt   drihten ure   eala   hu swiðe wundorlic is nama
2 Domine dominus noster quam admirabile   est nomen

þin on ealre   eorðan forþam upahafen is micelnes
tuum in uniuersa terra. *Qu*oniam eleuata   est magnificentia

þine ofer heofenas   [ ] muðe on cilda   7 meolciendra
tua super cęlos.   3 Ex ore   infantium et lactentium

þu gefremedest lof   for   feondum   ðinum þætte
perfecisti   laudem propter inimicos   tuos   ut

16 *bið gecyrred:* the glossator saw *Conuertetur* two lines below.   17 *hnifel:*
only in G among the psalters; cf. the note at 128.4.

12

þu toweorp[ ] [ ]d   7 þone gescyldend ɫ þone forhosedan
destrua*s*   inimicum et ultorem

   forþon   ic geseo heofenas þine weorc fingra   [ ]
4 Quoniam uidebo cęlos   tuos opera digitorum tuorum

monan 7 steorran þa   þu gestaþeladest   forðon is
lunam et stellas   quę tu fundasti.   5 *Q*uid   est

se mon þæt   ðu his gemyndig sie oððe sunu monnes
homo   quod memor es eius   aut filius hominis

forðon   þu geneosast hine   ðu lytledost hine hwene
quoniam uisitas   eum. 6 Minuisti   eum paulo

læs   fram englum mid wuldre 7 mid are ðu gebeag[ ]dest
minus ab   angelis gloria   et honore coronasti

hine   7 þu gesettest [ ]   ofer   weorc handa
eum. 7 et constituist*i* *eum* [f.22ʳ] super opera manuum

þinra   ealle   þu underðiedest under fotum his sceap
tuarum. 8 Omnia subięcisti   sub   pedibus eius oues

7 oxan ealle   on ufan þæt 7 nytena feldes   fugelas
et boues uniuersas insuper   et pecora campi. 9 Volucres

heofenæs 7 fixas sæs   ða ðe þurhgangað stige   sæs
cęli   et pisces maris qui perambulant semitas maris.

   driħt   driħt   ure   eala hu swiðe wundorlic is
10 *D*omine dominus noster quam   admirabile est

nama þin on ealre   eorðan
nomen tuum in uniuersa terra.

---

8. 3 *þone forhosedan*: added in different, but contemporary, hand.
Sisam (ed. of K, p. 60, n.2) imprecisely reads *forhoredan*, but correctly
suggests that *ultorem* was confused with *adultorem*. *forhose-* is probably
for *forhore-*, a form not in the dictionaries. That such a word is possible,
cf. BTD *gehorwian*, *forhorwade*, and *forligenes (adulterio)*, *horing (adulterer)*.
5 *forðon. Quid*: as J; perhaps induced by *Quoniam* in 4 or *Quid* taken as
if *Quia*.

9

viiii. In finem pro occultis filii psalmus Dauid propheta
laudem dicit de Christo et de Iudaeis

ic andette þe driħ   on ealre heortan minre ic secge
2 Confitebor tibi domine in toto corde   meo   narrabo

ealle   wuldra   þine   ic blissige 7 ic wynsumige on
omnia mirabilia tua. 3 Letabor   et exultabo   in

ðe 7 ic singe naman þinne þam heahstan   in togecyrrenne
te   psallam nomini tuo   altissime.   4 In conuertendo

feond   mine on bæc   beoð geuntrumod 7 forweorðað
inimicum meum retrorsum infirmabuntur   et peribunt

on ansyne þynre   forðon ðu gedydest dom   minne
a   facię   tua. 5 Quoniam fecisti   iudicium meum

7 intingan minne ðu siest ofer   þrymsetl þu þe demest
et causam meam sedis   super thronum qui   iudicas

rihtwisnesse þu ðreadest ðeoda 7 forweorðað þa árleasan
iustitiam. 6 Increpasti gentes et periit   impius

naman heora ðu adylgadest on ecnesse 7 on   woruld
nomen eorum delesti   in ęternum et in   seculum

woruld   fynd   geteorodon cocor on ende 7 ceastera
seculi. 7 Inimici defecerunt frameę in finem et ciuitates

hyora ðu towurpe forweorðeð gemynd hyora mid swege
eorum destruxisti. Periit   memoria eorum cum sonitu

7 driħt   on ecnesse þurhwunað gegearwað on dome
8 et dominus in ęternum permanet. Parauit   in iudicio

9. 5 *sedis:* final *s* on erasure; orig. probably *sedisti*; cf. I. *siest:* read
sitest.

14

setl   his   7 he sylf he demð ymbhwyrht eorðan
thronum suum 9 et ipse   iudicabit orbem   terrę

on efnesse he demð folcum   mid rihtwisnesse   7 ge-
in ęquitate iudicabit populos in   iustitia.   10 Et fac-

worden is   driħt   gebeorh   þearfan   [ ]tumiend
tus   est dominus refugium pauperi [f.22ᵛ] audiutor

on gehyðelicnesse on gesw[ ]   7 gehihtende
in oportunitatibus in tribula*tione*. 11 Et sperent

on ðe ealle þa ðe witon   naman þinne forðon   þu
in te   qui   nouerunt nomen tuum   quoniam

ðe ne   forlætest   secende   te driħ   singað ge
    non dereliquisti quęrentes te domine. 12 Psallite

drihtne se   eardað on ðe   bodigeað ge between þeoda
domino qui habitat in sion annuntiate   inter   gentes

wundru his   forðan þe he seceð blod   hiora
studia   eius. 13 Quoniam requirens sanguinem eorum

he gemyndig is   ne   is   ofergytol gebeda   þearfena
recordatus   est non est oblitus   clamorem pauperum.

      gemiltsa ðu me driħt   7 geseoh eadmodnesse mine
14 Miserere   mei domine   uide   humilitatem meam

of minum feondum   þu þe upahefest me æt deaðes
de inimicis   meis. 15 Qui   exaltas   me de portis

geate þæt ic bodige   ealle   lufu   þin on geatum
mortis ut   annuntiem omnes laudationes tuas in portis

9 *ymbhwyrht:* read *-hwyrft.*   11 *ealle:* RPs. *in te omnes qui.* gloss *te:*
induced by lemma, read *þe.*   12 *ðe* is probably separated from *se* over *qui.*
annuntiate: changed from *ad-.* *wundru:* RPs. *mirabilia.*   13 *gebeda:* RPs.
orationes. Lindelöf (1904) reads *gebedo;* Wildhagen in his ed. of C collates
gebedu.   14 7 *geseoh:* RPs. *et uide.*   15 *lufu:* read *lofu.*

15

dohtra sione   ic wynsumige on hælo   þinre gefæstnode
filię   sion.   16 Exultabo   in salutari tuo   infixę

syndon þ[ ]   on forwyrde þa ðe geworhton on þis gegrine
sunt   gentes in interitu   quem fecęrunt.   In laqueo

þyson ða ðe hi ær digle dydon gegripen   bið fot heora
isto   quem absconderunt   comprehensus est pes eorum.

   cnawen   driħt   domas donde on weorcum handa
17 Cognoscętur dominus iudicia faciens in operibus manuum

hieora   gegripen   bið gesyngad   beoð gecyrrede
suarum   comprehensus est   peccator. 18 Conuertantur

þa synfullan on helle   [ ]   þeoda þa þe ofergytað
peccatores   in infernum omnes gentes quę obliuiscuntur

god   forþam   nalæs on ende   ne bið   ofergyttoll
deum.   19 Quoniam non   in finem   obliuio   erit

þearfena geðyld   þearfen[ ]   ne   forweorðeð on ende
pauperis patientia   pauperum   non   peribit   in finem.

   aris þu driħt   n[ ] swiðað ł ne fremiað man   bið demende
20 Exurge domine non confortetur   homo iudicentur

þeod[ ] on gesihðe   þinre   gesete þu   drihten
gentes   in conspectu tuo.   [f.23ʳ] 21 Constitue   domine

ælædend   ofer   hie þæt hie witon þeoda forðon þe hie
legislatorum super eos   sciant   gentes quoniam

men   syndon   tohwon   driħt   þu gewite feorr
homines sunt.   22 Vt quid   domine   recessisti   longe

þu forsyhst on gehydelicnesse   on geswince   þonne
despicis   in oportunitatibus in tribulatione. 23 Dum

---

20 n[ ]: Lindelöf (1904) reads *ne*, but the final letter is missing in the MS.
swiðað ł fremiað: cf. E *swiþie ł framie*. *praevaleat*. *þeod*[ ]: Lindelöf
(1904) reads *þeoda*, but a final letter is missing.   21 *þæt*: RPs. *ut sciant*.

oferhydgað   arleas   bið onæled þearf[ ] beoð gegripene
superbit   impius   incenditur pauper comprehenduntur

on heora geþohtum þa þe hie þohton   forðam þe
in consiliis   quibus cogitant.   24 Quoniam

beoð gehered synfulle on gewilnunge saule his 7 se ðe
laudatur   peccator in   desideriis   animę suę et

unriht   bið gebletsad   bysmrað   driht   synfull
iniquus benedicitur.   25 Exacerbauit dominum peccator

æfter   menigeo   yrres his ne   seceð   ne
secundum multitudinem irę   suę non quęret.   26 Non

is god on gesihðe   his besmitene bioð wegas his   on
est deus in conspectu eius inquinatę sunt uię   illius in

ealle tide   bioð afyrrede domas þine fram ansyne
omni tempore.   Auferuntur   iudicia tua   a   facie

his ealra   his feonda   ongewealde   cwæð
eius omnium inimicorum suorum dominabitur.   27 Dixit

soðlice on heortan his ne   beoð onstyred of cneorisse
enim   in corde   suo non mouebor   a generatione

on cneorisse   butan yfele   þæs wyrgcwedolnesse
in generationem sine   malo.   28 Cuius maledictione

muð full   is   7 biternesse   7 facen under tungan his
os   plenum est et amaritudine et dolo sub   lingua eius

gewinn 7 sár   siteð on settungum mid welegum on
labor   et dolor. 29 Sedet in insidiis   cum diuitibus in

digelnesse þætte ofslyhð   unscyldigne   eagan his
occultis   ut   interficiat innocentem.   30 Oculi eius

---

23 heora geþohtum þa þe: RPs. cogitationibus suis quas.   24 se ðe unriht:
RPs. qui iniqua.   26 iudicia: a added by a much later hand.   ongewealde:
perhaps geanwealde is intended; cf. BTDS under geanwealdian.   27 of:
RPs. de.

on   þearfan   lociað   syrwað (ł sætað)   on   diglum
in   pauperem   respiciunt   insidiatur   in   abscondito

swa   leo   on   resthuse   his   syrwað   ł   sæteð   þæt   he   reafige
quasi   leo   in   spelunca   sua.   Insidiatur   ut   rapiat

þearfan   scrud[ ]   þearf[ ]   þonne   tihð   hine
pauperem   rape*re*   [f.23ᵛ]   pauperem   dum   áttrahit   eum.

   on   grin[ ]   his   gehyneð   hine   onhyldeð   h[ ]ne   7
31 In   laqueo   suo   humiliabit   eum   inclinabit   se   et

fealleð   þone   anwaldað   bið   þam   þearfan   cwæð
cadet   cum   dominatus   fuᵉrit   pauperum.   32   *D*ixit

soðlice   on   heortan   his   ofergytol   is   god   onweg   acyrreð
enim   in   corde   suo   oblitus   est   deus   auertit

his   ansyne   þylæs   he   geseo   oð   ende   aris   driħt
faciem   suam   ne   uideat   in   finem.   33   Exurge   domine

god   sie   upahafen   handa   þine   þylæs   þu   ofergytelice
deus   exaltetur   manus   tua   ne   obliuiscaris

þearfena   forðon   hwæt   bysmrað   arleas   god   sæde
pauperum.   34   Propter   quid   irritauit   impius   deum   dixit

soðlice   on   heortan   his   ne   seceð   þu   gesyhsð
enim   in   corde   suo   non   requiret.   35   Vides

forðon   gewinn   7   sar   þu   sceawast   þæt   þu   sylest
quoniam   tu   laborem   et   dolorem   consideras   ut   tradas

hie   on   handum   þinum   ðe   forlæten   is   þearfa   steopcildum
eos   in   manus   tuas.   Tibi   derelictus   est   pauper   orphano

---

30 *resthuse:* as J. This gloss renders more closely RPs. *cubili;* cf. Diefenbach
I: *cubile. schlaf hus. scrud*[ ]: cf. J *scrude* or *strude;* G's gloss is probably
for *strud-.*   31 *anwaldað bið:* as J (*anweal-*), cf. I *wyldende he bið* and
RPs. *dominabitur.*   32 *oð ende:* as HJ; RPs. *usque in finem.*   33 *ofergytelice:* cf. C *ofergytola.*

18

ðu bist gefultumiend   þu forþræstest earm   synfulra
tu eris adiutor.   36 Contere   brachium peccatoris

7 awyrgedes bið gesoht scyld   his   7 ne bið gemeted
et maligni   quęretur   peccatum illius et non inueniętur.

driħt   ricsað   on ecnesse   7 on woruld   woruld
37 Dominus regnabit in ęternum et in seculum seculi

forweorðeð þeoda on his   eorðan   willum   þearfena
peribitis   gentes de terra illius.   38 Desiderium pauperum

gehyrende driħ   gearcunge   heortan heora gehyrde
exaudiuit dominus preparationem cordis   eorum audiuit

ear[ ] [ ]ne   deman   steopcild 7 þam eadmodum þæt
auris tua.   39 Iudicare pupillo et humili   ut

he ne tosette ofer   þam gemicclian hine mon   ofer   eorðan
non   apponat ultra magnificare   se   homo super terram.

10

x. In finem psalmus Dauid uox Christi ad patrem

on driħt   ic trywe hu   cweðað ge to saule minre
2 In domino confido quomodo dicitis   anime   mee

[ ]c lære on munt   swa spearwa   forþon
transmigra in montem [f.24r] sicut passer.   3 Quoniam

efne þa synfullan aþenedon   bogan gearwodon strælas
ecce peccatores   intenderunt arcum parauerunt sagittas

his on cocore þæt þe hig scotodon on hyolstre þa rihtwisan
suas in pharetra ut   sagittent   in obscuro rectos

10. 2 lære: as J; read leore.

19

heortan   forðon   þa þe þu gefremodest towurpon
corde.   4 Quoniam quę   perfęcisti   destruxęrunt

rihtwisnesse soðlice hwæt dyde   driħt   on temple
iustus   autem   quid fęcit.   5 Dominus in templo

halgan his driħt   on heofeñ setl   his   eagan his   on
sancto suo dominus   in cęlo   sedes eius. Oculi eius in

þearfan   lociað   bræwas   his   acxiað   bearn
pauperem   respiciunt palpebrę eius interrogant   filios

manna   driħt   frineð   rihtwisnesse 7 arleasnesse
hominum. 6 Dominus interrogat iustum   et impium

se þe þonne soðlice lufað unriht   hatað saule   his
qui autem   diligit iniquitatem odit animam suam.

   hit rinð ofer þa synfullan gegrin fyres sweflenrec 7
7 Pluet   super peccatores   laqueos ignis sulphur   et

gast   storma   dæl   þrowung heora   forþon
spiritus procellarum pars   calicis eorum.   8 Quoniam

rihtwis driħt   7 rihtwisnesse lufað efnesse   gesyhð
iustus dominus et iustitias   dilexit equitatem uidit

andwlitan his
uultus   eius.

                        11

   xi. In finem pro octaua psalmus Dauid Christus pro
       passione sanctorum suorum dicit ad patrem

   halne me do driħt   forðon geswiðrað haligne forðon
 2 Saluum me fac domine quoniam defęcit   sanctus quoniam

7 *Pluet:* changed from -*it.*

gewanode syndon soðfæstnessa fram bearnum manna
diminute   sunt   ueritates   a   filiis   hominum.

  idel   sprecende wæron anra gehwylc to þam nihstan
3 *V*ana locuti   sunt   unusquisque   ad proximum

his   welere facenfulle on heortan 7 on heortan sprecende
suum labia dolosa   in corde   et corde   locuti

wæron   tostencað driht   ealle   weleras facenfulle 7
sunt.   4 Disperdat dominus uniuersa labia   dolosa   et

tungan ifel sprecende   þa þe cweðað tungan ure
linguam magniloquam. 5 Qui   dixerunt linguam nostram

gemicclian we   weleras ure   fram [ ]   syndon
magnificabimus labia   nostra a   nobis sunt   [f.24ᵛ]

hwylc ure   driht   is   for   yrmðum [ ]ædlena
quis noster dominus est. 6 Propter miseriam *i*nopum

7 geomerunge þearfena nu   ic arise   cwæð driħ
et gemitum   pauperum nunc exsurgam dicit dominus.

ic sette   mine hælo   bealdlice ic do on him
Ponam in   salutari fiducialiter agam in eo.

  gespreca drihtnes gesprecu clene seolfor   mid fyre
7 Eloquia domini   eloquia   casta argentum igne

amered   bið gehlutrudu eorþe 7 geclænsað seofonfealdlice
examinatum probatum   terrę purgatum septuplum.

---

11. 2 Scribble (?) in very light ink after *gewanode*.   6 *Ponam in:*
in over erasure. *mine hælo:* RPs. *super salutare meum.* 7 *clene:* MS
damaged, first *e* may have been *æ*. The gloss *gehlutrudu* to *probatum* is
suggested by the context, 'purified by fire.' (*ge*)*hluttran* does not appear
in other psalters and is a relatively rare word in BTD & S. *7:* as J; no
Latin authority.

þu driħt   gehealdest us 7 þu gehealdest [ ]s [ ]::
8 Tu domine seruabis   nos et custodies   nos a

[ ]::::sse   on ecnesse   on ymbgange þa a[ ]
generatione hac in eternum. 9 In circuitu   impii

[ ]að   æfter heanesse   þinre micel monigfealdodest
ambulant secundum altitudinem tuam multiplicasti

bearn manna
filios hominum.

12

xii. uox Christi ad patrem de diabolo

hu lang   drihten ofergytelast þu me on ende oð þæt
1 Vsquequo domine obliuisceris   me in finem usquequo

þu oncyrrest ansyne þine fram me   hu lange ic sette
auertis   faciem tuam a   me. 2 Quamdiu ponam

geþeaht on saule mine sar   on heortan minre þurh
consilia in anima mea dolorem in corde meo per

dæg   hu lange beoð upahafen fynd   mine ofer [ ]
diem. 3 Vsquequo exaltabitur   inimicus meus super me

geloca 7 gehyr me driħt god min [ ]   eagan
4 respice et exaudi me domine deus meus. Illumina oculos

mine þylæs æfre   ic slafe on deaðe   þylæs hwænne
meos ne   unquam obdormiam in morte 5 nequando

cweðe fynd   mine ic swiðige wið   hine þa þe swenceað
dicat inimicus meus preualui aduersus eum. Qui tribulant

---

9 Parts of the glosses, *þinre micel monigfealdodest bearn manna*, which are badly faded, have been touched up in a postmedieval (probably 16th-century) hand; cf. 100.3 and 5.

12. 4 *unquam:* changed from *um-. slafe:* so MS; read *slape?*

me wynsumiað gif ic beo [ ]   [ ] soðlice on þinre
me exultabunt si motus *fu*ero 6 ego autem in miseri-

mildheortnesse ic gehihte wynsumiað heorte min on
cordia tua *sp*ẹraui.   *Ex*ultabit cor meum in

hæle þinre ic singe driħt se ðe syleþ
salutari tuo cantabo [f.25ʳ] domino qui bona tribuit

me 7 ic sing[ ] naman driħ þam hyhstan
mihi et psallam nomini domini altissimi.

13

xiii. In finem psalmus Dauid uerba Christi ad diuitem
interrogantem se de populo suo

   cwæð unwis on heortan his ne is god gewemde
1 *D*ixit insipiens in corde suo non est deus. Corrupti

syndon 7 onscunigendlic gewordene syndon on lustum
sunt et abhominabiles facti sunt in studiis

heora ne is se ðe do god ne is oð ænne
suis non est qui faciat bonum non est usque ad unum.

   driħt of heofenum forðlocade ofer bearn manna
2 Dominus de cẹlo prospexit super filios hominum

þæt he gesyhð hwæt sy ongytende oððe secende god
ut uideat si est intelligens aut requirens deum.

   ealle ahyldon somod on unnytte gewordene
3 Omnes declinauerunt simul inutiles facti

s[ ]ndon ne is se ðe do god ne is oð ænne
sunt non est qui faciat bonum non est usque ad unum.

13. 3 *s*[ ]*ndon:* a letter has been erased.

byrgen   openigende is hraca   heora   tungan heora
Sepulchrum patens   est guttur eorum   linguis suis

facenfullice doð   attor   nædrena under welerum
dolose   agebant uenenum aspidum sub   labiis

heora   þara   muð wyrigcwydolnesse 7 biternesse
eorum. Quorum os   maledictione   et amaritudine

full   hraðe fet   hieora to ageotenne   blod
plenum est ueloces pedes eorum ad effundendum sanguinem.

forðræstness 7 ungesæligness on wegum heora   7 weg
Contritio   et infelicitas   in uiis   eorum   et uiam

sibbe hy ne ongeaton ne is ege   godes beforan eagan
pacis non cognouerunt non est timor dei   ante   oculos

heora   ac hi ne oncweowon ealle þa þe wyrceað
eorum. 4 Nonne cognoscent   omnes qui   operantur

unriht   ge þe fræton   folc   min   swaswa mete
iniquitatem qui deuorant plebem meam sicut   escam

hlafes drihten ne gecigdon   þær forhtodon
panis. 5 Dominum non inuocauerunt illic trepida-

               mid ege þær ege ne wæs   forþon
[f.25ᵛ] uerunt timore ubi non erat timor. 6 Quoniam

drihten [ ]n cneorisne   rihtwis is þæt geþeaht wæd[ ]a
dominus in generatione iusta   est consilium inopis

þu togute forþ[ ] drihten hiht his [ ]   hwylc syleð
confudistis quoniam dominus spes eius est. 7 Quis dabit

on seone hæle   israhele [ ] aweg acyrreð drihten
ex syon   salutare israhel cum auerterit   dominus

---

ungesæligness: -*æli-* partially erased.   4 *oncweowon:* read *oncn-;* cf. 90.14
oncweow, and ed. of K, pp. 31-2.

hæftnyd	his folces	blissað	iacob	7	wynsumað
captiuitatem	plebis suę	exultabit	iacob	et	letabitur

folc israhel
israhel.

14

xiiii. Psalmus Dauid de exemplo et de magisterio Christi
de apostolis et d[ ]

driħ	hwylc	eardað	on þinum getelde	oððe hwilc
1 Domine	quis	habitabit	in tabernaculo tuo	aut quis

gerested	on þinum	þam halgan munte þinan	se þe
requiescat	in monte	sancto tuo.	2 Qui

ingangeð	butan womme 7	gewyrceað	rihtwisnesse	se þe
ingreditur	sine macula et	operatur	iusitiam.	3 Qui

sprecð	soðfæstnesse on his heortan	þe ne deð facen	on
loquitur	ueritatem in corde suo	qui non ęgit dolum	in

his tungan ne	deð his	þam nyhstan yfel	7 hosp
lingua sua. Nec	fecit proximo suo	malum et obprobrium

ne	onfehð	wið	his þa nyhstan	to	nahte
non	accępit	aduersus	proximos suos.	4 Ad	nichilum

gelæded	bið	on his gesihþe	awyrged	ondrædende
deductus	est	in conspectu eius	malignus	timentes

soðlice drihten	gemicliað se þe swerað	his þam nyhstan
autem dominum glorificat.	Qui iurat	proximo suo

7 hine ne	beswicð	se ðe his feoh	ne	syleð to
et	non decipit	5 qui	pecuniam suam	non dedit ad

14. 4 *hine:* RPs. *non decipit eum.*

eacan   ⁊ lac   ofer   unscyldigne ne   onfehð se þe
usurum et munera super   innocentem non accępit. Qui

deð þas þonne ne bið he onstyred on ecnesse
facit hęc   non mouebitur   in ęternum.

15

Tituli inscriptione ipsi Dauid uox Aecclesiae

geheald þu m[ ] drihten forðon   in þe ic gehyht[ ]
1 Conserua   me   domine quoniam speraui *in te*

ic cwæð to drihtne god min   þu eart forðam
2 dixi   domino   deus meus [f.26ʳ] es tu   quoniam

goda   minra   þu ne be:earft   halige þá þe synd on
bonorum meorum non ęges.   3 Sanctis qui   sunt in

eorðan his gewundriað ealle   willan   minne betweo[ ]
terra   eius mirificauit omnes uoluntates meas   in

[ ]e   gemonigfealdode synd hyra untrumnesse   æfter
eis. 4 Multiplicatę   sunt infirmitates eorum postea

þam hig efston ne   gesomnige gemetinge hyra   of
accelerauerunt. Non congregabo conuenticula eorum de

blode   ne beo gemyndig namena hyra   þurh welera
sanguinibus nec memor ero nominum eorum per   labia

mine   drihten dæl yrfes   mines ⁊ þrowunge mine
mea. 5 Dominus pars hereditatis meę et calicis   mei

þu eart þu þe eft gesettest yrfe   min me   rapas
tu es qui   restitues   hereditatem meam mihi. 6 Funes

5 *innocentem:* changed from *-tes.*
    15. 3 *betweo*[ ] [ ]*e:* RPs. *inter illos.*

26

gefeollon me on beorhtum 7 soðlice yrfes mines
ceciderunt mihi in preclaris etenim hereditas mea

beorht is me gebletsige drih þa þe syllað me
preclara est mihi. 7 Benedicam dominum qui tribuit mihi

andgyt ofer þæt 7 oð niht þreadon
intellectum insuper et usque ad noctem increpuerunt

me lendena mine ic foreseo drih on gesihðe
me renes mei. 8 Prouidebam dominum in conspectu

minre symle forðam þe æt swyðran his me ne
meo semper quoniam a dextris est mihi nec

beo ic onwended for þyssum gelustfullad wæs
commouear. 9 Propter hoc lętatum est

heorte min 7 wynsumigeað tunge min on úfan þæt
cor meum et exultauit lingua mea insuper

7 flæsc min geresteð on hihte forðam þe þu ne forlætest
et caro mea requiescet in spe. 10 Quoniam non derelinques

saule mine on helle ne þu ne sylest þone halgan
animam meam in inferno nęc dabis sanctum

þinne geseon gebrosnunge cuþe me þu gedydest
tuum uidere corruptionem. 11 Notas mihi fęcisti

wegas lifes to gefyllenne me mid blisse mid andwlitan
uias uite adimplebis me lętitia cum uultu

þinre lustfullunga on swiðran þinre oð · ende
tuo delectationes in dextera tua usque in finem.

8 *his:* read *is.*

27

16

[f.26ᵛ] Oratio Dauid Christus de Iudeis dicit ad patrem

gehyr ðu driħ   rihtwisnesse mine beheald bene
1 *E*xaudi domine iustitiam   meam inten*de* deprecationem

mine [ ]arum onfoh gebeda   mine nalæs on welerum
meam. *Au*ribus percipe orationem meam non   in labiis

facenfulle   of ánsyne þinre dom   minne forðyppe
dolosis.   2 De uultu   tuo   iudicium meum prodeat

eagan þine geseon efennesse   þu cunnodest heortan mine
oculi tui   uideant ęquitates. 3 Probasti   cor   meum

7 þu neosodest on niht mid fyre me þu ameredest 7   nan
et uisitasti   nocte   igne   me examinasti   et non

is   gemet   [ ] [ ] unriht   þæt ne sprece   muð
est inuenta in me iniquitas. 4 Vt   non loquatur os

min   weorc manna   for   worde welera   þinra   ic
meum opera hominum propter uerba labiorum tuorum ego

behealde wegas hearde   gefreme þu stæpas mine on
custodiui uias   duras.   5 Perfice   gressus meos in

stigum þinum þæt þ[ ] h[ ] s[ ] onwendende swiðe
semitis tuis   ut non   moueantur   uestigia

mine   ic clypige forþam   þu gehyrdest me god
mea. 6 Ego clamaui quoniam exaudisti   me deus

onhyld þu earan þiñ me 7 gehyr word min   gewundra
inclina   aurem tuam mihi et exaudi uerba mea. 7 Mirifica

mildheortnesse þine þu þe hale gedest [ ]   on þe
misericordias tuas qui saluos facis sperantes in te.

16. 5 *swiðe:* as J; read *swaðe* or *swaðu;* cf. A *sweðe.*

fram   þam wiðstandendan   swiþran   þinre   geheald   me
8 A   resistentibus   dexterę tuę   custodi   me

swaswa   syon   eagana   under   scade   feðera   þinra
ut   pupillam oculi.   Sub   umbra   alarum   tuarum

gescyld me   fra[ ] [ ]e   árleasra   þa þe   me swencton
protege me 9 a   facie impiorum qui   me afflixerunt.

fynd   mine saule   mine   utan ymbsealdon   to lynde
Inimici mei animam meam   circumdederunt   10 adipem

heora belúcan   muð heora   sprecende   wæs   ofermodnes
suum concluserunt os   eorum   locutum   est   superbiam.

I oferhygd   aweorpende me nu   utan ymbsealdon
        [f.27ʳ] 11 Proicientes   me nunc circumdederunt

me eagan heora gesetton   7 onhyldon on earðan   on-
me oculos suos   statuerunt   declinare in terram. 12 Susce-

fengon me swaswa leo geara   to reaflace 7 swaswa hwelpas
perunt me sicut   leo paratus ad predam et sicut   catulus

leona   eardigende on behydednessum   aris þu drih
leonis habitans   in abditis.   13 Exsurge domine

forecum þu hig   7 forcyr ðu hig   genera saule   mine
pręueni   eum et subplanta eum eripe animam meam

fram arleasum cocor   þin   feonda   handa þine
ab   impio   frameam tuam 14 ab inimicis manus tuę.

drih   feawum fram eorðan todæl þu hig on life heora
Domine a paucis de   terra diuide   eos in uita eorum

___

11 *gesetton* 7: as J; no Latin authority for *et*.   13 *hig ... hig*: RPs.
eos ... eos.

fram   bebodenessum   þinum   to gefyllanne   is   wamb
de   absconditis   tuis   adimpletus   est   uenter

heora   gefylde wæron bearn 7 forletan   7 þa lafe his
eorum. Saturati sunt filii et dimiserunt reliquias suas

litlingas his   ic   soðlice on rihtwisnesse ic ætywe on
paruulis suis. 15 Ego autem in iustitia   apparebo in

gesihðe   þinre ic gefylle þonne beoð geswutelod wuldor
conspęctu tuo   satiabor cum aparuerit   gloria

þin
tua.

17

xvii. In finem puero domini Dauid qui locutus est
      domino uerba cantici huius in die qua eripuit eum
      dominus de manu omnium inimicorum eius fide
      manu Saul et dixit

ic lufige þe drih   strengð 1 mægen min   drih
2 Diligam te domine fortitudo   mea 3 dominus

trymnesse   min   7 friðstol min   7 alýsed   min
firmamentum meum et refugium meum et liberator meus.

god   min   gefultumiend min   7 ic gehihte on hine
Deus meus adiutor   meus et sperabo in eum.

gescyld   min 7 horn hæle minre 7 gefultumig[ ]
Protector meus et cornu salutis meę et susceptor

min   herigende ic gecige drih   7 fram feondum
meus. 4 Laudans inuocabo dominum et ab inimicis

---

14 *bebodenessum*: as J; probably read *behidednessum*, a word recorded twice
in BTD & S, of which one entry is from I 17.12 (*latibulum*); cf. 16.12 above.
7 *þa lafe*: as J; no Latin authority for *et*.   15 *aparuerit*: read *app-*.
beoð geswutelod: RPs. *manifestabitur*.

minum hal   ic beo   utan ymbsealdon me geomorunga
meis   saluus ero.   5 Circumdederunt me dolores

deaðes 7 burnon   unrihtes   gedrefdon   me   sar
mortis et torrentes iniquitatis conturbauerunt me. 6 Dolores

helle   utan ymbsealdon me forecoman   me gegrines
inferni circumdederunt me præoccupauerunt me laquei

deaðes   on geswince   minan ic gecige driħ   7 to
mortis. 7 In tribulatione mea   inuocaui dominum et ad

gode minum ic clypig[ ]   [ ] he gehyrde of temple
deum meum   clamaui.   [f.27ᵛ] Et exaudiuit   de templo

þam halgan [ ] [ ]   mine 7 [ ]:pige min on gesihðe
sancto   suo uocem meam et clamor meus in conspectu

his ineode on [ ]ran his   onwended is 7 bifode
eius introiuit in aures eius. 8 Commota est et contremuit

eorðe 7 staðolas   munta   gedrefede syndon 7 onwende
terra et fundamenta montium conturbata sunt   et commota

syndon forþam yrre wæs him   upastah rec   on yrre
sunt   quoniam iratus est eis. 9 Ascendit fumus in ira

his 7 fyr   fram ansyne his abarn gleda   onælde
eius et ignis a   faciæ   eius exarsit carbones succensi

wæron fram him   onhyldeð heofenas 7 ofdune astigeð
sunt   ab   éo. 10 Inclinauit cælos   et descendit

7 dimnes under fotum his   7 upastah ofer cherubím
et calígo sub   pedibus eius. 11 Et ascendit super cherubím

7 he fleah fleah   ofer winda feþerum   7 he gesette
et uolauit uolauit super pennas uentorum. 12 Et posuit

17. 5 geomorunga: RPs. gemitus.

31

þystru   digelnesse his   on ymbgange his geteld
tenebras latibulum suum in circuitu   eius tabernaculum

his   þystregu   wætera on wolcnum lyftlicum   for
eius tenebrosa aqua   in nubibus áeris.   13 Prę

leoman on gesihðe   his   wolcna ferdon   hægl   7
fulgore in conspectu eius nubes transier*unt* grando et

gledan   fyres   7 hleoþrode to heofenum driħ   7
carbones ignis. 14 *Et* intonuit de cęlo   dominus et

se hyhsta sealde stefne his   hægl   7 gledan   fyres
altissimus dedit uocem suam grando et carbones ignis.

    7 sende strælas his   7 tostencte hie li‾geta gemani-
15 Et misit sagittas suas et dissipauit eos fulgura multi-

fealdode 7 gedrefde   hie   7 ontyndon   æsprincg
plicauit et conturbauit eos. 16 *Et* apparuerunt fontes

wætera   7 onwrigena wæron staðolas   ymbhwyrft
aquarum   et reuelata   sunt   fundamenta   orbis

eorðena fram [ ]st: þinre drihten fram onéþunge
terrarum. *Ab* increpatione tua domine ab   inspiratione

gastes   yrres þines   sende of hean   7 onfeng me 7
spiritus irę   tuę. 17 Misit de summo et accepit me et

to genam   me of wætera menigeo   generede me
assumpsit [f.28ʳ] me de aquis multis. 18 Eripuit me

of feondum minum þa strengestan 7 fram ðysum þa þe
de inimicis meis fortissimis   et ab   his   qui

hatedon me forðam þe gestrangode syndon ofer   me
oderunt me quoniam   confortati sunt   super me.

    forecomon me on dæge geswinces mines 7
19 Pręuenerunt me in die afflictionis meae et

geworden is driħt   gescyldend min   7 utgelædde
factus   est dominus protector   meus.   20 Et eduxit

me on sidhealfe   halne   me gedo forþam þe wolde
me in latitudinem saluum me fecit quoniam   uoluit

me   7 gesealde me driħ   æfter   rihtwisnesse
me. 21 Et retribuet me dominus secundum iustitiam

minre 7 æfter   unsceaðfulnesse handa   minra
meam et secundum puritatem   manuum mearum

gesette   me   forþā ic geheald wegas drihtnes ne
retribuet mihi. 22 Quia custodiui uias   domini   nec

arlease dyde fram gode minum   forþam þe ealle   domas
impie gessi a   deo meo. 23 Quoniam omnia iudicia

his on gesihðe   minre 7 rihtwisnesse his ic ne adraf
eius in conspectu meo   et iustitias   eius non reppuli

fram me   7 ic beo unbesmiten beforan him 7
a   me. 24 Et ero   inmaculatus cum   eo   et

gehealde me fram unrihtwisnesse minre   7 he ageald
obseruabo me ab   iniquitate   mea. 25 Et retribuet

me driħ   æfter   rihtwisnesse minre 7 æfter
mihi dominus secundum iustitiam   meam et secundum

unsceaðfulnesse handa   minra on gesihðe   eagena
puritatem   manuum mearum in conspectu oculorum

his ɫ heora   mid halgum 7 halige þu bist 7 mid were
eius.   26 Cum sancto   sanctus eris   et cum uiro

---

21 *unsceaðfulnesse:* RPs. *innocentiam,* but note that *puritia* and *innocentia* are equivalent at CGL V.645.65.   24 *beforan:* RPs. *coram.*   26 *7 halige:* as J; no Latin authority for *et.* *halige:* i added above in same hand.

unsceaðfulnesse unsceaðful þu bist   7 mid gecorenum
innocente   innocens   eris.   27 Et cum electo

gecoren þu bist 7 mid ðrowerum forcyrred   forþam þe
electus eris   et cum peruerso peruerteris. 28 Quoniam

þu þæt folc eadmod þu hal gedest 7 eagan oferhydigra
tu populum humilem saluum facies et oculos superborum

þu gehynest   forðam   þu onlyhtest leohtfæt
humiliabis. [f.28ᵛ] 29 Quoniam tu illuminas lucernam

[ ]   drih   god min onlyht ðu þystru min   forþā
meam domine deus meus illumina tenebras meas. 30 Quo-

        from þe ic beo genered fram costnunge 7 on
niam in   te eripiar   a temptatione et in

gode minum ic foreleore weall   god min onbesmitende
deo meo   transgrediar murum. 31 Deus meus impolluta

wegas his gesprecu drih   mid fyre amerede he gescylded
uia   eius eloquia domini igne   examinata protector

is ealra   gehyhtendra on hine   forþā   hwylc god
est omnium sperantium in se. 32 Quoniam quis deus

butan úre drihten   oððe hwylc god butan gode urum
pręter   dominum aut quis   deus pręter deum nostrum.

    god se me begyrde   mid mægne 7 he gesette
33 Deus qui pręcinxit me uirtute   et posuit

unbesmitenne weg minne   se þe gefremede fet   mine
inmaculatam uiam meam. 34 Qui perfecit   pedes meos

---

27 ðrowerum: cf. J þrawerum; read ðweorum. peruerteris: s erased between r and t.   30 from þe: RPs. a te.   32 butan ure: induced by the
parallel construction preter . . . nostrum.

swaswa heortes 7 ofer heannessæ gesette me   se þe
tanquam ceruorum et super excelsa   statuens me. 35 Qui

læreð handa mine to gefeohte 7 þu gesettest swaswa
doces manus meas ad prelium et posuisti   ut

bogan lust   earmas mine 7 þu sealdest me gescyld-
arcum aereum brachia mea. 36 Et dedisti   mihi protec-

nesse hæle þine 7 seo swiðre ðin onfenge me [ ]
tionem salutis tue et dextera   tua suscepit me. Et

lar   þin þu arærdest me on ende [ ] lar
disciplina tua correxit   me in finem et disciplina

þin he me he lærde   þu tobræddest gangas mine
tua ipsa me docebit. 37 Dilatasti   gressus meos

under me 7 ne synd(l wæron) geuntrumode swaðu mine
subtus me et non sunt   infirmata   uestigia mea.

    ic ehte   feond   mine 7 ic gegripe   hy 7
38 Persequar inimicos meos et comprehendam illos et

na (beo) ic gecyrred oððæt [ ]   ic hy geswence hy
non conuertar   donec deficiant. 39 Confringam   illos

ne magon (l ne mihton) standan hi feallað under fet
nec porterunt   stare   cadent   subtus pedes

mine   [ ] þu begyrdest me of mægene to gefeohte
meos. [f.29ʳ] 40 Et precinxisti me uirtute   ad bellum

7 þu underplantudest on[ ]sende on me underneoðan me
et supplantasti   insurgentes in me subtus   me.

---

34 statuens: MS statuēs; the horizontal bar added, final s over erasure;
RPs. statuit, var. statuet.   35 doces: changed from docet.   39 geswence:
RPs. adfligam.

35

7 [ ]ynd mine þu sealdest me bæc   7 hatigende
41 Et inimicos meos dedisti   mihi dorsum et odientes

ł feogende me þu forspildest (ł þu tostenctest)   hy cly-
me disperdidisti.   42 Cla-

pedon   ne wæs se ðe hale gedyde to drihtne   ne
mauerunt nec erat qui saluos faceret ad dominum nec

he ne gehyrde hy   7 ic forgnide (ł gewanige hy) swaswa
exaudiuit   eos. 43 Et comminuam   eos ut

dust (ł myll) beforan ansyne windes swaswa fen (ł lam)
puluerem   ante   faciem uenti ut   lutum

stræta (ł lanena) ic dilige hy   þu alysest me ofer wiðer-
platearum   delebo eos. 44 Eripies   me de contra-

sacan ł of ðam wiðcwedennessum folca þu gesettest me
dictionibus   populi constitues   me

on heafod þeoda   folc   þæt   na ic gecneow
in caput gentium. 45 Populus quem non cognoui

þeowode me on hlyste (ł fram gehyrnessa) earana hyrsumade
seruiuit mihi in auditu   auris obędiuit

me   bearn fremde lugun ł leogende wæron me   bearn
mihi. 46 Filii alieni mentiti   sunt mihi filii

fremde ealdedon synd 7 hi healtodon ł hlyncoton
alieni inueterati sunt et claudicauerunt

fram siðfatum ł st[ ] þinum leofað drihten 7 gebletsod
a   semitis   suis. 47 Uiuit dominus et benedictus

46 *hlyncoton:* cf. D *huncetton.* G's gloss is perhaps a blend of *hlinian*
('to lean, bend') and *hincian* ('to limp'). Note also I *luncodon,* which may
be for *hincodon.* A subst. form appears in *Andreas* 1171 as *hellehinca.*

god min 7 si (he) upahafen god hæle minre
deus meus et exaltetur deus salutis meę.

god þu sylest (1 sealdest) wræce me 7 þu under-
48 Deus qui das uindictas mihi et subdis

þyddest folc under me alysend min of feondum
popu*los* sub me liberator meus de inimicis

minu[ ] yrsigendum (1 fram unrihtwisum) 7 fram
meis iracundis. 49 Et ab

(þam) arisendum on me þu upahefst me fram were
insurgentibus in me exaltabis me a uiro

unrihtwisum þu generest me forðon ic andette
iniquo eripies me. 50 Propterea confitebor

þe on folcum drih 7 naman þinum sealm
tibi in nationibus domine et nomini tuo psalmum

ic secge gemiciligende hælo kyninges his 7 donde
dicam. 51 *M*agnificans salutes regis eius et faciens

mildheortnesse crist⁻ his dauid sæde his oðþæt
misericordiam christo suo dauid et semini eius usque

on worulde
in seculum.

18

xviii. De aduentu Christi in finem psalmus Dauid de
praedictione apostolorum

heofenas bodiað 1 cyðað wuldor godes 7 [ ]
[f.29ᵛ] 2 Caeli enarrant glori*am* dei et opera

---

48 (*fram unrihtwisum*): as J. The glossator looked ahead to vs. 49 *a uiro
iniquo*, which is in apposition with *iracundis*. 51 *gemiciligende:* read
gemicli-.

37

handa   his   bodiað   staðol ł trumne ł rador   dæg
manuum   eius annuntiat firmamentum.   3 Dies

þam dæge forðroccette word   7 niht nihtes bicnað ł
diei   eructat   uerbum et nox nocti indicat

gesæde ingehyd (ł wisdom)   [ ]   synd gesprecu ne
         scientiam.   4 Non sunt loquelę neque

word   þara   ne   synd gehyrede (ł ne beoð) stefna
sermones quorum   non audiantur   uoces

heora   on eall(r)a eorðan uteode son ł hlisa (ł sweg)
eorum. 5 In omnem   terram exiuit sonus

heora 7 on ende embhwerfte eorðan word heora   on
eorum et on fines orbis   terrę uerba eorum. 6 In

sunnan he gesette eardunge (ł geteld) his   7 he sylf
sole   posuit   tabernaculum   suum et ipse

swaswa   brydguma forðgewitende (ł forðgangeð) of giftbure
tanquam sponsus   procedens   de thalamo

(ł brydbure) his he blissade (ł wynsumiað) swaswa gigant
              suo. Exultauit   ut   gigas

to yrnenne   weg   fram (ł of þam) hean   heofen'
ad currendam uiam 7 a   summo   cęlo

utgang   his 7 (his ongengang ł) edryne ł gecnyr his
ęgressio eius. Et occursus   eius

oð   to heanesse his ne is se ðe hine behyde fram
usque ad summum eius nec est qui se   abscondat a

18. 6 *Exultauit*: changed from *-bit*. *gigas*: *s* over erasure; *gigas* is a
frequent var. of *gigans*. *to yrnenne*: a faint *g* (in the same hand, but slightly
larger than the other letters) appears after *to*. It looks like the kind of scratch
a glossator might make to test the amount of ink on his stylus.   7 *behyde*:
letter erased after *y*, perhaps *t*.

38

hætan his   æ   driħt   unforgripendlicu gecyrrende
calore eius.   8 Lex domini immaculata   conuertens

sauwlæ gecyðnesse godes getreowfull wisdom (ł snytro)
animas testimonium domini fidele   sapient*iam*

gearwiende (þam) litlingum   rihtwisnesse drihtñ rihte
prestans   paruulis.   9 *Iusti*tię   domini recte

geblissigende heorta[ ] bebod   driħ   beorht (ł leohton)
lętificantes   corda   pręceptum domini lucidum

lyhtende   eagan   ege   driħ   halig   þurhwuniende
illuminans oculos. 10 Timor domini sanctus permanens

on worulda woruld domas driħ   soðe [ ]ih[ ]   on
in seculum seculi iudicia domini uera iustificata in

him sylfum   gegyrnendlice ł þa wilsuman ofer   gold
semetipsa.   11 *D*esiderabilia   super aurum

7 stan   deorwurðum swyðe   7 swetran ofer   hunig
et lapidem pretiosum   multum et dulciora super mel

7 beobread   [ ]   þeowa þin gehyld þ: on
et fauum.   [f.30ʳ] 12 *Etenim* seruus tuus custodit ea in

geh[ ]   þa ł hy eadlean micclan   scyldas hwilc
custodiendis illis   retributio multa.   13 Delicta quis

ongyteð fram diglum minum geclænsa me   7 fram
intelligit ab   occultis meis   munda   me 14 et ab

fremdum swaswa ðeowe þinum gif min hi ne beoð
alienis   parce   seruo tuo.   Si mei non   fuerint

---

8 *domini:* the abbrev. *dñi* over erasure, probably of *dei.* Cf. J *dei.*
9 *illuminans:* changed from *inl-.*   13 *intelligit:* changed from *intelle-:* cf.
the var. *intelligis.*

39

onwaldende ł ta þonne on ungewemme (ł unbesmiten)
dominati   tunc   inmaculatus

ic beo 7 ic beo geclænsod fram scylde þam mæstan   7
ero   et ęmundabor   a   delicto maximo.   15 Et

beoð þæt ægeliciað (ł efnlicien) gesprecu muðes mines
erunt ut complaceant   ęloquia oris   mei

7 gemynd (ł smeaung) heortan min(r)e on gesyhðe þinre
et meditatio   cordis mei   in conspectu tuo

symble ł æfre driħ   gefylstent (ł gefultumigend) min
semper.   Domine adiutor   meus

7 alysend   min
et redemptor meus.

19

xviiii. In finem psalmus Dauid propheta operantem
    hortatur

gehyrde (ł gehyre) ðe drihten on dæge geswinces
2 Exaudiat   te dominus in die   tribulationis

gescylde ł forþecce þe naman godes iacobes he asende
protegat   te nomen dei   iacob. 3 Mittat

þe fultum of halgum 7 of heannessum (ł seon) he be-
tibi auxilium de sancto et de syon   tueatur

healde ł gescylde* þe he gemyndig sy ealre offrunga
           te. 4 Memor   sit omnis sacrificii

---

14 *onwaldende ł ta: ł ta* added in a later (12th-century?) hand, and is for
dominata, a known var. of *dominati*. *on:* error for *un-*, which the glossator
failed to erase. 15 *min(r)e:* erasure after *e*, probably of *s*.

    19. 3 *heannessum:* as D *heahnesse.* Cf. Cassiod.: "Sion enim . . . mons
est, significans speculationem." Similarly, in OHG there is the gloss,
syon. hochheyt (Diefenbach I).

(Ↄ onsægednesse) þinre 7 offrung (Ↄ 7 lác) þin gefætige
            tui   et holocaustum   tuum pingue

sie sylle þe æfter heortan þinre 7 eall geþeaht
fiat. 5 Tribuat tibi secundum cor tuum et omne consilium

þin he getrymme (Ↄ getrymeð) we blissiað on hæle
tuum confirmet. 6 Lętabimur in salutari

þinre 7 on naman godes ures we beoð gemicclode
tuo et in nomine dei nostri magnificabimur.

(Ↄ we gemiccliað) gefylle (Ↄ gefyllað) drih ealle
          7 Impleat   dominus omnes

wyrninga þinre Ↄ þine bene* nu ic oncneow forþam
petitiones tuas   nunc cognoui quoniam

halne do Ↄ gedeð* drih cyning (Ↄ crist) his gehyreð
saluum fecit dominus christum suum. Exaudiat

hine of heofene þam halgan his on anwealdum (Ↄ on
illum de cęlo sancto suo in potentatibus

mihtum) hælo þære swyðran his [ ] [ ]
       salus dexterę eius. [f.30ᵛ] 8 Hi in

[ ]rætum 7 þas on horsum we þonn soð[ ] [ ] naman
curribus et hi in ęquis nos autem in nomine

drih godes ures we gemiccliað hy gewriðene Ↄ
domini dei nostri inuocabimus. 9 Ipsi obligati

ofergytende* synt Ↄ wæron* 7 hi gefeollon we Ↄ us*
         sunt   et ceciderunt nos

soðlice we arison 7 arehte we synd drih halne
autem surreximus et erecti sumus. 10 Domine saluum

---

7 *wyrninga:* read *gyrninga. Exaudiat:* changed from *-iet.*   8 *þonn:*
stands on edge of top margin; probably originally *þonn̄. we gemicclað:*
RPs. *magnificabimur.*

þu do cyning 7 gehyr þu us on dæge þam þe we gecigen
fac   regem et exaudi   nos in die   qua inuocauerimus

þe
te.

20

xx. Psalmus Dauid propheta de Christo dicit ad patrem

    drih   on mægene ðinum blissað   cyning 7 ofer
2 Domine in uirtute   tua   letabitur rex   et super

hælo   þinre he blissode (ł wynsumiað) þearle (ł swiðlice)
salutare tuum exultabit   uehementer.

    gyrninge (ł willan) heortan his þu sealdest him 7
3 Desiderium   cordis eius tribuisti   ei   et

fram willan welera   his þu ne bescyredest (ł þone forhte)
uoluntate laborium eius non   fraudasti

        forðam   þu forecome hine on bletsunge
eum. 4 Quoniam preuenisti   eum in benedictionibus

swetnesse þu settest on heafde his beah   of stane
dulcedinis posuisti in capite eius coronam de lapide

deorwurþum   lif   he bæd fram þe 7 þu sealdest him
prętioso.   5 Vitam petiit a   te et tribuisti   ei

langsumnessa (ł lengo) daga on worulde 7 on worulda
longitudinem   dierum in seculum et in sęculum

woruld. micel is wuldor his on hælo   þinre wuld[ ]
sęculi. 6 Magna gloria eius in salutari tuo gloriam

---

7 micelne wlite   þu asetteð ofer   hine   forþam
et magnum decorem impones   super eum.   7 Quoniam

þu sylst hine on bletsunge   on worulde (ł a) woruld
dabis   eum in benedictionem in seculum   sęculi

þu (ge)blissast hine on gefean (ł blisse) mid andwlitum
lętificabis   eum in gaudio   cum uultu

(ł ansyne) þinum (ł þinre)   forþam þe se cyning gehihte(ð)
tuo.   8 Quoniam rex   sperat

on driht   7   on mildheortne[ ] þæs hyhstan he ne bið
in domino et in misericordia altissimi   non com-

astyred (ł ne bið onstyred)   si gemeted handa þinum
mouebitur.   9 Inueniatur manus tua

[ ]llum feondum þinum seo swyðre þin geme[ ]ð ealle þe
omnibus inimicis tuis   dextera   tua inueniat omnes qui

þe hatedon   [ ]atedon (ł feodan)   þu gesitest hy
te oderunt [f.31ʳ] oderunt.   10 Pones   eos

swaswa ofen   fyres on [ ]   ansyne þinre drih
ut   clibanum ignis in tempore uultus tui   dominus

on yrre his he gedrefð hy   7   forswylgeð hy   fyr[ ]
in ira sua conturbabit eos et deuorabit   eos ignis.

wæstm   hyra   of eorðan þu forspil(d)est   7   sæd
11 Fructum eorum de terra   perdes   et semen

heora fram bearnum manna   forþon   hi ahyldon
eorum a   filiis   hominum. 12 Quoniam declinauerunt

on ðe yfel hi þohton   geþeaht þæt na   hy mihton
in te mala cogitauerunt consilia quę non potuerunt

---

7 (ł a): for worulda.   9 The repetition of oderunt on f. 31ʳ is due to
scribal oversight; the word had been written in a margin on f.30ᵛ.

gestalian (Ᵹ gestaðolfæstan)   forþon   þu set(te)st hy
stabilire.   13 Quoniam pones   eos

adune (Ᵹ ofdune) on leafum   þinum   þu (ge)gearwast
dorsum   in reliquiis tuis   preparabis

andwlitan (Ᵹ ansyne) heora   upahefe þu driħ   on
uultum   eorum. 14 Exaltare   domine in

mægene þinum we singað 7 drymað   mægene þinum
uirtute tua   cantabimus et psallemus uirtutes tuas.

21

xxi. Psalmus Dauid pro adsumptione matutina uerba
     Christi cum pateretur

 god   god min beseoh Ᵹ beheald (Ᵹ geloca on) me hwi
2 Deus deus meus respice   in me quare

me þu forlete feor fram hæle minre word scylda
me dereliquisti longe a   salute mea   uerba delictorum

minra   god min ic clypige þurh dæg 7 na
meorum. 3 Deus meus clamabo per diem et non

þu gehyrest 7 on niht 7 na to unwisdome Ᵹ 7 nalæs on
exaudies   et nocte   et non ad insipientiam

unwisum me   þu soðlice on halgum (þu) eardast lof
         mihi. 4 Tu autem in sancto habitas   laus

israh[ ]   on þe (ic) (ge)hihte fæderas ure   hy hyhton
israhel. 5 In te sperauerunt patres nostri sperauerunt

14 *upahefe þu:* cf. I *si þu upahafen.*
    21. 5 *In:* a minuscule *i* has been erased and a majuscule written in
the margin.

7 þu alysdest hy   to ðe hy clypedon 7 hale hi gewordene
et liberasti   eos. 6 Ad te clamauerunt et salui facti

synd on þe hy gehihton 7 na ne synd gescynde   ic
sunt in te sperauerunt et non   sunt confusi. 7 *Ego*

soðlice eom wyrm 7 na(læs) man   hosp   manna
autem sum uermis et non   homo obprobrium hominum

7 aworpenis ł onweg awearp folc   ealle   geseonde ł
et abiectio   plebis. 8 Omnes uidentes

þa ðe gesawon me forhogodon me   hy spræco[ ]
me deriserunt   me [f.31ᵛ] locuti

welerum 7 hrysedon [ ]   he gehihte [ ]n drihtn[ ]
sunt labiis   et mouerunt caput. 9 Sperauit in   domi*n*o

he alyseð (ł generede) hine halne   he gedeð (ł gedyde)
eripiat   eum saluum faciat

hi:[ ] forþon þe he wile (ł wolde) hine   forþon   þu
eum quoniam uult   eum. 10 Quoniam tu

eart þe f[ ]am atuge ł þe oftuge me of innoþe ł wambehrife
es qui extraxisti   me de uentre

hihtes mines fram breostwylmum m(e)d(e)r minre   on
spes mea ab uberibus   matris meę   11 in

þe aworpen ic eom of hrife (ł of innoðe) of innoðe (ł
te proiectus sum ex utero.   De uentre

hrife) meder minre god min eart þu   ne gewit ðu
matris meę deus meus es tu 12 ne discesseris

fram me forþon þe geswinc gehende (ł neah) is forþam þe
a me. Quoniam tribulatio proxima   est quoniam

---

8 *þa ðe gesawon*: RPs. *qui uidebant.*   10 *m(e)d(e)r*: appears to be
changed from *modor;* the changes are in the light ink of the added glosses.

45

nan is (se ðe) gefultumigeð   utan ymbsealdon me
non est qui   adiuuet.   13 Circumdederunt   me

cealfra mænige fearras fætte   forsætnodon (ł ofsæton)
uituli   multi   tauri   pingues obsederunt

me   ontyndon   ofer me muð heora swaswa leo
me. 14 Operuerunt super me os suum   sicut   leo

rafigende 7 grymettigende   swaswa wæter utagoten
rapiens   et rugiens.   15 Sicut   aqua   effusus

wæron ł ic eom 7 tostredde wæron ł synd ealle   ban
sum   et dispersa sunt   omnia ossa

mine geworden is heorte min   swaswa weax [ ]ted
mea. Factum   est cor   meum tamquam cera liquescens

on middele innoðes mines   astiþude ł heardode swaswa
in medio   uentris mei. 16 Aruit   tamquam

tigle (ł lamsceal) mægen min 7 tunge min togecleofode
testa   uirtus mea et lingua mea adhesit

(ł ætfealh) welerum (ł gomum) minum 7 on duste (ł on
            faucibus   meis et in puluerem

myll) deaðes gelæddon me   forþam   :::: an ymbsealdon
      mortis deduxisti me. 17 Quoniam circumdederunt

me hundas manige geþeaht (ł gemot)   awyrgedra
me canes multi concilium   malignantium

forsæ[ ] (ł ofsæt) me hy adulfon handa mi[ ] [ ] [ ]
obsedit   me. Foderunt manus meas et pedes

---

14 *rugiens:* first written *ruiens;* *-iens* crossed out and *-giens* added in a
later (late 12th-century) hand, which also added *deus* in 21.21 and 25.9.
15 *wæron. sum:* RPs. *effusa sunt.*   16 *gelæddon:* RPs. *deduxerunt.*

mine hy getealdon (ł arimdon) ealle ban mine
meos 18 dinumerauerunt omnia ossa mea.

[ ] soðlice besceawodon ⁊ todældon me
[f.32r] *I*psi uero considerauerunt et inspexerunt me

hy dældon hym hrægl min ⁊ ofer wæd (ł hrægl)
19 diuiserunt sibi uestimenta mea et super uestem

min hi sendon hlot þu soðlice driħ ne do þu feor
meam miserunt sortem. 20 Tu autem domine ne ęlongaueris

ful[ ] þinne fram me to (minre) gescyldnesse minre
auxilium tuum a me ad defensionem meam

geloca þu aliða (ł aliða) fram flane (ł cócere)
conspice. 21 Erue a fframea deus

sauwle mine ⁊ of handa hundes þa anlican min'
animam meam et de manu canis unicam meam.

alys ðu me of muðe lyona ⁊ fram hornum anhyrnedra
22 Salua me ex ore leonis et a cornibus unicornium

deor: eadmodnesse mine ic cyðe (ł ic secge) naman
humilitatem meam. 23 Narrabo nomen

þinne broðrum minum on middere cyricean ic herige þe
tuum fratribus meis in medio ęcclesię laudabo te.

ge þe ondrædan driħ heriað hine eall
24 Qui timetis dominum laudate eum uniuersum

20 *do þu feor:* RPs. *longe facias.* (*minre*): the repetition of this word and (*aliða*) in vs. 21 was probably caused by the glossator copying from his source without first looking at his own text. 21 *deus:* added above in a later (late 12th-century) hand. This reading appears elsewhere only in C and L; see Weber. 24 Preceding *Qui timetis* a (superfluous) lemma and gloss, *eum.hine*, are written in the margin. *getreowfulra:* as 23.6 and D; *In Psal. Lib. Exeg.* explains: " 'Et omne semen Israel,' id est omnes qui cum prius essent semen Jacob, id est, renati in fide . . . "

sæd (1 cynn) getreowfulra 1 iacobes gewuldriað ge hine
semen   iacob   glorificate   eum.

  ondræd(að) hine ealle sæd (1 cynn) israhela forþam þe
25 Timeat   eum omne semen   israhel quoniam

he ne ahyrweð 1 forhogede 7 ne forsyhð (he) bene
non spreuit   neque despexit   depreca-

     þearfæna ne he onweg acyrreð ansyne his   fram
tionem pauperis. Nec auertit   faciem suam a

me 7 þonne þe ic clypode to him he gehyrde me   mid
me et cum   clamarem ad eum exaudiuit   me. 26 Apud

þe lof   min on gesamnunge (1 cyrican) micelre gehat
te laus mea in ecclesia   magna uota

min ic agylde on gesihðe   þa ondrædendan hine   etað
mea reddam in conspectu timentium   eum. 27 Edent

þearfan   7 beoð gefyllede (1 gefylde) 7 heria[ ]   drih
pauperes et saturabuntur   et laudabunt dominum

þa þe secað   [ ] hi libbað (1 leofað) heorte heora
qui   requirunt eum uiuent   corda eorum

on worulda woruld   hi gemunað (1 beoð gemyndige)
in seculum seculi. 28 Reminiscentur

7 beoð gecyrrede to drihtene ealle   (ende 1) endas
et conuertentur   ad dominum uniuersi fines

eorðan   7 gebiddað (1 weorðiað) on gesih[ ]e his
terre. [f.32ᵛ] Et adorabunt   in conspectu eius

---

25 *ondræd(að)*: originally *ondræde*, the -e is changed to -a and ð added;
the changes are in the light ink of the added glosses. *omne*: cor. from
omnes; cf. J *omnis*. *þearfæna*: originally *þearfan*; altered in the lighter ink
of the added glosses.   28 *gemyndige*: i added above.

ea[ ]   onwealдеð ðeoda   forðam   driħ   is   rice
uniuerse familię   gentium.   29 Quoniam domini est regnum

7   he   [ ]ylдеð (sylf)   ðeoda   hi æton   7
et ipse dominabitur   gentium.   30 Manducauerunt et

togebædon (ł weorðedon) ealle   welige   eorðan on gesihðe
adorauerunt   omnes pingues terrę   in conspectu

his   feallað (ł foregande) ealle   (þa) þe ł þær astigað ł
eius cadent   omnes qui   descendunt

ofdune astigað on eorðan   7 sawl min h(eo) leofað
                 in terram.   31 Et anima mea illi   uiuet

7 sæd   min   þeow(i)að him   bið gebodad   driħ
et semen meum   seruiet   ipsi. 32 Annuntiabitur domino

cneoris   towearde 7 bodiað   heofenas rihtwisnesse
generatio uentura   et adnuntiabunt cęli   iustitiam

his   folce   þe   acenned bið þæt   he dyde (ł þone þe ge-
eius populo   qui nascetur   quem fecit

worhte) drihten
        dominus.

22

xxii. Psalmus Dauid uox æcclesiae post baptismum

drihten   gerecht (ł gereceð me) 7 naht ł nawiht me
1 Dominus regit   me et nichil   michi

wana bið   on   stowe fostosnoðes ł læswe he þær me
deęrit   2 in   loco   pascue   ibi me

onwealдeð: as J *onwaldað;* the glossator saw *dominabitur* in the next line.
29 (*sylf*): belongs with *he* over *ipse*.   30 *welige:* RPs. *diuites.*   31 *illi:*
erasure after final *i*, probably of *s.* h(*eo*): originally *hi.*   32 *Annun-*
tiabitur: changed from *Ad-.*
   22 2 *fostosnoðes:* read *fostor-.*

49

he gestaðelode ofer   wæter gereordunge (ł gereordnesse)
collocauit.   Super aquam refectionis

he fedde (ł he lærde) me   sawle   mine he gecyrde
ęducauit   me 3 animam meam conuertit.

he lædde (ł gelædon)   ofer siðfæt (ł stige) rihtwisnesse
Deduxit   me super semitas   iustitię

for   naman his   witodlice (ł soðlice) 7 gif (ł þeah)
propter nomen suum. 4 Nam   etsi

ic (gange ł) fare on middele sceadu deaðes na   ic ondræde
ambulauero   in medio   umbre mortis non timebo

yfelu forðon   þu mid me eart [ ]   [ ] 7 stæf   þin
mala quoniam tu mecum es. Virga tua et baculus tuus

(þonne) hy   me gefrefrode synd (ł wæron)   þu geare-
        ipsa me consolata sunt.   5 Parasti

wodest on gesihðe   minre beod (ł mysan) ongean ł [ ]
        in conspectu meo   mensam   aduersus

hy þa þe (ge)swencton me   [ ]estest (ł [ ]:tadest)
eos qui   tribulant   me. [f.33ʳ] Inpinguasti

on ele heafod min   7 drenc [ ]   druncigende (ł ondrengte)
in oleo caput meum et calix meus inebrians

eala hu beorht ł mære is   [ ] mildheortnesse þin
quam   pręclarus   est. 6 Et misericordia   tua

æfterfylgeð me on eallum dagan lifes mines 7 þæt
subsequętur me omnibus   diebus uitę meę. Et ut

ic oneardige on husu drihtnes on langnesse (ł on lenge)
inhabitem   in domo domini in longitudinem

dagana
dierum.

23

xxiii. Psalmus Dauid prima sabbati

driħ   is teorðan 7 gefylled(nes ł fylnes) hyre ymbhwyrft
1 Domini est terra   et plenitudo   eius orbis

eorþena 7 ealle   þa þe eardiað on hyre (ł on hine)
terrarum et uniuersi qui   habitant in eo.

þa þa he ofer sæ   gegrundweallude (ł gestáðolode)
2 Quia ipse super maria fundauit

hine (ł hig) 7 ofer   flodas   he gegearowode hine (ł hig)
eum   et super flumina preparauit   eum.

hwilc astah ł astihð on munt   driħt oððe hwilc
3 Quis ascendet   in   montem domini aut   quis

stænt (ł standeð) on stowe þære halgan his   on underi-
stabit   in loco   sancto   eius. 4 Innocens

gende (ł unsceaðful) (on) handum 7 clænre (ł clæne)
                     manibus et mundo

heortan se ðe na (ne) onfeng (ł onfehð) on idel (ł idlum)
corde   qui   non   accepit   in uano

sawle his   ne he (ne) swor (ł swereð) on facne þam nyhstan
animam suam nec   iurauit   in dolo proximo

his   þes onfehð bletsunga   fram driħt 7 mild-
suo. 5 Hic accipiet benedictionem a   domino et miseri-

heortnesse fram gode hælo his   þis is (cneoris ł)
cordiam   a   deo salutari suo. 6 Haec est generatio

23. 1 teorðan: t induced by lemma.

cynren   secendra   h[ ]   secendra   (on)   ansyne   godes
     querentium   eum   querentium   faciem   dei

getreowfulra ꝉ iacobes   adoð (ꝉ nimað ge) g(e)atu
iacob.   7   Attollite   portas

ealdormen eowre   7 upahebbað g(e)atu ecelice (ꝉ ecnesse)
principes   uestras et eleuamini   porte   ęternales

7 ingangeð cyning wuldres   hwilc is   þæs cyninges
et introibit   rex   glorię.   8   Quis   est iste   rex

wuldor driħt   strang 7 rice (ꝉ mihtig) drihten   rice
glorie   dominus fortis   et potens   dominus potens

on gefeohte   openiað gatu   ealdras   eowre   7
in   prelio.   9 Attollite portas principes uestras [f.33ᵛ] et

uppahebbað geata ecelice (ꝉ [ ]cnesse) 7 [ ]   cyning
eleuamini   porte   ęternales   et introibit rex

wuldres   hwilc is   þes cyning wuldres drihten   mægen
glorię.   10 Quis est iste rex   glorię   dominus uirtutum

[ ]   [ ] cyning wuldres
ipse est rex   glorię.

24

xxiiii. In finem psalmus Dauid canticum misit aele[ ]

to   ðe drihten ic ahof (ꝉ upahebbe) sawle   mine   god
1 Ad te domine lauaui   animam meam 2 deus

min   on ðe ic truwige (ꝉ trywe) þæt ic sceamige (ꝉ ne
meus in   te confido   non erubescam.

---

6 (*on*): perhaps not intended as a preposition, but as a var., for *onsyne*
(as B *onsien*).   7 *introibit*: MS reads *intro* at end of line, then continues
in next line, *troibit*.

bysmriað) ⁊ na onbysmrien me fynd mine ⁊ soðlice
3 Nequę irrideant me inimici mei etenim

ealle þa þe onbidað þe næ hi ne beoð gescynde
uniuersi qui sustinent te non confundentur.

syn gescynde ꝉ forscamod ealle þa unrihtwisan donde
4 Confundantur omnes iniqua agentes

ofer idel ꝉ æmptig wegas þine drihten cuðe gedó ðu me
superuacuę. Vias tuas domine demonstra mihi

⁊ siðfatu (ꝉ stige) þine gelær me gerece þu me on
et semitas tuas edoce me. 5 Dirige me in

soðfæstnesse þin(r)e ⁊ lær (ðu) me forþon þu eart god
ueritate tua et doce me quia tu es deus

hælend ꝉ scyppend min ⁊ (to) ðe ic geþingode ælc(n)e
saluator meus et te sustinui tota

dæg gemyne (þu) (ge)miltsung(æ) þinra driħ ⁊
die. 6 Reminiscere miserationum tuarum domine et

mildheortnesse þinre [ ] [ ] worulde synd (ꝉ wæron)
misericordiarum tuarum *que a* sęculo sunt.

scyldas (ꝉ e) iuguðhades minre ⁊ nytennyssa mine ne
7 Delicta iuuentutis meę et ignorantia*s* meas ne

gemun ðu æfter mildheortnesse þinre gemun min
memineris. Secundum misericordiam tuam mem*ento* mei

[ ] : : : godnesse þinre [ ] swete ⁊ rihtwis
tu propter bonitatem tuam domin*e*. 8 Dulcis et rectus

24. 3 *irrideant:* cor. from *in-*. 4 *cuðe gedo:* RPs. *notas fac.* 5 *lær (ðu)*: altered from *lære; ð* over *e*, *u* added. 6 *(ge)miltsung(æ)*: *æ* appears to be an alteration of *a*. 7 (ꝉ *e*): for *scylde.*

driħ   for   þam æ æ   gesette ł sealde þam agyltendum
dominus propter hoc legem dabit   delinquentibus

on wege   he gerecð manþwære on dome   he lærð
in uia.   9 Diriget   mansuętos in iudicio docebit

    þa mildan wegas his   ealle   wegas drihtenes
[f.34ʳ] mites   uias suas. 10 Vniuerse uię   domini

mildheortnes[ ] 7 soðfæst[ ] þam secendum cyðnesse
misericordia   et ueritas   requirentibus testamentum

his 7 gewitnesse his   for   naman þinum driħt
eius et testimonia eius. 11 Propter nomen tuum domine

þe gemiltsas (ł beo þu arf[ ]) synne (ł num) mine (ł num)
propitiaberis   peccato   meo

micel is soðlice   hwilc is mann se þe ondræt driħt
multum est enim. 12 Quis est homo qui timet dominum

æ æ he gesette him on wege þam he gecyst (ł ðone þe
legem statuit   ei in uia quam ęlegit.

gecéas)   sawl his on godum wunað   7 sæd
    13 Anima eius in bonis   demorabitur et semen

his yrfeweardnesse eorðan   trymnes   is driħt
eius hereditabit   terram. 14 Firmamentum est dominus

þam ondrædendum hine 7 cyðnesse   his   þæt heo
timentibus   eum et testamentum ipsius ut mani-

sy geswutelod him   eagan mine æfre (ł simle) to
festetur   illis. 15 Oculi mei semper   ad

---

8 *gesette:* RPs. *statuit.*   9 *þa mildan:* MS unclear; *þa* may have been
þā.   11 *þe:* read *þu.* (ł *num*): for *synnum* and *minum* respectively.
13 *yrfeweardnesse:* RPs. *hereditatem.*

54

drihtne   forþam þe he   utaluceð of grine   fet   mine
dominum quoniam   ipse euellet   de laqueo pedes meos.

       beseoh 1 beheald on me 7 gemiltsa min forþam anlic (1
16 Respice   in me et miserere mei quia   unicus

se ánga) 7 ðearfa eom ic   geswinces   heortan
      et pauper sum ego. 17 Tribulationes cordis

mine gemænigfealdode sy[ ] of neadþearfum minum
mei   multiplicate   sunt de necessitatibus meis

genere þu me   geseoh eadmodnesse mine 7 geswinc
erue   me. 18 Vide   humilitatem   meam et laborem

(1 gewínn) min   7 forlæt þu ealle   synna mine
             meum et dimitte   uniuersa delicta mea.

       beseoh 1 beheald fynd   mine forþon gemænifealdode
19 Respice   inimicos meos quoniam multiplicati

synd 7 hatunge unrihtre hi hatedon 1 feodon me   geheald
sunt et odio   iniquo   oderunt   me. 20 Custodi

þu sawle   mine 7 genere me ne beo ic gescynded forþon
      animam meam et erue   me non erubescam   quoniam

ic gehihte on þe   unscyldig (1 unsceaðful) 7 rihtwise
speraui   in te. 21 Innocentes   et recti

togeþeoddan me   forþam þe ic forbær 1 geanbidude 1
adhęserunt   mihi quia   sustinui

geþyldigode 1 ic aræfnde   [ ]   [ ]   þeoda
                    te. [f.34ᵛ] 22 Libera deus israhel

israhel of eallum   geswinc[ ] 1 nearonessum his 1 heora
      ex omnibus tribulationibus   suis.

---

19 *gemænifealdode*: -do- added in same hand.   22 *nearonessum*: renders
more closely the RPs. *angustiis;* cf. C.

25

Psalmus Dauid propheta de se testa*tur*

dem þu me drihten forðon   ic   on unscyldig[ ]fulnesse
1 *I*udica   me domine quoniam ego in innocentia

minre on ingange ic eom 7 on driħt   (ge)hihtende na
mea   ingressus   sum   et in domino sperans   non

ic untrumige (ł ne beo ic geuntrumod)   [ ]cunna ł fanda
infirmabor.   2 *P*roba

me driħt   7 costa þu me bærn æddran (ł lendenu)
me domine et tempta   me ure *r*enes

mine 7 heortan mine   [ ]orþon þe mildheortnesse þin
meos et cor   meum. 3 Quoniam   misericordia   tua

beforan eagan ł um mine ł num is 7 ic gelicode (7 ic
ante   oculos   meos   est et conplacui

efenlicige) on soðfæstnesse þinre   ic ne sæt mid ge-
           in ueritate   tua.   4 Non sedi   cum con-

þeahtes (ł on gemote) idelnesse 7 mid þam unrihtum
cilio   uanitatis et cum iniqua

dondum   na ic ineode (ł ic ne ingange)   ic hatude
gerentibus non introibo.   5 Odiui

(ł ic feode) gesomnunge awyrgedra   7 mid arleasum
          ecclesiam malignantium et cum impiis

na ic sitte (ł ne sæt) ic þwea betweox þa unscyldige
non sedebo.   6 Lauabo inter   innocentes

25. 1 *unscyldig*[ ]*fulnesse:* because the MS is badly damaged here, it
is uncertain whether the glossator wrote *unscyldigfulnesse* or *unscyldig* ł
[ ]*fulnesse;* cf. C *unsceðfulnysse* and 25.11 below.   3 ł *um:* for *eagum.*
ł *num:* for *minum.*

(Ɨ unsceðþendan) handa mine 7   ic ymbgange weofod
               manus meas et circumdabo   altare

þin   driħt   þæt ic gehyre stefne lofes 7 þæt ic cyðe
tuum domine. 7 Vt   audiam   uocem laudis et   enarrem

(Ɨ þæt ic asecge) ealle   wuldra   þine   dri[ ]   ic lufude
             uniuersa mirabilia tua.   8 Domine dilexi

wlite   huses   þines 7   stowe eardunge   wuldres þines
decorem domus tuę   et locum habitationis glorię   tuę.

ne forspil þu mid þam arleasum   sawle   mine 7
9 Ne perdas   cum impiis   deus animam meam et

mid werum blode   lif   min   on ðara   handum
cum uiris   sanguinum uitam meam. 10 In quorum manibus

unrihtwisnessa synd þeo swiðre heora gefylled is of metsceat-
iniquitates   sunt dextera   eorum repleta est muneribus.

tum (Ɨ mid g[ ])   ic   soðlice on   unscyldignesse (Ɨ
           11 Ego autem in   innocentia

[ ]nsceaðfulnes) min ic ineode (Ɨ ingand[ ]) ic eom alys þu
          mea ingressus   sum   redime

me 7 gemiltsa þu min   fot min   stod on þam rihtan
me et miserere   mei. 12 Pes meus stetit in directo

wege on halgum (Ɨ on ges:[ ])   [ ]ledsige þe drihten
    in ęcclesis   [f.35ʳ] benedicam te domine.

---

9 *deus:* added in a later (late 12th-century) hand; this reading appears
elsewhere only in C and L; see Weber.   10 *unrihtwisnessa:* a letter is
written above *a,* perhaps *æ; cf.* I, which reads *-æ.*   12 *þam rihtan
wege:* RPs. *uia recta. ecclesis:* read *ecclesiis.*

57

7

26

xxvi. Psalmus Dauid priusq*uam* ungueretur ad eos
qui primum ingrediuntur

drih   onlyhtnes (ł onlyhtend) min 7 hælo min þonne
1 Dominus inluminatio   mea et salus mea quem

ic ondræde driħt is   gescyldend lifes mines fram þam
timebo.   Dominus protector uite meę   a   quo

ic forhtige   þonne genealæcað ofer   me scæððiende
trepidabo.   2 Dum adpropiant super me nocentes

þæt hi etan flæsc min   þa þe swencað (ł swencto) me
ut   edant carnes meas. Qui   tribulant   me

fynd   mine hy geuntrumude synd 7 hi feollon ł ge*
inimici mei ipsi infirmati   sunt et ceciderunt.

gif standað (ł gif geondoð) ongean (ł wið) me wereda
3 Si   consistant   aduersum   me castra

(ł fýrdwic) ne   ondrædað heorte mine   gif arise(ð)
             non timebit   cor   meum. Si exsurgat

ongean (ł wið) me gefeoht on þæt (ł þis) ic gehihte
aduersum   me pręlium in hoc   ego sperabo.

an   ic bæd fram driħt þæt (ł þas) ic gyrnde (ł ic sece)
4 Vnam petii a   domino hanc   requiram

þæt ic oneardige on huse driħt   eallum   dagum lifes
ut   inhabitem   in domo domini omnibus diebus uite

mines þæt ic geseo willan   driħt 7 geneosige templ
meae. *V*t uideam uoluntatem domini et uisitem   templum

26. 1 *is:* as J; no Latin authority.   2 ł *ge*:* for *gefeollon.*

his   forþam þe he behydde (ł forðon he ahýdeð) me
eius.   5 Quoniam   abscondit   me

on eardunge (ł getelde) his on dæge yfelra   he gescylde
on tabernaculo   suo in die   malorum protexit

me on digelnesse eardunga (ł geteldes) his   on stane
me in abscondito tabernaculi   sui. 6 In petra

he upahof me 7 nu   he upahefð ł ahóf heafod min   ofer
exaltauit me et nunc exaltauit   capud meum super

fynd   mine ic ymbga 7 ic offrige on eardungstowe
inimicos meos. Circuiui   et immolaui in   tabernaculo

(ł getelde) his   onsægednesse hreamas   ic singe 7
            eius hostiam   uociferationis cantabo et

sealm   ic cweðe ł secge driħt   gehyr driħt   stefne
psalmum dicam   domino. 7 Exaudi domine uocem

mine on ðæt ł mid þæ ic clyp[ ] to ð[ ] miltsa þu me
meam   qua   clamaui ad te miserere mei

7 gehyr me   [ ] [ ] heorte min   ic sohte
et exaudi me. [f.35ᵛ] 8 Tibi dixit cor   meum exquisiuit

þe ans[ ] [ ] ansyne þin driħt   ic sece   ne acyrr
te facies mea faciem tuam domine requiram. 9 Ne auertas

[ ]u ansyne þine fram me ne ahyld ðu on yrre fram
     faciem tuam a   me ne declines in ira a

ðeowe þinum gefylstend ł fultum min   beo þu ne forlæt
seruo tuo.   Adiutor   meus esto   ne dere-

6 ic ymbga 7 ic offrige: RPs. circuibo et immolabo.   7 mid þæ: the gloss
is not completed; probably for þære.   8 ic sohte: RPs. quaesiui (var.
exquisiui).

59

þu   [ ]   ne   forseoh þu me god   hæle(n)d min
linquas me neque despicias   me deus salutaris   meus.

    forþam   fæder min   7 modor min hi forleton   me
10 Quoniam pater meus et mater mea dereliquerunt me

driħt   soðlice onfeng   me   æ æ   gesette me
dominus autem assumpsit me. 11 Legem pone   mihi

driħt   on wege þinan (ł um) 7 gerece me on siðfæte (ł
domine in uia   tua   et dirige me in semita

on stige) rihtum (ł rihtre) fore   feondum   minum
            recta   propter inimicos   meos.

    ne syle þu me on sawla ehtendra   me forþon
12 Ne tradideris me in animas tribulantium me quoniam

onarison   on me cyðeras (ł gewiton) unrihtwise 7
insurrexerunt in me testes   iniqui   et

leasfeorhte (ł leogende) is unrihtwisnes h[ ]   ic gelyfe
mentita   est iniquitas   sibi. 13 Credo

geseon godu driħt   on eorþan lifigendum (ł lyfigendra)
uidere bona domini in terra uiuentium.

    anbida (ł abid) drihtenes wærlice do 7 si gestr[ ]god
14 Exspecta   dominum uiriliter age et confortetur

heorte þin 7 (abid) drihtenes
cor   tuum et sustinę dominum.

                    27

xxvii. Huic Dauid psalmus de Iudęis Christus dicit

    to ðe driħt   ic clypode (ł clypige) god min [ ] swige
1 Ad te domine clamabo   deus meus ne sileas

11 (ł um): for þinum.

60

(1 a) þu fram me hwænne ne suwa þu fram me 7 ic beo
    a   me nequando taceas   a   me et assimi-

geanlicod þam (a)stigendum on seað   [ ]   driħt
labor   descendentibus   in lacum. 2 Exaudi domine

stefne bene   min þonne ic gebidde to ðe
uocem deprecationis meæ dum oro   ad te

þonne ic uphebbe handa m[ ] to temple þam haligum
dum extollo   manus *meas* ad templ*um* sanctum

(1 an) ðinum   [ ] samod þu sylle (1 þu syle) me
    tuum. [f.36ʳ] 3 Ne simul tradas   me

mid þam sinfullu[ ] 7 mid weorcendum unrihtwisnesse
cum peccatoribus et cum operantibus iniquitatem

ne forspil ðu me þa þe sprecað sibbe mid þam neahstan
ne perdas me. Qui loquuntur pacem cum proximo

his yfelu (1 yfel) soðlice on heortum heora syle him
suo mala   autem in cordibus eorum. 4 Da illis

æfter weorca heora 7 æfter nearaþancum (1 niðe)
secundum opera ipsorum et secundum nequitiam

afundennesse heora æfter weorc(æ) handa heora
adinuentionum ipsorum. Secundum opera manuum eorum

syle him agyld (1 agyf) eadlean heora him
tribue illis redde retributionem eorum ipsis.

    forþam þe hi ne ongeaton weorc driħt 7 on weorc(æ)
5 Quoniam non intellexerunt opera domini et in opera

handa his (toweorp 1) tobrec hy 7 na þu getimbrost
manuum eius dȩstrues illos et non edificabis

    27. 1 (1 *a*): for *swiga.* 2 (1 *an*): for *haligan.* 4,5 *weorc(æ):*
originally *weorca.*

hy   gebletsod driħt   forþon   he gehyrde stefne
eos. 6 *B*enedictus dominus quoniam exaudiuit   uocem

bene   mine   driħt   gefylstend (ł fultum) min
deprecationis meę. 7 Dominus adiutor   meus

7 gescyldend min   [ ]   on hine gehihteð   heorte
et protector   meu*s* et in ipso sperauit   cor

min   7 gefultumod [ ]   7 bleow   flæsc min 7 of
meam et adiutus   sum. Et refloruit caro mea et ex

willan   minum (ł min) ic andette him   driħ
uoluntate mea   confitebor ei.   8 *D*ominus

strengðo folces his 7 gescyldend halwendra   cyninges
fortitudo plebis sue et protector   saluationum christi

he is ł cristenan his is   hal   do folc   þin
sui   est.   9 Saluum fac populum tuum

driħt   7 bletsa yrfeweardnesse þine 7 gerece hy ł rice
domine et benedic hereditati   tuę et rege eos

hy 7 upahefe hy   oð   on ecnesse ł on worulde
    et extolle illos usque in ęternum.

28

xxviii. Psalmus Dauid in consummatione tabernaculi
     post passionem et resurr[ ] ecclesie Christi

   bringað to drihtne bearn godes bringað to dri[ ]
1 *A*fferte   domino filii   dei   afferte   domino [f.36ᵛ]

[ ]   [ ] : a   bringað to driħt   wuldor 7 árwurðe ł áre
*filios arie*tum. 2 Afferte   domino gloriam et honorem

9 *on worulde:* RPs. *in saeculum;* cf. C *in seculum uel in eternum.*

bringað to   driħt   wuldor   naman   his   togebiddað (ł
afferte   domino   gloriam   nomini   eius   adorate

weorðiað) driħt   on healle halgum his   stefn drihtnes
    dominum in atrio sancto eius.   3 Vox domini

ofer   wæter god   mægenþrymmes onswegde (ł hleoðraþ)
super aquas deus maiestatis   intonuit

drihten ofer wæter manega (ł micle)   stefn driħt   on
dominus super aquas multas.   4 Vox   domini in

mægene stefn driħ   on gemicclunge (ł on miceln[ ])
uirtute uox domini in magnificentia.

   stefn driħt   forbrocen is lange stefnas (ł cederbeamas)
5 Vox domini confringentis cędros

7 forbyrnð (ł gebrycð) driħt   cederbeamas þæs muntas
et confringet   dominus cędros   libani.

   7 forgnidet (ł gewánað) hy swaswa   cealf   þæs holtes
6 Et comminuet   eas tamquam uitulum libani

7 leof   sunu anhyrnede (ł anhyrnra)
et dilectus quemadmodum filius unicornium.

   stefn driħt   tosceaden is (ł betweohceorfendes) lyg
7 Uox domini intercidentis   flamman

fyres stefn driħ hrysigendis westen   7 astyreð
ignis 8 uox domini concutientis desertum et commouebit

driħt   westen þæs landes   stefn driħt (ge)gearwigend
dominus desertum cades.   9 Vox domini pręparantis

---

28. 5 forbyrnð: the second gloss, (gebrycð), perhaps intended as a
correction of the first.   6 eas: a on erasure; var. eos.   8 þæs landes:
so I; cf. 71.10 arabum. þæs landes.

is heortas 7 onwreah þa þiccan 7 on temple his ealle
ceruos et reuelabit condensa et in templo eius omnes

cweðað wuldor   [ ]   [ ]wildeflod oneardað (ł
dicent gloriam. 10 Dominus diluuium   inhabitare

oneardian) he deð 7 sit (ł siteð) driħt   cyning on ecnesse
           facit et sedebit   dominus rex   in ęternum.

driħt   mægen folce his he syleð driħt   he bletsað
11 Dominus uirtutum populo suo dabit   dominus benedicet

folc   his on sibbe
populo suo in pace.

29

xxviiii. Dauid Propheta ad patrem et ad filium

ic uphebbe þe driħt   forþon   þu onfenge me ne
2 Exaltabo   te domine quoniam suscepisti   me nec

þu na tobred ł tobræ[ ]   fynd   mine ofer me
delectasti   [f.37ʳ] inimicos meos super me.

driħt   god min ic clypode (ł ic clypig[ ]) [ ] ðe 7
3 Domine deus meus clamaui   ad te et

þu hældest me   driħ   þu utgelæddest fram helwarum
sanasti   me. 4 Domine ęduxisti   ab   inferno

sawle   mine þu hældest me fram stigendum ł fram
animam meam saluasti   me a   descendentibus

dune ofastigendum [ ]n seað   singað driħ   halig-
              in   lacum. 5 Psallite domino sancti

nesse his 7 geandettað þam gemynde halinesse his
      eius et confitemini memorię   sanctitatis eius.

29. 5 *halignesse*: as J; the glossator saw *sanctitatis* in the same verse.

64

forþam þe yrre on æbil(i)nesse (ł on æfðuncan) his
6 Quoniam   ira   in   indignatione   eius

7 lif   [ ]   [ ]llan   his   æt   æfenne   wunað
et uita in uoluntate eius. Ad uesperum demorabitur

wop   7 on dægred (ł on mergen) bliss   ic soðlice
fletus et ad matutinum   lętitia. 7 Ego autem

sæde (ł cwæð) on genihtsumnesse minre na ic beo gestyred
dixi   in habundantia   mea non mouebor

on ecnesse   driht   on willan þinre þu gegearwodest
in ęternum. 8 Domine in uoluntate tua   pręstitisti

wlite minum mægen   þu acyrdest ansyne þinre fram
decori meo   uirtutem. Auertisti   faciem tuam a

me 7 gewordene syn[ ] (ł ic eom) gedrefed   to ðe
me et factus   sum   conturbatus. 9 Ad te

driht   ic clypode (ł ic clypige) 7 to gode minum
domine clamabo   et ad deum meum

ic bidde   hwilc nytnis on blode   minum þonne
deprecabor. 10 Quae utilitas in sanguine meo   dum

nyðer   on brosnungæ   cwyst þu (ł ac) ic andette (ł
descendo in corruptionem. Numquid   confitebitur

andettað) þe dust oððe he bodað (ł segð) soðfæstnesse
          tibi puluis aut adnuntiabit   ueritatem

[ ]   gehyrde driht   7 gemiltsode is (ł miltigende
tuam. 11 Audiuit dominus et misertus   est

wæs) min driht   geworden is gefylstend (ł fultum)
      mei dominus factus   est audiutor

65

min   þu gecyrdest heof (⌐ wop) minne on blisse (⌐ on
meus. 12 Conuertisti   planctum   meum in gaudium

gefean) [ ]   þu toslite   hæran (⌐ sæc)   mi[ ]ne ⁊ þu
         mihi conscidisti saccum   meam   et cir-

ymbtr:[ ]   me blisse   ðæt ic singe þe
cum-   [f.37ᵛ] dedisti me lętitia. 13 Vt cantet   tibi

wuldor min ⁊ na ic beo abryrded driħt   god min
gloria   mea et non conpungar   domine deus meus

on ecnesse ic andette þe
in ęternum confitebor tibi.

30

xxx. In finem psalmus Dauid uox Christi positi in cruce

   on þe driħt   ic (ge)hihte na   ic gescynded beo on
2 In te domine speraui   non confundar   in

ecnesse on rihtwisnesse þinre alys me   ahyld to me
ęternum in iustitia   tua   libera me. 3 Inclina ad me

earan þine efst (⌐ raðe) þæt þu nerige me beo þu me
aurem tuam accelera   ut   eruas   me. Esto   mihi

on god   gescyldend   ⁊ on huse (gebeorges ⌐) rotnesse
in deum   protectorem et in domum refugii

(⌐ generes) þæt halne   me þu do   forþā   stregð (⌐
             ut   saluum me facias. 4 Quoniam fortitudo

miht) min ⁊ frofer (⌐ gebeorh) min   beo þu (⌐ þu eart)
       mea et refugium   meum es   tu

⁊ for   naman þinum þu læddest me ⁊ þu feddest me
et propter nomen tuum deduces   me et enutries   me.

66

þu læddest me of   grine þysum þæt   bedægledon
5 Educes   me de laqueo hoc   quem absconderunt

me   forþā   þu eart gescyldend min   on handa
mihi quoniam tu es   protector   meus.   6 In manus

þin(r)e ic bebeode gast   minne þu alysdest me driħ
tuas   commendo spiritum meum redemisti   me domine

god soðfæstnesse   þu hatudest beweardigende idelnessa
deus ueritatis.   7 Odisti   obseruantes   uanitates

ofer unnytlice ic   soðlice on driħt   (ic ge)hihte   ic
superuacue.   Ego autem in domino speraui   8 exul-

fægni[ ]   ᚵ blissige on mildheortnesse þinre forþon
tabo   et lętabor   in misericordia   tua.   Quoniam

þu gesawe eadmodnesse mine   þu hældest of neadum ĺ
respexisti humilitatem meam saluasti   de necessi-

neadnessum sawle   mine   ne þu na beluce me on
tatibus   animam meam. 9 Nec conclusisti   me in

handum feondes þu gesettest on stowe rumre ĺ widgylre
manibus inimici statuisti   in loco spatioso

fet   mine   miltsa   me driħ   forþam þe ic ge-
pedes meos.   10 Miserere mei domine quoniam   tri-

swenc:þ gedrefed   is on yrre eagan mine
bulor   conturbatus est in ira oculus meus [f.38ʳ]

sawl min ᚵ innoð min   forþam þe geteorode on
anima mea et uenter meus. 11 Quoniam defecit   in

sare lif min ᚵ gear mine on geomorungum geuntrumod
dolore uita mea et anni mei in gemitibus.   Infirmata

67

is   on þearflicnesse mægen ꝉ miht min ⁊ ban mine ge-
est in paupertate   uirtus   mea et ossa mea con-

drefede synd   ofer   ealle   fynd   mine geworden
turbata sunt. 12 Super omnes inimicos meos factus

ic eom hosp   ⁊ neacheburum minum swiðe ⁊
sum   obprobrium et uicinis   meis   ualde et

ege   cuðum minum þa þe gesawon me ute   hi flugon
timor notis meis.   Qui uidebant me foras fugierunt

fram me   forgytelnesse forgifen ꝉ forseald ic eom
a   me 13 obliuioni   datus   sum

swaswa   dead   fram heortan worden ic eom swaswa
tamquam mortuus a   corde.   Factus sum   tamquam

fæt forloren   forþon   gehyrde tælnesse ꝉ tale ma-
uas perditum 14 quoniam audiui   uituperationem mul-

negra wunigendra   on ymbhwyrfte on ðam þam hi
torum commorantium in circuitu.   In eo   dum con-

gegaderodon ætsomne ongean   me onfengon sawle
uenirent   simul   aduersum me accipere animam

mine hy geþeahtedon synd   ic   soðlice on þe ic hihte
meam consiliati   sunt. 15 Ego autem in te speraui

driht ic cwæð god min   be þu   on handum þinum
domine dixi   deus meus es tu 16 in manibus tuis

hlot min nere   me of handum feonda   minra
sortes meę. Eripe me de manu   inimicorum meorum

⁊   fram ehtendum   me   onlustra ansyne þine
et   a   persequentibus me. 17 Inlustra faciem tuam

30. 17 *onlustra:* -*lustra* induced by lemma; the glossator probably
intended *onliht.*

ofer þeowan þinne 7 halne me do on þinre mild-
super seruum tuum et saluum me fac in misericordia tua

heortnesse driħt na ic gesceamige forþon ic gecig-
    18 domine non confundar quoniam inuocaui

de ðe sceamigen arlease 7 beon gelæded o[ ] helle
te. Erubescant impii et deducantur *in* *in*fernum

    dumba synd l gewurðe weleras facen[ ] þa þe sprecað
19 muta fiant labia dolosa. Quę loquuntur

ongean rihtwise [ ] on ofermodnesse
aduersus iustum [f.38ᵛ] iniquitat*em* in superbia

7 on unþeawe hu micel manega swetnesse
et in abusione. 20 Quam magna multitudo dulcedinis

þinre drihten þa þu behyddest þa ondrædendum þe
tuę domine quam abscondisti timentibus te.

þu fulfremedest him þe hihtað on ðe on gesihðe
Perfecisti eis qui sperant in te in conspectu

bearna manna þu behyddest hy on digelnesse
filiorum hominum. 21 Abscondes eos in abscondito

ansyne þinre fram gedrefednesse manna þu scyldes
facięi tuę a conturbatione hominum. Proteges

hy on eardungstowe þinre fram wiðersace tungena
eos in tabernaculo tuo a contradictione linguarum.

    gebletsod driħt forþam wuldrade mildheortnesse
22 Benedictus dominus quoniam mirificauit misericordiam

his me on ceastre ymbtrymed[ ] ic soðlice
suam mihi in ciuitate munita. 23 Ego autem

---

18 *non:* MS ñ, letter erased after *n;* var. *ne.*

cwæð 1 sæde on utgange modes mines aworpen ic eom
dixi   in excessu mentis meę   proiectus sum

fram ansyne eagena   þinr[ ] forþon þu gehyrdest stefne
a   facię   oculorum tuo*rum*. Ideo exaudisti   uocem

halsunga 1 gebeda minra þonne ic clypode to þe   lufiað
orationis   meę   dum   clamarem ad te. 24 Diligite

driħt   ealle   halige his forþam   soðfæstnesse secð
dominum omnes sancti eius quoniam ueritatem   requiret

driħ   7 he agylt genihtsumlice dondum   [ ]modnesse
dominus et retribuet habundanter facientibu*s* superbiam.

    wærlice doð 7 si gestyrod heorte eower   ealle
25 Viriliter agite et confortetur cor   uestrum omnes

þe hihten on driħt
qui speratis in domino.

31

xxxi. Ipsi Dauid intellectus uox penitentium

   eadige þara þe forgifennesse synd [ ]rihtwisnessa 7
1 *B*eati quorum remisse   sunt iniquitates   et

þara þe bewrigene sy synna   eadig wer þam þe
quorum tecta   sun*t p*eccata. 2 *B*eatus uir cui

ne ætwíteð driħt   synne   nan is on gaste
non inputauit dominus [f.39ʳ] pecc*atu*m nec est in spiratu

:[ ] [ ]   forþam ic swigode onealdedon   ban
eius dolus. 3 Quoniam tacui   inueterauerunt ossa

---

31. 1 *forgifennesse: -esse* induced by lemma *-isse*. [ ]*rihtwisnessa:*
Lindelöf (1904) reads *un-*, but these letters are missing from the MS.

70

min þonne ic clypode ælce dæge   forþon   dæges 7
mea dum   clamarem   tota   die.   4 Quoniam die   ac

nihtes gehefegod is   ofer   me handa   þine gehwyrfed
nocte grauata   est   super   me manus   tua   conuersus

ic eom on ahnesse mine   bið tobrocen hrycg   scyld
sum   in erumna mea dum configitur   spina. 5 Delictum

minne cuðe   þe ic dyde 7 on unrihtwisnesse mine
meum cognitum tibi feci   et iniustitiam   meam

na   ic behydde ic cwæð ic andette ongean   me on un-
non abscondi.   Dixi   confitebor aduersum me iniusti-

rihtwisnessa minra driħt   7 þu forgeafe arleasnesse
tiam   meam domino et tu remisisti impietatem

synne mine   for ðysse gebit to þe ealle halig   on
peccati mei. 6 Pro hac   orabit ad te omnis sanctus in

tide   gehyþelicre ł ondafenlicre þeah hwæðere   on
tempore oportuno.   Verumptamen   in

flode   wætera   manegra   to him na   togenealæceð
diluuio aquarum multarum ad eum non adproximabunt.

þu eart frofer   min   fram oferfrecednessum þa þe
7 Tu es   refugium meum a   tribulatione   queͅ

ymbsealdan me blis (ł wynsumnes) min lys   me fram
circumdedit me exultatio   mea erueͅ me a

ymbsealdendum (ł ymbsyllendum) me   on andgyte þe
circumdantibus   me. 8 Intellectum tibi

ic sylle 7 ic lære þe on wege þys þe þu stepst ic ge-
dabo   et instruam te in uia   hac qua gradieris firmabo

trymme ofer   þe eagan mine   nelle ge beon swa
super te oculos meos. 9 Nolite   fieri sicut

hors 7 mul   þam   nan is on andgyte on walde (l̃ on
equus et mulus quibus non est intellectus. *In* camo

bridelse) 7 bitole (l̃ midle) ceacan   heora gewrið l̃ gebind
     et freno   maxillas eorum constringe

(l̃ geteoh) þa na   togenealæcað to þe   fela l̃ monige
         qui non adproximant ad te. 10 Multa

swingela l̃ þrean synfullra gehihtende   [ ]   [ ]
flagella   peccatoris sperantem [f.39ᵛ] autem in

driht   mildheortne[ ] ymbs:lð l̃ ymbsyleð   geblissiað
domino misericordia   circumdabit.   11 Lętamini

ge on driht   7 fægniað rihtwise 7 wuldriað   ealle
   in domino et exultate iusti   et gloriamini omnes

rihtwise heortan
recti   corde.

32

xxxii. Psalmus Dauid propheta cum laude dei populum
       adhortatus

   fægniað rihtwise on driht   rihtwise gedafenað herung l̃
1 Exultate iusti   in domino rectos   decet   laudatio.

herenesse   andettað   driht   on hearpan on salte
        2 Confitemini domino in cithara in psalterio

tyn   strenga   singað him   singað   him cantic
decem chordarum psallite illi. 3 Cantate ei   canticum

niwne wel singað him on hreame   forþam þe
nouum bene psallite ei in uociferatione. 4 Quia

---

10 *ymbs:lð:* Lindelöf (1904) reads *ymbselð.*

riht is word driħt 7 ealle weorc his on geleafan
rectum est uerbum domini et om*nia* opera eius in fide.

he lufað mildheortnesse 7 dom mildheortnesse
5 Diligit misericordiam et iudicium misericordia

driħt full is eorðe of worde driħt heofenes getrymede
domini plena est terra. 6 Verbo domini cęli firmati

synd 7 gast muðes his eall mægen ł miht heora
sunt et spi*ritu* oris eius omnis uirtus eorum.

gesamnigende swaswa on bytte wætera sæ settende
7 Congregans sicut in utre aquas maris ponens

on hordum gold grundas ondræde driħt eall
in thesauris abissos. 8 Timeat dominum omnis

eorðe fram him [ ]ðlice beon astyrode ealle oneardigende
terra ab eo autem commoueantur omnes inhabitantes

ymbhwyrft forþam he cwæð 7 gewordene synd
orbem. 9 Quoniam ipse dixit et facta sunt

he bebead 7 gesceapene hy synd [ ] to[ ]cað
ipse mandauit et creata sunt. 10 Dominus dissipat

geþeaht þeoda he wiðcyst soðlice geþohtas folca
consilia gentium reprobat autem cogitationes popul*orum*

7 h[ ] [ ]ðceoseð geþeaht ealdra geþeah[ ]
[f.40ʳ] et reprobat consilia princip*um*. 11 Consilium

soðlice driħ on ecnesse wunað geþohtas heortan
autem domini in ęternum manet cogitationes cordis

[ ]n cynrenne 7 cynren eadig þeod
eius *in* generatione et generationem. 12 Beata gens

ðæs þe is driħ god his folc þæt þe geceas on
cuius est dominus deus eius populus quem elegit in

73

yrfeweardnesse him   of   heofenan gelocode drih
hereditatem   sibi. 13 De cęlo   respexit dominus

geseah ealle   suna manna   of arwurdre eardunge
uidit   omnes filios hominum. 14 De preparatio habitaculo

his he locade ofer   ealle   þe eardiað on eorðan   þe
suo respexit super omnes qui habitant terram.   15 Qui

hiwode todælendlice heortan heora   se ongyt   ealle
finxit singulatim   corda   eorum qui intelligit omnia

weorc heora   na   bið gehæled cyning þurh micel
opera eorum. 16 Non saluatur   rex   per   multam

mægen ł miht 7 gigant na   bið gehæled on mænigeo
uirtutem   et gigas non saluabitur   in multitudine

mægenes his   leas   hors   to hælo on genihtsum-
uirtutis tsuę. 17 Fallax aequus ad salutem in habundan-

nesse soðlice mihte his ne   bið gehæled   on gesihðe
tia   autem uirtutis suę non saluabitur.   18 Ecce

eagan driht   ofer   me ondrædende hi[ ] 7 on him
oculi domini super metuentes   eum et in eis

þa þe hihtað ofer   mildheortnesse his   þæt he generige
qui sperant super misericordia   eius. 19 Vt   eruat

fram deaðe sawla ł e heora 7 fede hy on hungre   sawl
a   morte animas   eorum et alat eos in fame. 20 Anima

ure   abideð driht   forþam þe gefylsta 7 gescyldend
nostra sustinet dominum qui   adiutor et protector

ure   he is   forþam þe on him blissað heorte ure
noster est. 21 Quia   in eo lętabitur cor   nostrum

---

32. 16 *tsuę:* read *suę.* 18 *me:* as J; induced in G by the MS separation *me-tuentes.* 19 ł *e:* for *sawle.* 20 *qui:* read *quoniam.*

7 on naman halgum his we hihtað   sy   mildheort-
et in nomine sancto eius sperauimus. 22 *F*iat miseri-

nesse þin driħ   ofer   [ ]   [ ]   we
cordia tua domine super n*os* [f.40ᵛ] *quemad*modum sper-

hihton   on þe
auimus   in te.

33

xxxiii. Psalmus Dauid quando mutauit uultum suum
      coram Abi*m*elech et dimisit eum et habiit
      uox quidem iussit

 b[ ]   driħt   on ælcere tide   æfre   lof
2 Benedicam dominum in omni tempore semper laus

his on muðe minum   on driħ   bið gehered sawle
eius in ore   meo.   3 In domino laudabitur   anima

[ ]: gehyrað þa bilwitan 7 blissien   gemiccliað driħ
mea audiant mansuęti   et lętentur. 4 Magnificate dominum

mid me [ ] [ ] :::   naman his betweonum   ic sohte
mecum et exaltemus nomen eius in idipsum. 5 Exquisiui

driħt   7 he gehyrde me 7 of eallum   geswincum ł
dominum et exaudiuit   me et ex omnibus tribulationibus

gedrefednessum minum he nerede me   genealæcað to
             meis   eripuit   me. 6 Accedite   ad

him 7 onlyhte gebeoð 7 doð   eowre ne beoð gescende
eum et inluminamini   et facie*s* uestre non confundentur.

þes þearfa cleopode 7 driħ   gehyrde hine 7 of
7 Iste pauper clamauit et dominus exaudiuit eum et de

33. 6 doð: *facies* taken as a form of *facio*.

75

eallum   geswincum ꝉ gedr[ ]nessum his hælde   hine
omnibus tribulationibus   eius saluauit eum.

  onasendeð engel   drihtnes on ymbhwyrfte ondrædendra
8 Inmittet angelus domini in circuitu   timentium

hine ⁊ generigeð hy   ongebyrigeað ⁊ geseoð forþon þe
eum et eripiet   eos. 9 Gustate   et uidete quoniam

wynsum is drihten eadig wer þa þe gehihtað on him
suauis est dominus beatus uir qui sperat in eo.

  ondrædað drihten   ealle halige his forþam þe
10 Timete   dominum omnes sancti eius quoniam

nan is onhæfenlyste þam andrædendum hine   welige
non est inopia   timentibus   eum. 11 Diuites

beþorfton (ꝉ wædlodon) ⁊ hy hingredon þa secend[ ]
eguerunt   et esurierunt   inquirentes

soðlice driħt   ne beoð gewanede eallum gode   [ ]
autem dominum non minuentur   omni bono. 12 Venite

[ ]earn gehyrað me ege   driħ ic lære eow   hwilc
filii   audite me timorem domini docebo uos. 13 Quis

is mann þe wile lif adylgode   dagas geseon
est homo qui uult uitam diligit [f.41ʳ] dies uidere

gode   geheald ꝉ [ ]we tungan þine fram yfele [ ]
bonos. 14 Proibe   linguam tuam a malo et

[ ] þine [ ] sprecan facen acyrr fram yfele
labia tua ne loquantur dolum. 15 Deuerte a   malo

⁊ do god   andsec sibbe ⁊ filige ꝉ fili hy   eagan
et fac bonum inquire pacem et persequere eam. 16 Oculi

---

10 *andrædendum:* first *n* added in same hand.   13 *adylgode: diligit*
confused with *deleuit.*   14 *loquantur:* MS *lonquantur.*

76

driħt   ofer   rihtwise 7   earan   his   on benum heora
domini super   iustos   et aures eius in pręces eorum.

   andwlita soðlice driħ   ofer   donde   yfel   þæt
17 Vultus   autem   domini super facientes mala ut

he forspille of eorðan gemyndyg heora   clypedon
perdat   de terra   memoriam eorum. 18 Clamauerunt

rihtwise 7 driħ   gehyrde hy 7 of eallum   geswinc-
iusti   et dominus exaudiuit eos et ex omnibus tribula-

um   heora he alysde hy   neah is driħt   þam
tionibus eorum liberauit eos. 19 Iuxta est dominus his

þe geswencede synd heortan 7 eadmode gast   hi ge-
qui tribulato   sunt corde   et humiles spiritus salua-

hæleð   mænige geswinc   rihtwisra 7 of eallum
bit.   20 Multę tribulationes iustorum et de omnibus

þam alyseð   hy driħt   gehealdeð driħt   ealle
his liberabit eos dominus. 21 Custodit dominus omnia

ban heora   an   of þam ne   bið tobrocen   deað
ossa eorum unum ex his   non conterętur. 22 Mors

synfulra   wyrst   7 þa þe hatedon rihtwisre hy agyltað
peccatorum pessima et qui oderunt iustum   delinquent.

23 alyseð ł nerað driħt   sawla   þeowra   heora   7
   Redimet   dominus animas seruorum suorum ut

na forlætað he ealle   þa þe hihtað on him
non delinquent omnes qui   sperant in eo.

---

17 *andwlita:* MS damaged; probably for *andwlitā.*   19 *hi:* read *he.*
23 *forlætað he:* read *hi?* or perhaps the glossator was confused by RPs.
derelinquet (D *forlæteþ he*). *ut:* read *et.*

34

xxxiiii. Huic Dauid psalmus Christus de Iudęis et de
passione dicit ad patrem

dem   driħ   derigende me oferwinn onwinnende me
1 *I*udica domine nocentes   me expugn*a* inpugnantes me.

[ ]   [ ]: 7 scyld 7 [ ]   [ ] [ ]
[f.41ᵛ] 2 *Apprehen*de arma et scutum et e*x*surge *in adiuto*-

      me   [ ]   flane   7 belucc   [ ]an   hy
rium mihi. 3 *Ef* funde frameam et conclude a*du*ersus eos

þe ehtað   me sege [ ]   [ ] hælo þin ic   eom
qui persequuntur me dic animę meę salus tua ego sum.

      gesceamigan 7 wandian   secende   sawle   mine
4 Confundantur et reuereantur queren*tes* animam meam.

syn gecyrrede underbæclincg 7 gesceamian   sprecende
Auertantur   retrorsum   et confundantur cogitantes

me   yfelu   hy synd swaswa   dust   beforan ansyne
mihi mala. 5 Fiant   tamquam puluis ante   faciem

windes 7 engel   driħt swencende hy   sig wæg heora
uenti et angelus domini coartans eos. 6 Fiat uia illorum

þystro   7 slipornes 7 engel   driħ   ehtende   hy
tenebre et lubricum et angelus domini persequens eos.

      forþā   gifum hy behyddon me   onforeweardum
7 Quoniam gratis absconderunt mihi interitum

grines his ofer idel   edwitan*   sawle   mine
laquei sui superuacuę exprobrauerunt animam meam.

34. 3 *flane:* as DK. *flan* usually means 'arrow, dart,' but glosses *telum*
elsewhere (see BTD) and the *Thesaurus Linguae Latinae* enters '*framea
genus teli est*.' Cassiod. explains that "*framea multas continet significationes....*"

cumað him grin þæt hy ne gecnæwað ⁊ gegr[ ]
8 Veniat illi laqueus quem ignorat et capt*io*

þa þæ he behydde gegripeð hine ⁊ on grine feallað
quam abscondit adprehendat eum et in laqueo cadat

on hi sylfe (⅃ on þæt ylce) sawl soðlice min blissode
in ipso. 9 Anima autem mea exultabit

on driħt [ ] bið gelustfullod ofer hælo his ealle
in domino *et* delectabitur super salutari suo. 10 Omnia

ban mine cweðaþ driħt hwilc gelic þin nerigende
ossa mea dicent domine quis similis tui. Eripiens

unspedigne of handa strengran [ ] ælðeodigne ⁊ þearfan
inopem de manu fortiorum ei*u*s aegenum et pauperem

fram reafigendum hine arisende cyðeras unrihtwise
a diripientibus eum. 11 *Sur*gentes testes in*i*qui

þa ic nyste [ ] me aguldon
quę ignorabam [f.42ʳ] interrogabant me. 12 Retribuebant

me yfelu for [ ] stedignesse sawle mine ic
mihi mala pro bonis sterilitatem animę meę. 13 Ego

soðlice þonne me hefige wær[ ]n ic scyrdde of hæran
autem cum mihi molesti essent induebar cilicio.

ic eaðmedde on fæstene sawle mine ⁊ gebed min on
Humiliabam in ieiunio animam meam et oratio mea in

bearn minum sy gecyrred swaswa gesibbe swaswa
sinum meum conuertetur. 14 Quasi proximum quasi

---

8 *hy ne gecnæwað:* RPs. *ignorant.* *þa þæ:* cf. E *þare* [= *þane*] *þe,* F *þone*
þe, J *þone þa.* *feallað:* RPs. *incidant,* var. *cadent.* 13 *bearn: read* bearm.

broðor   ure   swa ic gelicige swaswa heofigende 7
fratrem   nostrum   sic conplacebam quasi   lugens   et

ungerotsod swa eadmette   7 ongean   me hy blis-
contristatus sic humiliabar. 15 Et aduersum me lętati

sodon 7 tosomne becomon gegaderode synd ofer   me
sunt   et conuenerunt   congregati sunt super me

swingela 7 ic nyste 1 ic ne gecneow   tostencte synd
flagella et ignoraui.   16 Dissipati sunt

ne   hy abryrde hy fandedon   me hy hypston   me
nec   conpuncti   temptauerunt   me subsannauerunt me

mid hospe   hi grymetedon ofer me toðum   heora
subsanatione frenduerunt   super me dentibus suis.

     driħ   þonne   þu locast eft gesette sawle   mine
17 Domine   quando respicies restitue   animam meam

fram yfeldædum heora fram leonum   anlican mine
a   malignitate eorum a   leonibus unicam meam.

     ic andette þe   on haligre gesamnunge micelre on
18 Confitebor   tibi in ęcclesia   magna   in

folce   hefigum ic herige þe   ne   oferblissiað   me
populo graui   laudabo te. 19 Non supergaudeant mihi

þa þe wiðerweardiað me   unrihtlice þa þe hatedon me
qui   aduersantur   mihi iniquę   qui   oderunt me

buton gewyrhtum 7 bicnedon eagon   forþam   me
gratis   et annuunt oculis. 20 Quoniam mihi

witodlice gesibsumlice hy spræcon 7 on yrsunge   eorðan
quidem   pacifice   loquebantur et in iracundia terrę

17, 19 Final *meam* in 17 and *qui aduersantur mihi* in 19 in contemporary
hand B.

[ ]   [ ]   hy þohton   7   hy tobrædden
[f.42ᵛ] *l*oque*n*tes dolos cogitabant.   21   Et dilatauerunt

ofer   me muð heora hy cwædon gefea 1 eala 1 wellawe
super   me os   suum dixer*un*t   euge euge

gesawon eagan ure   þu gesawe driħt   ne swiga ðu
uiderunt ocu*li* nostri. 22 *V*idisti   domine ne sileas

driħ   ne gewit þu fram me   aris   7   beheald
domine ne discedas a   me.   23   Exsurge et intende

dom   minne god min   7   driħt   min on intingan
iudicio meo   deus meus et dominus meus in   causam

minne   dem   me æfter   rihtwisnesse þinre driħt
meam.   24 Iudica me secundum iustitiam   tuam domine

god min   7   na   oferblissigend me   na   ic cweðe
deus meus et non supergaudeant mihi.   25   Non   dicant

on heortan   his   ealla 1 wellawel sawle   ure   ne ne
in   cordibus suis euge euge   anime nostre nec

cwædan we fofswelgað hine   ablissigen   7   arweorðien
dicant   deuorauimus   eum.   26 Erubescant et reuereantur

ætgædere þa þe þanciað   yfelum minum syn gescrydde
simul   qui   gratulantur malis   meis.   Induantur

mid gescændnesse   7   arwurðunga þa þæ yfelwillendnessa
confusione   et reuerentia qui   malingna

sprecað   ofer   me   fæignien 7   blissigen þa þe willað
loquuntur super me.   27 Exultent et lętentur qui   uolunt

rihtwisnesse mine   7   cweðað symble 1 æfre sy gemicclod
iustitiam   meam et dicant semper   magnificetur

25 *fofswelgað:* read *forswelgað.*   26 *þa þæ:* perhaps read *þa þe,* as CIJK.
malingna: read *maligna.*

[ ]   þa þe willað sibbe þeowes his   7 tunge
dominus qui   uolunt pacem serui   eius. 28 Et lingua

min smeað   rihtwise þine ælce dæge lof   þin
mea meditabitur iustitiam tuam tota die   laudem tuam.

35

xxxv. In finem seruo domini Dauid psalmus propheta
cum laude dei opera ipsius Iudae

sæde ł cwæð se unrihtwisa þæt he agylte on sylfum him
2 Dixit   iniustus   ut   delinquat in semetipso

nan is ege godes beforan eagan [ ]   forþon
non est timor dei   ante   oculos eius. 3 Quoniam

facenfulle he dyde on gesihðe   his   [ ] gemet
dolose   egit   in conspectu eius [f.43ʳ] ut inueniatur

unrihtwis his [ ] [ ]   wo[ ]d muþes his unrihtwisnes
iniquitas eius ad odium. 4 Verba oris   eius iniquitas

7 facn [ ]   ongytan þæt he wel dyde   unrihtwis-
et dolus noluit intellegere ut bene   ageret. 5 Iniquitatem

nesse he smeade   on incleo[ ] [ ] he ætstod ælcum
     meditatus est in cubili   suo adstitit   omni

wege na godum yfelnesse soðlice na he hatede   drih
uię non bonę   malitiam autem non odiuit.   6 Domine

on heofenan mildheortnesse þin 7 soðfæstnesse þin oð
in cęlo   misericordia   tua et ueritas   tua usque

to genipum   rihtwisnesse þin swaswa muntas godes
ad nubes. 7 Iustitia   tua sicut   montes dei

28 rihtwise: originally rihtwisse, second s erased.

82

domas þin deopnys felafeald menn   7 nytenu þu gehælst
iudicia tua abyssus multa.   Homines et iumenta saluabis

driħ   swaswa to þæm gemete þu gemænigfyldest (ł
domine 8 quemadmodum   multiplicasti

mænigfealdast) mildheortnesse þinre god   bearn soðlice
                misericordiam   tuam   deus. Filii   autem

manna   on gescyldnesse fyðera   þinra   hihtað
hominum   in   tegmine   alarum tuarum sperabunt.

   beoð druncnode of genihtsumnesse huses   þines 7
9 Inębriabuntur   ab ubertate   domus tuę   et

of burnan willan   þines þu drencst hy   forþam
torrente   uoluptatis tuę   potabis   eos. 10 Quoniam

mid   þe is   lifes 7 on leohte þinum þe geseoð
apud te est fons uitę et in lumine tuo   uidebimus

leoht   astrece ł þene mildheortnesse þine witendum
lumen. 11 Pretende   misericordiam   tuam scientibus

þe 7 rihtwisnesse þinre þam þe   rihtwise synd heortan
te et iustitiam   tuam   his qui recto   sunt corde.

   ne   cume me   fot ofermodignesse 7 handa synfulra
12 Non ueniat mihi pes superbię   et manus peccatoris

ne   astyrige me   þær hruron ł feollon þa þe wyrcað
non moueat me. 13 Ibi ceciderunt   qui   operantur

unrihtwisnesse   [ ]   [ ]   hy ne mihton stan[ ]
iniquita*tem*   [f.43ᵛ] *expulsi* sunt nec potuerunt star*e*.

---

35. 10 *þe geseoð :* read *we geseoð.*

36

.... hic hortatur uox aecclesiae introduci*tur*

[ ]u onhyrian betweax þam awyrgedan ne   þu ne anda
1 *N*oli emulari in   malignantibus neque zelaueris

þam dondan unrihtwisnesse   forþam   swaswa   hyg
facientes   iniquitatem.   2 Quoniam tamquam fęnum

hrædlice adrugiað 7 to þam gemetes blæda ł wy[ ]
uelociter arescent et quemadmodum   olera

weorta (ł gærs) raðe hreosað   gehiht on drihtne 7 do
herbarum   cito decident. 3 Spera in domino et fac

godnessæ onearde eorðan 7 þu bist fett on welum his
bonitatem inhabita terram et pasceris   in diuitiis ei*us*.

  gelustfulla on driħt   7 he sylð þe gyrninge heortan
4 Delectare in domino et dabit   tibi pętitiones cordis

þinre   awreoh driħt   weg þinne 7 hiht on hine 7
tui.   5 Reuela domino uiam tuam et spera in eum et

he deð   7 he gelædeð hwilc leoht rihtwisnesse
ipse faciet. 6 Et educet   quasi lumen iustitiam

þinre 7 dom   þinne swaswa middæg   underþeod
tuam et iudicium tuum tamquam meridiem 7 subditus

beo þu driħt   7 bide hine nelle ðu onhyrian on him
esto   domino et ora eum. *N*oli emulari   in eo

þa þe beoð gesundfullod on wege his on menn donde
qui prosperatur   in uia sua in homine faciente

---

36. 1 *betweax:* RPs. *inter.*

unrihtwisnes   ablin   fram yrre 7 forlæt   hatheort-
iniustitias.   8 Desine ab   ira   et derelinque furorem

nesse [ ]   [ ]rian   þæt þu beo yfelwillende   for
noli ęmulari ut   maligneris.   9 Quoniam

þa þe beoð yfelwillende beoð geteorode   forþyldigendan
qui   malignantur   exterminabuntur sustinentes

soðlice driħt   hy yrfeweardnesse eorðan   [ ] nugyt
autem   dominum ipsi hereditabunt   terram.   10 Et adhuc

lytelfæc 7 ne   bið synfull   7 secst   stowe his   7 ne
pusillum et non erit peccator et quęres locum eius et non

bið gemet   [ ]:ran   soðlice yrfeweardnes: eorða[ ]
inuenies. [f.44ʳ] 11 Mansueti autem hereditabunt   terram

7 lustfulliað   on mænigfealdnesse sibbe   begymð
et delectabuntur in multitudine   pacis.   12 Obseruabit

se synfulla riht   7 gristbitað ofer   hine toðum   his
peccator   iustum et stridebit super eum dentibus suis.

driħt   soðlice onhysc hine forðam   he foresceawað
13 Dominus autem irridebit eum quoniam prospicit

þæt cumeð dæg his   sweord   of sceðe atugon þa
quod ueniet dies eius.   14 Gladium ęuaginauerunt   pec-

synfullan hi aþenedon bogan heora þæt hy awurpon ut
catores   intenderunt   arcum suum. Vt decipiant

þearfan   7 hu magon þæt hy wylmen rihtwisre heortan
pauperem et inopem   ut trucident   rectos   corde.

9 *for:* gloss not completed. *yrfeweardnesse:* RPs. *hereditatem.*   14 *hu
magon:* probably read *unmagon,* as D(-*an*) F. *wylmen:* read *cwylmen.*

85

sweord   heora   inga   on   heortan   heora   ⁊   boga
15 Gladius   eorum   intret   in   corda   ipsorum   et   arcus

heora   si   tobryt   betere   is   medmicel   þam   rihtwisan
eorum   confringatur.   16 Melius   est   modicum   iusto

ofer   wædlan   synna   mænige   forþam   þe   earmas
super   diuitias   peccatorum   multas.   17 Quoniam   brachia

synfulra   beoð   tobrocene   a   getrymmeð   soðlice   rihtwise
peccatorum   conterentur   confirmat   autem   iustos

drih   can   driht   dæg   unwemmendra   ⁊   hyrfe-
dominus.   18 Nouit   dominus   dies   inmaculatorum   et   here-

weardnesse   heora   on   ecnesse   bið   ne   hy   ne   beoð   ge-
ditas   eorum   in   ęternum   erit.   19 Non   confundentur

scynde   on   tide   yfelre   ⁊   on   dagum   hungres   hy   beoð   ge-
         in   tempore   malo   et   in   diebus   famis   saturabuntur

fyllede   forþam   synfulle   forweorðað   fynd   soðlice
         20 quia   peccatores   peribunt.   Inimici   uero

driht   sona   gegeárwurðode   beoð   ⁊   upahafene   geteori-
domini   mox   honorificati   fuerint   et   exaltati   defi-

gende   ɫ   aspringende   swaswa   smic   hy   geteoriað
cientes   quemadmodum   fumus   deficient.

ɫ   hi   aspringað   borgað   se   synfulla   ⁊   ne   alyseð   ɫ
         21 Mutuabitur   peccator   et   non   soluet

ne   gyldeð   se   riht[ ]   soðlice   miltsað   ⁊   agylt
         iustus   autem   miseretur   et   tribuit.   [f.44ᵛ]

---

18 *hyrfeweardnesse:* read *yrfe-; h* induced by lemma.   20 *gegearwurðode:*
an *e* added above *ge-.*

[ ]　[ ]　　　him yrfeweardnesse [ ]　yfelcwe-
22 Quia benedicentes ei　hereditabunt　terra*m* maledi-

dende soðlice him forweordað 1 tostencte beoð　[ ]foran
centes autem　ei　disperibunt.　　　　　23 *A*pud

driħt　　stæpas　mannes　beoð gerihte　7　weg　his
dominum　gressus　hominis　dirigentur　　et　uiam　eius

wilnað　þonne ahreoseð se rihtwisa ne　bið tocwysed
uolet.　24 Cum　ceciderit iustus　　non collidetur

forðam driħt　underleigð handa　his　　iung　ic wæs
quia　dominus subponet　manum suam. 25 Iunior fui

7 soðlice ealdode 7　na　ic geseah rihtwisne forlætene
etenim　senui　et non　uidi　iustum　derelictum

ne　sæd　his secende hlaf　　ælce dæge hi ofearmað
nec semen eius querens panem. 26 Tota die　miseretur

7 lænð　7 sæd　hiora on bletsunge　bið　ahyld
et comodat et semen illius in　benedictione erit. 27 Declina

fram yfele 7　do　god　7 onwuna on worulda woruld
a　malo et fac bonum et inhabi*ta*　in　seculum seculi.

　forþam þe driħt　lufað dom　7　na　forlæteð
28 Quia　　dominus amat iudicium et non derelinquet

halige　hys　on ecnesse　hy beoð gehealdene unrihtwise
sanctos suos in　ęternum conseruabuntur.　Iniusti

beoð gewitnode 7 sæd　arleasra　forweorð　rihtwise
punientur　　et semen impiorum peribit.　29 Iusti

soðlice yrfeweardnesse eorðan 7　oneardiað　on worulda
autem hereditabunt　terram et inhabitabunt in　seculum

24 *subponet:* read *-nit.*　26 *hi:* read *he.*　29 *yrfeweardnesse:* as J;
lemma taken as a form of *hereditas.*

woruld ofer   [ ]   muð rihtwises smeað ꝉ gemyneð
seculi super eam. 30 Os iusti   meditabitur

wisdom   7 tung[ ] [ ] sprecð dom   æ æ godes
sapientiam et lingua eius loquętur iudicium. 31 Lex dei

his on heortan him   7 na   underplantade (ꝉ ne beoð
eius in corde ipsius et non subplantabuntur

gestrencte) stæpas his   [ ]wað   synfullan rihtwisne
         gressus eius. 32 Considerat peccator iustum

7 secð adydan   hine   [ ]   soðlice ne for-
et querit mortificare eum. 33 Dominus autem non dere-

læteð   hine on handum his ne genyðereð hine
linquet eum in manibus eius nec dampnabit eum [f.45r]

[ ]   [ ]med bið him   geanbida driħt   7 geheald
cum iudicabitur illi. 34 Expecta dominum et custodi

weg [ ] 7 he upahefð þe   mid yrfwerdnesse þu under-
uiam eius et exaltabit te ut hereditate   capias

feh[ ] eorðe þonne forwurðað synfulle þu ge[ ] ic ge-
     terram cum perierint peccatores uidebis. 35 Vidi

seo arleasne ofer upahafenne 7 upahafenne swaswa cedar
     impium superexaltatum et ęleuatum   sicut   cędros

treow   7 ic ofereode 7 sihðe he næs ꝉ ne wæs 7
libani. 36 Et transiui   et ecce non erat   et

ic sohte hine 7 na is ongemett stow his   geheald
quęsiui eum et non est inuentus locus eius. 37 Custodi

---

31 *heortan:* cor. from *heorten.*

88

on soðfæstnesse 7 geseoh efennesse forðam þe synd
innocentiam et uide ęquitatem quoniam sunt

lafa menn gesibsumum þa unrihtwisan soðlice
reliquię homini pacifico. 38 Iniusti autem

forweorðað samod 1 ætgædere lafa arleasra forðfarað
disperibunt simul reliquię impiorum interibunt.

hælo soðlice rihtwisra fram drihtne 7 gescyld heora
39 Salus autem iustorum a domino et protector eorum

is on tide geswinces 7 gefylsteð him drih
est in tempore tribulationis. 40 Et adiuuabit eos dominus

7 alyseð hy 7 genereð hy fram synfullum 7 gehælð
et liberabit eos et eruet eos a peccatoribus et saluabit

hy forþon hi hihton on him
eos quia sperauerunt in eo.

37

xxxvii. Psalmus Dauid in rememoratione die sabbati
huic confessio in sapientię uirtus salutis

driħt on hatheortnesse þinre þu þreage me 7 na
2 Domine ne in furore tuo arguas me neque

on yrrum þinum þu nerige me forþam flanan þinan
in ira tua corripias me. 3 Quoniam sagitte tuę

ongefæstnode synd me 7 þu getremedest ofer me
infixę sunt mihi et confirmasti super me

handa þine na is hælo on flæsce minum on ansyne
manum tuam. 4 Non est sanitas in carne mea affacie

---

37 on soðfæstnesse: RPs. ueritatem, but on apparently induced by G's lemma.
37. 4 on ansyne: read of?

89

9

yrres þines na   is   sibb banum minum of ansyne synna
ire   tuę   non est pax ossibus meis   a facie   pecca-

        minra   forþam   on unrihtwisnesse minre
torum meorum. 5 Quoniam iniquitates   meę

ofersett[ ]n [ ]   [ ]   [ ]   swaswa b[ ]rðen
supergresse sunt [f.45ᵛ] caput meam sicut   onus

hefig[ ] [ ]   [ ]nd ofer me   [ ]rotodon 7 hy ge-
grauę grauate sunt super me. 6 Putruerunt et corruptę

wemmede synd dolhswaða [ ]e of ansyne unwisdomes
           sunt cicatrices meę a facię insipientię

mines yrmþum geswenced ic eom 7 gedrefed eom oð ende
mee. 7 Miser factus   sum   et curuatus sum usquę

on ende ælce dæge geunrotsod ic ineod: forþam þe
in finem tota die contristatus ingrediębar. 8 Quoniam

sawl min gefylled is (ł synd) on bysmrungum 7 na
lumbi mei implęti sunt   inlusionibus   et non

is hælo on flæsce minum gebenged ic eom 7 geeadmet
est sanitas in carne mea. 9 Afflictus sum   et humiliatus

ic eom swiðe grymetede of geomorunge heortan minre
sum   nimis rugiebam a gemitu   cordis mei.

      driħt beforan þe eall gewilnung min 7 geo-
10 Domine ante   te omne desiderium meum et ge-

morung min fram þe na is behy[ ]   heorte
mitus meus a   te non est absconditus. 11 Cor

---

5 on : induced by in- of lemma.   7 gedrefed: RPs. turbatus.   8 sawl
min gefylled is: RPs. anima mea conpleta est.   9 gebenged: read gebiged
(cf. CD) or gebended. Both gebigan and gebendan have similar primary
meanings and both gloss similar lemmata.

min   gedrefed   is   forlæt   m[ ]   mægen 1 miht
meum   conturbatum   est dereliquit   me   uirtus

min 7 leoht eagena   minr[ ] 7 he sylf na   is   mid me
mea et lumen oculorum meorum et ipsum   non est mecum.

   frynd mine 7 magas   mine ongean   me genea-
12 Amici mei   et proximi mei   aduersum me adpropin-

læhton   7 stodon   7   [ ] betweox me hy wæron
quauerunt et steterunt. Et qui iuxta   me erant

   feorran hi stodon   7 nyd hy dydon þa þe sohton
de longe   steterunt 13 et uim faciebant qui   querebant

sawle   [ ]   7 þa þe sohton   yfelu me   hy spræcon
animam meam. Et qui   inquirebant mala mihi locuti

     idelnesse 7 facn   ælce dæge hy smeadon   [ ]
sunt uanitates et dolos tota die   meditabantur. 14 Ego

soðlice swaswa   deaf   na   ic gehy[ ] 7 swaswa dumb
autem tamquam surdus non audiebam et sicut   mutus

na   atynde muð his   7 geworden ic eom swaswa
non aperiens os   suum. 15 Et factus   sum   sicut

mann na   gehyrde 7 na   hæbbende on muðe his þrea-
homo non audiens et non habens   in ore   suo redar-

gunge   forþam   on ðe driht   ic hihte þu
gutiones. [f.46ʳ] 16 Quoniam in te domine speraui tu

gehyr[ ] driht   god min   forþam þe ic cwæð
exaudies domine deus meus. 17 Quia   dixi

---

12 *betweox:* did the scribe take the lemma as *inter?* J's gloss to *iuxta,*
sohton, is explained by the presence of *querebant* in vs. 13.   13 *uanitates:*
cor. from *uenitates.*

þylæs hwænne oferblissiað   me   on fynd mine 7
nequando   supergaudea*nt* mihi inimici   mei   et

þonne wær[ ]n [ ] fet   mine ofer me fela   hy spr:[ ]
dum comm*oueantur* pedes mei super me magna locuti

        forþam þe ic   on swigellum geara   ic eom 7
s*unt*. 18 Quoniam ego in flagella   paratus sum   et

sar   min on gesihðe   minre æfre ł simble   for þære
dolor meus in conspectu meo semper.   19 Quoniam

unrihtwisnesse minre ic cyðe   7 ic þence for synne
iniquitatem   meam adnuntiabo et cogitabo pro peccato

minre   fynd   soðlice mine lyfiað   7 gestrangode
meo.   20 *I*nimici autem mei uiuunt et confirmati

synd ofer me 7 gemænigfealde synd þa þe hatedon
sunt super me et multiplicati   sunt qui   oderunt

me unrihtlice   þa þe geedleanodon yfelu for godum
me iniqu*ę*.   21 Qui retribuunt   mala pro bonis

hy tældon me   forþon æfterfiligende ic eo[ ] god-
detrahebant mihi quoniam sequebar   boni-

nesse ł rihtwisnesse   ne forlæt þu me driħt   god
tatem.   22 Non derelinquas me domine deus

min ne gewite þu fram me   beheald on fultum
meus ne discesseris a   me. 23 *I*ntende in adiutorium

minne driħt   god hæle mine
meum domine deus salutis me*ę*.

---

18 *swigellum*: read *swingellum*.   19 *for þære*: so MS; read *forþam? forþon?*
21 *æfterfiligende ic eo*[ ]: RPs. *subsecutus sum*. *rihtwisnesse*: RPs. *iustitiam*.

38

xxxuiii. ostendens Idithun contra insidias inimicorum tacere

ic cwæð ic gehealde wegas mine þæt ic ne agylte
2 Dixi custodiam uias meas ut non delinquam

on tungan minre asette muðe minum geheordunga þonne
in lingua mea. Posui ori meo custodiam cum

gestandeð se synfulla ongean me ic adumbude ⁊
consisteret peccator aduersum me. 3 Obmutui et

geeadmedde ic eom ⁊ ic swigode fram g[ ] ⁊
humiliatus sum et silui [f.46v] a bonis et

sar min geedniwod [ ] hatode heortan mine
dolor meus renouatus est. 4 Concaluit cor meum

on me ⁊ on [ ]meaunge minre byrnð fyr [ ]æc
intra me et in *me*ditatione mea exardescet ignis. 5 *Locut*us

on tungan minre cuðe [ ] [ ]: driħt ende
sum in lingua mea notum fac mihi domine finem

minne ⁊ getæl ł gerim dagena minra hwil[ ] [ ]s þæt
meum. Et numerum dierum meorum qui est ut

ic wite hwæt wana si me efne gesihðe
sciam quid desit mihi. 6 Ecce mensurabiles

þu settest dagas mine ⁊ sped min swaswa nan þing
posuisti dies meos et substantia mea tanquam nichilum

beforan þe þeah hwæðere eall idelnes ælc man
ante te. Verumptamen uniuersa uanitas om*nis* homo

38. 5 *qui:* a final *s* erased; *qui* is a known var. of *quis*. Note that in I the *s* has also been erased. 6 *mensurabiles:* RPs. *ueteres*.

lifigende   þeah hwæðere on anlicnesse þurhfærð mann
uiuens.   7 Verumptamen in imagine   pertransit homo

ac he is   on idel bið gedrefed þe goldhordað 7 nat
sed   et frustra conturbatur. Thesaurizat   et ignorat

hwam he gesomnað þa   7 nu   hwilc is anbidung
cui   congregabit   ea. 8 Et nunc que   est expectatio

min ac ne driħt   7 sped   min toforan þe is
mea nonne dominus et substantia mea apud   te est.

  fram eallum   unrihtwisnessum minum nera m[ ] hosp
9 Ab   omnibus   iniquitatibus   meis   erue me obpro-

        unwisum þu sealdest me   ic adumbude 7 na ic
brium insipienti dedisti   me. 10 Obmutui   et non

atynde muð minne forþo[ ] þu dydest   astyra fram
operui os   meum quoniam tu fecisti 11 amoue a

me witu   þine   fram strengðo   handa þine ic
me plagas tuas. 12 A   fortitudine manus tuę ego

geteorode [ ] weawum ł steorum for   unrihtwisnesse
defeci   in increpationibus   propter iniquitatem

þu nyruwdest mann   [ ] [ ]   þu dydest swa
corripuisti   hominem. Et tabescere fecisti   sicut

gangewefram sawle his þeah hwæðere idel
araneam   animam eius uerumptamen uane [f.47ʳ]

[ ]efed is ælc man   [ ]r gebeda   mine
conturbatur omnis homo. 13 Exaudi orationem meam

---

7 *he is:* repeated in *bið;* cf. Rolle: *conturbatur. druuyd is he. þe goldhordað:*
read *he.*   10 *operui:* read *ap-.*   12 *weawum*(?): first letter on tear in
margin, perhaps *þ* or *r;* cf. J *þreagungum,* D *þeangum. gangewefram:* cf.
AB *gongeweafran,* C *gangewæfre.*

94

drih   7   bene   mine   mid earum onfoh   tearas
domine et deprecationem meam auribus   percipe   lacrimas

mine   ne   swiga   þu forþon   þearfa (⁊ þearfena) ic   eom
meas.   Ne sileas   quoniam aduena   ego sum

mid   þe   7   ælðeodig   swaswa   ealle   fæderas mine
apud   te   et   peregrinus   sicut   omnes   patres   mei.

   forlæt   me   þæt ic si gecylled (⁊ þæt ic si gehyrt)
14 Remitte mihi   ut   refrigerer

ærþam þe ic habbe 7   ma   ic ne beo
priusquam habeam   et amplius non ero.

39

xxxviiii. In finem psalmus Dauid patientia populi

  geanbidigende ic abad   driht   7   he begymde me
2 Expectans   expectaui dominum et intendit   mihi.

  7   he gehyrde bene   mine 7   he gelædde me of seaðe
3 Et exaudiuit   preces meas et eduxit   me de lacu

yrmðe   7   of   fænne   7   he gesette ofer   stan
miserię   et   de   luto fecis.   Et statuit   supra   petram

fet   mine 7   he gerehte stæpas mine   7   he onsette
pedes meos et direxit   gressus meos. 4 Et inmisit

---

13 *þearfa* (⁊ *þearfena*): here in the sense of 'destitute.' The destitute or poor and the foreign are related in a passage cited in BTD, under *elþeodig:* pauperibus et peregrinus semper humilis. þearfum and elþeodigum symble eaþmod.   14 *gehyrt:* as J. *gehirtan* glosses *refrigerer* elsewhere in OE (see BTD). For the particular sense here, note the citation in BTDS: Ond þa mid þy þe þæt min werod gehyrted and gestilled wæs. quae res quum anime quietiorem fecisset exercitum. *In Psal. Lib. Exeg.* (*P.L.* 93.691) explains *refrigeratam* as *quietam.* Cf. I *gereste.* Lindelöf (*Der Lambeth Ps.*, Acta Soc. Scient. Fennicae, XLIII: 3, 28) considers *gereste* a "sehr freie übertragung." *habeam:* a rare var., attested in Weber, of the GPs. *abeam. ic habbe:* lemma taken as a form of *habeo.*

on muð minne cantic   niwne lofsang gode urum
in os meum canticum nouum carmen deo nostro.

geseoð mænige 7 ondrædað 7 gehihtað on driħt
Videbunt multi et timebunt et sperabunt in domino.

  eadig wer þær þe is nama driħt hiht his 7 ne
5 Beatus uir cuius est nomen domini spes eius et non

beseah on idelnesse 7 on gewitleastum lease   fela
respexit in uanitates et insanias   falsas. 6 Multa

þu dydest þu driħt god min wuldra þine 7
fecisti   tu domine deus meus mirabilia tua et

geþohtum   þinum nan is hwylc gelic sy þe
cogitationibus tuis non est quis similis sit tibi.

ic cydde 7 ic spræc   gemænigfylde synd ofer
Adnuntiaui et locutus sum multiplicati sunt super

gerim   onsægdnesse 7 oflætan ł offrunga
numerum. [f.47ᵛ] 7 Sacrificium et oblationem

þu nolde earan soðlice þu fulfremedest me onsæignesse
noluisti aures autem perfecisti   mihi. Holocaustum

7 for synne na þu bæde þonne ic sæde efne ic cume
et pro peccato non postulasti 8 tunc dixi ecce uenio.

[ ] [ ] boces awriten is be me þæt ic do
In capite libri scriptum est de me 9 ut facerem

willan   þinne god min ic wolde 7 æ æ þin
uoluntatem tuam deus meus uolui et legem tuam

on middele heortan mine ic bodude rihtwisnesse
in medio cordis mei. 10 Adnuntiaui iustitiam

39. 5 *gewitleastum:* cf. I *wodnessum leasum ł gewitlystum.*

þine on gelaðunge ł cyrican micelre geseoh þe weleras
tuam in ęcclesia magna ecce labia

mine ne ic forbeode driħt þu þe ealle þing wast
mea non prohibebo domine tu scisti.

rihtwisnesse þine ne ic behydde on heortan minre
11 Iustitiam tuam non abscondi in corde meo

soðfæstnesse þinre 7 hælo þinre ic cwæð ne ic behydde
ueritatem tuam et salutare tuum dixi. Non abscondi

mildheortnesse þinre 7 soðfæstnesse þinre fram geþeahte
misericordiam tuam et ueritatem tuam a concilio

micelre þu soðlice driħt ne feor þu do miltsunge
multo. 12 Tu autem domine ne longe facias miserationes

þine fram me mildheortnes þin 7 soðfæstnes þin symble
tuas a me misericordia tua et ueritas tua semper

hy afengon me forþam þe ymbsealdon me yfel
susceperunt me. 13 Quoniam circumdederunt me mala

þara nan is gerim hy gegripon me unriht-
quorum non est numerus conprehenderunt me iniqui-

wisnessa mine 7 na ic mihte þæt ic gesawe hy gemænig-
tates meae et non potui ut uiderem. Multiplicate

fylde synd ofer loccas heafdes mines 7 heorte min
sunt super capillos capitis mei et cor meum

forlæt me gelicige þe driħt þæt þu nerige
dereliquit me. 14 Conplaceat tibi domine ut eruas

me driħt to fylstanna ł fultumienne me geloca
me domine ad adiuuandum me respice. [f.48r]

gecyrred 7 hy forwand[ ] [ ]mod ł ::g[ ] þa þe
15 Confundantur et reuereantur simul qui

97

secað   sawle   m[ ]   þæt hy awyrsian hy   syn gecyrred
querunt animam meam ut   auferant   eam. Conuertantur

underbæclincg 7 hy forwandian þa þe willan me   yfelu
retrorsum   et reuereantur   qui   uolunt mihi mala.

    hy berað hrædlice   gescyndnesse his   þa þe cweðað
16 Ferant   confestim confusionem suam qui   dicunt

me   eala eala   gefagen 7 blissigen ofer   þe ealle
mihi euge. euge. 17 Exultent et lętentur super te omnes

secende   þe 7 hy cwædan æfre l symble gemiclod sy
quęrentes te et dicant   semper   magnificetur

driħt   þa þe lufiað   hælo   þine   ic   soðlice
dominus qui   diligunt salutare tuum. 18 Ego autem

wædliga   ic eom 7 þearfa driħt   carful   is   min
mendicus sum   et pauper dominus sollicitus est mei.

gefylsta min 7 gescyldend min   þu eart god min   ne
Adiutor meus et protector   meus tu es   deus meus ne

yld þu
tardaueris.

40

    xl. Psalmus Dauid uox Christi de passione sua et de
        Iuda traditore

    eadig   þa þe ongytað   ofer   eallþeodigne 7 þearfan
2 Beatus qui   intellegit super egenum   et pauperem

on   dæge yfelum alyseð   hine driħt   driħt
in   die   mala   liberabit eum dominus. 3 Dominus

15 awyrsian: read awyrpian.
   40. 2 eallþeodigne: read el- or æl-.

gehealdeð hine 7 geliffæstað hine 7 eadigne he gedeð
conseruet eum et uiuificet   eum et beatum faciat

hine on eorðan 7 na   he sylð hine on sawle   on feonde
eum in terra   et non tradat   eum in animam inimicorum

his   driħt   spede bringe him ofer   bed   sares
eius. 4 Dominus opem ferat   illi   super lectum doloris

his ealle   stræle   his þu acyrdest on untrumnesse
eius uniuersum stratum eius uersasti   in infirmitate

his   [ ]   [ ]   [ ]riħt gemiltsa m[ ] [ ]   sawle
eius. [f.48ᵛ] 5 Ego dixi domine miserere mei sana animam

[ ]ine forþam ic syngode þe   fynd   mine sædon ł
meam quia   peccaui   tibi. 6 Inimici mei   dixerunt

cwædon yfel   me   h[ ]e   swelteð 7 forwyrðeð nama
     mala mihi quando morietur et peribit   nomen

his   7   hi ineodon   þæt he gesawe idelu hi spraecon
eius. 7 Et si ingrediębatur ut   uideret   uana loquebatur

heorte his   he gegaderode unrihtwisnesse him hy eodon
cor   eius congregauit   iniquitatem   sibi. Egrediebatur

ut   7 hy spræcon   him betweonan   ongean   me
foras et loquębatur in   idipsum.   8 Aduersum me

hy bysmredon ł grimetedon ealle   fynd   mine ongean
susurrabant   omnes inimici mei   aduersum

7 hi ineodon . . . hi spraecon(?) . . . hy eodon . . . hy spræcon: RPs. ingredie-
bantur . . . loquebatur . . . Egrediebantur . . . loquebantur. him betweonan, as
J (betweonum): cf. RPs. var. in inuicem.   8 grimetedon: grimetan, 'roar,
make a loud noise,' does not seem apt to susurro, 'murmur, whisper,'
but note I hwætredun, 'bold speech,' and also OHG susurrator. oorblaser
(Diefenbach I) and MHG grummen, 'growl.'

99

me þohton   yfel   me   word   unrihtwisnes hi geme cogitabant mala mihi. 9 Verbum iniquum   consti-

setton   ongean   me cwyst þu se þe slæpð   ne   geycð he
tuerunt aduersum me nunquid   qui   dormit non adiciet

ł teohhað þæt he arise   7 soðlice man   sibbe minre
         ut resurgat.   10 Etenim   homo pacis meę

on þam ic hihte se ðe æt   hlaf   minne gemærsode
in quo speraui qui   ędebat panes meos   magnificauit

ofer   me byg[ ] swencednesse   þu soðlice driħt
super me subpla*nta*ti*o*nem.   11 Tu autem   domine

miltsa   me 7 awrece   me 7 ic agylde him   on þam
miserere mei et resuscita me et retribuam eis. 12 In hoc

ic oncneow þæt   þu woldest me forþam ne   blissað
cognoui   quoniam uoluisti   me quoniam non gaudebit

feond   min ofer me   me soðlice for   unsceað-
inimicus meu*s* super me. 13 Me autem   propter inno-

fulnesse ðu onfen[ ] 7 þu getryme me on gesihðe
centiam suscepi*sti*   et confirmasti   me in conspectu

þinre on ecnesse   si gebletsod driħt   god israhela
tuo   in eternum. 14 *B*enedictus dominus deus israhel

fram woru[ ] 7 on worulde sy   sy
a   seculo   et in seculum fiat fiat.

---

9 *nunquid:* changed from *num-.*   10 *byg*[ ]: cf. F *bygspæc,* and see
Roeder's note in D. *swencednesse:* probably for *gescrencednesse,* as CJ.
14 Between *et* and *in* a word appears to be erased; RPs. *et usque in.*

41

xli. In finem psalmus ch*ore* [f.49ʳ] uox penitentium et
desiderantium ad fonte lac[ ]rum

on ðam gemete wilnað   heort to wyllum wætera
2 Quemadmodum desiderat ceruus ad fontes aquar*u*m

swa wilnað sawl min to þe god   þyrste sawl min
ita desiderat anima mea ad te de*u*s. 3 Sitiuit anima mea

to gode swiðe lyuien[ ] hwænne ic cume 7 atýwe
ad deum fontem uiuu*m*   quando ueniam et parebo

beforan ansyn[ ] godes   wæron me tearas mine
ante faci*em* dei. 4 Fuerunt mihi lacrime meę

hlafes on dæg and on niht þonne bið cweden me
panes die   ac nocte   dum dicitur   mihi

dæghwamlice hwar is god þin   þas ic gemunde ic
cotidie   ubi est deus tuus. 5 *H*aec recordatus sum

eom 7 ic ongeat on me sawle mine forþam ic fare
et effudi in me animam meam quoniam transibo

on stowe geteldes wuldorlices oð   on hus   godes
in locum tabernaculi admirabilis usque ad domum dei.

on stefne blisse   7 anddetnesse sweg gewistfulligend
In uoce exultationis et confessionis sonus ępulantis.

forhwi unrot eart sawl min 7 forhwi drefst   me
6 Quare tristis es anima mea et quare conturbas me.

41. 3 *swiðe:* renders a var. *fortem*, for which see Weber. *lyuien*[ ]:
Lindelöf (1904) reads *lyuiende.*   4 *and:* Lindelöf (1904) reads incorrectly, 7.   5 *ic gemunde ic eom:* two glossing traditions appear to be
confused, e.g., BCF *gemyndig ic eom,* DEHI *ic gemunde.*

hiht   on gode forþam   na gyt ic andette him hælo
*S*pera in deo quoniam adhuc confitebor illi salutare

andwlitan mines   *7* god min to me sylfum sawl
uultus   mei   7 et deus meu*s*. *A*d me ipsum anima

min gedrefed is forþon gemyndig ic beo þin of
mea conturbata est propterea memor   ero   tui de

eorðan þære ea   fram munte medmiclum
terra iordanis et hermoniim a monte modico.

    deopnes deopnysse cigð   on stefne wæteræddrena
8 Abyssus abyssum inuocat in uoce cataractarum

þinra   ealle heannessa þin *7* yða   þine ofer me
tuarum. Omnia exscelsa tua et fluctus tui super me

foron   [ ] [ ] [ ]   driht   mi[ ]
transierunt. [f.49ᵛ] 9 *In* *d*ie mandaui*t* dominus mise*ricordiam*

his *7* niht cantic his mid me gebed gode lifes
suam et nocte canticum eius. *A*pud me oratio deo uitę

mines   ic secge gode andfenge min þu eart forhwi
meę   10 dicam   deo susceptor meus es.   Quare

þu ofergeate   min forhw[ ] [ ]   ic gange þonne
oblitus   es mei quare contrista*tus* incedo dum

swingð me feond   þonne beoð tobrocenne ban mine
affligit me inimicus. 11 Dum confringuntur   ossa mea

hi hyspton   me þa þe swencað me fynd   mine
exprobrauerunt michi qui   tribulant me inimici mei.

---

11 *michi*: the *c* has been added in both instances.

102

þonne hi secgað me   þurh seon   dagas hwær is god
Dum dicunt   michi per singulos dies   ubi   est deus

þin   forhwy unrot is sawle mine 7 forhwi gedrefst
tuus. 12 Quare tristis es anima mea et quare   conturbas

me hihte on gode forðam   na gyt ic andette him hælo
me. Spera in deo quoniam adhuc confitebor illi   salutare

andwlitan mines 7 god min
uultus   mei   et deus meus.

42

xlii. uox ęcclesię orantis ut diuidatur ab infidelibu*s*

   dem   me god 7 toscead intingan minne of ðeode
1 Iudica me deus et discerne causam meam de gente

naht halig fram men   unrihtwisum 7 facenfullum
non sancta ab   hom*ine* iniquo   et doloso

nere me   forþam þe þu eart god freamiht 1 strengð
ęrue me. 2 Quia   tu es   deus fortitudo

   forhwi m[ ] þu anyddest 7 forhwi unrot ic gange
mea quare *m*e *r*eppulisti   et quare tristis incedo

þonn[ ] sw:ncð me feond   asend leoht þin 7
dum   affligit me inimicus. 3 Emitte lucem tuam et

soðfæstnesse þin hy me læddon   7 togelæddon on
ueritatem   tuam ipsa me deduxerunt et adduxerunt in

---

11 *seon:* as H; I do not understand this gloss. Wildhagen (*"Das Psalterium
Gallicanum in England,"* *Englische Studien* 54 [1920], 39) thinks that
seon is for *seondrige,* a corrupted spelling of *syndrige.*
   42. 2 *strengð:* the *n* added above in same hand.

munte   haligne þinne 7 on eardunge 1 on getelde þinre
montem sanctum tuum et in tabernacula   tua.

        7 ic inga to weofode godes to gode   þe
4 Et introibo ad altare   dei   ad deum [f.50ʳ] qui

blissað geoguð   mine   anddette þe on hearpan
lętificat iuuentutem meam. Confitebor tibi in cythara

god god min   forhwi unrot þu eart sawl   min 7
deus deus meus 5 quare tristis es   anima mea et

forhwi þu drefst me hihte on gode forðon   na gyt
quare   conturbas me. Spera in deo quoniam adhuc

ic anddette him hælo   andwlitan min 7 god min
confitebor illi salutare uultus   mei et deus meus.

43

xliii. In finem filiis chore ad intellectum propheta
       penitentiam agens pro populo Iudaico

    god earum   urum   we gehyrdon   fæderes ures
2 Deus auribus nostris audiuimus   patres nostri

bodedon   us   weorc þæt þu worhtes þu bist 1
adnuntiauerunt nobis. Opus quod operatus   es

þu eart on dagum heora on dagum ealdum   handa
           in diebus eorum in diebus antiquis. 3 Manus

þinra ðeoda forspildon 7 þu plantodest hy þu swenctest
tua   gentes disperdidit et plantasti   eos afflixisti

folc   7 þu utanyddest hy   na   soðlice on sweorde
populos et expulisti   eos. 4 Nec enim in gladio

---

43. 2 *þu worhtes þu bist* 1 *þu eart:* a conflated gloss, probably for *þu worhtest* 1 *wyrcende þu bist* 1 *eart.*

his hy agon   eorðan 7 earm   heora ne hæleð
suo possederunt terram et brachium eorum non saluauit

hy ac   sweoðre þin 7 earm   þin   7 onlytlincg
eos. Sed dextera tua et brachium tuum et inluminatio

andwlitan þin forþon þe gelicode   on him   þu eart
uultus   tui quoniam conplacuisti in eis. 5 Tu es

sylf cyning min 7   god min   þu þe bebeodest hælo
ipse rex   meus et deus meus qui   mandas   salutes

iacobes on þe fynd   ure   (we windwiað l) we todrifað
iacob.   6 In te inimicos nostros uentilabimus

heorte 7 on naman   þinre we forhicgað onarisende on
cornu   et in nomine tuo   sperne mus   insurgentes in

us   na   soðlice on bogan minum ic gehihte 7 sweord
nobis. 7 Non enim   in arcu   meo   sperabo   et gladius

min ne hælð   me   þu gehældest soðlice us   fram
meus non saluabit me. 8 Saluasti   enim   nos de

swencendum us   [ ] [ ]   us þu g[ ]scyndest
affligentibus nos [f.50ᵛ] et odientes nos confudisti.

    on gode we heredon ælce dæg 7 on naman þinum
9 In deo   laudabimur tota die et in nomine tuo

we andettað on worulde   nu   soðlice þu anyddest
confitebimur in seculum. 10 Nunc autem   reppulisti

7 þu gedrefdest us 7 na   þu utgæst on mægenum l
et confudisti   nos et non egredieris in uirtutibus

4 gelicode: RPs. conplacuit.   6 we todrifað: BTD & S do not record
todrifan with this lemma. Cf. Rolle, ". . . we shall blow oure enmys: that
is, we shall drife thaim fra vs. . . ." heorte: cornu confused with cor.

105

10

mihtum urum   þu acyrdest us underbæclincg æfter
      nostris. 11 Auertisti   nos retrorsum   post

[ ]   urum 7 þa þe hatedon us hy reafedon hi
inimicos nostros et qui   oderunt nos diripiebant   sibi.

  þu sealdest us   swaswa   sceap metta   7 on ðeodum
12 Dedisti   nos tanquam oues escarum et in gentibus

þu tostencgtest us   þu becyptest folc   þin butan
dispersisti   nos. 13 Vendidisti   populum tuum sine

weorðe 7 na   næs mænigeo on behwearfum   hyora
pretio et non fuit multitudo in commutationibus eorum.

  þu settest us hosp   neahgeburum urum   for
14 Posuisti   nos obprobrium uicinus   nostris sub-

leahtre   7 mid bysrunge þam þe synd on ymbhwyrfte
sannationem et derisum   his qui sunt in circuitu

urum   þu asettest us on gelicnesse   ðeoda
nostro. 15 Posuisti   nos in similitudinem gentibus

styrunge   heafdes on folcum   ælce dæge scamu
commotionem capitis in populis. 16 *T*ota die   uere-

     min ongean me is 7 gescyndes anwlitan mines
cundia mea contra me est et confusio   faciei   mee

oferwreah me   of stefne edwitendes* 7 ongeansprecen
cooperuit me. 17 A uoce   exprobrantis et obloquentis

---

14 *for leahtre:* as D *of hlæhtre* (*derisu*), E *of leahtrum* (*derisum*). Note that most of the citations under *hlehhan* and *hleahtor* in BTD & S have to do with scorn and contempt. Also pertinent are the glossary equivalents: CGL IV.287.49: *subsanno. inridet;* Diefenbach I: *derisor. be-lacher. bysrunge:* error for *bysmrunge?*   15 *commotionem:* altered from *commutationem.*

of ansyne feondes 7 of ehtendes þas ealle acomon
affacie inimici et persequentis. 18 Haec omnia uenerunt

ofer us ofergiten we ne syndon þe 7 unrihtlice
super nos nec obliti sumus te et inique

we ne dydon on cyðnesse þinre 7 na gewat on bæc
non egimus in testamento tuo. 19 Et non recessit retro

heorte urum 7 þu:hyldest siðfata ure fram wege
cor nostrum et declinasti semitas nostras a uia

þinum [ ]orðon þu geeadmeddest us on stowe
tua. [f.51ʳ] 20 Quoniam humiliasti nos in loco

[ ]nesse 7 oferwreah us scadu dea[ ] gif we ofer-
afflictionis et cooperuit nos umbra mortis. 21 Si obliti

geaton naman godes ures 7 gif we aþeniað handa
sumus nomen dei nostri et si expandimus manus

ure to god[ ] fremdum hu nu god secð þas
nostras ad deum alięnum. 22 Nonne deus requiret ista

he soðlice wat digelnessa heortan forþam for þe
ipse enim nouit abscondita cordis. Quoniam propter te

ælce dæge gewenede we synd swaswa sceap
mortificamur tota die ęstimati sumus sicut oues

ofslegennesse aris forhwi slæpst þu driht aris
occisionis. 23 Exsurge quare obdormis domine exsurge

7 ne anyd þu on ende forhwi ansyne þine þu acyrst
et ne repellas in finem. 24 Quare faciem tuam auertis

þu ofergytest unspede ure 7 geswincg ure
obliuisceris inopię nostre et tribulationis nostrę.

---

17 affacie: as J. 22 mortificamur: two letters erased between -ca and
-mur; J reads mortificabimur. The lemma is not glossed in G; RPs. morte
afficimur.

107

forþam   geeadmed   is   on   duste   sawl   ure
25 Quoniam   humiliata   est   in   puluere   anima   nostra

gelimod   is   on   eorðan innoð   ure   aris
conglutinatus est   in   terra   uenter noster. 26 Exsurge

driħ   gefylst us   7 alys   us   for   naman þinan
domine   adiuua nos et redime nos propter nomen tuum.

44

xliiii. In finem pro his qui commutabuntur filiis chore
ad intellegendum canticum dilectio legendum ad
intellectum Mathei de regina Austri idem de
ecclesie

forðlæteð 1 utroccetteð heorte min   word   god
2 Eructauit   cor   meum   uerbum   bonum

secge ic   weorc min   cyninge tunge   min   writingfeðer
dico   ego opera mea   regi.   Lingua mea   calamus

writ   hrædlice writende   wlitig   heaw   for bearnum
scribę uelociter scribentis. 3 Speciosus forma pre filiis

manna   togoten is   gifu   on welerum þinum forþam
hominum   difusa   est gratia in labiis   tuis   propterea

he bletsode þe god   on ecnesse   [ ]   sweorde
benedixit   te deus in eternum. [f.51ᵛ] 4 Accingere gladio

þinum ofer   þeoh þ[ ] ri[ ] 1 fremlicost   [ ]   þinum
tuo   super femur tuum potentissime.   5 Specie tua

---

44. 4 *fremlicost:* appears in G alone to this lemma, and renders the
implied sense of *potentissime* in context. Hieronymus (*P.L.* 26.957) comments
that "Potentissime, non segniter, neque leuiter, sed uiriliter." *uiriliter* is a
common gloss equivalent of *fortiter* (CGL IV.193.26; 402.6) and *fortiter*
frequently is glossed by *framlice*. In OHG, *macht* glosses *potestas* and *uss
grosser macht* glosses *fortiter* (Diefenbach I).

7 fægernesse þine [ ]heald ł loca gesundfullice forðgewit
et pulchritudine tua intende prospere procede

7 rixa for soðfæstnesse 7 gehwærnesse 7
et regna. Propter ueritatem et mansuętudinem et

rihtwisnesse 7 gelædeð þe wundorlice seo swyðre þin
iustitiam et deducet te mirabiliter dextera tua.

flana þine scearpe folc under feallað on heortan
6 Sagittę tuę acutę populi sub te cadent in corde

on feonde cyninges setl þin god on worulda woruld
inimicorum regis. 7 Sedes tua deus in seculum seculi

gyrd rihttinge gyrd rice þin þu lufedest rihtwisnesse
uirga directionis uirga regni tui. 8 Dilexisti iustitiam

7 þu hatudest unrihtwisnesse forþon smyrede þe god
et odisti iniquitatem propterea unxit te deus

god þin of ele blisse for gehlyttum þinum
deus tuus oleo letitię pre consortibus tuis. 9 Myrra

of hræglum þinum fram husum
et gutta et casia a uestimentis tuis a domibus

elpenbænenum of þam gelustfulledon þe dohtra
ęburneis ex quibus delectauerunt te 10 filię

cyninga on weorðnesse þinre [ ]stod cwen to ðam swyðran
regum in honore tuo. Adstitit regina a dextris

þinum on gegyrela[ ] gegyldum ymbtrymd mislicnesse
tuis in uestitu deaurato circumdata uarietate.

gehyr dohtor 7 geseoh 7 ahyld eare þin 7
11 Audi filia et uide et inclina aurem tuam et

5 loca: probably for beloea. gehwærnesse: read geþwærnesse.

ofergyt   folc   þin   7 hus   f[ ]   [ ]   7
obliuiscere populum   tuum   et domum   patris tui. 12 Et

gewilnað   cyning   wlite   þinum   for[ ]   he   is
concupiscet   rex   decorem   tuum   quoniam   ipse   est

driħt   god þin 7 gebiddað hine   7 bearn ł dohtor
dominus deus tuus et adorabunt eum. 13 Et filię

þæs landes on gifum   anwlitan þinne   [ ]eoð
tyri   in muneribus uultum   tuum [f.52ʳ] deprę-

gebedene   welige folces   [ ]   wuldor   his
cabuntur omnes diuites plebis. 14 Omnis gloria   eius

dohtra cyninges f[ ] [ ]   [ ] fnædum gyldenum   ymb-
filię   regis   ab intus in fimbriis aureis   15 cir-

swapen   missenlicnessum beoð gelædde cyninge fæmnan
cumamicta uarietatibus.   Adducentur   regi   uirgines

æfter þam þa nehstan his beoð gedæled þe   syn toge-
post eam proxime   eius afferentur   tibi. 16 Afferentur

brohte on blisse 7 gefægnunge hy beoð gelædde on templ
          in lętitia et exultatione adducentur   in templum

cyninges   for fæderum þinum acenned synd þe suna
regis.   17 Pro patribus tuis   nati   sunt tibi filii

þu gesettest hy ealdormen ofer ealle   eorðan   si
constitues   eos principes super omnem terram. 18 Me-

ðu gemyndig naman þines on ælcere cneoresse ł cynre::[ ]
mores erunt nominis tui   in omni   generatione

---

13 *omnes:* from the RPs., it is added above the line in a later hand;
cf. I, in which *omnes. ealle* appears in the margin.   15 *beoð gedæled:*
distant metathesis, for *gelædde?* cf. 111.9. 18 *memores erunt:* changed
from GPs. *memor ero.*

110

7   cneoresse (ł cynrenne) forþam   folc   andettað
et generatione.   Propterea populi confitebuntur

þe on ecnesse   7 on worulda woruld
tibi in ęternum et in seculum seculi.

45

xlu. In finem pro filiis chore pro archanis psalmus
Dauid

god ure   frofer   7 mægen gefylsta on geswincum
2 Deus noster refugium et uirtus adiutor in tribulationibus

þa gemitton   us swiðe   forþon   na   we ondrædað
quę inuenerunt nos nimis. 3 Propterea non timebimus

þonne bið gedrefed eorðan 7   beoð geborenne muntas
dum   turbabitur   terra   et transferentur   montes

on heortan sæ   swegdon   7 gedrefede synd wæter
in cor   maris. 4 Sonuerunt et turbatę   sunt aquę

heora gedrefede synd muntas on strangnesse his   flodes
eorum conturbati sunt montes in fortitudine eius. 5 Flumi-

onræs   a geblissað ceastre   [ ]   [ ]halgode
nis impętus lętificat   ciuitatem dei [f.52ᵛ] sanctificauit

geteld   hi[ ] [ ]ta   [ ]   [ ]n middele his
tabernaculum suum altissimus. 6 Deus in   medio   eius

ne bið astyred   [ ]tumað hi   god mergen on ærne
non commouebitur adiuuabit eam deus mane   diluculo.

gedrefede   synd þeoda 7 ahylde synd rice   sealde
7 Conturbate sunt gentes et inclinata sunt regna dedit

---

45. 4 *sonuerunt:* changed from *sonauerunt; a* also erased in J.

111

stefne his   astyred is eorðe   driħt   mægena Ɩ miht
uocem suam mota   est terra. 8 Dominus uirtutum

mid us   andfenge ure   god iacobes   cumað 7
nobiscum susceptor noster deus iacob.   9 Venite et

geseoð weorc driħt   þe gesette foretacnu ofer   eorðan
uidete opera domini quę posuit prodigia super terram.

     afyrrende gefeohtu oð   ende eorðan boga
10 Auferens bella   usque ad finem terrę   arcum

he forbryteð 7 tobrycð   wæpna 7 scyld he forbærneð
conteret   et confringet arma   et scuta conburet

fyres   geæmtigað 7 geseoð forþam   ic   eom god
igni. 11 Vacate   et uidete quoniam ego sum deus

ic beo upahefd on þeodum 7 ic beo upahafen on eorðan
exaltabor   in gentibus et exaltabor   in terram.

    driħ   mægena mid us   andfenge ure   god iacobes
12 Dominus uirtutum nobiscum susceptor noster deus iacob.

                              46

     xlui. In finem pro filiis chore uox apostolorum est

    ealle   þeoda blissiað handum drymað gode on stefne
2 Omnes gentes plaudite manibus iubilate deo in uoce

blisse   forþam   driħt   se healica bregenlic Ɩ
exultationis. 3 Quoniam dominus excelsus   terribilis

egeful cyning micel ofer   ealle eorðan   he under-
          rex   magnus super omnem terram. 4 Subiecit

11 terram: read terra.

þeodde　folc　　us　　7　þeoda　[ ]　fotum　urum
　　populos　nobis　et　gentes　sub　pedibus　nostris.

he　geceas　us　　yrfeweardnesse　his　　hiw　　iacobes
5　Elegit　　nobis　hereditatem　　suam　speciem　iacob

þe　　he　lufode　　　[ ]h　　god　on　wyndreama
quam　di*lex*it.　　[f.53ʳ]　6　*Ascen*dit　deus　in　iubilo

7　drihten　[ ]　stefne　byman　singað　gode　urum　singað
et　dominus　in　uocę　tubę.　　7　Psallite　deo　nostro　psallite

ge　sing[ ]　cyninge　urum　singað　　　forþam　　cyning
　　psallite　regi　　nostro　psallite.　8　Quoniam　rex

eallre　eorðan　god　singað　wislice　　　ricsað　god
omnis　terrę　deus　psallite　sapienter.　9　Regnabit　deus

ofer　þeoda　god　sit　ofer　setl　haligan　his
super　gentes　deus　sedet　super　sedem　sanctam　suam.

ealdormen　folces　　　gegaderode　synd　mid　gode
10　Principes　populorum　congregati　sunt　cum　deo

abrahames　forþā　　godas　strange　eorðan　(swiðlice)
abraham　quoniam　dii　　fortes　terrę　uehementer

upahafene　synd (1 wæron)
ęleuati　　sunt.

47

xluii. Uerba huius psalmi piis sacerdotibus dantur

micel　driħt　　7　herigendlic　swyðe　on　ceastre　godes
2　Magnus　dominus　et　laudabilis　nimis　in　ciuitate　dei

46. 9 *sedet:* changed from *sedit.*　　10 *folces:* RPs. *populi. strange:*
n added in same hand.

ures   on munte halgum his   staðeligend upahafennesse
nostri in monte sancto eius. 3 *F*undatur   exultatione

ealre   eorðan muntes sion sid(an) norðdæles ceastre
uniuersę   terrę   mons   sion latera aquilonis   ciuitas

cyninges miceles (ł þæs micclan)   god   on husum   his
regis   magni.   4 Deus in domibus eius

bið tocnæwen þon[ ] onfehð   hine   forþam þe on gesihðe
cognoscetur *cum*   suscipiet *eam*. 5 Quoniam   ecce

cyninges eorðan gesamnode [ ]   togædere   becomon
reges   terrę   congrega*ti* *sunt* conuenerunt

on an   hy geseonde swa wundrode synd gedrefede
in unum. 6 *I*psi uidentes sic   admirati   sunt   conturbati

synd astyrode synd   fyrhtu ł bifung gegrap   hy
sunt commoti sunt 7 tremor   adprehendit eos.

þær sar   swaswa cennende   on gaste   swiðlicum
Ibi dolores ut   parturientis 8 in spiritu uehementi

(ł strangum) forbrytende scipu þæs landes   swaswa
                 conteres   naues tharsis.   9 Sicut

we gehyrdon 7 swa we gesawon on ceastre   [ ]
audiuimus   sic   uidimus   *in* ciuita*te* [f.53ᵛ] *dom*ini

miht ł mægena on ceastre [ ] ur[ ] god gestaðelode
uirtutum   in ciuitate dei no*stri* deus fundauit

hy   on ecnes[ ]   we o[ ]:ngon god   mildheortnesse
eam in ętern*um*. 10 Susc*e*pimus   deus misericordiam

---

47. 3 *mons:* two letters erased between *n* and *s;* probably originally
montes. *sid(an):* originally *side.* 8 *forbrytende:* RPs. *conterens.* 9 *7 swa:*
RPs. *ita et.*

114

þine on middele temples [ ] æfter naman þinum
tuam in medio templi tui. 11 Secundum nomen tuum

god swa ⁊ lof þin on endas eorðan rihtwisnesse full
deus sic et laus tua in fines terrę iustitia plena

is seo swyðre þin sy geblissod munt (sion) ⁊ ymbclyp-
est dextera tua. 12 Lętetur mons sion et exultent

pað dohtra for domum þinum driħt ymb-
filię iude propter iudicia tua domine. 13 Circun-

syllað ⁊ (hi cleoppoð) hy cyðað on stæpulum his
date sion et conplectimini eam narrate in turribus eius.

settað heortan eowre on mægene his ⁊ todælað þe
14 Ponite corda uestra in uirtute eius et distribuite

hus his þæt te gecyðan on forecynrene oðrum for-
domos eius ut ęnarretis in progenię altera. 15 Quo-

þam þes is god ure on ecnesse ⁊ on worulda
niam hic est deus noster in ęternum et in seculum

woruld he recð us on woruld
seculi ipse reget nos in secula.

48

xluiii. Psalmus diuites increpat qui mortui ad infernam
descendunt

gehyrað þas ealle ðeoda earum onfoð ealle
2 Audite hec omnes gentes auribus percipite omnes

---

12 *ymbclyppað:* the glossator looked down a line and glossed *conplectimini.*
13 *circundate:* changed from *circum-.* 14 *todælað þe: þe* induced by *-te*
of lemma. *domos:* cor. from *domus.* *te gecyðan,* probably for *ge gecyðan,*
as IJ.

þa þe eardiað ymbhwyrft   swa hwilc eorðwaru ⁊ bearn
qui habitatis orbem.   3 Quiquę   terrigene et filii

manna   on an   welig ⁊ þearfa   muð min
hominum simul in unum diues et pauper. 4 Os   meum

sprecð wisdom   ⁊ gemynde heortan mine gleawnesse ł
loquetur sapientiam et med*i*tatio cordis   mei prudentiam.

snoternes   on ic ahylde on bispelle   earan mine
         5 Inclinabo   in parabolam aurem meam

ic atyne on saltere   (forsetennesse ł race) min[ ]   [ ]
aperiam in psalterio propositionem   meam. 6 *Cur*

ic me ondræde on dæge yfelu unrihtwisnes   [ ]ran
*time*bo   in die mala iniquitas   [f.54ʳ] calcanei

mine ymbsealde [ ]   :a þe getreowiað on mihte he
mei circumdabit *me.* 7 Qui confidunt in uirtute

[ ] [ ] [ ] [ ]   welena   heora hy wuldri[ ]
swa *et in multi*tudine diuitiarum suarum gloria*ntur.*

   broðor ne onlysde he alysde mann ne sylð gode
8 *F*rater non redemit redimet   homo non dabit deo

gecwemnesse his   ⁊ wurð alysednes   sawle
placationem suam. 9 Et prętium redemptionis animę

his ⁊ he swang on ecnesse   ⁊ he leofað [ ]   on
suę et laborabit in ęternum 10 et uiuet   adhuc in

----

48. 3 *terrigene:* erasure between -ge- and -ne, e in -ge- changed from *i;*
perhaps originally *terrigine*, but see Weber for other vars. *simul:* added,
probably in different hand.   4 *snoternes:* this may be a misplaced gloss
to *sapientiam* in the same vs., but note that OHG *wyssheit* glosses both
prudentia and *sapientia* (Diefenbach I).   9 *laborabit:* changed from
-*uit.*

ende   ne   he ne gesyhð forwyrd   þonne   he gesyhð
finem.   11 Non uidebit   interitum cum   uiderit

wise   sweltende samod unwis   7 dysig   forweorðað
sapientes morięntes simul insipiens et stultus peribunt.

7 hy forlætað fremedum welan   heora   7 byrgenna
Et relinquent   alienis   diuitias suas 12 et sepulchra

heora   husis   heora   on   ecnesse   geteld   heora
eorum domus illorum in   ęternum. Tabernacula eorum

on cneorisse 7 forcynrene hi gecigdon naman   heora on
in progenię et progeniem uocauerunt nomina sua   in

eorðum heora   7 man   þonne on arweorðunge he wæs
terris   suis.   13 Et homo cum   in honore   esset

ne   he ageat wiðmen   is   nytenu   on unwisum 7
non intellexit comparatus est iumentis insipientibus et

gelic   geworden is him   þes   weg heora   æswic
similis factus   est illis. 14 Haec uia illorum scandalum

him   7 syððan on muðe his hig geliciað   swaswa sceap
ipsis et postea in ore   suo complacebunt. 15 Sicut   oues

on helle   gesette synd deað frytt   hy   7 gewyldað
in inferno positi sunt mors depascet eos. Et dominabuntur

heora rihtwise on uhtanning 7 fultum   heora forrotað
eorum iusti   in matutino   et auxilium eorum ueterascet

---

12 husis: changed from husus, the -us being induced by the lemma.
The glossator probably intended to correct to huses.   13 wiðmen: read
wiðmeten.   14 geliciað: second i added in same hand.   15 uhtanning(?):
MS very unclear. Perhaps for a form of uhtantid or uhtantima; cf. 62.7.
forrotað: forrotian is more precisely a gloss to putrefacio or putresco. Pertinent
here is Cassiodorus' comment: " . . . quorum auxilia tamquam panni
putrefacti ueterescunt."

117

on helle   fram wuldre heora   þeah hwæðere god
in inferno ac   gloria eorum. 16 Verumptamen deus

alyseð   sawle   [ ]   [ ]f handa on helle
redimet animam [f.54ᵛ] *meam de* manu inferi   cum

he onfen[ ] [ ]   [ ] [ ]ræd   þonne welig geworden
acceper*it*   *me.* 17 *Ne tim*ueris cum   diues factus

bið   [ ]ann 7 þonne gemænigfylled bið   wuldor huses
fuerit *h*omo et cum   multiplicata   fuerit gloria domus

:[ ]   forþam þe þonne he forwyrð he ne underfehð
eius. 18 Quoniam   cum   interierit   non   sumet

ealle 7 na adun ne stah mid him wuldor his   forþy
omnia nequę descendet   cum eo   gloria eius. 19 Quia

sawl   his on life his   bið gebletsod bið geandet þe
anima eius in uita ipsius benedicetur   confitebitur tibi

þonne þu wel dest him   he ingæð oð   on cynrene
cum   benefeceris ei. 20 Introibit usquę in progenies

fæder heora   oð   on ecnesse ne gesyhð leoht
patrum suorum usque in ęternum non uideb*it* lumen.

    mann þa þa he on woruldscipe wæs he ne ageat
21 Homo cum   in honore   esset non   intellexit

he wæs wiðmeten is nytenum unwisum   7 gelic
comparatus   est iumentis insipientibus et similis

geworden he is him
factus   est illis.

ac: read *a.*   21 *woruldscipe:* read *weorð-.*

118

49

xluiiii. Infinem filiis chore psalmus legendus de aduentu
Christi propheta dicit et de iudicio futuro et de
increpatione Iu[ ]

god goda   driht   spræcende is 7 cleopode on eorðan
1 Deus deorum dominus locutus   est et uocauit terram.

of sunnan oppringe oð   setlgan ꝺ oð setlunge   of
A solis   ortu   usque et occasum   2 ex

seonne hiw   wlites his   god   eawunga cymeð god
sion   species decoris eius. 3 Deus manifeste ueniet deus

ure   7   he na swigað fyr   on gesihðe   his
noster et non silebit.   Ignis in conspectu eius

byrnð   7 on ymbhwyrfte his hreoh   strang
exardescet et in circuitu   eius tempestas ualida. 4 Et

to he gecigde heofen uppe   7 eorðan tosceadon
uocauit   cęlum desursum et terram discernere

folc   his   [ ]esamniað h[ ] halgan his   þe
populum suum. 5 Congregate illi sanctos eius qui

endeby:d[ ]   cyðnesse   his ofer offrunga   7
ordinant   [f.55r] testamentum eius super sacrificia. 6 Et

bododon ꝺ sædon heofenes rihtwisnesse his forþam þe
adnuntiabunt   celi   iustitiam   eius quoniam

god dema is   gehyr folcc   min 7 ic sprece to israhela
deus iudex est. 7 Audi populus meus et loquar   israhel

---

49. 1 *on eorðan:* I do not understand *on;* is this a free translation?
oppringe: read *upspringe. setlunge:* cf. F *setellung.*   4 *Et uocauit* is a
known variant of *Aduocauit;* see Weber.

119

folce 7 ic cyðe   þe god god þin ic   eom   ne
et testificabor tibi deus deus tuus ego sum. 8 Non

on offrungum þinum ic þreage þe onsæigdnessa soðlice
in sacrificiis tuis   arguam   te holocausta   autem

þine on gesihðe   minre synd æfre   ne ic afo
tua in conspectu meo   sunt semper. 9 Non accipiam

of huse þinum cealfra 7 na of ewedum þinum buccan
de domo tua   uitulos nequę de gregibus tuis   yrcos.

   forþæn   mine synd ealle wildeor wuda   nytenu
10 Quoniam meę sunt omnes ferę   siluarum iumenta

on muntum   7 oxan   ic oncneow ealle   fugelas
in montibus et boues. 11 Cognoui   omnia uolatilia

heofenes 7 fægernes   landes mid me is   gif hingrige
cęli   et pulchritudo agri   mecum est. 12 Si esuriero

ne   secge þe min is soð ymbhwyrft eorðan 7
non dicam tibi meus est enim orbis   terrę   et

fullnis his   ac la   ic ete   flæsc fearra
plenitudo eius. 13 Nunquid manducabo carnes taurorum

oððe blod   buccana drince ic   offra   gode
aut sanguinem yrcorum potabo.   14 Immola deo

onsægdnesse lofe   7 agy[ ] þam hyhstan gewilnunga
sacrificium laudis et redde altissimo   uota

þinra   7 gecig me on dæge geswinces 7 ic generige
tua. 15 Et inuoca me in die   tribulationis et ęruam

_____

12 *soð:* for *soðlice.*   13 *nunquid:* changed from *num-. ac la:* this
combination not in the dictionaries. *potabo:* cor. from *putabo.*

þe 7 þu arwurþast me   þam synfullan soðlice sæde
te et honorificabis   me.   16 Peccatori   autem dixit

god forþam þe þu asegst rihtwisnesse mine 7 genimest
deus quare   tu enarras iustitias   meas et assumis

cyðnesse   mine   þurh muð þinne   þu soðlice
testamentum meum per   os   tuum.   17 Tu uero

þu hatudest lare   7 þu awurfe   spr[ ]
odisti   disciplinam et proiecisti [f.55ᵛ] sermones

mine bæfta[ ] þe   gif þu gesaw: þeof þu urne mid
meos retrorsum. 18 Si uidebas   furem currebas cum

him 7 mid u[ ]æmrum byrðene   þine þu settest
eo et cum adulteris   portionem tuam ponebas.

     muð þin   genihtsumade wean 7 tunge þin sang
19 Os   tuum habundauit   malitia et lingua tua concin-

     facn   sittende ongean broðor þinne sprecende
nabat dolos. 20 Sedens aduersus fratrem tuum loquebaris

[ ] ongean   sunu modor þinre þu settest æswic
et aduersus filium matris tuę   ponebas   scandalum

     þas þu dydest 7 ic swigode þu wendest (unrihtwise)
21 hęc fecisti   et tacui.   Existimasti inique

þæt ic beo (ł wære) þin gelic ic þreage þe 7 ic sette
quod ęro   tui similis arguam te et statuam

---

16 *forþam þe: quare* taken as if *quoniam. assumis:* changed from *ad-*.
17 *awurfe:* possibly *awurpe*, as CIJ, but when viewed in strong sunlight,
it appears to me as *awurfe. bæfta*[ ] *þe:* RPs. *post te* (D *beæftan þe*).
18 *gesaw:* : Wildhagen in his ed. of C collates as *gesawe.*   19 *dolos:*
corrected from *dolus*, which was perhaps induced by the RPs. *dolum; J*
has the error, *dolus.*   20 *sprecende:* cf. I *þu wære sprecende.*

ongean   ansyne   þine   ongytað   þas   þe   ofergytað
contra   faciem   tuam.   22 Intelligite   hęc   qui   obliuiscimini

g[ ]   þylæs   hwænne   reafige   7   ne   sy   þe   þe   nerige
deum   nequando   rapiat   et   non   sit   qui   ęripiat.

    onsægnys   lofes   arwurðað   me   7   þær   siðfæt
23 Sacrificium   laudis   honorificauit   me   et   illic   iter   quo

ic   æteowe   him   hælo   godes
ostendam   illi   salutare   dei.

50

1. In finem psalmus Dauid quando uenit ad eum Nathan
    propheta uox poenite*ntis*

    miltsa   me   god   æfter   micelre   mildheortnesse
3   Misere   mei   deus   secundum   magna*m*   misericordiam

þinre   7   æfter   mænigeo   miltsunga   þinra
tuam. Et   secundum   multitudinem   miseratio*num*   tuarum

adylga   unrihtwisnesse   mine   ma   þwean   me   fram
dele   iniquitatem   meam.   4 Amplius   laua   me   ab

unrihtwisnesse   minre   7   fram   synnum   minum   clænsa   me
iniquitate   mea   et   a   peccato   meo   munda   me.

    forþam   unrihtwisnesse   minre   ic.   oncnawe   7   synna
5 Quoniam   iniquitatem   meam   ego   cognosco   et   peccatum

mine   ongean   me   is   symble ł   æfre   þe   anum   ic   syngode
meum   contra   me   est   semper.   6 Tibi   soli   peccaui

7   yfe[ ]   beforan   þe   ic   dyde   þæt   þu   beo   gerihtwisode
et   malum   coram   te   feci   ut   iustificeris

---

23 *quo:* cor. from *quod.*
    50. 4 *þwean:* read *þweah?*

on spræcum   þinu[ ]   7   þu oferswiðe   þonne
in sermonibus tuis   [f.56ʳ] et uincas   cum

ðu demend eart   on gesihðe soþlice on unrihtwisnesse
iudicaris.   7 Ecce   enim   in iniquitatibus

geeacnod ic eom 7 on synne   gecende me modor min
conceptus sum   et in peccatis concepit me mater mea.

efne   soðlice soðfæstnesse þu lufodest ungewissu 7
8 Ecce enim   ueritatem   dilexisti   incerta   et

dihlu   wisdomes þines þu swutelodest me   þu stredest
occulta sapientię tuę manifestasti   mihi. 9 Asperges

me mid ysopon 7 ic beo geclænsod þu ahwyhst me 7
me hysopo   et mundabor   lauabis   me et

ofer snaw ic beo ablicen   gehyrnesse mine þu sylst
super niuem dealbabor.   10 Auditui   meo dabis

gefean Ɩ blisse 7 blisse   7 gefeogað   ban geeaðmeddu
gaudium   et lętitiam et exultabunt ossa humiliata.

acyr   ansyne þine fram synnum minum 7 ealle
11 Auerte faciem tuam a   peccatis meis   et omnes

unrihtwisnesse mine dylga   heorte clæne   scype on
iniquitates   meas dele. 12 Cor mundum crea in

me god 7 gast   rihtwisne geniwa on innoðum minum
me deus et spiritum rectum innoua in uisceribus meis.

ne awyrp Ɩ ascyhh me of ansyne þinre 7 gast
13 Ne proicias   me a facie   tua   et spiritum

haligne þinne ne afyrre fram me   agyld me blisse
sanctum tuum ne auferas a   me. 14 Redde mihi lętitiam

9 *ahwyhst:* read *aþwyhst.*   13 *ascyhh:* see Roeder's note in D, and F.
Holthausen, *Altenglisches Etymologisches Wörterbuch* (Heidelberg, 1934), at
a-scyhtan.

123

hælo   þinre 7 gaste   ealdorlicum getrym   me   ic lære
salutaris tui   et spiritu principali   confirma me. 15 Docebo

unrihtwise wegas þine   7 arlease to ðe beoð gecyrred
iniquos   uias   tuas et impii   ad te conuertentur.

   alys   me of blodum   god god hælo   mine 7
16 Libera me de sanguinibus deus deus salutis meę et

upahefð tunge min rihtwisnesse þine   drihten weleras
exaltabit lingua mea iustitiam   tuam. 17 Domine labia

mine þu untyn 7 muð minne bodað   lof   þin
mea   aperies   et os   meum adnuntiabit laudem tuam.

   forþon   gif þu woldest onsægdnesse ic sealde witodlice
18 Quoniam si uoluisses   sacrificium   dedissem utiquę

offrungum soðlice na   þu gelustfullast   onsægdnes
holocaustis autem   non delectaberis.   19 Sacrificium

gode   gast   geswenced ł geunrotsod   [ ]rtan
deo   spiritus contribulatus   [f.56ᵛ] cor

forgnidene 7 geeaðmedde god ne forh::[ ]   me[ ]
contritum et humiliatum deus non despicies. 20 Benigne

do driħt   on godum willan   þinum sion 7 syn getim-
fac domine in bona   uoluntate tua   sion et aedificen-

brode weallas ierussał   þonne þu afehst offrunge
tur   muri   hierusalem. 21 Tunc acceptabis sacrificium

rihtwise bringas   7 offrunga   þonne hy asettað ofer
iustitie oblationes et holocausta tunc   inponent super

þibed þin   cealfra
altare tuum uitulos.

---

19 forh:: [ ]: cf. J forhogaþ; RPs. spernit.   21 þibed: read wibed; þ perhaps
induced by þin which follows.

51

li. In finem uenit Dauid in domum Abimelech uox
   Christi de Iuda

hwæt wuldrast þu on yfelnesse þe rice   is on unriht-
3 Quid gloriaris   in malitia   qui potens es in ini-

wisnesse   ælce dæge unrihtwisnesse þohte   tunge þin
quitate. 4 Tota dię   iniustitiam   cogitauit lingua tua

swaswa scearseax scearp þu dydest facen   þu lufedest
sicut   nouacula acuta fecisti   dolum. 5 Dilexisti

yfelnesse ofer modignesse   unrihtwisnesse ma   þonne
malitiam super benignitatem iniquitatem   magis quam

sprecan efennesse   þu lufudest ealle   word hryres
loqui   ęquitatem. 6 Dilexisti   omnia uerba precipitationis

tunge facenfulle   forþon   god (toweorpeð)   on ende
lingua dolosa.   7 Propterea deus destruet   te in finem

utaluceð þ[ ] 7 (utaluceð l aweg afereð) þe of eardunge
ęuellet te   et emigrabit   te de tabernaculo

7 þinre wy[ ] þinne of eorðan lifigendra   geseoð
et radicem   tuam de terra   uiuentium. 8 Videbunt

rihtwise 7 adrædað 7 ofer hine hlihhað 7 cweðað
iusti   et timebunt et super eum ridebunt et dicent

 efne nu mann þe ne sette god   to gefylsten [ ]
9 ecce   homo qui non posuit deum adiutorem   suum.

ac he hihte on mænifeald welena   his   7 strangað
Sed sperauit in multitudine diuitiarum suarum et preualuit

---

51. 5 *modignesse:* as H. The gloss with this meaning is cited only
once elsewhere in BTD & S. Cf. D *medomnisse,* F *medumnysse.*   7 *þinre:*
partially erased.

on idelnesse his   ic   soðlice swaswa eleberige wæstmbære
in uanitate sua. 10 Ego autem sicut   oliua   fructifera

on huse godes ic hihte on mildheortnesse godes on ecnesse
in domo dei   speraui in misericordia   dei   in eternum

          7 on worulda woruld   ic andette þe on worulde
[f.57ʳ] et on seculum seculi. 11 Confitebor tibi in seculum

forðon þu dy[ ] 7 ic anbide naman þines forðam   god
quia   fecisti   et exspectabo nomen tuum quoniam bonum

he is on gesihðe   haligra   þinra
est   in conspectu sanctorum tuorum.

52

Intellegentia Dauid propheta increpat Iudeos et infideles

   cwæð se unwisa on heortan his na   is god   gewem-
1 Dixit insipiens in corde   suo non est deus. 2 Cor-

mede synd 7 ascunigend   gewordene synd   unrihtwis-
rupti sunt et abominabiles facti   sunt in ini-

nessum on heora na   is þe doð god   god of
quitatibus   non est qui faciat bonum. 3 Deus de

heofenan forðlocade ofer   sunu l bearn manna   þæt
celo   prospexit super   filios   hominum ut

he geseo gif si ongytende oðða secende god   ealle
uideat   si est intellegens aut requirens deum. 4 Omnes

ahyldon   samod on unnytte gewordene synd na   is
declinauerunt simul inutiles   facti   sunt non est

52. 2 on heora: the gloss appears over an erased lemma, which was
probably the RPs. (uoluntatibus) suis. heora occurs in I without a lemma.
3 si: read is.

126

þe doð god   nan is oð   ænne   ne   hi ne
qui faciat bonum non est usque ad unum. 5 Nonne sciant

witan ealle   þa þe cyrrað   unrihtwisnesse þa þe swelgað
omnes qui   operantur iniquitatem   qui   deuorant

folcc   min   swaswa mete   hlafes   god   na   gecigdon
plebem meam ut   cybum panis. 6 Deum non inuocaue-

    þær   forhtodon   of ege   þær   ne   wæs   ege
runt   illic   trepidauerunt   timore   ubi   non   fuit   timor.

forþam   god   tostencð   ban   heora   þa þe   mannum
Quoniam   deus   dissipauit   ossa   eorum   qui   hominibus

liciað   gescynde synd forþan   god   forhigde hy   hwilc
placent confusi   sunt quoniam deus spreuit   eos. 7 Quis

sylleð of seone hælo   þonne acyrð   driħt
dabit ex sion   salutare israhel   cum   conuerterit dominus

hæftned   folces   his   freoðað   fægnað   7   blis-
captiuitatem   plebis   suę   exultabit   iacob   et   lęta-

siað
bitur [f.57ᵛ] israhel.

53

liii. Uox supplicantis ad Christum

    god   in naman   þinum   halne   [ ]   do 7   on mægene
3 Deus   in nomine   tuo   saluum   me   fac et in   uirtute

þinum   dem   me   god   gehyr   gebed   min
tua   iudica   me. 4 Deus   exaudi   orationem   meam

5 *sciant*: read *scient*. *cyrrað*: I do not understand this gloss. Was it
induced by a resemblance to *wyrcað*? Cf. the error in J, *yrraþ*. 7 *do-*
minus is written in a distinctly different hand; *deus*, the GPs. reading, is
written above *dominus* in still another (later?) hand.

mid earum onfoh   word muðes mines   forþam   þa fremde
auribus   percipe uerba oris   mei.   5 Quoniam alieni

arison   wið   me 7 strange sohton   sawle
insurrexerunt aduersum me et fortes   quęsięrunt animam

mine   7 na   forsetton   god   beforan gesihðe
meam   et non proposuerunt deum ante   conspectum

his   efne soðlice god   gefylsteð (Ɨ gefultumað) me
suum.   6 Ecce enim   deus adiuuat   me

driħt   andfenge is sawl min   acyr   yfelu on feond-
dominus susceptor est anime meę.   7 Auerte mala ini-

um minum on soðfæstnesse þinre þu generedest hy
micis meis   in   ueritate   tua   disperde   illos.

   wynsumlice ic offrige   þe   ic andette naman þinum
8 Voluntarię   sacrificabo tibi confitebor   nomini tuo

driħt   forþam þe god   he is   forþon   of eallum
domine quoniam   bonum est.   9 Quoniam ex omni

geswince   þe genered[ ] me 7 ofer   fynd   mine
tribulatione eripuisti   me et super inimicos meos

forseah eagan mine
despexit oculus meus.

54

   liiii. Uox Christi aduersus magnatos Iud[ ] et de Iuda
   tra[ ]

   gehyr god gebed   min 7 na forseah   bene
2 Exaudi deus orationem meam et ne despexeris depreca-

   53. 7 *þu generedest:* as J; the glossator looked ahead to *eripuisti* in
vs. 9.   9 *þe:* read *þu.*

min[ ]   beheald me   7 gehyr me geunrotsod
tionem meam 3 intende mihi et exaudi me. Contristatus

ic eom on geswince   minum 7 gedrefed   ic eom
sum   in exercitatione mea   et conturbatus sum

of stefne feondes 7 of geswencede synfulles   forþam þe
4 a   uoce   inimici et a   tribulatione peccatoris. Quoniam

hy hyldon   on me unrihtwisness[ ] 7 on yrre hefigmode
declinauerunt in me iniquitates   et in ira   molesti

hi wæron me   [ ]   min   gedrefed   is [ ]
erant   mihi. [f.58ʳ] 5 Cor meum conturbatum est in

[ ] 7 fyrhto   deaðes hreas ofer [ ]   ege   7 gryre ł
me et formido mortis cecidit super me. 6 Timor et tremor

bifung com   ofer   me 7 bewreah   me þystro   7
            uenerunt super me et contexerunt me tenebre. 7 Et

ic cwæð hwilc syleð me   feðera swaswa culfre   7 ic fleo
dixi   quis   dabit mihi pennas sicut   columbe et uolabo

7 ic reste   efne nu ic afeorrode fleonde 7 ic wunode
et requiescam. 8 Ecce   elongaui   fugiens et mansi

on westene   ic anbidode him þe halne   me dyde fram
in solitudine. 9 Expectabam eum qui saluum me fecit a

medmiclum   gastes   7 heortnessa þe   afyl ł ahyld
pusillanimitate spiritus et tempestate.   10 Precipita

54. 6 *gryre:* alone in G among the psalters. Most of the citations in
BTD & S are from OE poetry; in *Beowulf* it occurs as a simplex and in
cpds. 15 times.   9 *medmiclum:* RPs. *pusillo.* The final *-te* is separated
from *tempesta-,* and is glossed *þe. heortnessa:* as J; read *hreohnessa?* Or did
the glossator think of a synonym of *gastes (spiritus)? In Psal. Lib. Psal.*
explains " . . . a tempestate, id est, a mentis perturbatione." The only form
of *heort* with *-ness* cited in BTD & S is *oferheortnesse,* 'excessive feeling.'

driħ   todæl tungan heora forþon   ic geseah unriht-
domine diuide linguas eorum quoniam uidi   ini-

wisnesse 7 wiðercwedelnesse on ceastre   on dæg 7
quitatem et contradictionem in ciuitate. 11 *Die*   et

on niht ymbsylð   hy ofer   weallas his unrihtwisnes
nocte   circundabit eam super muros eius iniquitas

7 geswinc on midle his   7 on rihtwisnesse 7 na
et labor   in medio eius 12 et iniustitia.   Et non

georade of strætum his gestreon 7 facn   forþam
defecit de plateis eius usura   et dolus. 13 Quoniam si

on feond   (wyrig ł cwedelode) me ic abere forþære
inimicus meus maledixisset   mihi sustinuissem

witod (ł gewislice) 7 gif   ðæs þe hatude me ofer   me
utiquę.   Et si is qui oderat   me super me

micel spræce ł sprecende wære ic behydde   me
magna locutus   fuisset abscondissem me forsitan

fram him   þu soðlice mann anmod   latteow min   7
ab   eo. 14 Tu uero homo unanimis dux   meus et

cuðæ min   [ ] samod mid me swete name   [ ]
notus meus. 15 Qui simul mecum dulces capiebas cibos

on huse godes wit eodon   mid gesibbe (ł mid geþafunge)
in domo dei ambulauimus cum consensu.

---

11 *circundabit:* changed from *circum-.*   12 *on rihtwisnesse:* an error for
unrihtwisnesse. georade: read *geteorade.*   13 *meus:* added above the line,
as in I; from the RPs. (*wyrig ł cwedelode*): cf. AB *wergcweodelode. forþære:*
as HJ; read *forbære.* It is slightly possible that þ was induced by the gloss
forþyldegode, which occurs in FI. *forsitan:* RPs. *utique.*   14 *unanimis:*
changed from *uni-.*

[ ]   [ ]e[ ]   ofer   hy   7   hi adune:[ ]   on
[f.58ᵛ]   16   *Veniat*   mors   super   illos   et   descendant   in

helle   lifigende   forþam   þe   nið   on   eardungum 1
infernum   uiuentes.   Quoniam   nequitię   in   habitaculis

on eardungstowe heora   on middele heora   ic   soðlice
           eorum in medio   eorum.   17 Ego   autem

to   gode   ic clypode   7   drihten   gehæle   me   on æfen
ad   deum   clamaui   et   dominus   saluabit   me.   18 Vespere

7   on   mergen   7   on   middæge   ic cyðe   7   ic bodige   7
et   mane   et   meridię   narrabo   et   annuntiabo   et

he gehyreð stefne   min[ ]   he   alysde   on   sibbe   sawle
exaudiet   uocem   meam.   19 Redimet   in   pace   animam

mine   fram   [ ]   þa   he   genealæceð   me   forþam   betweox
meam   ab   his   qui   appropinquant   mihi   quoniam   inter

manegon   hi   wæron   mid   me   gehyre   god   7   geeadmede
multos   erant   mecum.   20 Exaudiet   deus   et   humiliabit

hy   þe   is   beforan   woruld   nan   soðlice   is   him   awendednes
illos   qui   est   ante   secula.   Non   enim   est   illis   commutatio

7   na   hy   adredon   god   he   þenede   handa   his   on
et   non   timuerunt   deum   21   extendit   manum   suam   in

eadleanunge   hy   besmiton   cyðnesse*   his   todælede
retribuendo.   Contaminauerunt   testamentum   eius   22   diuisi

synd   fram*   yrre*   andwlitan*   his*   7   togenealæceð   heorte
sunt   ab   ira   uultus   eius   et   appropinquauit   cor

heora   gehneoxode   synd   spræca   his   ofer   ele   7   hi
illius.   Molliti   sunt   sermones   eius   super   oleum   et   ipsi

---

19 *þa he*: as J; read *þa þe*?   21 *Contaminauerunt*: cor. from *can-*.
22 An extra *diuisi sunt* added in margin in a later hand.

131

synd flana   wyrp ofer   drihten   cara   his   7 he
sunt iacula. 23 Iacta super dominum curam tuam et ipse

þe fedeð   ne   he syleð on ecnesse   yþynga   riht-
te enutriet non dabit   in eternum fluctuationem iusto.

wisum   þu soðlice god læddest hy on pytt   forwyrde
        24 Tu uero   deus deduces eos in puteum interitus.

weras bloda   7 facenfulle ne   he getillað
Viri   sanguinum et dolosi   non dimidiabunt [f.59r]

dag[ ] hys   ic   soðlice ic hih[ ] [ ] [ ] driht
dies   suos ego autem sperabo in te domine.

55

In finem pro populo qui a sanctis longe fac*tus est* Dauid
in tituli inscriptione cum tenuerunt eum

  miltsa   me   god forþam fortræd   me mann ælce
2 Miserere mei deus quonia*m* conculcauit me homo tota

dæge onfeohtende swencte   me   fortrædon   me
die   inpugnans   tribulauit me. 3 Conculcauerunt me

fynd   mine ælce dæge forþam þe mænige feohtende
inimici mei   tota die quoniam multi   bellantes

wið   me   fram heannesse dæges ic ondræde ic
aduersum me. 4 *A*b   altitudine diei   timebo   ego

soðlice on þe ic hihte   on gode ic herige spræca   mine
uero   in te sperabo. 5 In deo laudabo sermones meos

on gode ic hihte ne   ic ondræde hwæt doð me   flæsc
in deo speraui non timebo   quid faciat mihi caro.

24 *ne he getillað:* probably for *ne healfe getillað,* as DFJ.

132

ælce	dæge	word	min	hy onscunedon	ongean	me
6 Tota	die	uerba	mea	exsecrabantur	aduersum	me

ealle	spræca	heora	on yfell	hy eardiað	7
omnes	cogitationes	eorum	in malum.	7 *I*nhabitabunt	et

behydað hy hoh helspuran minne begymað ł gehealdað
abscondent ipsi calcaneum meum obseruabunt.

swaswa hig forþyldegodon sawle mine for nahte
Sicut sustinuerunt animam meam 8 pro nichilo

hale þu dest hym on eorre folc þu tobrycst god
saluos facies illos in ira populos confringes. Deus

lif min ic cydde (ł ic secge) þe þu asetest tearas
9 uitam meam annuntiaui tibi posuisti lacrimas

mine on gesihðe þinre swaswa 7 on gehate þinum
meas in conspectu tuo. *S*icut et in promissione tua

þænne syn acyrred fynd mine underbæcling on
10 tunc conuertentur inimici mei retrorsum. In

swa hwilcum dæge ic gecige þe on gesyhðe ic oncneow
quacumque die inuocauero te ecce cognoui

forþam þe god min þu eart on gode ic herige word
quoniam deus meus és. 11 In deo laudabo uerbum

on driħt [ ] spræce on gode ic [ ]
in domino [f.59ᵛ] *laud*abo sermonem in deo speraui

ne ondræde hwæt ic do me mann on me [ ]ndon
non *ti*mebo quid faciat mihi homo. 12 *I*n me sunt

---

55. 6 *spræca:* the glossator looked above to *sermones* in vs. 5.   7 *In-*
habitabunt: three or four letters erased between -*ta*- and -*bunt.* *forþyldegodon:*
an *i* is written above *e* in the same hand; cf. I *forþyldigodon.*   11 *ic do.*
faciat: the gloss appears to be influenced by *timebo;* cf. J *quid faciat. na*
ic ondræde.

god   gewilnunga   þin   þa   ic   agylde   herunge   þe
deus   uota   tua   que   reddam   laudationes   tibi.

      forþam   þu generedest   sawle   mine   of   deaðe   7
13   Quoniam   eripuisti   animam   meam   de   morte   et

fet   min   fram   slide   þæt   ic   cweme   beforan   gode   on
pedes   meos   de   lapsu   ut   placeam   coram   deo   in

leohte   lifigendra
lumine   uiuentium.

                              56

      In finem ne disperdas Dauid in tituli inscriptione cum
      fugeret a facie Saul in speluncam uox aecclesiae ad
      Christum

      gemiltsa   me   god   miltsa   me   forþam   on þe getrywð
2   Miserere   mei   deus   miserere   mei   quoniam   in   te   confidit

sawle   mine   7   on   sceade   fyðera   þinra   ic   hihte   oð
anima   mea.   Et   in   umbra   alarum   tuarum   sperabo   donęc

aleore   ꝉ   forðgewite   unrihtwisnes   ic   clypige   to   gode
transeat   iniquitas.   3   Clamabo   ad   deum

þam   hyhstan   gode   þe   wel dyde   me   he   sende   of
altissimum   deum   qui   benefecit   mihi.   4   Misit   de

heofenan   7   alysde   me   he   sealde   on   hosp   ꝉ   on   edwit*
cęlo   et   liberauit   me   dedit   in   obprobrium

fortredende   me   he   sende   god   mildheortnesse   his   7
conculcantes   me.   Misit   deus   misericordiam   suam   et

sodfæst[ ]   [ ]   7   he   genered[ ]   sawle   mine   of
ueri*tatem*   su*am*   5   et   eripu*it*   animam   meam   de

      56. 4 *sod-:* read *soð-.*

134

middele hwelpa   [ ]   ic slep   gedrefed   suna ł
medio   catulorum leonum dormiui conturbatus.   Filii

bearn manna   teð   heora wæpna ⁊ stræla ⁊ tunge
      hominum dentes eorum arma   et sagittę et lingua

heora sweord (ł me[ ]) scearp*   upahafen ofer heofenas
eorum gladius   acutus. 6 Exaltare super cęlos

god ⁊ on ealre   [ ]   wuldor þin   grin   hi geare-
deus et in omnem terram gloria   tua. 7 Laqueum paraue-

wodon fotum   minum ⁊ hi gebigdon sawle   mine
runt   pedibus meis   et incurauerunt animam meam.

        dulfon   beforan ansyne :ine   seað   ⁊ feollon
[f.60ʳ] Foderunt ante   faciem meam foueam et inciderunt

on þone   gearo   heorte min   god gearo   heorte
in eam. 8 Paratum cor   meum deus paratum cor

min   ic singe ⁊ se[ ]lm   ic secge driħt   aris
meum cantabo et psalmum dicam   domino. 9 Exsurge

wuldor min   aris   sealmleoð ⁊ hearpan ic arise
gloria   mea exsurge psalterium et cythara exsurgam

on dægred   ic andette þe on folcum driħt ⁊ sealm
diluculo. 10 Confitebor tibi in populis domine et psalmum

ic secge þe on þeodum   forþon   gemicclod is ł synd
dicam   tibi in gentibus. 11 Quoniam magnificata est

oð   to heofonum mildheortnesse þin ⁊ oð   on genipu
usque ad cęlos   misericordia   tua et usque ad nubes

11 *est:* appears to be written over erasure; *is* ł *synd* partially erased.

ꝉ lyfta soðfæstnes þin   upahafen ofer   heofenes god 7
    ueritas   tua. 12 Exaltare super cęlos   deus et

ofer   ealle   eorðan wuldor þin
super omnes terram gloria   tua.

57

luii. Dominus reprobat nequitiam Iudęorum

  gif soðlice witodlice rihtwisnesse gesprecað þa rihtan
2 Si uere   utique   iustitiam   loquimini recte

demað suna manna   soðlice on heortan unrihtwisnesse
iudicate filii hominum. 3 Etenim in corde   iniquitates

weorcað ge on eorðan unrihtwisnesse handa eowre syrw-
operamini in terra iniustitias   manus uestre con-

don* ꝉ samod* ꝉ geræddon*   fremedlæcede synd syn-
cinnant.   4 Alięnati   sunt pecca-

fulle fram innoðe hy dweledon of innoðe hi spræcon
tores a   uulua errauerunt ab utero locuti sunt

leasunga (ꝉ lease þ[ ]ng)   hatheortnes him æfter
falsa.   5 Furor   illis secundum

gelicnesse   næddran swaswa nædran dumbe 7 forclic-
similitudinem serpentis sicut   aspidis surde et obtu-

cende earan his   þa þe ne gehyrað stefne on galendra
rantis aures suas. 6 Que non exaudiet uocem incantantium

---

57. 2 *recte:* changed from *rectae*.   3 *samod** is not a separate gloss,
but belongs with *syrwdon*.   5 *dumbe:* as JK. This confusion with 'deaf'
is common in glosses, e.g., CGL III.147.31: cofon mutus siue surdus,
Diefenbach II: surdus. dümme, and of course such collocations as Eart ðu
dumb and deaf (cited in BTD under *dumb*).

7 ættrene 7 beoð begalene wisdomes   god   forbryteð
et uenefici   incantantis   sapienter. 7 Deus   conteret

teð   heora   on   muðe heo[ ]   [ ]   [ ]na
dentes eorum in   ore   ipsorum [f.60ᵛ] molas   leonum

g[ ]brycð drihten   to nahte   hy becumað swaswa
confringet dominus. 8 Ad nichilum deuenient   tamquam

wæter yrnende behylt bogan his   oð þæt hit bið un-
aqua decurrens intendit arcum suum donec   infirmentur.

getr[ ]med   swaswa weax þæt þe fleow beoð afyrrede
        9 Sicut   cera quę   fluit auferentur

oferhreas   fyr 7 na hy gesawon sunnan   ærþam
supercęcidit ignis et non uiderunt   solem. 10 Priusquam

            þornas eowre þefanþorn swaswa lyfigende
intellegerent spine uestrę rammum   sicut   uiuentes

swa on yrre forswe[ ] hy   blissað   rihtwise þonne
sic in ira obsorbet eos. 11 Lętabitur iustus   cum

he gesyhð wrace   handa his ne þwyhð on blode
uiderit uindictam manus suas lauabit   in sanguine

þa synfullan   7 cwyð man gif witodlice is   wæstm
peccatoris.   12 Et dicet homo si utique   est fructus

rihtwis[ ] witodlice is   god demende hy on eorðan
iusto   útique   est deus iudicans eos in terra.

6 *beoð begalene:* RPs. *quae incantantur.* 7 *beoð:* no Latin authority for *et,*
but in looking at his other source, the glossator might have seen something
like *uenefichiquae* (as if *-que*). 8 *hit bið ungetr[ ]med:* RPs. *infirmetur.*
11 *ne:* read *he.*

137

58

luiii. In finem ne disperdas Dauid in tituli inscriptione
quando Saul et custodiuit domum eius ut in-
terficeret

nera me of feondum minum god [ ] ⁊ fram arisendum
2 Eripe me de inimicis meis   deus *meus* et ab   insurgenti-

on me alys :[ ]   nera me fram wyrcendum un-
bus in me libera me. 3 Eripe me de   operantibus ini-

rihtwisnesse ⁊ fram werum bloda   hæle me   forþon
quitatem   et de   uiris sanguinum salua me. 4 Quia

on gesihðe   sawle   mine onhruron on me
ecce   ceperunt animam meam irruerunt in me

þreafulle   ⁊ na on unrihtwisnesse minre ⁊ na for
fortes.   5 Nequę iniquitas   mea   neque pec-

synnum minum drihten butan unrihtwisnesse ic ar[ ] ⁊
catum   meum domine sine iniquitate   cucurri et

ic geriht wæs   ic aras on geanryne minne ⁊ geseoh [ ]
direxi.   6 Exsurge in occursum meum et uide   *et*

þu driħt god mægena god israhela [ ]eheald to
tu domine deus uirtutum deus israhel. Intende ad

geneosienne ealle ðeoda   ne ðu gemiltsast ealle
uisitandas   omnes gentes [f.61ʳ] non miserearis omnibus

ða ðe [ ]   unrihtwisnesse syn gecyrred to æfenne
qui operantur iniquitatem.   7 Conuertantur ad uesperam

⁊ hungor hy ðoligen ⁊ hundas ⁊ ymbyrnað ceastre
et famem patientur ut canes et circuibunt ciuita*tem*.

58. 4 *ceperunt:* ⸢RPs. *occupauerunt.*   5 *ic geriht wæs:* RPs. *dirigebar.*
7 *⁊.ut:* as J.

138

efne on gesihðe hy sprecað on muðe heora 7 sweord on
8 Ecce   loquentur in ore   suo   et gladius in

welerum heora forðam þe hwylc gehyrde   7 ðu driħt
labiis   eorum quoniam quis   audiuit. 9 Et tu domine

bysmrast* hy to nanum þinge   þu* gelædest* ealle
deridebis eos ad nichilum   deduces   omnes

ðeoda   strangnesse mine to ðe ic gehealde forðon
gentes. 10 Fortitudinem meam ad té custodiam   quia

god andfenge min   god min mildheortnesse his
deus susceptor meus 11 deus meus misericordia   eius

forcumeð me   god he ætywð me   ofer   fynd
prꞗeueniet me. 12 Deus ostendit mihi super inimicos

mine ne ofsleah ðu hy þylæs hwænne hy forgytan folces
meos ne occidas   eos nequando   obliuiscantur populi

mines tostenc hy on mægene (ł on strengðe) þinum
mei. Disperge illos in uirtute   tua

7 toweorp hy stihtend min driħt   scyld   muðes
et depone eos protector meus domine. 13 Delictum oris

heora spræce welera heora 7 hi syn gegripene
eorum sermonem labiorum ipsorum et conprehendantur

on ofermodiness[ ] heora 7 of ascununge 7 leasunge
in superbia   sua. Et de exsecratione et mendacio

hig beoð gecydde on geendunge   on yrre geen-
annuntiabuntur in consummatione. 14 In ira consum-

9 On the margin just after *þinge* is *to*, probably the beginning of a second gloss
to *ad nichilum*.   12 (*on strengðe*): cf. CGL IV.280.19: *robor. uirtus, fortitu-*
do, and P 58.16 *strengþu. uirtutem. toweorp*: cf. J *gewurp*. G's gloss may be
a more precise rendering of RPs. *destrue*, but note P 79.12 *deposuisti. towurpe*.

dunge   [ ] hy ne beoð 7 hy witan forþam þe god
mationis et   non   erunt et scient   quia   deus

wyldeð   7 ende eorðan syn gecyrrede to
dominabitur iacob et finium terrę. 15 Conuertentur ad

æfenne   7 hy þolian hung[ ]r þrowiað swa hundas 7
uesperam et famem   patientur ut canes et

ymbyrnað ceastre   hy hy tofarene beoð to etanne
circuibunt ciuitatem. 16 Ipsi dispergentur   ad man-

    [ ] [ ]   ne hy :e beoð gefyllede 7
ducandum [f.61ᵛ] si uero non fuęrint   saturati et

hy mur[ ]   ic soðlice singe   mægen   þin
murmurabunt. 17 Ego autem cantabo fortitudinem tuam

7 ic upahebbe on mergen mildheortnesse þine [ ]
et exaltabo   mane   misericordiam tuam. Quia

þu geworden eart 7 andfenge min 7 frofer   min
factus   es   susceptor meus et refugium meum

on dæg geswynces mines   gefylstend min þe ic singe
in die tribulationis meę. 18 Adiutor   meus tibi psallam

forþam þe god andfenge min þu eart god min
quia   deus susceptor meus es   deus meus

mildheor[ ]nesse min
misericordia   mea.

59

luiiii. Psalmus Dauid uox apostolorum in passione Christi

god þu eart us 7 tobræce us yrre þu eart
3 Deus reppulisti nos et destruxisti nos iratus es

14 *forþam þe*: RPs. var. *quoniam.*   17 *7 andfenge*: no authority for *et.*
59. 3 *þu eart. reppulisti*: as J; induced by *es* in the same vs.

140

7 gemiltsod   eart   us   þu astyrodest eorðan 7 þu
et misertus   es   nobis. 4 Commouisti   terram et con-

dræfdest hy   hæl gedrefednesse his   forþam þe he astyred
turbasti eam sana contritiones   eius quia   commota

is   þu aþeowodest folce   þinum heardu þu drengtest
est. 5 Ostendisti   populo tuo   dura   potasti

u[ ] of wine on bryrdnesse   þu sealdest me ondrædendum
nos uino   conpunctionis. 6 Dedisti   metuęntibus

þe tacnunga   þæt hy fleon of ansyne bogan þæt
te significationem ut fugiant a   facię   arcus. Vt

syn alysede gecorene þine   halne   do of swyðran þinre
liberentur dilecti tui 7 saluum fac dextera   tua

7 gehyr me   god spræc is on halgum his ic blissige
et exaudi me. 8 Deus locutus est in sancto   suo lętabor

            byrðen 7 deneland getelda   ic mette
et partibor sicimam et conuallem tabernaculorum metibor.

   min   is   7 min is   strangnes
9 Meus est galaad et meus est manases et effraim fortitudo

ł strængð heafdes mines   cyning min   crocca
          capitis mei. Iuda rex   meus 10 moab

hwer hihtes minum to idumealande ic aðenige gescy
olla spei meę.   In idumeam   extendam calciamentum

min   me   ælfremede underþeodde sy[ ]   hwylc
meum mihi alienigene subditi   sunt. [f.62ʳ] 11 Quis

[ ]elædeð me on ceastre   [ ]   h[ ]ylc gelædeð me
deducet me in ciuitatem munitam quis   deducet me

6 me in OE is explained by the MS separation of me-tuentibus; J also has me.
8 partibor: RPs. diuidam. 9 strængð: n added above in same hand.
10 crocca hwer: G combines two glossing traditions: crocca, as FIK, and
hwer, as ABCDJ.

oð   on þa eorlican   hunanu þu god þa anyddest
usque in idum*eam*.   12 *N*onne tu deus qui reppulisti

us 7 ut ne gæst god on mægenum urum   syle
nos et no*n* ęgredieris deus in uirtutibus nostris. 13 Da

us   fultum   of geswince   7 idel hæle mannes
nobis auxilium de tribulatione et uana salus hominis.

   on gode we don mægen Í miht 7 he to nahte
14 In deo faciemus uirtutem   et ipse ad nichilum

gelædeð swencende Í dreccende us
deducet tribulantes   nos.

60

lx. In finem in hymnis psalmus Dauid uox aecclesiae
     ad Christum

  gehyr god halsunga   mine beheald gebeda
2 *E*xaudi deus deprecationem meam intende orationi

minæ   fram gemerum eorðan to ðe ic clypode þonne
meae. 3 A finibus terrę ad te clamaui   dum

bið genyrwed heorte min   on stane þu upahefdest me
anxiaretur   cor   meam in petra exaltasti   me.

(Í þu úpahófe me) þu gelæddest me forðam ðe geworden
       4 Deduxisti   me quia   factus

is hiht min stypel (Í torr) strangnesse of ansyne feondes
ést spes mea turris   fortitudinis a facie   inimici.

---

11 *eorlican:* cf. J *ð*a eor*þ*lican *þ*incg, and note CGL V.365.51: *idumaea. terrena.*
12 *ut ne gæst: ne* added above.

     60. 2 *minæ: æ* perhaps induced by *ae* in lemma.   4 *forðam ðe:* RPs.
var. *quoniam. est:* read *es; t* appears to be added in a different hand. Weber
cites one (12th-century) MS with *est.*

on ic eardige on eardunge   þinre on worulde ic beo ge-
5 *I*nhabitabo   in tabernaculo tuo   in secula   protegar

scylded ofer brædelse   fyðera þinra   forþam   þu
    in   uelamento alarum tuarum. 6 Quoniam tu

god min gehyrdest gebed   min þu sealdest yrfewerd
deus meus exaudisti   orationem meam   dedisti   heredita-

    ondrædendum naman þinne   dagas ofer   dagas
tem timentibus   nomen tuum. 7 Dies   super   dies

cyninges þu geic gear   his   oð   on dæg cynrena
regis   adicies   annos eius usque in   diem generationis

7 cynrena   þurhwunað on ecnesse   on gesihðe
et generationis. 8 *P*ermanet   in ęternum in conspectu

godes   mildheortnesse *7*   soðfæstnesse his   [ ]
dei   misericordiam   et ueritatem   eius [f.62ᵛ]   *quis*

[ ]   [ ] [ ]ealm ic secge naman þinne on [ ]oru[ ]
*r*equiret. 9 *Sic psal*mum dicam   nomini tuo   in secul*um*

[ ]ld þæt ic agylde gehat mine of dæge o[ ] [ ]
seculi ut   reddam   uota   mea de die   in   d*ie*m.

61

Aecclesia domino subditam esse profitetur dicens uox
ecclesię ad Christum

hunu gode underþeod bið sawl   min fram him soðli ce
2 Nonne deo subiecta   erit anima mea ab   ipso enim

hælo   min   witodlice *7* he   god min *7* hælo
salutare meum. 3 Nam   et ipse deus meus et salutaris

5 *ofer*: as J; Weber does not cite a var. of *in*, but cf. 62.8 *on oferbrædelse.*

min   andfenge min   ne ic beo astyred ma   hu lange
meus susceptor meus non mouebor   amplius. 4 Quousque

hreosað ge on men   ge ofsle[ ] ealle   eow swaswa
irruitis   in hominem interficiti*s* uniuersi uos tamquam

wage   onhyldu[ ] 7 stanweall gecnysedum hwæðere
parieti inclinat*o*   et maceri*ę* depulse.   5 Verumptamen

weorð   min   hy þohton   anyddan ic arn on   dust
prętium meum cogitauerunt repellere cucurri in   siti

of muð [ ] hy bletsodon 7 (mid) heorte heora hy wyrge[ ]n
ore   su*o* benedicebant et   corde suo   maledicebant.

    hwæðere þeah gode underþeoded beo þu sawl   min
6 Verumptamen deo   subiecta   esto   anima mea

forþam þe fram him geðyld   min   forþam þe he   god
quoniam ab   ipso patientia mea. 7 Quia   ipse deus

min   7 hælend min   7 fylstend min   na   ic feorsige
meus et saluator meus   adiutor   meus non ęmigrabo.

   on gode hælo   min   7 wuldor min god   fylstes mines
8 In deo salutare meum et gloria mea deus auxilii mei

7 hiht min on gode [ ]   hihtað on hine ælc   ge-
et spes mea in   deo es*t*. 9 Sperate in   eo   omnis con-

meting 1 gegaderung* folces ageotað (1 onsendend) beforan
gregatio   populi effundite   coram

---

61. 4 *men:* RPs. *homines.*   5 *on dust: sitis,* 'thirst,' confused with
situs, 'dust.' For this meaning of *situs* in OE, cf. *puluereo . . . situ.i. sepulchro.
moldstowe, stowlicere, moldan,* in *The Old English Prudentius Glosses at
Boulogne-sur-mer,* ed. H. D. Meritt (Stanford, 1958), p. 205.   7 *forþam
þe:* RPs. var. *quoniam.* 7 *fylstend:* no authority for *et;* the glossator was
probably influenced by similarity of construction (*meus . . . meus . . . meus*);
cf. 58.17.   9 *omnis:* changed from *omnes,* the reading in C. *onsendend:*
alone in G among the psalters; *onsendan* is not cited with this lemma in
BTD & S.

him heortan eowre god is fultum ure on ecnesse
illo corda uestra deus ˌadiutor noster in ęternum.

   hwæðere þeah on idel sunæ manna lease bearn
10 Uerumptamen uani filii hominum mendaces filii

manna on wægum þæt hy beswicon hy of idelnesse
hominum in stateris ut decipiant ipsi de uanitate

on þæt sy[ ] [ ]lle g[ ]hihtan unrihtwisnesse
in idipsum. [f.63ʳ] 11 Nolite sperare in iniquitate

[ ] [ ] nelle ge gytsian welan gif hy æt[ ]
et rapinas nolite concupiscere diuitię si affluant

nelle ge heortan tosettan æne spræc is god twa
nolite cor apponere. 12 Semel locutus est deus duo

þas ic gehyrde fo:þo[ ] anweald godes 7 þe driht
hęc audiui quia potestas dei 13 et tibi domine

mildheortnesse forþon þu anweald anra gehwilcum neah ɫ
misericordia quia tu reddes unicuiquę iuxta

wið weorce his ɫ heora
opera sua.

62

lxii. Psalmus Dauid cum esset in deserto Idumee uox
   ęcclesię de Christo

   god god min to ðe of leohte ic wacige þyrste on ðe
2 Deus deus meus ad te de luce uigilo. Sitiuit in te

sawle mine hu mænigfealdlice þe flæsc min on
anima mea quam multipliciter tibi caro mea. 3 In

---

is fultum: cf. RPs. *adiutor noster est.*   13 *anweald. reddes:* as J; the
glossator saw *potestas* in vs. 12.

eorðan on westene 7 on wege 7 on wæterigum swa on
terra deserta et inuia et inaquosa sic in

haligum ic æteowde þe þæt ic gesawe mægen þin 7
sancto apparui tibi ut uiderem uirtutem tuam et

wuldor þin forþam þe betere is mildheortnesse þin
gloriam tuam. 4 Quoniam melior est misericordia tua

ofer lif weleras mine hy heriað þe swa hy bletsiað
super uitas labia mea laudabunt te. 5 Sic benedicam

þe on life minum 7 on naman þinum ic upahebbe handa
te in uita mea et in nomine tuo leuabo manus

mine swaswa of fætnesse 7 gefyllednesse gefylled bið
meas. 6 Sicut adipe et pinguedine repleatur

sawl min 7 weleras upahefednesse heriað muð minne
anima mea et labiis exultationis laudabit os meum.

swa gemyndig ic wæs þin ofer bédd min on
7 Sic memor fui tui super stratum meum in

dægred 1 on uhttidum* 1 on mergen* ic smeage on þe
matutinis meditabor in te

forþā þu wære fultum min 7 on oferbrædelse fyðera
8 quia fuisti adiutor meus. Et in uelamento alarum

þinra blissige ongeþeodde sawl min æfter þe me
tuarum exultabo 9 adhesit anima mea post te me

onfeng swiðre þin [ ] [ ] on idel
suscepit dextera tua. [f.63ᵛ] 10 Ipsi uero in uanum

hy sohton sa[ ] mine hi ingað on þa nyðeran eorða[ ]
quęsierunt animam meam introibunt in inferiora terrę

62. 3 *on wege:* as EF; the lemma taken as if *in uia.*   5 *hy bletsiað:*
cf. J *ic bletsiaþ. benedicam* apparently seen by G's glossator as *-ant.*
6 *labiis:* changed from *labia. heriað:* RPs. *laudabunt.*

146

hy beoð gesealde on handa sweordes dælas foxa
11 tradentur   in   manus gladii   partes uulpium

beoð   [ ] soðlice blissiað on gode heriað   ealle
erunt. 12 Rex uero   lętabitur in deo laudabuntur omnes

þa þe sweriað on him forþam þe fordytt   is muð
qui   iurant   in eo   quia   obstructum est os

sprecendra unrihta
loquentium iniqua.

63

lxiii. In finem psalmus Dauid uox Pauli de passione
          Christi

gehyr   god   gebed   min   þonne ic bidde fram
2 Exaudi deus orationem meam cum   deprecor a

ege   feondes nera sawle   mine   þu bewruge me
timore inimici eripe animam meam. 3 Protexisti   me

fram gemetinge of mænigeo   fram mænigeo   weorcendra
a   conuentu malignantium a   multitudine operantium

unrihtwisnesse   forþon þe hy hwetton swa sweord
iniquitatem.   4 Quia   exacuerunt   ut   gladium

tungan heora hy beheoldon bogan þing biter   þæt
linguas suas   intenderunt   arcum rem amarem 5 ut

hy stræligen on digelnesse unwæmme   sona   hy
sagittent   in occultis   inmaculatum. 6 Subito sa-

stræliað   hine 7 ne   ondræda[ ] hy getrymedon him
gittabunt eum et non timebunt   firmauerunt   sibi

12 forþam þe: RPs. var. quoniam.
     63. 3 of mænigeo: the glossator saw multitudine.   4 amarem: read
amaram, as others? Weber cites one var., -um.

147

spræce   manfulle hig rehton   þæt hy ahyddon grina
sermonem nequam. Narrauerunt ut   absconderent laqueos

hy cwædon hwylc gesyhð hy   smeagende wæron unriht-
dixerunt   quis   uidebit eos. 7 *S*crutati   sunt   ini-

wisnesse hy geteorodon smeagende smeaunge tonealæhton
quitates defecerun*t*   scrutantes   scrutinio. *A*ccedet

man   7 heorte heahre   7 bið upahafen god   stræla
homo et cor   altum   8 et exaltabitur   deus. Sagitte

lytlinga   gewordene synd [ ]   heora   7 geuntrumade
paruulorum facte   sunt plage eorum 9 et infirmate

synd   ongean hy tungan heora   gedrefede   synd
sunt [f.64ʳ] contra eos lingue   eorum. Conturbati sunt

ealle   [ ] gesaw[ ] hy   7 adred ælc   man   7
omnes qui uidebant eos 10 et timuit omnis homo. *E*t

hy bebodedon weorc godes 7 dæd: his hy ongeaton
annuntiauerunt opera dei   et fac*ta* eius intellexerunt.

    blissiað   rihtwis on driht   7 gehihteð on him 7
11 L*ę*tabitur iustus in domino et sperabit in eo   et

hi beoð geherede ealle   reccend heortan
laudabuntur   omnes recti   corde.

64

lxiiii. In finem psalmus Dauid canticum Hieremiae et
    Aggei de uerbo peregrinationis quando incipie-
    bant proficisci uox apostolorum cum laude Christi

    gehreoseð lofsang god on heannes[ ] 7 þe aguldon
2 Te decet   ymnus deus in sion   et tibi reddetur

---

11 *reccend: recti* taken as if *rector.*

    64. 2 *gehreoseð:* probably for *geriseð* (as D), induced by similarity of
sound.

(l agifen) gelast (l gehat) on   gehyr gebed
         uotum   in hierusalem. 3 Exaudi orationem

min   to ðe ælc   flæsc cymeð   word   unrihtwisra
meam ad te omnis caro   ueniet. 4 Verba iniquorum

rihsodon   ofer   us   7 arleasnessum urum   þu ge-
pręualuerunt   super nos et impiętatibus nostris tu pro-

miltsast   eadig   þone   þu cure 7   þu afenge   we
pitiaberis. 5 Beatus quem   elegisti et assumpsisti in-

beoð gefylled on   þinum we beoð gefylled on godum
habitabit   in atriis tuis.   Replebimur   in bonis

huses þines halig   is   templ   þin   wundorli[ ]
domus tuę   sanctum est templum tuum 6 mirabile

on efnesse gehyr us   god hælo   ure   hiht ealra
in ęquitate. Exaudi nos deus salutaris noster spes omnium

ende   eorðan 7 on   sæ   feorr   gearwigende muntas
finium terrę   et in   mari longe. 7 Preparans   montes

on mægene þinan begyrd   of anwealde (l mid mihte)
in uirtute tua   accinctus potentia

       þu gedrefst grunddeopan sæ   sweg   yða
8 qui conturbas   profundum   maris sonum fluctuum

hyre l his   [ ]   þeoda   7 ondr[ ]   þa þe
eius.   [f.64ᵛ] Turbabuntur gentes 9 et timebunt qui

ear[ ] gemearu fram tacnum þinu[ ] utgang dægredes
habitant terminos a   signis tuis   exitus matutini

7 to æfenne þu blissast   þu neosodest eorðan 7 ge-
et uespere delectabis. 10 Visitasti   terram et in-

---

5 *atriis:* RPs. *tabernaculis. we beoð gefylled. inhabitabit:* the glossator has
looked forward to *Replebimur.*   8 *gedrefst:* a faint letter, *e*(?), over *f*
added later by main glossing hand; perhaps for *gedrefest.*

149

drenctest hyg þu gemænigfyldodest gewelgian hy [ ]
ebriasti eam multiplicasti   locupletare eam. *Flumen*

godes gefylled is of wætere þu gegearwodest mete
dei repletum est aquis   parasti   cibum

heora forþam þe swa is gegearwung his   rinelas
illorum quoniam ita est preparatio eius. 11 Riuos

his ondrencende gemænigfyldigende gedropunga his on
eius inebriat   multiplica   genimina   eius in

dreopungan his þu geblissast spryttende   þu bletsast
stillicidiis eius lętabitur   germinans. 12 Benedices

trendel geares medemnesse þinre 7 feldas þine beoð gefylled
corone anni benignitatis tuę et campi tui replebuntur

of genihtsumnesse   fættiað*   þa wlitigan þing westenes
ubertate.   13 Pinguescent speciosa   deserti

7 blissunga (1 wynsumnesse)   beoð ymbgyrde   ge-
et exultatione   colles accingentur.   14 In-

scrydde synd rammas sceapa 7 den[ ] genihtsumiað of
duti   sunt arietes ouium et ualles habundabunt fru-

hwæto hy clypi[ ] 7 soðlice lofsang cweðað
mento clamab*unt* etenim ymnum dicent.

65

lxv. Psalmus Dauid uox apostolorum ad populum

heriað 1 wynsumiað gode ealle eorðan   sealmsang
1 Iubilate   deo omnis terra   2 psalmum

---

10 *gemænigfyldodest:* (*ea*) written above *y*, for *-fealdodest*.   11 *inebriat: t*
appears to be added in a different hand; read *inebria*. The gloss is to RPs.
inebrians. gemænigfyldigende: (*ea*) added above *y*, for *-fealdigende;* RPs.
multiplicans.

secgað naman his syllað wuldor lofe his secgað
dicite nomini eius date gloriam laudi eius. 3 Dicite

gode hu egeslicu synd weorc þin drihten on mænig-
deo quam terribilia sunt opera tua domine in multi-

fealdnesse mægnes þines leogað þe fynd þine
tudine uirtutis tuę mentientur tibi inimici tui. [f.65ʳ]

[ ]all: eorðan gebiddeð þe [ ] [ ] [ ] sealm
4 Omnis terra adoret te et psallat tibi psalmum

he segð naman þinum cumað 7 geseoð weorc godes
dicat nomini tuo. 5 Uenite et uidete opera dei

egeslic on geþeahtum ofer suna manna þe
terribilis in consiliis super filios hominum. 6 Qui

gecyrde sæ on drige land on flodas hy oferforan
conuertit mare in aridam in flumine pertransibunt

mid fet þær geblissiað on him se þe wyldeð on
pede ibi lętabimur in ipso. 7 Qui dominatur in

mægne I mihte his on ecnesse eagan his ofer þeoda
uirtute sua in ęternum oculi eius super gentes

gelociað þa þe tyrwiað ne beoð upahafene on
respiciunt qui exasperant non exaltentur in

him sylfum bletsiað þeoda god ure 7 gehyrde
semetipsis. 8 Benedicite gentes deum nostrum et auditam

doð stefne lofes his þe gesette sawle mine 7
facite uocem laudis eius. 9 Qui posuit animam meam et

lif 7 he ne sealde astyrunge fet mine
uitam et non dedit commotationem pedes meos.

65. 6 flodas: RPs. flumina.

151

forþam þe þu fordydest us   god of fyre us   þu ameredest
10 Quoniam   probasti   nos deus igne   nos examinasti

swaswa hit amered bið   seolfor   on þu læddest us
sicut   examinatur   argentum. 11 Induxisti   nos

on grine   þu onasettest geswync   on hricge urum
in   laqueum posuisti   tribulationes in dorso nostro

    þu onasettest man   ofer   heafda urum   we foran
12 inposuisti   homines super capita nostra. *Transiuimus*

þurh fyr   7 wæter   7 þu gelæddest us   on rotnesse ł
per   ignem et aquam   et ęduxisti   nos in refrigerium.

frofer   ic inga   on hus   þin   on onsægnessum
    13   Introibo   in   domum tuam   in   holocaustis

ic agylde þe gelast mine   þe todældon   weleras mine
reddam   tibi uota   mea 14 quę distinxerunt labia   mea.

      [ ] [ ]   [ ] muð min   on ge[ ]   minum
[f.65ᵛ] *Et* locu*tum est* os   meam in   tribula*tione* mea.

      onsægdnesse   geswetlæhtan ic bringe   þe   mid on-
15 Holocau*s*ta   medullata   offeram   tibi cum in-

bæ[ ]ninge rammum ic bringe (ł offrige) þe   oxan   mid
censu   ariętum offeram   tibi boues cum

buccan   cumað 7 gehyrað 7 ic cyðe ealle   þe ondrædað
hircis. 16 *V*enite   audite   et narrabo omnes qui timetis

---

10 *fordydest*: perhaps an error for *fandodest*, as DK. Or the glossator may
not have known the lemma, *probasti*, and sought the meaning in the synonym, *examinasti*, in the same vs. Then, he might have misread *examino* as
exanimo, 'to destroy.' Cf. CGL V.291.53: *examinat, aequaliter iudicat uel
occidit.* It may also be of some relevance that Rolle explains, "thou examynd
us, that is, thou purged oure syn . . .," and G's 'thou destroyed (our sin)'
would be roughly equivalent.   12 *rotnesse* ł *frofer*: as D (*rotnisse* ł *frofr*);
the lemma may have been confused with *refugium*.   16 7 *gehyrað*: RPs.
et audite.

god   þu manega he dyde sawle [ ]inre   to him
deum quanta   fecit   anime me*e*.   17 Ad ipsum

of muðe minum ic clypode 7 ic upahof under tungan
ore   meo   clamaui   et exultaui   sub   lingua

minre   unrihtwisnesse gif ic geseah on heortan minre
mea. 18 Iniquitatem   si   aspexi   in corde   meo

ne   hy gehyreð drihten   forþam   gehyrde god 7
non exaudiet   dominus. 19 Propterea exaudiuit deus et

begym   stefne bene   mine   gebletsod   god
adtendit uoci deprecationis mee. 20 Benedictus deus

þe na ne lufode gebeda   mine 7 mildheortnesse his
qui non   amouit orationem meam et misericordiam suam

fram me
a   me.

66

lxui. In finem psalmus Dauid uox apostolica

god   gemiltsa   us   7   gebletsa   us   onlyhte
2 Deus misereatur nostri et benedicat nobis   illuminet

andwlitan his   ofer   us   7 gemiltsa   ure   þæt
uultum   suum   super nos et misereatur nostri. 3 Vt

we oncnawan on eorðan weg þinne on eallum   þeodum
cognoscamus in terra   uiam tuam in omnibus gentibus

hælo   þin   ic andette   þe folcc   god ic andette
salutare tuum. 4 Confiteantur tibi populi deus confiteantur

þu manega: read *hu.*   18 *hy:* read *he.*   20 *lufode:* lemma confused
with *amo.*
     66. 2 *us:* RPs. *nobis.*

153

þe folcc ealle   blissian   7 gefægnien þeoda for-
tibi populi omnes.   5 Lętentur et exultent   gentes quo-

þam ðe þ[ ] demst folce   on efnesse 7 þeoda on eorðan
niam   iudicas   populos in ęquitate et gentes in terra

þu gereccest   ic andette   þe folcc   god   ic
dirigis.   6 Confiteantur tibi populi deus [f.66ʳ] con-

andette   þe fol[ ]   [ ]   eorðan he sealde   wæstm
ƒiteantur tibi populi omnes 7 terra   dedit   fructum

heora bletsa   us god god ure   bletsa   us
suum. Benedicat nos deus deus noster 8 benedicat nos

god 7 ondrædan hine ealle   endas   eorðan
deus et metuant   eum omnes fines   terrę.

67

lxuii. In finem psalmus Dauid uox Pauli de passione
       Cristi

 arise   god 7 syn todræfed fynd   his 7 fleon
2 Exurgat deus et dissipentur   inimici eius et fugiant

þa þe hatedon hine fram ansyne his   swaswa teorade
qui   oderunt eum a   facię eius. 3 Sicut   deficit

smic   hy geteoriað swaswa flewð weax of ansyne fyres
fumus deficiant   sicut   fluit cera a facię   ignis

swa forwurðað synfulle   fram ansyne godes   7 rihtwise
sic pereant   peccatores a   facię   dei. 4 Et iusti

gewistfullian 7 emblissian on gesihðe   godes 7 ge-
ępulentur   et exultent   in conspectu dei   et de-

67. 2 *oderunt:* an initial letter, perhaps *h*, erased.

154

gladian   on   blisse   singað   gode   sealm   cweðað
lectentur in   lętitia.   5   Cantate   deo   psalmum   dicite

naman his   siðfæt doð   him þe   astah   ofer   setlgang
nomini eius iter   facite ei   qui ascendit super occasum

driħt   naman   him   blissiað   on   gesihðe   his   beoð
dominus nomen   illi.   Exultate in   conspectu eius tur-

gedrefed[ ] of ansyne his   fæder steopcild   7   deman
babuntur   a   facię   eius 6 patris orphanorum et iudicis

wuduwena god   on stowe haligre his   god   oneardia[ ]
uiduarum. Deus in loco sancto suo 7 deus qui inhabitare

deð ænes   þeawes on huse   þe   alædeð gebundenne on
facit unius moris   in domo. Qui ęducit uinctos   in

strangnesse gelice   hy þa þe tyrwiað   þa þe eardigað
fortitudine similiter eos qui   exasperant qui habitant

on byrgennum   [ ]   [ ]   [ ]   on gesihðe
in sepulchris. [f.66ᵛ] 8 Deus cum egredereris in conspectu

[ ]   þines þonne þu færst   on   westen   eorðe
populi tui   cum   pertransieris in   deserto. 9 Terra

astyred is   7 soðlice heofenes drupon   [ ] ansyne
mota   est etenim cęli   distillauerunt a   facie

godes munt of ansyne godes israhel   ren   wil-
dei   synai a facię   dei   israhel. 10 Pluuiam uolun-

sumne : syndrast god yrfewerdnesse þin 7 geuntrumod
tariam segregabis deus hereditati   tuę et infirmata

is þu soðlice fulfremedest him   nytenu   þine eardiað
est tu uero perfecisti   eam. 11 Animalia tua habitabunt

─────────

7 deus qui: RPs. qui added in a later hand.

on þam þu gearwadest on swetnesse þinre þearfan god
in ea   parasti   in dulcedine tua   pauperi deus.

   drihten   syleð word   þam godspelgendum mihte ł
12 Dominus dabit uerbum euangelizantib*us*   uirtute

mægen manega   cyning mihta ł mægna þæs gecorenan
    multa. 13 Rex   uirtutum   dilecti

gecorenan 7   hus   todælan reaflac   gif ge slapað
dilecti   et speciei domus diuidere spolia. 14 Si dormiatis

on betwyeox middele gehlytton feðera culfran besylfrede
inter   medios cleros   penne columbe deargentate

7 þa æftran bæces his on hiwe   goldes   þonne
et posteriora dorsi eius in pallore auri. 15 Dum

he toscædeð heofenlic cyninges ofer   hy   snawe beoð
discernit cęlestis · reges   super eam niue deal-

ablicen on   munt godes munt fet   munt
babuntur in selmon 16 mons dei   mons pinguis. Mons

gerunnen munt fætt   tohwy wene ge   muntas
coagulatus mons pinguis 17 utquid suspicamini montes

        munt on ðam gelicod wel is gode eardian
coagulatos. Mons in quo beneplacitum est deo habitare

on him 7 soðlice drihten eardað on ende   cræt
in eo   etenim dominus habitabit in finem. 18 Currus

godes tyn   þusenda monigfealdlice   þusenda blis-
dei   decem milibus multiplex   [f.67ʳ] milia lę-

---

14 *gehlytton:* as DK(-*an*). A rare word in the dictionaries; cf. CGL IV.33.25;
493.12: *clerus. sors. hiwe:* RPs. *specie.*   17 *coagulatos: co-* added
in the same hand; -*os* cor. from -*us. gelicod wel:* read *welgelicod*, as J ?

156

sigendra [ ]   [ ] [ ] on   on þam halgan   þu
tantium *dominus in eis* in sinai in sancto.   19 Ascen-

astige on heannesse   hæftned   þu onfenge sylena
disti in altum   cepisti captiuitatem accepisti   dona

on mannum   7 soðlice ne   gelyfende oneardian driħt
in hominibus. Etenim   non credentes inhabitare dominum

god   gebletsod   drihten   dæg dæghwamlice gesund
deum. 20 Benedictus dominus die cotidie   prosperum

sið doð   us   god   halwendnessa ura   god
iter faciet nobis deus salutarium   nostrorum. 21 Deus

ure   god   halne to donne 7 driħt   drihten   utgang
noster deus saluos faciendi et domini   domini   exitus

deaðes   þeah hwæðere god gescæneð (ł tobrecð) heafda
mortis. 22 Verumptamen deus confringet   capita

feonda   heora   hnoll   loccas þurhgangendra on
inimicorum suorum uerticem capilli perambulantium in

scyldum heora   cwæð ł sæde drihten of drignesse
delictis suis.   23 Dixit   dominus ex basan

ic gecyrre ic gecyrre on grunde   sæ   þæt bið
conuertam conuertam in profundum maris. 24 Vt in-

gedyped fot þin on blode   tunge hunda þinra of
tinguatur pes tuus in sanguine lingua canum tuorum ex

freondum fram him   hy gesawon on stæpas þine god
inimicis   ab   ipso. 25 Viderunt ingressus tuos deus

on stæpas godes mines cyninges mines þe is on halgum
ingressus dei   mei   regis   mei qui est in sancto.

22 *gescæneð:* as J. The glossator may have rendered RPs. *conquassauit* (C *ge-
scænyð*), but note CGL V.184.21: *conquassauit. confregit.* Moreover, P has the
gloss *confregisti. gescændest.*   24 *of freondum: inimicis* confused with *amicis.*

157

      forecomon   ealdras   geþeodde singendem   on midlene
26 Prꞁuenerunt principes coniuncti psallentibus in medio

gingrena   timpana ꞁ hearpigendra ꞁ plegendra   on
iuuencularum tympanistriarum.   27 In

cyrcum bletsiað   gode drihtne of willum   israhela folce
ꞁcclesiis benedicite deo   domino de fontibus israhel.

            [ ]   [ ]esta   [ ] [ ]   [ ]
f.67ᵛ] 28 *Ibi beniamin adh*olescentulus *in*   mentis *exces*su.

ealdras   þære mæ:ðe latþeowas heora   ealdras
Principes *iu*da   duces   eorum principes zabulon

ealdras   bebeod god mægene þin getryme
principes neptalim. 29 *M*anda deus uirtutem tuam confirma

god   : :   geworhtest þu eart on us   on temple
deus hoc quod operatus   es   in nobis. 30 ˏA templo

þinum on hierusalem þe   bring[ ] cyningas   lac
tuo   in   hierusalem tibi offeren*t* reges   munera.

      þu þrea wildeor hreodes gemot* gaderung*   fearra
31 *I*ncrepa feras   harundinis congregatio   taurorum

on cuum folca   þæt* ne* syn* utatynde*   hy þe
in uaccis populorum ut   excludant   eos qui

acunnode synd seolfre* tostengt þeoda þa þe gefeoht
probati   sunt argento. Dissipa gentes quꞁ   bella

---

26 *gingrena:* as J. This gloss, meaning 'disciple,' 'vassal,' may have been
suggested by the context, i.e., the 'maidens' taken as handmaids (vassals) of
the princes (*principes*).   31 *þæt* ne* syn* utatynde**: RPs. *ut non exclu-
dantur. tostengt: g* added above.

willað   cumað   ærendracan of egyptan sigelhearpan
uolunt 32 uenient legati   ex egypto ethiopia

forecumeð handa his godes   ricu eorðan singað
preueniet manus eius deo.   33 Regna terrę   cantate

gode singað driħt   singað gode   þe astah   ofer
deo psallite domino. Psallite deo   34 qui ascendit super

heofenan heofen to eastdæle   efne he syleð stefn his stefne
cęlum   cęli   ad orientem. Ecce dabit   uoci suę uocem

mægenes ł m[ ]   syllað wuldor gode ofer
uirtutis   35   date   gloriam deo   super israhel

micel   his 7 mægn his on genipum   wuldorlic
magnificentia eius et uirtus eius in nubibus. 36 Mirabilis

god on halgum his god   he   syleð mægen ł miht
deus in sanctis suis deus *israhel* ipse dabit uirtutem

7 strangnesse [ ]   [ ]s gebletsod god
et fortitudin*em* plebis suę benedictus deus.

68

lxuiii. In finem psalmus Dauid pro his qui commutabuntur uox Christi tempore passionis

        halne   me do god forþan   ineodon   wætera
[f.68ʳ] 2 Saluum me fac deus quonia*m* intrauerunt aquę

oð   soule   minre ł mine   a onfæstnod   on
usque ad animam meam.   3 *I*nfixu   sum in

---

32 *sigelhearpan*: agrees only with C, whereas AFIJ have forms of *sigel-
hearwan*. That the second element was originally -*hearpan*, not -*hearwan*,
see H. D. Meritt, *Fact and Lore About Old English Words* (Stanford,
1954), 2,A,40. 34 *uoci*: erasure after *i*, perhaps of *s*.

    68. 2 *soule*: the second letter is written above *s* and appears to be *o*.
3 *Infixu sum*: read *Infixus sum*. a *onfæstnod*: the glossator began to write
afæstnod, changed his mind, and wrote *on*-, neglecting to erase the *a*.

limo grundes 7 nan [ ]s sped   ic com on deopnesse
limo profundi et non est substantia. Veni   in altitudinem

sæ   7 hreohnes besencte me   ic swanc clypigende
maris et tempestas demersit me. 4 Laboraui clamans

hase   gewordene synd goman mine geteorodon eagan
rauce factę   sunt fauces meę defecerunt oculi

mine þonne ic hihte on god   minne   gemænifylde synd
mei dum spero   in deum meum. 5 Multiplicati sunt

ofer loccas heafdes mines þa þe hatedon me buton
super capillos capitis mei   qui   oderunt me gratis.

gestrangode synd þa þe ehtigende 1 þa* þe* ehtiað*
Confortati sunt qui   persecuti

synd* me* fynd   mine unrihtlice þa ic ne reafode
sunt me inimici mei iniustę   quę non rapui

þa   ic tolysde   god þu eart unwisdom minne 7
tunc exsolueban. 6 Deus tu scis insipientiam meam et

scyldas mine fram ðe ne synd behydd   ne asca-
delicta mea a   te non sunt abscondita. 7 Non eru-

migan on me þe anbidiað þe driħt driħt   mægena 1
bescant in me qui exspectant domine domine uirtutum.

mihta   þa þe secað ofer me þa þe secað þe
       Non confundantur super me qui   quęrunt te

god israhela forþam þe ætforan þe ic abær (edwit 1) hosp
deus israhel. 8 Quoniam propter te sustinui obprobrium

---

5 *buton:* the gloss is unfinished; cf. J *buton gewirhtum. exsolueban:* changed
from *-bam.*   6 *þu eart:* the glossator probably saw the lemma as *tu es.*
7 *þe anbidiað þe:* GPs. *qui expectant te. þa þe secað. non confundantur:* cf. H
seccað; the glossator has looked forward to *qui querunt.*

oferwreah gescyldnes ansyne mine   se ytemesta geworden
operuit   confusio   faciem meam.   9 Extraneus   factus

ic eom broðrum minum 7 ælðeodig   bearnum modor
sum   fratribus meis   et peregrinus filiis   matris

minre   forþam þe hatheortnesse huses þines etað
meę. 10 Quoniam zelus   domus tuę comedit

me 7 hospas (1 edwit) hospendra 1 tælendra* þe
me et obprobria   exprobrantium   tibi [f.68ᵛ]

[ ]   [ ]   me   7 ic oferwreah on f:[ ]tene
ceciderunt super me. 11 Et operui   in ieiunio

sawle mine 7 gedon is on hospe   me   7
animam meam et factum est in obprobrium mihi. 12 Et

ic asette hrægl 1 reaf min   hæran 7 geworden ic eom
posui   uestimentum meum cilicium et factus   sum

him on bispelle   [ ]gean   me hi spræcon þa þe
illis in parabolam. 13 Aduersum me loquębantur qui

sæton   on geate 7 on me hy sungon þa ðe druncon
sedebant in porta et in me sallebant qui   bibebant

win   ic soðlice gebed   min   to ðe drihten
uinum. 14 Ego uero orationem meam ad te domine

tid   gecwemnesse god on mænige   mildheortnesse
tempus beneplaciti deus. In multitudine misericordię

þinre gehyr me on soðfæstnesse hæle þinre   alys
tuę exaudi me in ueritate   salutis tuę. 15 Eripe

8 *gescyldnes:* read *gescyndnes.*   9 *se ytemesta:* as F (*se ytemest*). Did
the glossator read *Extraneus* as *Extremus?* Cf. 138.9 *in extremis. on þam*
ytemestan and WW 234.6: *extremus. ytemeste.* But also pertinent is CGL
IV.340.5: *extraneus. extimus uel ultimus. geworden: n* lacks a final stroke and
appears as *i;* it may be pertinent to note that I reads *gewordem.*

me of fænne þæt ic ne beo onafæstnod alys   me fram
me de luto   ut   non infigar   libera me ab

þyson þa þe hatedon me 7 of deopnesse wætera
his   qui   oderunt me et de profundis aquarum.

   þylæs me besencgte hreohnes wæteres ne   forswelge
16 Non me demergat tempestas aquę   neque obsorbeat

me on grund   7 na genyrwe ofer me pytt   muð
me profundum neque urgeat   super me puteus os

his   gehyr me driħt forþam ðe medeme is
suum. 17 Exaudi me domine quoniam   benigna est

mildheortnesse þin æfter   menigeo   mildsunga
misericordia   tua secundum multitudinem miserationum

þinra geloca ł beheald on me   7 ne cyrre þu aweg
tuarum respice   in me. 18 Et ne auertas

ansyne þine fram cnihte ł cilde þinum forðam þe ic beo
faciem tuam a   puero   tuo   quoniam tri-

geswenced hrædlice ł ardlice gehyr me   beheald sawle
bulor   uelociter   exaudi me. 19 Intende anime

mine 7 alys hine for   feondum minum nera me
meę   et libera eam propter inimicos meos eripe me.

           þu wast on hosp   [ ]   [ ] [ ]
[f.69ʳ] 20 Tu scis inproperium meum et confusionem

mine 7 scame   [ ]   on gesihðe þinre synd
meam et reuerentiam meam. 21 In conspectu tuo   sunt

ealle   geswencede me on hosp   anbidode heorte
omnes qui tribulant   me inproperium expectauit cor

18 ardlice: a var. of arodlice; alone in G among the psalters.

162

min ⁊ yrmðe ⁊ ic þolode se ðe samod wære
meum et miseriam. Et sustinu qui simul con-

geunrotsod ⁊ na wæs ⁊ þe frefrode ⁊ na ic oncom
tristaretur et non fuit et qui consolaretur et non inueni.

⁊ hy sealdon on mete minne geallan ⁊ on ðu[ ]
22 Et dederunt in escam meam fel et in siti

minum hy drencton me on ecede sy beod heora
mea potauerunt me aceto. 23 Fiat mensa eorum

beforan him on gryn ⁊ on eadlean ⁊ on
coram ipsis in laqueum et in retributiones et in

æswince sy onstyred eagan heora þylæs hy gesawon
scandalum. 24 Obscurentur oculi eorum ne uideant

⁊ hricg heora æfre ł simble ongebigeð ageat
et dorsum eorum semper incurua. 25 Effunde

ofer hy yrre þin ⁊ hatheortnesse þines gegripe
super eos iram tuam et furor ire tue compre-

hy sy be eardungæ heora weste ⁊ on
hendat eos. 26 Fiat habitatio eorum deserta et in

eardungstowum (ł geteldum) heora ne sy ðe oneardige
tabernaculis eorum non sit qui inhabitet.

forþam þone ðu sloge ehton synd ⁊ ofer
27 Quoniam quem tu percusisti persecuti sunt et super

sar wunda heora toehton togesettene un-
dolorum uulnerum eorum addiderunt. 28 Appone ini-

21 *sustinu:* read *sustinui.* 22 *aceto:* changed from *acceto.* 23 *retribu-*
tiones: changed from *-is. æswince:* read *æswice?* 24 *sy onstyred:* cf. 73.20.
ongebigeð: read *ongebiged?* 26 *be:* it is not clear in the MS whether *be*
is intended as a var. of *sy* or a prefix of *eardungæ;* the latter seems most
likely since *be* stands inside the top stroke of *h* of the lemma.
27 *dolorum:* read *-em.*

rihtwisnesse ofer   unrihtwisnesse heora   7 na   hy ingan
quitatem   super iniquitate*m*   eorum et non intrent

on rihtwisnesse þinre   hy synd adylegode of bocum
in iustitiam   tuam. 29 *D*eleantur   de libro

lifigendra 7 mid þam riht[ ] hy ne synd awritene   ic
uiuentium et cum iustis   non scribantur.   30 *E*go

eom þearfa 7 sargiende hælo þin god   [ ]
sum pauper et dolens   salus tua deus [f.69ᵛ] *suscep*it

[ ]   [ ]   [ ]   godes mid cantice 7 ic gemicclige
me. 31 *Lau*dabo *no*men dei   cum cantico et magnificabo

ł gemærsige hine on lofe   7 gelociað god ofer
            eum in laude. 32 Et placebit deo super

cealf   niew ł geong [ ]   forðlædende 7 clauwa
uitulum nouellum   cornua producentem et ungulas.

   geseon þearfan 7 blissian secað god   7 leofað
33 Videant pauperes et lętentur quęrite deum et uiuet

sawl   eowwer   forðam þe he gehyrde þearfan drih̄t
anima uestra. 34 *Q*uoniam exaudiuit   pauperes dominus

7 gebundene hy   ne   hy forhigde   herian   hine
et uinctos   suos non dispexit.   35 Laudent illum

heofenas 7 eorðan sæ   7̣ ealle slincende on him
cęli   et terra   mare et omnia reptilia in eis.

   forðam þe god hælo gedeð   7 beoð getimbrode
36 Quoniam   deus saluam faciet sion et ędificabuntur

ceastre   7 oneardiað þær 7 yrfewerdnesse
ciuitates iudeae. *E*t inhabitabunt ibi et hereditate

34 *hy:* read *he.*

hy secað hine   7   sæd   þeowra   his   agnedon
adquirent eam.   37 Et semen seruorum eius possidebit

hy   7 . þa þe lufiað   naman his   eardiað   on him
eam et qui   diligunt nomen eius habitabunt in ea.

69

lxuiiii. In finem psalmus Dauid in rememoratio*ne* quando
saluum fecit eum dominus uox ęcclesię ad
dominum

god   on fultume   minan beheald driħt   to gefyl-
2 Deus in adiutorium meum intende domine ad adiuuan-

stanne me efst (1 efesð)   gesceamigen   7 forwandian
dum   me festina.   3 Confundantur et reuereantur

þa þe secað   sawle   min[ ]   syn gecyrred under-
qui   quer*unt* animam meam. 4 Auertantur   re-

bæclingc 7 scamigen   :[ ] willað me   yfela syn acyrred
trorsum et erubescant qui uolunt mihi mala. Auertantur

sona   scamigende ða ðe segcgað me   eala   eala
statim erubescentes qui   dicunt   mihi ęuge ęuge. [f.70^r]

ahebbað 7 blissigen on ðe [ ]   þe secað   þe 7
5 *Exu*ltent et letent*ur*   in te   *omnes* qui quęrunt te   et

cweðan [ ]   sy gemicclod driħt   þa [ ]fiað hæle
dicant *semper* magnificętur   dominus qui diligunt salutare

þine   ic   soðlice wædla 7 þearfa ic eom god gefylste
tuum. 6 Ego uero   egenus et pauper sum   deus adiuua

me gefylsta min 7 alysend min   beo ðu drihten ne lata þu
me. Adiutor meus et liberator meus es   tu domine ne moreris.

---

36 *eam:* cor. from *eum.*   37 *possidebit:* changed from the RPs. *possidebunt.*
    69. 4 *segcgað:* read *secgað.*   5 *gemicclod:* Lindelöf (1904) incorrectly
reads *gemiclod.*

70

lxx. In finem psalmus Dauid filiorum Ionadab priorum
captiuorum uox Christi ad patrem

on ðe drihten ic hihte na   ic sceamige on ecnesse
1 *In* te domine speraui non confundar in ęternum 2 in

unrihtwisnesse þinre alys   me 7 nera me onhyld to me
iustitia   tua   libera me et eripe me. Inclina ad me

earan þine 7 gehæl me   beo me on god gescyldend
aurem tuam et salua me. 3 Esto mihi in deum protectorem

7 on stowe getrymede þæt halne   me do   forðam þe
et on locum munitum   ut   saluum me facias. Quoniam

trymnes   min   7 frofer ł gener min   eart þu
firmamentum meum et refugium   meum es   tu.

   god min nera me of handa synfulles 7 of handa
4 Deus meus eripe me de manu peccatoris et de manu

ongean æ æ   dondes 7 unrihtwise[ ]   forþam þe þu
contra legem agentis et iniqui.   5 Quoniam   tu

eart geþyld min driħt   driħt   hiht min of geoðuðe
es   patientia mea domine domine spes mea a iuuentute

minre   on ðe getrymmed ic eom of innoðe of wambe
mea. 6 *In* te confirmatus sum   ex utero de uentre

modor minre þu eart gescyldend min   on þe sang
matris meae tu es   protector meus. In te cantatio

min æfre ł symble   swaswa foretacn geworden ic eom
mea semper   7 tanquam prodigium factus   sum

   70. 2 *unrihtwisnesse:* the lemma is confused with *iniustitia.*   5 *geoðuðe:* read *geoguðe.*

166

manegum ⁊ ðu gefylstend strang   sy gefylled muð min
multis   et tu adiutor   fortis. 8 Repleatur os   meum

of lofe þæt ic singe   wu[ ]   [ ]   [ ] [ ] micel-
laude ut   cantem [f.70ᵛ] gloriam *tuam* tota *die* magni-

nesse   þine   ne aw[ ]   me on tide   ylde
tudine*m* *tuam*. 9 Ne pro*icias* me in   tempore senectutis

þonne aspr[ ]gð mægu min ne forlæt þu   me   forþon
cum   deficierit uirtus mea ne derelinquas me. 10 *Q*uia

hy sædon fynd   mine me ⁊ þa þe heoldon   sawle
dixerunt inimici mei mihi et qui   custodiebant animam

mine geþeaht hy dydon on an ꞁ ætsomne   cweðende
meam consilium fecerunt in unum.   11 Dicentes

god forlæt   hine ehtað   ⁊ gegripað   hine
deus dereliquit eum persequ*i*mini et conprehendite eum

forþa[ ] nan is se þe generige   god ne afeorsa   fram
quia   non est qui   eripiat. 12 Deus ne elongeris a

me god min on fultume min   beheald ꞁ loca   geme deus meus in auxilium meum respice.   13 *C*on-

sceamigen ⁊ geteorian tælande   sawle mine syn ofer-
fundantur et deficiant detrahentes anime meae operian-

wrigen gescyndnesse ⁊ sceame þa þe secað   yfelu me
tur   confusione et pudore qui querunt mala mihi.

   ic soðlice æfre ꞁ symle hiht   ⁊ ic ice   ofer
14 Ego autem semper   sperabo et adiciam super

<hr>

8 *gloriam:* gloss *wu*[ ] and *þine* (to the second *tuam*) appear on a fragment
mismounted at top right of f.70ʳ.   9 *deficierit:* probably caused by
confusion of GPs. *deficiet* (var. *deficit*) and RPs. *defecerit*.

167

ælc   lof   þin   muð min   deð riht   riht-
omnem laudem tuam.   15 Os   meum adnuntiabit iusti-

wisnesse þine ælce dæg hælo   þine   forþam þe
tiam   tuam tota die   salutare tuum.   Quoniam   non

ic oncreow stæfgefeig   ic inga on anwealde drihtenes
cognoui   litteraturam 16 introibo in potentiam domini

drihten ic gemyndig rihtwisnesse þinre anre   god
domine memorabor   iustitię   tuę   solius.   17 Deus

þu lærdest me of iuguðe   minre [ ] [ ]   nu   ic
docuisti   me ex iuuentute mea   et   usque nunc pro-

cyðe   wundr[ ] [ ]   7   oð   on ylde   7
nuntiabo mirabilia tua. 18 Et usque in senectam et

forwerignesse   god   [ ] forlæt ðu   me   [ ]
senium   deus [f.71ʳ] ne derelinquas me.   Donec

ic bodige earm   [ ]   cneorisse   ælcere þe   toweard
adnuntiem brachium tuum generationi omni   quę uentura

[ ]s anweald   þin   7 rihtwisnesse þin   god   oð
est. Potentiam tuam 19 et iustitiam   tuam deus usquę

on þa hyhstan þe þu dydest miltsunga god   hwyl gelic
in altissima   quę fecisti   magnalia deus quis similis

---

15 *deð riht:* note similar constructions in BTD & S under *don*, e.g., *betre don, wrace don, forgyfennysse deð. cognoui:* a final *t* erased. *oncreow:* it is uncertain whether *r* or *n* is intended, since the first stroke descends below the line making the letter appear as *r*.   19 *miltsunga:* this gloss reflects theological commentary. Hieronymus (*P.L.* 26.1027) comments that 'Quae fecisti magnalia, Deus' means "Qui me misericordi consilio ad redemptionem humanam misisti." Also, Cassiod. explains " . . . ubi hymnica exsultatione concelebrat quantum justitiam peccantibus ostenderit, et conuersus iterum clementiam suae pietatis indulserit." *hwyl:* read *hwylc.*

þe hu mænige þu neosedest me geswinces fela
tibi. 20 Quantas ostendisti mihi tribulationes multas

7 yfelu 7 gecyrred þu gelyffæststost me 7 of grundum
et malas et conuersus uiuificasti me et de abyssis

eorðan eft þu gelæddest me þu gemænifyldest
terrę iterum reduxisti me. 21 Multiplicasti

l þu* gemonigfealdodest* micelnesse* þine* 7 gecyrred
magnificentiam tuam et conuersus

þu gefrefrodest me witodlice* 7 ic andette
consolatus es me. 22 Nam et ego confitebor

þe on fatum sealmes soðfæstnesse þine god ic singe
tibi in uasis salmi ueritatem tuam deus sallam

þe on hearpan halig israhela gefeoð* l blissiað*
tibi in cythara sanctus israhel. 23 Exultabunt

weleras mine þonne ic singe þe 7 sawle mine þa
labia mea cum cantauero tibi et anima mea quam

þu alysdest ac 7 tunge min ælce dæg smeað
redemisti. 24 Sed et lingua mea tota die meditabitur

rihtwisnes[ ] þine þonne gescynde 7 aswarcode hy beoð
iustitiam tuam cum confusi et reueriti fuerint

þa þe secað yfelu me
qui querunt mala mihi.

---

20 *neosedest:* probably an error, by association of sound, for *eowedest* (?).
gelyffæststost: the word is broken in two lines: *gelyffæst—stost.*

71

lxxi. In Salomone*m* psalmus Dauid uox aecclesiae de Christo ad dominum

  god   dom   þinne cyninge   7 rihtwisnesse þine
2 Deus iudicium tuum regi   da et iustitiam   tuam

sunu ꝉ bearn cyninges deman folce   þinum on
filio   regis.   Iudicare populum tuum   in

rihtwisnesse 7 þearfan þine on dome   onfon
iustitia   et pauperes tuos in iudicio. 3 Suscipiant

muntes sibbe folcc   [ ] [ ] [ ]   [ ]
montes pacem populo [f.71ᵛ] *et colles iu*stitiam. 4 Iud*icabit*

þearfan folce   7 hale   he de[ ] sunu þearfena   7
pauperes populi et saluos faciet   filios pauperum et

he geeaðmedde   hyspend ꝉ þone hearmcwæðendan   [ ]
humiliabit   calumpniatorem.   5 *Et*

he wunað a mid sunnan 7 beforan monan on gecneorisse
permanebit cum sole   et ante   lunam in generationes

cynrenne   he adune astah swaswa ren   on flys
generationvm. 6 Descendet   sicut   pluuia in uellus

7 swaswa dropunga drepende ofer eorðan   aspringð
et sicut   stillicidia stillantia super terram. 7 Oriętur

on dagum his rihtwisnesse 7 genihtsumnes sibbe oð
in diebus eius iustitia   et habundantia pacis donec

bið ætbroden mona 7 he wylt   fram sæ   oð
auferatur   luna. 8 Et dominabitur a   mari usque

---

   71. 5 *wunað a:* this construction appears also in DH; Roeder (in ed. of D) explains *a* as "*immer.*"

to sæ 7 fram flode oð gemæra ymbhwyrft
ad mare et a flumine usque ad terminos orbis

eorðena beforan him feallað sigelhearpan 7 fynd
terrarum. 9 Coram illo procident ethiopes et inimici

his eorðan licciað cyningas 7 igland lac
eius terram lingent. 10 Reges tharsis et insule munera

óffrodon cynigas þæs landes gifa togelædeð 7
offerent reges arabum et sabá dona adducent. 11 Et

gebiddað hine ealle cyning^s æ ealle þeoda þeowwigen
adorabunt eum omnes reges omnes gentes seruient

him forþam he alysde þearfan fram þam mihtigan
ei. 12 Quia liberauit pauperem a potente

7 þearfan þam na wæs fultum he arige þearfan 7
et pauperem cui non erat adiutor. 13 Parcet pauperi et

wædlan 7 sawla þearfena hale he deð of micclum
iñopi et animas pauperum saluas faciet 14 Ex usuris

7 on unrihte he alyseð sawla heora 7 arwurðlic naman
et iniquitate redimet animas eorum et honorabile nomen

heora [ ] him [ ] he leofað 7 bið geseald
eorum [f.72^r] coram illo. 15 Et uiuet et dabitur

---

10 *cynigas:* read *cynigas,* but cf. K 71.11 *reges. cinigas.* *saba:* a letter between
a and *b* erased; cf. J *sabba.* 14 *micclum:* as H *miclum.* The glossator of D
confused *usuris* with *urina* and glossed *micgum,* and Roeder queries
about the gloss in GH, "sollten die Lesungen . . . missglückste Ver-
suche sein, die Lesung der Hs. D zu bessern?" There may, however,
be a better explanation for *micclum* as a gloss to *usuris.* Cassiod. explains
that 'Vsurae ab usu appellatare sunt, quae creditae pecuniae procurant
semper augmentum," and Hieronymus (*P.L.*26.982) comments that "usura
est plus accipere quam dare." Cf. also the definitions of *usura* in Maigne
D'Arnis, *Lexicon Manuale* . . ., ed. J. P. Migne (Paris, 1890). In the sense
of 'more' or of 'excess' *micclum* is an apt gloss, since it glosses *nimium,* 'too
much,' in Aelfric's glossary and is used thus adverbially elsewhere in OE.

171

him of golde   7 hy gebiddað of him æfre   ælce
ei   de auro *arabię* et adorabunt   de ipso semper tota

dæg hy bletsiað hine   bið trymnes   on eorðan on
die benedicent ei.   16 Erit firmamentum in   terra   in

heannessum munta   ofer bið ahafen ofer   þone holt
summis   montium superextolletur   super libanum

wæstm his 7 hy blowað of ceastre swaswa heig
fructus eius et florebunt   de ciuitate sicut   foenum

eorðan   sy nama his gebletsod on worulde beforan
terrę. 17 Sit nomen eius benedictum in secula   ante

sunnan þurhwunað nama his 7 si gebletsod on him
solem permanet nomen eius. Et benedicentur in ipso

ealle   eorðan ealle   þeoda gemiccliað   hine
omnes tribus terrę omnes gentes magnificabunt eum.

    sy gebletsod drihten   god israhela se ðe deð wundra
18 Benedictus   dominus deus israhel qui   facit mirabilia

ana   7 sy gebletsod nama magenþrymnes his on
solus. 19 Et benedictum nomen maiestatis   eius in

ecnesse 7 bið gefylled of mægenþrymm[ ] his ealle
ęternum et replebitur   maiestate   eius omnis

eorðan sy sy
terra fiat fiat.

72

lxxii. Defecerunt laudes Dauid filii Iesse psalmus
     Asaph uox prophete ad deum de Iudeis

    hu   god israhela god þam þe rihtwise synd
1 Quam bonus israhel deus his qui recto   sunt

heortan mine soðlice neon astyred synd fet neon
corde. 2 *Mei* autem pene moti sunt pedes pene

agotene synd stæpas mine forþon ic andode ofer
effusi sunt gressus mei. 3 *Q*uia zelaui super

þa unrihtwisan sibbe synfulr[ ] geseonde forþon þe
iniquos pacem pecca*torum* uidens. 4 *Q*uia

nan is sceawung deaðes heora 7 trumnes on wite
non est respectus morti eorum et firmamentum in plaga

heora [ ] [ ] [ ]nna ne synd [ ] [ ]
eorum. [f.72ᵛ] 5 I*n* *labore* *h*ominum non sunt *et* *cum*

[ ] ne beoð geswungene fo[ ] na: hy ofer-
h*omini*bus non flagellabuntur. 6 Ideo tenuit eos superbia

modignes oferwrigene synd u[ ] 7 of arleasre his
operti sunt ini*qui*tate et impietate sua.

forðræsde swaswa of fætnesse unrihtwisnes heora
7 Prodiit quasi ex adipe iniquitas eorum

hy ferdon on gewilnunge heortan hy sohton 7
transierunt in affectum cordis. 8 Cogitauerunt et

hy spræcon synd [ ]ð[ ] [ ]rihtwisnesse þearle
locuti sunt nequitia*m* iniquitatem in excelso

hy spræcon hy setton on heofenan muð heora
locuti sunt. 9 Posuerunt in cęlum os suum

7 tunge heora leorde* on eorðan on gode gecyrred bið
et lingua eorum transiuit in terra. 10 Ideo conuertetur

---

72. 8 *sohton:* read *þohton.* *þearle:* as D. *excelso* is taken adverbially,
'in an elevated manner' = 'very much.' Cf. F 20.1: *uehementer. ðearle.*
10 *on gode: Ideo* taken as if *In deo.*

173

folcc   min   her 7 dægas fulle beoð gemette on him
populus meus hic et dies   pleni inuenientur   in eis.

    7   hy cwædon hu   wat* god* 7 gif is   ingehyd
11 Et dixerunt   quomodo scit deus et si est scientia

(I wisdom) on heahnesse (I on heannesse)   efne nu hy
            in excelso.   12 Ecce   ipsi

synfulle   7 genihtsumigende on worulde hi* begeaton*
peccatores et habundantes   in seculo   optinuerunt

welan   7   ic cwæð eornostlice butan intingan ic geriht-
diuitias. 13 Et dixi   ergo   sine causa   iusti-

wisode heorta[ ] min   7 ic þeah betweox unscyldige
ficaui cor   meum et laui   inter   innocentes

handa mine   7 ic wæs beswungen ælce dæg 7 þreaung
manus meas. 14 Et fui   flagellatus tota die et castigatio

min on dægred (I on uhttidum I on morgentid)   gif
mea in matutinis.   15 Si

[ ]ð   [ ]ðe   swa efne nu cneorissa bearna þinra
dicebam narrabo sic ecce   nationem filiorum tuorum

ic wearp   7 ic wende   þæt ic oncneowe þis g[ ]inc
reprobaui. 16 Et existimabam ut cognoscerem hoc labor

is beforan me   oð   inga   on haligra   godes
est ante   me. 17 Donec intrem in sanctuarium dei

7 on[ ]   on þa nyhstan I on þam æres heor[ ]
et in- [f.73ʳ] tellegam in nouissimis   eorum.

---

13 þeah: read þwea, as C?   17 on þam æres: as a superlative, æres appears
to be uncompleted, perhaps because the glossator was unsure of its use
here. ær usually means 'early,' 'former.' It may be of significance that in
OHG jungisto glosses nouissimus in the two senses of aller newste and
postremus (see Diefenbach I and Graff).

[ ]æðere   fore   facnum   þ[ ] gesettest him
18 Verumptamen propter dolos   posuisti   eis

þu awurpe hy þa   hy wæron upahafen   hu
deiecisti   eos dum alleuarentur.   19 Quomodo

gewordene synd on forlætnesse   sona   hy geteorodon
facti   sunt in desolationem subito defecerunt

forwurdon* æfter unrihtwisnesse his   swaswa fram
perięrunt   propter iniquitatem   suam. 20 Velut som-

slæpe arisendra* driħt   on ceastre his on anlicnesse
nium surgentium domine in ciuitate sua imaginem

heora   7   to   nahte   þu gehwyrfst   forþon þe
ipsorum et ad nichilum rediges.   21 Quia

onligette   is heorte min   7 æddran mine astyrede
inflammatum est cor   meum et renes   mei commutati

synd   7   ic   to nahte   gebeged ic eom   7   ic nyste
sunt 22 et ego ad nichilum redactus sum   et nesciui.

    swa nyten l neat geworden ic eom mid þe 7 ic
23 Vt iumentum   factus   sum   apud te et ego

æfre l symle mid þe   þu name hand   þa swyðran
semper   tecum. 24 Tenuisti manum dexteram

mine 7 on willan   þinum þu læddest me 7 mid wuldre
meam et in uoluntate tua   deduxisti   me et cum gloria

þu afenge me   hwilc soðlice me   is on heofen⁸ 7
suscepisti me. 25 Quid enim   michi est in cęlo   et

---

20 *fram slæpe:* RPs. *a somno. sua:* for this var. of *tua,* see *Biblia . . . Vulgatam*
X (1953).   21 *onligette: onligian* is cited only once in BTD & S, in the
form, *onlegade (inflammauit)* at B 104.19.

fram þe hwilc wile ofer   eorðan.   geteorode flæsc min
a   te quid uolui super terram. 26 *D*efecit   caro mea

7 heorte min   god heortan minre 7 dæl min god on
et cor   meum deus cordis mei   et pars mea deus in

ecnesse   forþan efne nu þa þe afeorriað hy fram þe
ęternum. 27 *Q*uia ecce   qui   ęlongant se a   te

forweorðað þu forsealdest ealle   þa þe forligriað fram
peribunt   perdidisti   omnem qui   fornicatur abs

þe   me   soðlice togeðeodan gode god   is asettan
te. 28 Mihi autem adherere   deo bonum est ponere

on driħt god hiht minne þæt ic bodige ealle bodunga
in domino deo spem meam. Vt adnuntiem omnes prędica-

        þine   [ ] [ ]   [ ]
tiones tuas [f.73ᵛ] in port*is filię* sion.

73

lxxiii. In fin*em* intellectus Asaph uox Christi de Iudęi*s*

1 to[ ]won god þu anyddest on ende yrre is hatheort-
  Vtquid deus repulisti   in finem iratus est furor

nesse   ofer   sceap [ ] þines gemun þu ge-
     tuus super oues pascuę tuę. 2 Memor esto con-

samnunge þine   þu geahnodest fram friðe (1 fram
gregationis tuę quam possedisti   ab   initio.

fruman 1 fram an:[ ]) gefreodest* gyrde yrfewerdnesse
                      Redemisti uirgam hereditatis

þin munt   on þam þu eardodest on him   hefe handa
tuę mons sion in quo habitasti   in eo. 3 Leua manus

---

73. 2 *friðe:* read *frimðe.* *an:*[ ]: probably originally a form of *angin.*

176

þine on ofermodnesse heora   on ende   hu fela (1 hu swiðe)
tuas in superbias   eorum in finem quanta

(wyrgende 1 awyrged) is (1 wæs) feond   on   halgum
  malignatus   est   inimicus in   sancto.

7   gewuldrode   synd þa þe hatedon (1 feodon) þe on
4 Et gloriati   sunt qui   oderunt   te in

middele cafertunes*   þines*   hy asetton   tacna   heora
medio   sollempnitatis tuę.   Posuerunt   signa   sua

tacna   7   na   hy oncneowon swaswa   utga* ofer   þa*
signa 5 et non cognouerunt   sicut   in exitu super sum-

heahne swa(swa) on wuda treowa   (mid æxum)   hy
mum. Quasi   in silua lignorum securibus   6 exci-

aheowon (1 acurfon) dura   his on þæt selfe on* twibyle*
derunt   ianuas eius in idipsum in   securi

7 adesa[ ] hy utawurpon hy   hy onældon fyr haligra
et ascia deiecerunt   eam. 7 Incenderunt igni sanctua-

     þiñ   on eorðan hy besmiton eardungstowa naman
rium tuum in   terra   polluerunt   tabernaculum nominis

þine[ ]   hy cwædon on heortan heora cyðð   heora
tui.   8 Dixerunt   in corde   suo   cognatio eorum

samod geswican we doð ealle   dagas s:mbelli godes
simul quiescere faciamus omnes dies   festos   dei

fram eorðan   tacen ure   we   ne gesawon eallunga na
a   terra.   9 Signa nostra non uidimus   iam   non

is   [ ]   7 us ne on[ ]æwð [ ]a   hu
est [f.74r] propheta et nos non cognoscet amplius. 10 Vsque-

4 *cafertunes**: RPs. *atrio*.   9 At top left of f.74r there is a fragment with
what looks like part of a gloss -*ui:*-(?).

lange   god   onhyspeð   fynd   bysmrað   wiðerwerd
quo   deus inproperabit inimicus irritat   aduersarius

[ ]man þinne on ende   tohwy   acyrrest þu handa
nomen   tuum   in finem. 11 Vt quid auertis   manum

þine 7 swyðran   þine of middum bearme þinum on
tuam et dexteram tuam de medio   sinu   tuo   in

ende   god   soðlice cyning ure   ætforan worulde
finem. 12 Deus   autem   rex   noster ante   secula

worhte   is hæle   on midlene eorðan   þu getrymedest
operatus est salutem in medio   terrę. 13 Tu confirmasti

on mægene þinan sæ   þu swenctest   heafda dracena
in uirtute tua   mare contribulasti capita draconum

on wæterum   þu forbræce   heafda dracan þu sealdest
in aquis.   14 Tu confregisti capita draconis dedisti

hine on mete folcum silhearwena   þu toslite   wyllas
eum escam   populis ethyopum. 15 Tu disrupisti fontes

7 burnan   þu drigdest flodas 7 forst   þin is dæg
et torrentes tu sicasti fluuios etham. 16 Tuus est dies

7 þin is niht þu getimbrodest is dægrima 7 sunne
et tua est nox tu fabricatus   es auroram et solem.

þu worhtest ealle   gemæro eorðan hærfest 7 lencgten
17 Tu fecisti omnes terminos terrę estatem et uer

---

15 *7 forst:* for a plausible explanation of this gloss, see Sisam, ed. of K,
pp. 59 and 61. The G glossator, however, apparently took the lemma as *et
ham* (cf. H *and forts*), and one wonders if he did not see something in *ham*.
The source of D's gloss, *fortis*, may be *In Psal. Lib. Exeg.:* "Ethan
interpretatur fortis, siue robustus."   16 *es:* a final letter erased; cf.
J *est.*   17 *hærfest:* as DFK, but CIJ *somer.* Cf. the entry in BTD,
on sumera and hærfesttid. tempore aestatis.

þu gescope   hig   gemyndig beo þu þyses* fynd
tu plasmasti ea.   18 Memor   esto   huius   inimicus

on hyspte* ł oðwat* driht   7 folc   unwis   onscunode
inproperabit   domino et populus insipiens incitauit

naman þinne   ne syle   wildeorum sawle   ic andette
nomen tuum. 19 Ne tradas bestiis   animam confitentem

þe sawla   þearfena   þinra   ne þu ofergyt on ende
tibi animas pauperum tuorum ne obliuiscaris in finem.

    beheald on cyðnesse   þinre forþam gefyllede synd
20 Respice in testamentum tuum quia   repleti   sunt

þa þe of astyrode (ł aþystrode) synd eorðan husum
qui   obscurati   sunt terre domibus

unrihtwisnesse   ne sy acyrred eadmod geworden (ł)
iniquitatum.   21 Ne auertatur   humilis factus

gescyn[ ]   :[ ]   [ ] wædla[ ] [ ]að   nama[ ]
confusus [f.74ᵛ] pauper et inobs   laudabunt nomen

[ ]   aris   god [ ]   þing   þin beo þu gemyndig
tuum. 22 Exsurge deus iudica causam tuam memor esto

hospa   þinra heora þe fram unwisum synd
inproperiorum tuorum eorum quę ab   insipiente sunt

ælce dæge   ne ofergyt þu stefne on feonda þinra
tota die.   23 Ne obliuiscaris uoces inimicorum tuorum

ofermodignes heora þa þe hatedon astah   æfre ł symle
superbia   eorum qui te oderunt ascendit semper.

---

ea: a final letter erased; cf. J *eam.*   20 *astyrode* (ł *aþystrode*): the second
gloss is probably a correction of the first, which may have been induced
by similarity of sound. The same error (?) is also made at 68.24: *obscurentur.*
sy (!) *onstyred.* Since a recorded meaning of *astyrian* is 'to remove,' it is
conceivable that the glossator may have intended 'they have removed
light' = blinded = obscured, perhaps reflecting Cassiod. "... obscuritas...
quoniam lumen sapientiae perdiderunt."

74

lxxiiii. Psalmus Asaph uox Christi de iudicio futuro

we andettað   þe   god   we andettað   7   we cigað
2 Confitebimur   tibi   deus   confitebimur   et   inuocabimus

naman þinne we secgað   wundra   þine   þonne ic onfo
nomen tuum. Narrabimus mirabilia tua   3   cum   accepero

tida   ic   rihtwisnesse   deme   gemolten geworden
tempus   ego   iustitias   iudicabo.   4   Liquefacta

is eorðan 7 ealle   þa þe eardiað   on hyre ic   getrymede
est terra   et omnes qui   habitant in ea   ego confirmaui

sweras   his   ic sæde unrihtwisum nelle ge unrihte
columpnas eius.   5   Dixi   iniquis   nolite   inique

dón   7   agyltendum   nelle ge upahebban horn   nelle ge
agere et delinquentibus nolite   exaltare   cornu.   6   Nolite

upahebban   on   ypplen   horn   eowerne   nelle ge   sprecan
extollere   in   altum   cornu   uestrum   nolite   loqui

ongean   god   on unrihtw[ ]nesse   forþan   7   na   fram
aduersus   deum   iniquitatem.   7   Quia   neque   ab

eastdæle 7 na   fram westdæle 7 na   fram westum muntam
oriente   neque ab   occidente neque a   desertis monti-

forþam   þe [ ]   dema is   þysne geeadmedeð 7
bus 8   quoniam   deus   iudex   est. Hunc humiliat   et

---

74. 6 on ypplen: as D yplen. Cf. ypplene. fastigio, in Bouterwek,
"Angelsächsische glossen," Zeitschrift für Deutsches Alterthum IX (1853),
473.

þysne he ahefð   forð þe cæli: on handa driht (scires) wines
hunc exaltat   9 quia   calix in manu domini uini

clænes :[ ]   gemyngedon [ ] [ ]lde   of þyson   *   of
meri   plen*us* mixto.   *E*t *in*clinauit ex hoc * * in   in

þis þeah hwæðere dræst his na is aidelud
hoc uerumptamen fex eius non est exinanita [f.75ʳ]

[ ]   ealle synfull[ ] [ ]   ic soðlice ic* cyðe* t
*bi*bent omnes peccat*ore*s terrę. 10 *E*go autem annuntiab*o*

bodige* [ ]n worulde ic singe gode iacobe   7 ealle
   in   seculum cantabo deo   iacob. 11 Et omnia

hornas synfulra   ic tobrece 7 beoð upahafene hornas
cornua peccatorum confringam et exaltabuntur   cornua

unrihtwises
iusti.

75

lxxu. In finem in laudibus psalmus Asaph canticum
   ad Assyrium uox ęcclesię ad Christum

  cuð on iudeisc god on israhela micel   naman his
2 Notus in iudea deus in israhel magnum nomen eius.

  7 geworden is on sibbe stowa his 7 eardung his
3 Et factus   est in pace locus eius et habitatio eius

on   þær he forbrycð mihta   bogan scyld 7
in sion. 4 Ibi confregit   potentias arcum scutum et

---

9 *forð*: MS damaged; perhaps originally *forðā*. (*scires*): a second gloss to
meri. The asterisks designate a black and red cross; for an explanation of
the cross here, and its appearance in other MSS, see ed. of K, p. 5, n.3.
11 *unrihtwises*: *iusti* apparently taken as if *iniusti*.

sweord 7 gefeoht   onlyhtende þu wundorlice fram
gladium et bellum. 5 Inluminans tu mirabiliter a

muntum ecum   gedrefede synd ealle unwise
montibus aeternis 6 turbati   sunt omnes insipientes

heortan hy slepon   stefnum his   7 naht ꝉ naðing
corde.   Dormierunt somnum suum et nichil

hy gemetton ealle   weras welena
inuenerunt   omnes uiri   diuitiarum in manibus suis.

   fram þreagunge   þinre god iacobes hy hnappodon ꝉ
7 Ab   increpatione tua   deus iacob   dormitauerunt

þe ástigon   hors   þu egeslic   þu eart 7 hwylc
qui ascenderunt aequos. 8 Tu terribilis es   et qui

wiðstandað þe for þonn yrre þinan   of heonan gehyrde
resistet   tibi extunc ira tua.   9 De cęlo   auditum

hy dydon dom   eorðe bifode   7 resteð   þonne
fecisti   iudicium terra tremuit et quieuit. 10 Cum

he aras   on dome   god þæt hale he dyde ealle
exsurgeret in iudicio deus ut   saluos faceret   omnes

         eorðan   forþam þe geþoht   mannes an-
mansuetos terre. 11 Quoniam   cogitatio hominis con-

detta[ ]   [ ] [ ] [ ]   geþohtas   [ ]   symbelne*
fitebitur [f.75ᵛ] tibi et reliquie cogitationis diem festum

---

75. 6 stefnum: as F; read swefnum? or did the glossator take somnun
as if sonum? naðing: cf. K naþinc. This gloss appears elsewhere in the
Boulogne Prudentius Glosses (ed. H. D. Meritt, Stanford [1959], no. 511):
nihil. naþing. in manibus suis: added in a blank space two lines above in a
different hand.   7 hnappodon ꝉ: although ꝉ is on the extreme margin,
it does not appear that a second gloss was added.   8 for þonn: cf. D forð
ðonne.   9 heonan: read heofonan.   10 mansuetos: RPs. quietos.

he d[ ] [ ]e gehatað ⁊ a[ ] driħt gode eowra:
age*nt* tibi. 12 Vouete et reddite domino deo uestro

ealle þe on ymbhwyrfte his bringað [ ] þam
omnes qui in circuitu eius affertis munera. Ter-

egeslican ⁊ him þe afyrseð gast ealdra þam
ribili 13 et ei qui aufert spiritu*m* principum ter-

egeslican ætforan eal[ ] cyninges eorðan
ribili apud om*nes* reges terre.

76

lxxui. In finem pro Idithun psalmus Asaph uox Christi ad patrem

stefne mine to drihtne ic clypode stefne mine to
2 Voce mea ad dominum clamaui uoce mea ad

gode ⁊ he behealdeð me on dæg geswinces mines
deum et intendit mihi. 3 In die tribulationis meę

god ic sohte handum minum nihte ætforan him ⁊
deum exquisiui manibus meis nocte contra eum et

na ic eom beswicen wiðsoc beon gefrefred sawle mine
non sum deceptus. Rennuit consolari anima mea

ic wæs gemyndig godes ⁊ gelustfullod ic eom ⁊ ic
4 memor fui dei et delectatus sum et exer-

worhte ic eom ⁊ geteorode gast min toforan hy
ci*tatus* sum et defecit spiritus meus. 5 Antici-

12 *affertis: a* written over erasure, perhaps of *o;* RPs. *offertis.* 13 *omnes:* added above in a contemporary corrector's hand; for an explanation of *omnes,* see *Biblia . . . Vulgatam* X(1953).

setton   wæccan   eagan   mine   gedrefed ic eom 7 na
pauerunt uigilias   oculi   mei   turbatus sum   et non

ic eom   gesprecen   ic þohte dagas   ealde   7   gear
sum   locutus.   6 Cogitaui dies   antiquos et annos

ece   on mode ic hæfde   7 ic gemunde ic eom
ęternus in mente habui.   7 Et meditatus   sum

on nihte mid heortan m[ ] 7 ic swanc (ł ic wecce ł ic
nocte   cum corde   meo   et exercitabar

beode) 7 (windrig' ł windwig') gast   [ ]   [ ]eð
        et scopebam   spiritum meum. 8 Num-

þu   on ecnesse   awyrpð god [ ] na   tosetteð þæt wel-
quid in ęternum   proiciet deus et non apponat ut con-

gelicod sy nagyt   [ ] [ ] ende   mildheortne[ ]
placior sit adhuc. [f.76ʳ] 9 Aut in finem   misericordiam

[ ]   asliteð   fram cynrene   on cynrene   oððe
suam abscidet a   generatione in generationem. 10 Aut

ofergyteð   of[ ]mian god oððe he hæfð   on   yrre his
obliuiscetur misereri   deus aut   continebit in   ira   sua

mildheortnesse [ ]   7 ic cwæð ł sæde nu   ic ongan
misericordias   suas. 11 Et dixi   nunc cępi

þeos awendednes þa[ ] [ ]þran þæs heahstan   ge-
hęc mutatio   dextere   excelsi.   12 Memor

myndig ic wæs weorces drihtnes forðon ðe gemyndig
fui   operum   domini   quia   memor

---

76. 6 *eternus:* read *eternos.*   7 *exercitabar: a* in *-ar* over erasure,
perhaps of *o;* cf. J *-bor. ic wecce: exercito* confused with *excito.* (*windrig'* ł
windwig'); RPs. *uentilabam;* cf. D *windwode.*   8 *conplacior:* changed from
conplacitor or *conplacitior;* FIJK *conplacitior.*

ic beo fram frymðe wundra   þinra   7 ic smeage
ero   ab   initio   mirabilium tuorum. **13** Et meditabor

on eallum   weorcum þinum 7 on heldum*   þinum
in omnibus operibus tuis   et on adinuentionibus tuis

ic bega   god on halgum wege þinan hwylc god
exercebor. **14** Deus in sancto   uia   tua   quis deus

micel   swaswa god ure   þu eart god þu þe dydest
magnus sicut   deus noster **15** tu es   deus qui   facis

wundra cuð   þu dydest on folcum mægen ɫ miht
mirabilia. Notam fecisti   in populis uirtutem

þin   þu alysdest on earme þinum folc   þin
tuam **16** redimisti   in brachio tuo   populum tuum

suna ɫ bearn iacobes 7 iosepes   hy gesawon þe wætera
filios   iacob   et ioseph. **17** Viderunt   te aquę

god hy gesawon þe wæteru 7 hi ondredon 7 gedrefede
deus uiderunt   te aquę   et timuerunt   et turbate

synd grundas   mænigeo wegas wætera stefne hy
sunt abyssi. **18** *M*ultitudo sonitus aquarum uocem de-

sealdon genipu 7 soðlice flana   þine leordon   stefn
derunt nubes. *E*tenim   sagitte tuę transieunt **19** uox

þunrada þin on hweole* hy alyhton ligræscas   þine
tonitrui tui in rota.   Inluxerunt coruscationes tuę

---

13 *heldum*:* read *geheldum*, as C *gehyldum?* But *hyldo*, in the sense of
'grace,' 'protection,' glosses *salutem, salutori* elsewhere (see BTD) and
G's glossator might have had in mind a theological explanation. E.g.,
Cassiod. comments: " . . . in obseruationibus [RPs. var. of adinuen-
tionibus] tuis exercebor, id est in praeceptis tuis salutaribus humili
deuotione uersabor."   18 *transieunt:* changed from *-ierunt;* the scribe
probably intended to change to *transeunt*, as FI. *leordon:* cf. *ðorhleordun*
in AB.   19 *coruscationes:* changed from *-is.*

ymbhwyr[ ] eorðan gedrefed ł astyrad* is ⁊ heo bifede ł
orbi terrę commota est et contremuit

cwacode eorðe on sæ wegas þine ⁊ stiga* þine on
terra. 20 In mari uia tua et semite tuę in

wæ[ ] manegum ⁊ fotlæst þin ne beoð oncna[ ]
aq*uis* multis et uestigia tua non cognos- [f.76v]

þu gelæddest sw[ ] [ ] folc þin on
centur. 21 Deduxisti sicu*t* *oue*s populum tuum in

handa moys: [ ] aarone
manu moysi et aaron.

77

lxxuii. Psalmus Dauid intellectus Asaph uox Christi ad Iudaeos

begymað folc min æ min[ ] onhyldað earan
1 *At*tendite popule meus legem meam inclinate aurem

eowre on word muðes mines ic atyne on bigspellum
uestram in uerba oris mei. 2 Aperiam in parabolis

muð min ic sprece forsetednesse of frymðe hu manega
os meum loquar positiones ab initio. 3 Quanta

we gehyrdon ⁊ we gecneowon þa ⁊ fæder ure hy
audiuimus et cognouimus ea et patres nostri nar-

cyddan us ne synd bediglede fram bearnum ł
rauerunt nobis. 4 *N*on sunt occultata a filiis

sunum heora on cneorisse oðere cyðende lof
eorum in generatione altera. Narrantes laudes

20 *wegas þine:* RPs. var. *uiae tuae.*
77. 1 *popule:* cor. from *populus.* 2 *positiones:* read *propositiones.*

driħt   7 mægenu his 7 wundra his þe he dyde   7
domini et uirtutes eius et mirabilia eius quę fecit.   5 Et

he awehte gecyðnesse   on iacobe 7 æ æ   he sette on
suscitauit   testimonium in iacob   et legem posuit   in

israhela swa fela swa he bebead fæderum urum   cuðe
israhel. Quanta   mandauit   patribus nostris nota

don   hy sunum heora   þæt he oncnawe gecyðnes oðer
facerę ea filiis   suis 6 ut cognosca*   generatio altera.

suna þa þe beoð acenned 7 hy arisað 7 cyðað   sunum
Filii qui   nascentur   et exsurgent enarrab*unt* filiis

heora   þæt hy setton on gode hiht his   7 na ofer-
suis. 7 Vt ponant   in deo spem suam et non obliuis-

gytan weorca godes 7 beboda his   hy secan   ne
cantur operum dei   et mandata eius exquirant. 8 Ne

syn hy swaswa fæderas heora   cynrena [ ]weor 7 tyr-
fiant sicut   patres eorum generatio praua et exasper-

wiende   [ ]   þe ne gerehte [ ] [ ]   7
an*s*.   [f.77ʳ] Genera*t*io que non direxit *c*or suum et

na is gelyfed mid [ ] gast   his   suna
non est creditus cum deo spiritus eius. 9 Filii effrem

on begymende 7 [ ]endende bogan hy gecyrrede synd
intendentes   et mitentes   arcum conuersi   sunt

on dæge gefeoht   na   hy ne heoldon cyðnesse
in die   belli. 10 Non custodierunt   testamentum

godes [ ] [ ] æ æ his hy noldon gangan   7 hy ofer-
dei   et in lege eius noluerunt ambulare. 11 Et obliti

6 *enarrabunt:* & preceding erased and *e* added; the same change is made
in K. CDEFIJ *et narrabunt.*

187

geaton   weldæda   his   7   wundra   his   þa þa
sunt   benefactorum   eius   et   mirabilium   eius   quę

he æteowde him   beforan fæder   heora   he dyde
ostendit   eis.   12 Coram   patribus eorum fecit

wundra   on eorðan   on felda   he slat
mirabilia in terra egypti in campo taneos. 13 Interrupit

sæ   7 he lædde hy sette   wæteru swaswa on bytte (ł
mare et perduxit eos statuit aquas   quasi   in utre.

on cylle)   7   he lædde hy on genipe dæges 7 ealre
          14 Et deduxit   eos in   nube   diei   et tota

nihte on lyhtinge   fyres   he slat   stan   on
nocte in inluminatione ignis. 15 Interrupit petram   in

westene 7 sæteorode hy swaswa   on grunde micclum
heremo   et adaquauit eos uelut   in abysso   multa.

    7   he lædde wætera of stane 7   he lædde swaswa
16 Et eduxit   aquam de petra et deduxit   tamquam

flodas   wæteru   7   hy geteohodon þagyt syngian him
flumina aquas.   17 Et apposuerunt   adhuc peccare ei

on yrre he gewrehton ł gremedon* þone hean on hyra
in ira   excitauerunt   excelsum in inaquoso.

---

11 *him:* cor. from *his* by same hand.   13 *utre:* changed from *utrem.*
15 *sæteorode:* read *wæterode,* as IJK. It is not unlikely that the *s* was
induced by an association of *wæter-* with *sæ.*   16 *petra:* a final letter
appears to be erased.   17 *gewrehton* ł *gremedon*:* the glossator may
have taken *excitauerunt* as *exacerbauerunt;* cf. 77.40 *concitauerunt. awrechton**
ł *gremedon,* where *exacerbauerunt* appears in the same vs. *gewrecan* has
the recorded meaning, 'give effect to anger' (see BTD & S), which is
apt in this context. Cf. P 9.23. *inaquoso:* cor. from *inaquosa. hyra drugunge*
ł *on þurst*[ ]: also at 77.40. The pronoun, *hyra,* is a free rendering, but one
which seems to have been suggested by a passage from commentary.
Cassiod. observes about *in siccitate* [the RPs. reading for *inaquoso*] that

188

drugunge ł on þurst[ ]   ⁊   hy fandedon gode   on
             18 Et   temptauerunt   deum   in

heortum heora þæt hy bædon mettas   sawlum   heora
cordibus suis   ut   peterent   escas   animabus suis.

   ⁊ yfele hy spræcon   be gode hy cwædon ł sædon*
19 Et male locuti   sunt de deo dixerunt

cwyst[ ] mægen god gearwian mysan   on   westenne
nun*quid* poterit deus parare   mensam   in   deserto.

   forþam þe   he sloh   stan   ⁊ fleow   wæteru ⁊
20 Quoniam   percussit petram et fluxerunt aquę   et

burnan onyðgodon   [ ]   [ ] [ ]   [ ]æg
torrentes inundauerunt. [f.77ᵛ] Numquid *et panem* poterit

syllan [ ] gearwian beo: folc   his   forþon ge-
dare *aut* parare   men*sam* populo suo. 21 Ideo   audiuit

hyrdo[ ] [ ]ht   ⁊ geælde ⁊ [ ]   onæled is   on
      dominus et distulit et i*gnis* accensus est in   iacob

⁊ yrre astah   on israhela   forþam þe hy ne gelyfdon
et ira   ascendit in israhel. 22 Quia   non crediderunt

on gode ne   hy ne hihton on hælo   his   ⁊ he bebead
in deo   nec sperauerunt   in salutari eius. 23 Et mandauit

genipum ⁊ ofer   ⁊ dura   heofenes he atynde   ⁊ rinde
nubibus desuper et ianuas cęli   apperuit.   24 Et pluit

"non tantum terrae quam mentis, qui tot miraculis compluti, perfidiae
suae sterilitate siccati sunt . . . "; Haymo (*P.L.* 116.459) explains similarly,
" 'Excelsum in inaquoso,' id est, deserto, quod natura inaquosum est,
significat ariditatem cordis eorum." Rolle follows this tradition: "in
stede withouten watire. that is. in thaire dry hert, that has na wetynge
of his grace." The alternate gloss, *on þurste*, which appears in G alone
at this verse, probably represents the interpretation, 'dryness of heart' = a
thirst for grace.   20 *fleow:* gloss unfinished.   21 *geælde:* see Wildhagen's
note in C.   22 *forþam þe:* RPs. var. *quoniam.*   23 *⁊ ofer:* as J; no
authority for *et.*

him heofenes hlaf to etenne   7 hlaf   heofenes
illis manna   ad manducandum et panem cęli

he sealde him   hlaf   engla   æt   mann
dedit   eis. 25 Panem angelorum manducauit homo

mettas he sænde him on genihtsumnesse   he ferude
cibaria misit   eis in habundantia. 26 Transtulit

suðerne wind of heofenan 7 he gelædde on mægene ł
austrum   de cęlo   et induxit   in uirtute

miht his suðanwestan wind   7 ran ofer hy swaswa
         sua affricum.   27 Et pluit super eos sicut

dust   flæsces 7 swaswa sandcysel sæ   fugelas ge-
puluem carnes et sicut   arenam   maris uolatilia pen-

fiðerode   7 hy feollon on midlene ceastra   heora
nata.   28 Et ceciderunt in medio castrorum eorum

ymb eardunga   heora   7 hy æton   7 gefyllede
circa tabernacula eorum. 29 Et manducauerunt et saturati

synd swiðe 7 gewilnunga heora he brohte him   ne
sunt nimis et desiderium eorum attulit   eis 30 non

synd bescyrede fram gewilnunga heora [ ]gyt mete heora
sunt fraudati a   desiderio suo. Adhuc esce eorum

hy wæron on muðe heora   7 yrre godes astah
erant   in ore ipsorum 31 et ira dei ascendit

ofer hy   [ ] [ ]   fættan heora 7 gecorene israhel
super eos. Et occidit pingues eorum et electos israhel

he gelette   [ ] [ ]um þysum syngodon
inpediuit. [f.78ʳ] 32 In omnibus his   peccauerunt

---

27 *puluem:* changed (!) from *puluerem. carnes:* changed from *-is.* 29 *attulit:*
changed from *ad-.*

þ[ ]gyt 7 na   hig gelyfdon on wundrum   his   7
adhuc et non crediderunt in mira*bi*libus eius.   33 Et

hy geteorodon on idelnesse dagas heora 7 gear heora
defecerunt   in uanitate   dies eorum et anni eorum

mid ofste   þonne he ofsloh hy hy sohton hine
cum festinatione. 34 Cum occideret eos querebant eum

7 hy wæron gecyrred 7 on ærne mergen hy comon to
et reuertebantur   et diluculo   ueniebant ad

him   7 hy gemundon synd forþon god gefylsta is
eum. 35 Et rememorati   sunt quia   deus adiutor est

heora 7 god is mære alysend   heora is   7
eorum et deus excelsus redemptor eorum est. 36 Et

hy lafedon hine on muðe his 7 tunge his lugon synd
dilexerunt eum in ore   suo et lingua sua mentiti sunt

him   heorte soðlice heora ne wæs rihtwis mid him
ei. 37 Cor   autem eorum non erat rectum cum eo

ne geleaffulle* gehæfde ne synt on cyðnesse   his
nec fideles   habiti   sunt   in testamento eius.

   he soþlice is mildheort 7 milde   ætende synna
38 Ipse autem est misericors et propitius fiet   peccatis

heora 7 ne forspilde hy   7 he genihtsumode þæt
eorum et non disperdet eos. Et habundauit   ut

he acyrde yrre his   7 ne onælde ealle   yrre his
auerteret iram suam et non accendit omnem iram suam.

---

35 *excelsus:* changed from *exs-. is mære:* because of erasure, the lemma appears in MS as *ex celsus;* the glossator saw *est celsus.* 36 $G\bar{L}A$ = *Gloria:* added in margin opposite *sua. lafedon:* as J *lafodon;* read *luf-.*   38 *ætende:* is this a contracted form of *æteowende* or a form of *æteom?* In the MS, *f* in *fiet* looks like *s,* and the glossator might have seen *siet.*

7 gemyndig* is forþon flæsc hy synd gast   farende*
39 Et recordatus est quia   caro sunt   spiritus uadens

7 na eftcyrrende ł ne efthwerfende*   swa oft swa
et non rediens.   40 Quotiens

hi onscunedon hine on westene on yrra awrechton* ł gre-
exacerbauerunt eum in deserto in ira   concitauerunt

medon hine on hyra drugunge* ł on þurste*   7 hy ge-
    eum in inaquoso.   41 Et conuersi

hwyrfede synd (ł wæron) 7 costodon   god 7 haligra
          sunt   et temptauerunt deum et sanctum

israhela hy gremedon   hy ne synd gemyndige handa
israhel exacerbauerunt. 42 Non sunt recordati manus

his dæges   [ ] [ ]   [ ] [ ] handa swencen[ ]*
eius die   [f.78ᵛ] qua redemit eos de manu tribulantis.

  swaswa he gesette on egyptum tacna his 7 for[ ]tacna
43 Sicut posuit   in egypto signa sua et prodigia

his o[ ] þam felda   7 he acyrde on blode
sua in campo taneos. 44 Et conuertit in sanguinem

flodas heora 7 þa renlican heora þylæs hy drincan ł
flumina eorum et ymbres   eorum ne   biberent.

þæt* hy* non* druncon*   he sende on hym* fleogan
                45 Misit in eos   cinomiam

7 æt   hy 7 frox ł hundlice* 7 forspilde* hy
et comedit eos et ranam   et disperdidit eos.

---

40 *Quotiens exacerbauerunt eum* in majuscule, marking a psalm division.
44 *þa renlican:* RPs. *pluuiales.*   45 *hym*:* RPs. *eis. comedit:* changed
from *comme-. hundlice*:* this gloss is misplaced and belongs over *cinomiam*
which, in the RPs., is *muscam caninam* (as C *fleogan hundlican*).

192

<table>
<tr><td>7</td><td>he sealde</td><td>treoworme</td><td>wæstmas</td><td>heora</td><td>7</td><td>geswinc</td></tr>
<tr><td>46 Et</td><td>dedit</td><td>erugini</td><td>fructus</td><td>eorum</td><td>et</td><td>labores</td></tr>
</table>

heora gærstapan   7 he ofsloh on storme   wingeardas
eorum locustę.   47 Et occidit   in grandine uineas

heora 7 berigan heora on forste   7 he sealde storme
eorum et moros   eorum in pruina. 48 Et tradidit   grandini

nytena heora 7 æhta   heora fyres   he sænde
iumenta eorum et possessionem eorum igni. 49 Misit

on hyg yrre onæbilignesse his onæbiglignesse 7 yrre
in eos   iram indignationis   suę indignationem   et iram

7 ongeswynce   onsanda   þurh   ærendracan   yfele
et tribulationem inmissionem per   angelos   malos.

    weg   he worhte syðas yrre his na   ne heorað fram
50 Viam fecit   semite irę suę non   pepercit a

deaðe sawla   heora 7 nytena heora on deaðe
morte animarum eorum et iumenta eorum in   morte

he beleac   7 he ofsloh ælcne frumcennedne on eorðan
conclusit. 51 Et percussit omne primogenitum in terra

    frumsceattas geswinces heora on geteldum   7
egypti primitias   laboris   eorum in tabernaculis cham.

49 *ærendracan:* as D. Cf. CGL IV.476.45: *angelus. nuntius.*   50 *syðas:*
cf. I *pæþes.* BTD enters *siþ* with the meaning 'path, way' under definition
VI. *ne:* read *he.*   51 7 *aweg anam: Cham,* a Hebrew place-name, is
interpreted in *In Psal. Lib. Exeg.* as "Cham, id est, in quibus regnat diabolus.
Cham enim callidus interpretatur. Quis autem callidor quam uersipellis ille
serpens antiquus. Utique nullus." The glossator seems to have taken *primitias*
in apposition with *primogenitum* and *Cham* as a preterite in apposition with
Et percussit, hence the *ond* preceding *aweg anam.* The choice of *aweg anam*
is an exact rendering of the sense of the verse. The commentary equates
Cham with '*nullus*' and explains " . . . percutit Dominus, id est, ad nihilum
deducit . . . ".

193

aweg anam   7 afyrde   swaswa sceap folce   heora
            52 Et abstulit sicut   oues populum suum

7 he gelædde hy swaswa   eowde* on westenne   7
et perdux*i*t   eos tamquam gregem in deserto. 53 *Et*

he lædde hy on hihte 7 hy ne ondredon   [ ]
deduxit   eos in spe   et non   timuerunt [f.79r] et

feond   heora he oferwrea: sæ   7   he onlædde
inimicos eorum operuit   mare. 54 *E*t induxit

hy on munt   halignesse   his munt   þonne he
eos in montem sanctificati*o*nis su*ę* montem quem acqui-

astyrede [ ]eo swyðre his   [ ] he awearp of ansyne heora
siuit   *d*extera   eius. *E*t eiecit   a facie   eorum

ðeoda 7 hlot   he todælde him eorðan on hrapinge
gentes et sorte diuisit   eis   terram in funiculo

todales   7 eardian dyde on eardungum heora
distributionis. 55 Et habitare fecit in tabernaculis eorum

cynn israhela   7 costodon   7 gremedon   god
tribus israhel. 56 Et temptauerunt et exacerbauerunt deum

mærne   7 cyðnesse   his   hi ne heoldon   7
excelsum et testimonia eius non custodierunt. 57 Et

hi acyrdon hy 7 ne gymdon   wære   swaswa to þam
auerterunt se et non seruauerunt pactum quemadmodum

gemete fæderas heora gecyrrede synd on bogan þreorne
        patres   eorum conuersi sunt in arcum prauum.

---

54 *munt:* a final *e* appears to be crossed out. *acquisiuit:* changed from
ad-. astyrede: cf. K *astyrude*, which Sisam explains as an error for
astrynde (as D *gestrynde*).   56 *exacerbauerunt:* first *a* appears to be over
erasure. *excelsum:* changed from *exsc-.*   57 *þreorne:* read *þweorne.*

(ł þone þweoran)   on yrra he wrehton   hine on beorgum
            58 In ira   concitauerunt eum in collibus

heo[ ] 7 on agrafe   heora wæron elnigende (ł feogende)
suis   et in sculptilibus suis ad emulationem

hine wæron hatigende ł cigende   he gehyrde god 7
eum prouocauerunt.   59 Audiuit   deus et

forhigde 7 to nahte   gehwearf þearle   7
spreuit   et ad nichilum redegit   ualde israhel. 60 Et

he anydde eardunge (ł geteld) þære stowe eardung (ł geteld)
reppulit tabernaculum   silo   tabernaculum

his   þær eardode on mannum   7 he sealde on
suum ubi habitauit in hominibus. 61 Et tradidit in

hæftned   mægene ł miht heora 7 fægernesse
captiuitatem uirtutem   eorum et pulchritudinem

heora on handa feondes   7 he beleac on sweorde
eorum in manus inimici. 62 Et conclusit in gladio

folc   h:s   7 yrfeweardnesse his   he forhigde
populum suum et hereditatem   suam spręuit.   [f.79ᵛ]

    geonge he[ ]   æt   fyr 7 : [ ]   heora ne
63 Iuuenes eorum comedit ignis et uirgines eorum non

synd ł ne wæron cwiðde ł oðde [ ]end[ ]   sacerdas ł
sunt   lamentate.   64 Sacerdotes

---

58 *wæron elnigende* (ł *feogende*): the first gloss is to RPs. *emulati sunt*. For
feogende as a gloss to *emulationem*, the following points are pertinent: *feogan*
is a frequent gloss to *odio* (see BTD), *odiis* glosses *inimicitiis* at CGL
V.125.21, and *inimicitia* explains *aemulatio* at CGL IV.62.51. Note also
OHG *emulare. hassen*, Diefenbach I. *wæron hatigende:* this gloss is misplaced and belongs above *emulationem* = RPs. *emulati sunt*.   63 *oðde*
[ ]*end*[ ]: it is uncertain if *oðde* is a separate word or a part of the fragmentary
gloss. *oðde* might be an error for *oððe*, 'or,' a frequent way (although never
in G) of indicating a second gloss. For the fragment, cf. FJ *cwypende.*

195

preostas heora on sweorde hy hrur[ ] ⁊ wudewan hyra
       eorum in gladio   cecideru*nt* et uidue   eorum

ne   weopon   ⁊   awreht wearð is swaswa
non plorabuntur. 65 *E*t excitatus   est tamquam

slæpende drihten swaswa   rice   ::en[ ]   of wine
dormiens dominus tamquam potens crapulatu*s* a   uino.

       ⁊ he ofsloh fynd   his on þone yttran hosp
66 Et percussit inimicos suos in posteriora   opprobrium

ece   he sealde him   ⁊ he anydde eardung (ł
sempiternum dedit   illis. 67 Et reppulit   tabernaculum

geteld) iosepe ⁊ mægðe (ł cyn)   he ne geceas
         ioseph et tribum   effrem non   ęlegit.

     ac he ceas cynn* ł mægðe*   munt   þone
68 Sed elegit   tribum   iuda montem sion quem

he lufode   ⁊ he getimbrode swaswa anhyrnede ł an-
dilexit.   69 Et ędificauit   sicut   unicornis

hyrnra gehalg[ ]   his   on eorðan þa þa he gestaðolode
         sanctificiu*m* suum in terra   quam fundauit

on wor[ ]   ⁊   he geceas   þeowan his   ⁊ naðær
in secul*a*. 70 Et elegit   dauid seruum suum et sustulit

hine of eowdum sceapa   æfter þam stincen[ ] he onfeng
eum de gregibus ouium de post fetant*es*   accepit

hine   fedan   þeowan his ⁊ israhela folc
eum. 71 *P*ascere iacob seruum suum et israhel

---

70 *naðær:* an error for *abær?*

yrfewerdnesse his   7   he hæfde hy   on unsceaðinesse
hereditatem   suam.   72 Et pauit   eos in innocentia

heortan his 7 on andgyte*   handa   heora   he læ[ ]
cordis   sui et in   intellectibus manuum suarum dedu*xit*

hy
eos.

78

lxxuiii. Psalmus Asaph uox martyrum se eorum effusione
     sanguinis

   god   comon   þeoda on yrfewerdnesse þine   hy besmiton
1 Deus uenerunt gentes in hereditat*em*   tuam   polluerunt

templ   ha[ ]   þin   hy setton   on æppla
templum sanctum *tuum* posueru*nt* hierusalem in pomorum

    [ ]   [ ]   deadlican þeowwena þinra
[f.80ʳ] *custod*iam. 2 *Posuerun*t morticina seruorum   tuorum

[ ]   [ ]ugelum heofenas flæsc   halgena   þinra   [ ]rum
escas *u*olatilibus c*ę*li   carnes sanctorum tuorum *bestiis*

eorðan   [ ]ton   blod   heora   swaswa   [ ]æter
terr*ę*.   3 *Effu*derunt sanguinem eorum tanquam aquam

on ymbhwyrft   7   ne   wæs þe bebyrigde ge-
in circuitu hierusalem et non erat qui sepeliret. 4 Facti

wordene we syndon hosp   neahcheburum urum
      sumus   opprobrium uicinis   nostris

---

72 *hæfde:* if this is the third person singular preterite of *habban,* the
glossator probably intended to add a past participle, although there is no
Latin var. which would justify such a construction.

    78. 4 *neahcheburum:* cf. this spelling with *necheburena. intestinum,* WW.
142, 17.

tal   7 gebysrung þam þe on ymbhwyrfte urum
subsannatio et inlusio   his qui in circuitu   nostro

synd   hu lange driħt þu yrsast on ende bið onæled
sunt. 5 Vsquequo domino irasceris in finem accendetur

swaswa fyr   eorre þin   ageot yrre þin on þeoda
uelut ignis zelus tuus. 6 Effunde iram tuam in gentes

þa þe ne cuðon 1 ne oncnawan 7 on rice þa þe naman
que te non nouerunt   et in regna que   nomen

þinne ne gecygdon   forþon þe hy æton
tuum non inuocauerunt. 7 Quia   comederunt iacob

7 stowa his hy forleton   ne gemun ðu unrihttu
et locum eius desolauerunt. 8 Ne memineris iniquitatum

ure   þa ealdan raðe foresette us mildh[ ]
nostrarum antiquarum cito anticipent nos misericordiae

þine forþon þearfan geworden we synd swiðe   gefylst
tuae quia   pauperes facti   sumus nimis. 9 Adiuua

us god hælend ure   for   wuldre naman þines
nos deus salutaris noster propter gloriam nominis tui

driħt alys us 7 gemiltsod beo þu synnum urum
domine libera nos et propitius esto   peccatis nostris

for   naman þinan þylæs hwænne seggan on þeodum
propter nomen tuum. 10 Ne forte   dicant in genti-

      hwær is god heora 7 hy cyðeð on mægþum
bus ubi   est deus eorum et innotescant in nationibus

gebysrung: read gebysmrung.   5 eorre: as DK(yrre); cf. CGL IV.197.30:
zelus. ira, and Diefenbach I: zelus. nide 1 boser zorn, zornicheit.
8 foresette: RPs. anticipet (D anticipiet).   10 seggan: appears first to
have been written secgan, then changed to seggan.

[ ]foran eagan [ ]:m wræc blodes þeowra
[f.80ᵛ] coram oculis nostris. Vltio sanguinis seruorum

þinr[ ] þe agoten is inga 1 infare on ge[ ] þ[ ]nre
tuorum qui effusus est 11 introeat in conspectu tuo

geomorung fotcyspedra æfter micelnesse [ ]
gemitus compeditorum. Secundum magnitudinem brachii

[ ] ðu [ ] suna gewitnedra mid dea[ ] 7 agyld
tui posside filios mortificatorum. 12 Et redde

neahcheburum urum syfonfealdlice on [ ] heora (edwit
uicinis nostris septuplum in sinu eorum im-

1) hosp heora þæt hy edwitedon 1 hyspton þe
properiorum ipsorum quod exprobrauerunt tibi

driht us soðlice folc þin 7 sceap læswe þin
domine. 13 Nos autem populus tuus et oues pascue tuę

we andettað þe on worulde on cynrene 7 cynrene
confitebimur tibi in seculum. In generatione et generatio-

we cyðað lof þin
nem annuntiabimus laudem tuam.

79

lxxuiiii. In finem pro his qui commutabuntur testimonium Asaph psalmus Assiriorum

þu þe reccest on beheald þu þe læddest swaswa
2 Qui regis israhel intende qui deducis tamquam

swaswa sceap iosepes þu þe sitst ofer si þu
1 uelud oues ioseph. Qui sedes super cherubim mani-

11 *gewitnedra mid dea*[ ]: renders more closely RPs. *morte* (var. *morti*) *puni-*
torum. 12 *improperiorum:* read *improperium; -orum* induced by *ipsorum.*
79. 2 1 *uelud:* added in a contemporary hand, from RPs. (*uelut*); cf. I,
in which *uelut* stands in the margin, but is unglossed.

199

geswutelod   beforan   awrece
festare   3   coram effraím beniamín et mannasse.   Excita

anweald (ł mihte) þin   7   cum þætte h:[ ]   þu do us
potentiam   tuam et ueni ut   saluos facias   nos.

   god   gecyrr   us   7   æteow   ansyne þine   7   hale
4 Deus   conuerte   nos et ostende   faciem tuam et salui

we beoð   [ ]riħt   god   mægena   hu lang: yrsast þu
erimus.   5 Domine deus   uirtutum   quousque irasceris

ofer   gebeda   þeowes þines   þu metsast us on hlafe
super orationem serui   tui.   6 Cibabis   nos pane

teara   7   drinc þu sylte us   on tearum on geme[ ]
lacrimarum et potum dabis   nobis in lacrimis in mensura.

   þu settest us   on wiðercwedulnesse neahgeburum
7 Posuisti   nos in contradictionem   uicinis   [f.81ʳ]

[ ]   7   fynd   ure   bysmrodun   [ ]   [ ]
nostris et   inimici   nostri   subsannauerunt *nos.*   8 Deus

mægen ł miht gecyr   us   7   ætyw   ansyne þin   7
uirtutum   conuerte nos et ostende faciem tuam et

hale beoð   [ ]rd   of egypt   þu feredest þu awurpe
salui erimus.   9 *Vineam* de egypto transtulisti eiecisti

þeo[ ]   7   þu plantadast hyne   latteow siðfætes þu wære
gentes et plantasti   eam.   10 Dux   itineris fuisti

on gesihðe   his   7   plantadest wyrtwalan* his   7   gefylde*
in conspectu eius et plantasti   radices   eius et inpleuit

eorðan   oferwreah muntas sceadu his   7   twigu   his
terram.   11   Operuit   montes umbra eius et arbusta eius

---

6 *sylte:* this is what I make out, but the MS is very unclear.

200

ceaderbeamas　godes　　　aþenað　palmtwiga his　oð
cedros　　　　dei.　12　Extendit　palmites　suos usque

to sæ　7 oð　to flode　tealgras　his　　tohwy
ad mare et usque ad flumen propagines eius.　13 Vt quid

towurpe þu weall　his 7 reafiað　　hy　ealle　þa þe
destruxisti　maceriam eius et uindemiant eam omnes qui

forðfarað　　　weg　　　fornam ł awyrtwarude　hine
pretergrediuntur uiam.　14 Exterminauit　　　eam

bár ł eofer of wuda 7 ænlypig ł syndrig bita fræt
áper　　de silua　et singularis　　　ferus depastus

is　hine　　god　miht ł mægen gecyr　　geseoh ł
est eam.　15 Deus uirtutum　　conuertere respice

beheald ł loca of heofen[ ] 7 geseoh 7 geneosa wingeard
　　　　　　de cęlo　　et uide　et uisita　uineam

þysne　　7 fulfremede hy　þone　plantode　sweoþre
istam.　16 Et perfice　eam quam plantauit　dextera

þin 7 ofer bearn þone þu getrymedest þe　　oncensa
tua et super filium quem confirmasti　　tibi.　17 Incensa

on fyre 7 underholunga of þreaunga　　andwlitan þine
igni　　et suffosa　　ab increpatione uultus　tui

hy forwurðað　sy　handa þine ofer wer　þære swyðran
peribunt.　　18 Fiat manus tua　super uirum dexterę

þi[ ] 7 ofer bearn manna þone getrymedest þe　　7
tuę et super filium hominis quem confirmasti tibi. 19 Et

we　na aweg gewitað fram þe þu liffæstast us 7 naman
non discedimus　　a　te uiuificabis　　nos et nomen

201

þinne   on we cigað   driħt   [ ]   mægn:
tuum   inuocabimus. [f.81ᵛ] 20 Domine deus   uirtutum

ge[ ]   [ ] 7 ætyw   ansyne þine 7 hale we [ ]
conue*rte nos* et ostende faciem tuam et salui er*imus*.

80

lxxx. In finem pro torcularibus domini psalmus Asaph
quarta [ ] uox apostolorum ad pen*tecosten*

blissiað gode to gefylstane ur[ ] wynsumiað gode
2 Exultate deo   adiutori   nos*tro* iubilate   deo

iacobes*   nimað sealm   7 syllað gligbeam saltere
iacob.   3 *S*umite psalmum et date timpanum psalterium

wynsumne mid hearp[ ]   bymiað on niwan monðe
iocundum cum cythara. 4 Bucinate in neomenia

of byman on mærum dæges simbelnesse   ure   forþon
tuba   in insigni die   sollempnitatis nostrę. 5 Quia

bebod   on israhela is 7 dom   godes   ge-
preceptum in israhel est et iudicium deo iacob. 6 Testi-

witnesse on iosep' he sette hine þa   he eode of lande
monium in ioseph posuit illud cum exiret de terra

       tungan þa   he ne wiste he gehyrde 7 he acyrde
egypti linguam quam non nouerat audiuit.   7 Diuertit

fram byrðenum hric   his handa his on wilegan
ab   oneribus dorsum eius manu*s* eius in cophino

þeowodon   on geswince   on þu gecigdest me 7 ic alysde
seruierunt. 8 In tribulatione inuocasti   me et liberaui

____

80. 6 *hine:* RPs. *eum.*   7 7 *he acyrde:* as J 7 *he cirde;* there is no
Latin authority for *et. hric:* for *hricg.*

þe ic gehyrde þe on bedihlinge reðnesse   ic afandode
te exaudiui   te in   abscondito tempestatis probaui

þe ætforan wæteru wiðercwedesnesse gehyr folc   min
te apud   aquam   contradictionis. 9 *A*udi populus meus

7 ic cyðe   þe   gif þu gehyrst me   ne   bið
et contestabor te israhel si   audieris   me 10 non erit

on ðe god neowe ne þu gebiddest god   fremedn[ ]
in te deus recens nec adorabis   deum alienum.

ic soðlice ic eom driħt   god þin þe alædde þe
11 Ego enim   sum   dominus deus tuus qui ęduxi te

of eorðan   abræd muð [ ]   7 ic gefylle hyne
de terra egypti dilata os   tuum et implebo   illud.

          [ ] [ ] ge[ ]y:[ ] folc   min stefne mine
[f.82ʳ] 12 *Et* *non* audiuit   populus meus uocem meam

[ ]   ne behealdað me   [ ] for[ ] ut hy æfter
*et israh*el non intendit mihi. 13 *E*t dimisi   eos secundum

gewilnungum heortan heora [ ]rað on afundennessum
desideria   cordis   eorum *ib*unt in adinuentionibus

heora   [ ] [ ]lc   min gehyrde me   gif on wegan
suis. 14 *Si* *pop*ulus meus audisset me israhel si in uiis

[ ]an he eode   [ ] nahte wenunga fynd   heora
*me*is ambulasset. 15 *Pro* nichilo forsitan inimicos eorum

ic geeadmodode 7 ofer swencende hy ic asende handa
humili*ass*em   et super tribulantes eos misissem manum

---

8 *reðnesse*: cf. the entries in BTD: *saevitia tempestatis. seo reðnes ðæs*
stormes and *tempestatem. hroeðnise. probaui*: a final letter erased.
15 *misissem*: changed from *missi*-.

203

mine   fynd   driht   hy lugon synd him 7 bið
meam. 16 Inimici domini mentiti   sunt   ei   et erit

tid   heora   on worulda   7   he metsode hy   of
tempus eorum in secula.   17 Et cibauit   illos ex

genihtsumnesse hwætes   7 of stane of hunige he fylde
adipe   frumenti et de petra melle   saturauit

hy
eos.

81

lxxxi. Psalmus Asaph uox aecclesiae ad Iudęos

    god   stod   on gesomnunga heora   on [ ]le soðlice
1 Deus stetit in   synagoga   deorum in medio autem

god eow demð   hu lange demað ge unrihtwisnesse 7
deus diiudicat.   2 Vsquequo iudicatis   iniquitatem   et

þu dest synna   ge nimað demað wædlan 7 steopcilde
facies   peccatorum sumitis. 3 Iudicate egeno   et pupillo

eadmode 7 þearfan   gerihtwisnesse   neriað þearfan
humilem et pauperum iustificate.   4 Eripite pauperem

7 wædlan of handa synfullan alysað þe   hy nyston
et egenum de manu peccatoris liberate.   5 Nescierunt

7 na hy ongeaton on ðystrum he gangað beoð astyred
neque intellexerunt in   tenebris ambulant   mouebuntur

---

16 *worulda:* -a induced by lemma.   17 *illos:* cor. from *illum.*

    81. 1 *heora: deorum* seen as *eorum. eow:* a free translation, 'God
judges (you) in the midst of gods.'   2 *þu dest: facies* taken as if a verb.
Similar confusion may be seen in I 60.7 *regis. þu gewissast* and I 121.5 *sedes.*
þu sitest.   3 *pupillo:* changed from -*um. pauperum:* read -*em.*   4 *þe:*
glosses -*te* of the lemma.

ealle   grundweallas eorðan   ic   cwæð godas ge syndon
omnia fundamenta terre.   6 Ego dixi dii   estis

7 bearn þæs mæran ealle   ge soðlice swaswa menn
et filii   excelsi   omnes. 7 Vos autem sicut   homines

ge swyltað   [ ] [ ]a an   of ealdrum   ge hreo[ ]
moriemini [f.82ᵛ] et sicut unus de principibus cadętis.

   aris   god dema eorðan forþan   [ ] yrfewerdast on
8 Surge deus iudica terram quoniam tu   hereditabis in

eallum   þeodum
omnibus gentibus.

82

lxxxii. Asaph loquitur de Christi aduentu uox ęcclesię
   de *Iudeis*

god hwilc gelic bið þe ne swiga [ ]   forhafa
2 Deus qui   similis erit tibi ne tace*as* *neque* conpescaris

god   forþam þe geseah fynd   þine swegdon ɫ hleo-
deus. 3 Quoniam   ecce   inimici tui sonuerunt

ðrodon 7 [ ] hatedon þe hy upahofon heafod   ofer
     et qu*i* oderunt te extulerunt   capud. 4 Super

folc   þin hig yfelwilnedon geþeaht 7 hy þohton
populum tuum malignauerunt   consili*um* et cogitauerunt

ongean halige þine hy cwædon cumað 7 uton forspillan
aduersus sanctos tuos. 5 Dixerunt   uenite et disperdamus

hy of þeode 7 ne bið gemunen naman   ma
eos de gent*e* et non memoretur   nomen israhel ultra.

---

82. 2 *qui:* read *quis.*   3 *sonuerunt:* changed from *sona-. extulerunt:*
changed from *extol-. upahofon: up-* added in same hand.

205

forþam þe hy þohton   anmodlice   ætgæd ongean þe
6 Quoniam   cogitauerunt unanimiter simul aduersus

gecyðnesse   todihtnodon   geteld   þæra eorðlicra
testamentum disposuerunt 7 tabernacula idumeorum

heora 7 synnahyrendra
       et hismahelite.   Moab et agareni 8 ebal et amon et

            þa ælfremdan mid ear(di)gendum ł bugendum
amalech alienígene   cum habitantibus

            7 soðlice   com mid him gewordene synd
tyrum. 9 Etenim   asur uenit cum illis facti   sunt

on fultum   bearnum loþes   do him swaswa
in adiutorium filiis   loht. 10 Fac illis sicut   madian

        swaswa   on burnan   hy forwurdon
et sisare sicut iabin in torrente cison. 11 Disperierunt

on   gewordene synd swa cwæð eorðe   sette
in endor facti   sunt ut stercus terrę. 12 Pone

ealdras   heora swaswa
principes eorum sicut oreb et zeb et zebee et salmana.

[ ]alle ealdras   heora   þa þe cwædon ł sædon yrfe-
Omnes principes eorum 13 qui   dixerunt   here-

---

6 ætgæd: this word, usually in the form of ætgædere, does not appear
elsewhere in the psalters. ongean þe: renders the var. aduersus te.   7 heora:
renders -eorum of the lemma, which is separated from idum- in MS.
synnahyrendra: as DJK (DK = synne-). This word is not recorded as a
cmpd. in the dictionaries (see hirend in BTS). The gloss reflects theological
commentary, such as that by Cassiod., "Ismahelitae obedientes mundo,
non Domino." See further comment by H. D. Meritt, Fact and Lore,
6,B,2.   9 loht: read loth.   11 cwæð: as J cweð; read cwæd or cwead.
Cf. 112.7 stercore. cweade.   12 zebee: changed from zebeae.

werdnesse we agean   haligra   go[ ]   [ ]
*di*tate   possi*de*amus sanctuarium dei.   [f.83ʳ] 14 *Deus*

[ ]   [ ]   hy   swaswa hweol 7 swaswa þin[ ]   [ ]
meus pone illos ut   rotam et sicut   stipu*lam ante*

ansyne windes   [ ]a   fyr þe forbærnð wudu swaswa
faciem uenti.   15 *Sicu*t ignis qui comburit siluam sicut

lig   [ ]swælende muntas   [ ] [ ]u ehtest hy   on
flamma *con*burens   montes. 16 *Ita p*ersequeris illos in

hreohness[ ] [ ] [ ] on yrre þinum þu drefst hy   [ ]
tempestate   tua *et i*n ira   tua   turbabis eos. 17 *Im*ple

ansyne heora of ungewisse 7 hy secað naman þinne
facies eorum ignominia   et querent *n*omen tuum

driħ   scamigen 7 hy syn gedrefed on worulda
domine. 18 *E*rubescant et conturbentur   in seculum

woruld 7 hy syn gescynd 7 hy forwurðað   7 oncnawan
seculi et confundantur   et pereant.   19 Et cognoscant

þætte naman þe driħt   þu ana se hyhsta ofer eallre
quia nomen tibi dominis tu solus altissimus in   omni

eorðan
terra.

---

13 *hereditate:* changed from *-em. we agean:* cf. F *we agion*, D *we agen*, K
we agon.   14 *þin*[ ]: cf. the error in J, *þine* (read *þynne*) leaf.   15 *comburit:*
changed from *con-.*   19 *in omni terra:* MS = *super* (on erasure) *in*
(above line) *omnem* (*i* written over *n*); *super* and *-em* underlined. The scribe
first wrote *in omnem*, recognized his mistake, erased *in* and added *super*, then
decided on the GPs. reading, underlined *super* and *-em* (= delete), re-wrote
in above and added *i* after *omn-.* The changes are in the main hand; the
glossator did not understand the change and glossed *super omni.*

83

lxxxiii. In finem pro torcularibus psalmus filiorum
chore de his qui fidem sunt consecuti

hu swiðe   eardunga ł geteld þine driħt   mægena ł
2 Quam   dilecta tabernacula   tua   domine uirtutum

miht   gewilnode   7 geteorode sawle min [ ] cafertune
    3 concupiscit et defecit   anima mea in   atria

driħt   heorte min   7 flæsc min blissodon   on gode
domini. Cor   meum et caro mea exultauerunt in deum

lyfigende   7 soðlice spearwa gemette him hus   7 turtle
uiuum. 4 Etenim   passer   inuenit sibi domum et turtur

nest   þe   þær sette briddas his   altare ł weof' þin
nidum sibi ubi   ponat pullos   suos. Altaria   tua

driħt   mægen ł miht cyning min   7 god min   eadig
domine uirtutum   rex   meus et deus meus. 5 Beati

þa þe eardiað on huse þinum on woru[ ] woruld
qui   habitant in domo tua   in secula   seculorum

hy heriað þe   eadig bið* se* wer þæs þe is bið* fultum
laudabunt te. 6 Beatus   uir cuius   est   auxilium

fram þe   stapas   on heortan his to[ ]ett[ ]
abs   te   [f.83ᵛ] ascensiones in corde   suo disposuit

[ ] [ ]   teara   on stowe þe   gestihtod 7 soðlice
7 in ualle lacrimarum in loco quem posuit. 8 Etenim

bletsunga   he sylðe sylle[ ]   gangað of mægene on
benedictiones dabit   legislator ibunt   de uirtute   in

---

83. 2 *dilecta:* not glossed; RPs. *amabilia.*   4 *cyning:* second *n*
added above in same hand.

mægene bið gesaw[ ] [ ] goda on sion driħt
uirtutem uidebit*ur* *deus* deorum in sion. 9 *D*omine

god mægen í miht gehyr gebeda mine earum onfoh
deus uirtutum exaudi oratio*nem* meam auribus percipe

god gescyldend ure geseoh god 7 geloca í
deus iacob. 10 Protector noster aspice deus et respice

beheald on ansyne cristes þines forþan betere is
in faciem christi tui. 11 Quia melior est

dæg ana on cafertunum þinum ofer þusenda ic geceas
dies una in atriis tuis super milia. *E*legi

fram aworpen beon on huse godes mines ma þonne
abiectus esse on domo dei mei magis quam

eardian on geteldum synfullra forþon mildheort-
habitare in tabernaculis pec*ca*torum. 12 Quia miseri-

nesse 7 soðfæstnesse lu[ ] god gife 7 wuldor
cordiam et ueritatem dili*git* deus gratiam et gloriam

syleð drihten ne bescyreð of godum hy þa þe
dabit dominus. 13 Non priuabit bonis eos qui

gangað on unscyldignesse driħt mægen eadig mann
ambulant in innocentia domine uirtutum beatus homo

se þe gehihteð on ðe
qui sperat in te.

---

13 *sperat:* changed from -*ant;* the same change is made in J.

209

84

lxxxiu. In finem filiis chore psalmus uox apostolos ad
nouellum pop*ulum*

þu bletsodest driħt   eorðan þin   þu acyrdest hæftned
2 Benedixisti   domine terram tuam auertisti   captiui-

þu forgeafe unrihtwisnesse folces þines
tatem iacob. 3 *R*emisisti   iniquitatem   plebis tuę

þu oferwr[ ] ealle   synna   heora   þu geliðgodest
operuisti   omnia peccata eorum. 4 *M*itigasti

eall   yrre þin   þu acyrdest fram yrre onæbilignesse
omnem iram tuam auertisti   ab   ira   indignationis

þinre   [ ]   [ ] god hælo   ure   7
tuę. [f.84ʳ] 5 *Conu*erte nos deus salutaris noster et

fram acyr yrre þin fram us   [ ]a   on ecnesse
auerte   iram tuam a   nobis. 6 *Nu*mquid in eternum

þu eorsige us   þu aþene[ ]est yrre þin of cynrene
irasceris   nobis aut *ex*tendes   iram tuam a genera-

on cy[ ]rene   god þu gecyrred þu gelifæstast
tione in generationem. 7 *D*eus tu conuersus uiuificabis

us 7 folc þin blissað on ðe   æteow us   driħt
nos et plebs tua letabitur in te. 8   Ostende nobis domine

mildheortnesse þine 7 hælo þine syle us   ic gehyre
misericordiam tuam et salutare tuum da nobis. 9 *A*udiam

hwæt sprecð on me drihten god forþam þe he sprecð
quid loquatur in me dominus deus quoniam loquetur

---

84. 5 *fram acyr:* as FJ; *fram* renders *a-* in *auerte.*

210

Í sprecð* sibbe on folce his 7 ofer halig his
pacem in plebem suam. Et super sanctos suos

7 on hy þa þe beoð gecyrred to heortan þeah hwæðere
et in eos qui conuertuntur ad cor.   10 Verumptamen

wið þam adrædendum hyne hælo his 7 onearde
prope timentes eum salutare ipsius ut inhabitet

wuldor on eorðan ure mildheortnesse 7 soðfæstnes
gloria in terra nostra. 11 Misericordia et ueritas

ongean comon him rihtwisnesse 7 sibb clyppende synd Í
obuiauerunt sibi iustitia et pax osculate sunt.

wæron* soðfæstness of eorðan upasprungen is 7
12 Veritas de terra orta est et

rihtwisnes of heo[ ] gelocode 7 soðlice drihten
iustitia de cęlo prospexit. 13 Etenim dominus

he syleð medemnesse 7 eorðe ure syleð wæstm hyre
dabit benignitatem et terra nostra dabit fructum suum.

rithwisnes beforan hine he eode 7 sitteð on wege
14 Iustitia ante eum ambulabit et ponet in uia

stæpas his
gressus suos.

85

lxxxu. Oratio Dauid per ieiunium uox Christi ad patrem

onhyld driħt earam þine 7 gehyr[ ] me
1 Inclina domine aurem tuam et exaudi [f.84ᵛ] me

10 7. ut: as J; cf. the var. et ut.   11 iustitia: cor. from -iam.   14 ambulabit: changed from -uit.
   85. 1 earam: m induced by lemma; perhaps intended for earan, as K.

forðam þe wædla 7 þear[ ] [ ]   [ ]   geheald sawle
quoniam inops et pauper sum eg*o*. 2 Custodi animam

mine forþam þe [ ]   ic eom halne do þeowan þine
meam quoniam sa*nctus* sum   saluum fac seruum tuum

god [ ]   hihtende on ðe   [ ]   [ ]   drihten
deus *meus* sperantem in te. 3 *M*iserere mei domine

forðam þe to þe ic clypode ælce dæg   geblissa sawle
quoniam ad *te* clamaui   tota die 4 letifica   animam

þeowe[ ] [ ] forþam þe to þe drihten sawle   mine
serui   *tui* quoniam   ad te domine animam meam

ic ahof forþam þe þu drihten wynsum 7 bilwite 7
leuaui. 5 Quoniam tu domine suauis   et mitis   et

micele mildheortnesse eallum   ongecigendum þe   mid
mult*e* misericordi*ę*   omnibus inuocantibus te. 6 Auri-

earum onfoh   drihten gebed   min   7 on begym
bus   percipe domine orationem meam et intende

stefne bene   mine   on dæge geswynces   mines
uoci   deprecationis mee. 7 *I*n die   tribulationis mee

ic clypode to þe forþam þe þu gehyrdest me   nan is
clamaui   ad te quia   exaudisti   me. 8 Non est

gelic þin on godum driht 7 nan is æfter   weorcum
similis tui in diis   domine et non est secundum opera

þinum   ealle   þeoda swa hwylce swa þu worhtest
tua. 9 *O*mnes gentes quascumque   fecisti

hy cumað 7 gebiddað beforan þe drihten 7 gemær[ ]
uenient et adorabunt coram te domine et glorif*i*cabunt

---

6 *mee:* changed from *meae*.   7 *dæge:* final *s* erased. *mee:* changed from
meae. *forþam þe:* RPs. *quoniam*.

212

naman þinne   forþam þe micel   eart þu ⁊ donde
nomen tuum. 10 Quoniam   magnus es   tu et faciens

wundra þu eart god ana   gelæd me driħt   on
mirabilia tu es   deus solus. 11 Deduc me domine in

wege þinan ⁊ on ingange on soðfæstnesse þinre geblissige
uia   tua   et ingrediar in ueritate   tua   lętetur

heortan mine   þæt he ond[ ] naman þinne   ic andette
cor   meum ut   tim*eat*   nomen tuum. 12 Confitebor

þe   drihten god min   on ealre heortan minre ⁊ ic ge-
tibi domine deus meus in toto *corde*   meo   et glori-

mærsige naman þinne [ ]   [ ]   forþam þe
ficabo nomen tuum *in* [f.85ʳ] *eternum*. 13 Quia

mildh[ ]ortnesse þin micel is ofer   me ⁊ þu generedest
misericordia   tua magna est super me et eruisti

sawle   mine of ohelle on þære neoþeran   god
animam meam ex inferno inferiori.   14 Deus

unrihtwise onarison   ofer me ⁊ gesamnunga riccra
iniqui   insurrexerunt super me et sinagoga   poten-

(ł mihtigra) hy sohton sawle   mine ⁊ na foresetton
tium   quęsierunt animam meam et non proposuerunt

þe on gesihðe   his   ⁊ þu drihten god mildsigend
te in conspectu suo. 15 Et tu domine deus miserator

⁊ mildheort geþyldig ⁊ mænigeo mildheortnesse ⁊ soðfæst
et misericors patiens et multę   misericordię   et uerax.

---

13 *forþam þe:* RPs. *quoniam. ohelle:* the glossator first wrote *on* (induced by
in-), then changed *n* to *h.*

beseoh on me 7 gemiltsa me syle anweald   cnapan (Í
16 Respice in me et miserere mei da   imperium puero

cnihte) þinum 7 halne   do suna   mennenes Í ðinenre
         tuo   et saluum fac filium ancillę

þinr[ ]   do mid me tacn   on gode þæt hy geseon
tuę.   17 Fac mecum   signum in bono ut   uideant

þa þe hatedon me 7 beon gescende forþam þe þu drihten
qui   oderunt me et confundantur quoniam tu domine

þu fultomodest me 7 þu frefrodest   me
adiuuisti   me et consolatus   es me.

86

lxxxui. propheta loquitur de ciuitate Christi

grundwealas his on muntum ha[ ]   lufað drihten
1 Fundamenta eius in montibus sanctis 2 diligit dominus

geatu Í gatu   ofer ealle   eardunga Í geteld* iacobes
portas   sion super omnia tabernacula   iacob.

wuldorfulle gecwedene synd be þe ceastre godes ge-
3 Gloriosa   dicta   sunt de te ciuitas dei. 4 Memor

myndig ic beo   þam witendum me efne
       ero   raab et babilonis scientibus   me. Ecce

on gesihðe ælfremde Í framþe   7 folc   sihhear-
        aligenigene   et tyrus et populus ethiopum

---

16 ðinenre: read ðinenne; -re probably induced by the following þinr[ ]. Cf.
F þinnonre þine.   17 A word erased between mecum and signum; RPs.
Fac mecum domine signum. adiuuisti: changed from -uasti.
    86. 3 gecwedene: final e added in same hand.   4 aligenigene: read
alienigene. framþe: cf. B fremðes cynnes.

wena þas 1 hy wæron þær   ac na   cwyð mann
   hii   fuerunt   illic.   5 Numquit sion dicet homo

7 mann acenned [ ] on hyne 7 he   gestaðolode hy
et homo natus   est in ea   et ipse fundauit   eam

se hyhsta   driħt   cydde   on gewritum folca
altissimus. 6 Dominus narrabit in scripturis populorum

    7 ealdra   þara   þ[ ] [ ]   [ ] [ ]   swaswa
[f.85ᵛ] et principum horum qui fuerunt in ea. 7 Sicut

blissigende ealle   ear[ ]:ng is   on [ ]
letantium   omnium habitatio est in te.

87

lxxxuii. Canticum psalmi filiis chore pro Amalech ad
respondendum intellectus Ęman Israhelitae uox
Christi de passione ad patrem

drihten god hale   minre on dæg ic clypo[ ] 7 nihte
2 Domine deus salutis mee   in die clamaui   et nocte

beforan ðe   inga   on gesihðe   þinre gebed min anhyld[ ]
coram   te. 3 Intret in conspectu tuo   oratio mea inclina

eare   þin   to bene   minre   forþon gefylled is yfelum
aurem tuam ad precem meam. 4 Quia   repleta est malis

sawl   min 7 lif   min on helle togenealæhte 1 togenealæceð*
anima mea et uita mea inferno appropinquauit.

gewened   ic eom mid adunestigendum on seað   geworden
5 Estimatus sum   cum descendentibus in lacum factus

---

7 *blissigende:* RPs. var. *laetantibus. est:* added above in the hand of the glossator.
    87. 4 *inferno:* originally *in inferno,* hence the gloss.

ic eom swaswa mann butan fultume   betweox deade
sum   sicut   homo sine   adiutorio 6 inter   mortuos

freoh swaswa gewundode slæpende   on byrgene   þara
liber. Sicut   uulnerati   dormientes in sepulchris quorum

nan is gemyndig ic beo ma   7 hy   of handa þinre
non es memor   amplius et ipsi de manu tua

anydde synd   hy asetton me on seaðe on þam nyþeran
repulsi sunt. 7   Posuerunt me in lacu   inferiori

on þystru: 7 on sceade deaðes   ofer   me getrymed
in tenebrosis et in umbra mortis. 8 Super me confirmatus

is yrre þin 7 eal[ ]   yða   þine þu ingelæddest ofer
est furor tuus et omnes fluctus tuos induxisti   super

me   feorr þu dydest cuðe mine fram me hy setton
me. 9 Longe fecisti   notos meos a   me posuerunt

me onscunungæ   him geseald ic eom 7 na   ic uteode
me abominationem sibi. Traditus sum   et non egrediebar

    eagan mi[ ] ádlodon   for unspedan ic clypode to ðe
10 oculi mei languerunt prę inopia. Clamaui   ad te

driht   ælce dæg ic aþenede to þe handa mine   cwyst ðu
domine tota die   expandi   ad te manus meas. 11 Numquid

deaðes þu [ ] wundra   [ ] [ ]   [ ]cað   [ ]
mortuis facies   miribilia [f.86ʳ] aut medici suscitabunt et

[ ]y andett[ ] [ ]   [ ]   cyþa[ ] hwylc on byrgene
confitebuntur tibi. 12 Numquid narrabit aliquis in sepulchro.

[ ]heortnesse þine 7 soðfæstnes þine [ ] forlorennesse
Misericordiam tuam et ueritatem   tuam in   perditionem.

---

12 perditionem: letter erased between i and t; cf. J perdictionem.

cwyst tu beoð oncnawen on þystrum wundra þine
13 Numquid cognoscentur in tenebris mirabilia tua

7 rihtwisnesse þin on eorðan ofergytolnesse 7 ic
et iustitia tua in terra obliuionis. 14 *E*t ego

to þe drihten ic clypode 7 on mergen gebed min forcymð
ad te domine clamaui et mane oratio mea prꝗueniet

þe tohwi driħt þu anydst gebed min þu cyrst
te. 15 Vt quid domine repellis orationem meam auertis

ansyne þine fram me þearfa ic eom 7 on geswincum
faciem tuam a me. 16 Pauper sum ego et in laboribus

of iuogeðe minre upahafen soðlice 7 genyðerod ic eom
a iuuentute mea exaltatus autem et humiliatus sum

7 gedrefed on me hy foran þurh yrre þine 7
et conturbatus. 17 *I*n me transierunt irꝗ tuꝗ et

brogan þine gedrefdon me hy ymbsealdon me
terrores tui conturbauerunt me. 18 Circumdederunt me

swaswa wæter ælce dæg hy ymbsealdon me samod ꝉ
sicut aqua tota die circumdederunt me simul.

ætgædere þu ascyhtest fram me freond 7 þa nyhstan
19 Elongasti a me amicum et proximum

7 cuðe mine fram yrmþe
et notos meos a miseria.

---

13 *cwyst tu:* read *cwyst þu.*   15 *cyrst:* for *acyrst.*   16 *iuogeðe:* spelling
influenced by lemma; read *ioguðe?*   17 *foran þurh:* read *þurhforan?*
Cf. 104.13.

88

lxxxuiii. Ammonet populum fidelem deum laudare intellectus Aeman iezahelitae uox Christi ad
patrem de Iu*deis*

mildheortnessa drihtnes on ecnesse ic singe on cyn-
2 *M*isericordias domini in eternum cantabo. *I*n gener-

rene   7 cynrena   ic bodige   soðfæstnesse þine on
atione et generationem annuntia*b*o ueritatem   tuam in

muðe minan   forþam þe þu cwæde on ecnesse mildheort-
ore meo. 3 Quoniam dixisti   in eternum miseri-

nesse   getimbr:[ ] [ ] [ ]eofenan [ ]   [ ]
*cor*dia [f.86ᵛ] *ed*ificabitu*r* in cęlis   prępa*rabitur ueritas*

þine on him   ic tosette cyðnesse   gecorenum minum
tua   in eis. 4 Disposui testamentum electis   meis

i[ ]   dauid þeowan minum   oð   on ecnesse ic
iu*raui* dauid seruo   meo   5 usque in ęternum pre-

ge[ ]   sæd   þin   7 ic timbrige on cynrene   7
*pa*rabo semen tuum. *Et* edificabo   in generationem et

cynrena   setl þin   geandettað heofenas wundra
gener*ationem* sedem tuam. 6 Confitebuntur cęli   mirabilia

þine drihten 7 soðlice soðfæstnesse þine on somnunge
tua   domin*e* etenim   ueritatem   tuam in ęcclesia

halig[ ]   forþam þe hwilc on genipum bið gefenlæced
sanctorum. 7 Quoniam   quis in nubibus ęquabitur

driħt gelic bið driħt on bearnum godes god þe
domin*o* similis erit domino in filiis   dei. 8 Deus qui

88. 7 *gefenlæced:* read *geefenlæced.*

218

bið gewuldrod on geþeahte haligra   micel 7 egeslic
glorificatur   in consilio sanctorum magnus et terribilis

ofer ealle   þo on ymbhwyrfte his   synd   driħt   god
super omnes qui in circuitu   eius sunt. 9 Domine deus

mægena ł mihta* hwilc gelíc   þe rice ł mihtig is driħt
uirtutum   quis similis tibi potens   es domine

7 soðfæstnesse þin on ymbhwyfte þ[ ]   þu genyðerodest
et ueritas   tua in circuitu   tuo. 10 Tu dominaris

anweald sæ   gewylt soðlice yða   his þu geliðegast
potestati maris motum autem fluctuum eius tu mitigas.

   þu genyðerodest swaswa gewundodne ofermodne on
11 Tu humiliasti   sicut   uulneratum superbum in

earmon mægene þinum þu tostengtest fy[ ]   [ ]
brachio uirtutis tuę dispersisti   inimicos tuos.

   þine synd heofenas 7 þin is eorðe ymbhwyrft eorðan
12 Tui sunt cęli   et tua est terra orbem   terre

7 gefyllednesse his þu gestaðelodest   norðdæl 7
et plenitudinem eius tu fundasti   13 aquilonem et

sæ   þu gescope   on naman þinum
mare creasti.   Tabor et hermon in nomine tuo

hy upahebbað þinne earm   mid mihte   [ ]y ge-
exultabunt 14 tuum brachium cum potentia. Firmetur

8 þo: read þa or þe.   9 ymbhwyfte: read ymbhwyrfte.   10 genyðerodest: the glossator may have seen humiliasti in the line below (vs. 11) or
perhaps he took dominaris in apposition with humiliasti. gewylt: perhaps
for gewylc, as DF, but see BTD under gewæltan, e.g., gewælteno. prouo-
lutus, gewælte. aduoluit. The sense, 'boiling,' is apt in context, since the sea
is described as raging.   11 earmon: earm and on are separated because
of the high stroke of h in the lemma; the glossator may have seen in for
-io in the lemma at second glance.

219

trymed handa þine 7 si upahafen seo swyðre þin
    manus tua et exaltetur   dextera   tua [f.87ʳ]

    rihtwisnes 7 dom   gegearwun[ ] setl þin [ ]eort-
15 iustitia   et iudicium prꝗparatio   sedis tuꝗ. Miseri-

nes   7 soðfæstnes foregað ansyne þine   eadig
cordia et ueritas   precedent faciem tuam 16 beatus

folc   þe wat wyndream   drihten on leohte andwlitan
populus qui scit iubilationem. Domine in lumine uultus

þin hy gangað   7 on naman þinum hy blissiað ælce
tui ambulabunt 17 et in nomine tuo   exultabunt tota

dæg 7 on unrihtwisnesse þinre hy beoð upahafene   for-
die et in iustitia   tua   exaltabuntur.   18 Quo-

þam þe wuldor mægenes heora þu eart 7 on gecweminge
niam   gloria uirtutis   eorum tu es   et in beneplacito

þinre upahafen horne urum   forþam þe drihten
tuo   exaltabitur cornu nostrum. 19 Quia   domini

is andfenge   ure   7 haliges   cyninges ures
est assumptio nostra et sancti   israhel regis   nostri.

    þa   þu spræce is   on gesihðe haligum þinum 7
20 Tunc locutus   es   in uisione sanctis   tuis   et

þu cwæde ic asette fultum   on ricne   7 ic upahof
dixisti   posui   adiutorium in potente et exaltaui

gecorenes of folce minum   ic funde   þeowan
electum   de plebe mea.   21 Inueni   dauid seruum

---

17 *exultabunt:* cor. from *exal-*. *unrihtwisnesse:* lemma taken as if *iniustitia*.
19 *forþam þe:* RPs. *Quoniam. regis:* cor. from *reges.*   20 *es:* a final *t*
erased. *potente:* final *m* erased. *plebe mea:* cor. from *plebem meam;* note J
plebem meam.

minne ele haligum minum ic smyrede hine   handa
meum oleo sancto   meo   unxi   eum. 22 *M*anus

soðlice mine fylsteð   him 7 earm   min   gestrangað
enim   mea auxiliabitur ei   et brachi*um* meum confirmabit

hine   naht   ne fremað on him 7 bearn unrihtwisnesse
eum. 23 Nichil proficiat   in eo   et filius iniquitatis

non geycð   ne sceded hine   7 ic afylle fram ansyne
ne   apponat nocere   ei.   24 *E*t concidam a   faci*ę*

his   fynd   his 7 feogende l hatigende hine on fleam
ipsius inimicos eius et odientes   eum in fugam

ic gecyrre   7 soðfæstnes min 7 mildheortnes min mid
conuertam. 25 Et ueritas   mea et misericordia mea cum

him 7 on naman minum bið upahafen horn his   7
ipso et in nomine meo   exaltabitur   cornu eius. 26 Et

ic asette on sæ   handa   his 7 on flodum   þa swyran
ponam in mari manum eius et in   fluminibus dexteram

his   he   gecigde me fæder min beo þu [ ]
eius. [f.87^v] 27 Ipse inuoc*a*uit me pater meus es tu *deus*

min 7 andfenge hælo minre   [ ] ic   frumcennedne
meus et susceptor salutis me*ę*.   28 *E*t ego primogenitum

ic sette hine þam hyhstan for cyningum eorðan   on
ponam illum excelsum   pr*ę* regibus terr*ę*. 29 In

ecnesse ic healde him mildheortnesse [ ]   7 cyðnesse
*ę*ternum seruabo illi misericordiam mea*m* et testamentum

---

23 *Nichil proficiat in eo:* all of the OE psalters and the MSS cited in
Weber and *Biblia… Vulgatam* X read *Nihil proficiet inimicus in eo. ne sceded
hine. nocere ei: ei* changed from the GPs. *eum;* RPs. *nocebit ei.* 26 *swyran:*
read *swyðran.*

mine getrywum him   7 ic asette on worulda woruld
meum fidele   ipsi. 30 Et ponam   in seculum seculi

    his 7 heahsetl his swaswa dæg heofenas   gif
semen eius et thronum eius sicut   dies cęli.   31 Si

soðlice hy forlætað suna his   æ   mine 7 on domum
autem dereliquerint filii   eius legem meam et in iudiciis

minum ne   ongað   gif rihtwisnesse mine wem-
meis   non ambulauerint. 32 Si iustitias   meas pro-

mað I agælað 7 beboda   mine na ne healdað   ic
phanauerint et mandata mea non custodierint. 33 Visi-

neosige on gyrde unrihtwisnessa heora 7 on swingelum
tabo   in uirga iniquitates   eorum et in uerberibus

synna heora   mildheortnesse soðlice mine   ne
peccata eorum. 34 Misericordiam autem   meam non

ic tostrede fram him 7 na   ic scæðþe on soðfæstnesse
dispergam ab   eo   neque nocebo   in ueritate

minre   7 na   ic agæle I gewidlige* cyðnesse   mine
mea. 35 Neque profanabo   testamentum meum

7 þa þe forðgewitað of welerum minum ne ic do
et que   procedunt   de labiis   meis   non faciam

to bysmre I to* idele*   æne   ic swor on þam halgum
irrita.   36 Semel iuraui in sancto

minum gif ic dauide leoge   sæd his on ecnesse
meo   si   dauid mentiar 37 semen eius in ęternum

---

30 *semen:* not glossed; RPs. *sedem.*   35 *gewidlige*:* this gloss appears
only in G among the psalters and there are few citations of the word in
BTD & S; cf. WW 465.37: *gewidlian. profanare. faciam:* the second *a* is
unclear and appears to be changed from *e;* cf. J *faciem.*

222

wunað   7 setl   his swaswa sunne on gesihðe
maneb*it*. 38 Et thronus eius sicut   sol   in conspectu

min[ ] 7 swaswa mona fullfremed on ecnesse 7 gewita
me*o*   et sicut   luna perfecta   in ęternum et testis

on heof' getrywe   þu soðlice þu anyddest 1 awe[ ]drife
in cęlo fidelis. 39 *T*u uero   reppulisti

7 forhogodest þu yldest crist   þinne   [ ]
et dispexisti *di*stulisti christum tuum. [f.88ʳ] 40 *Euertisti*

cyðnessæ   þeowe: [ ]ines þu gew[ ] [ ] eorðan haligdom
testamentum serui tui   propha*n*asti in terra sanctua-

        his   [ ]u towurpe ealle hegas his þu settest
rium eius. 41 *D*estruxisti omnes sepes eius posuisti

        his fyrhto   hi reafodon hine ealle
firmamentum eius formidinem. 42 *D*iripuerunt eum omnes

oferfarenne weg geworden is hosp   neahgeburum
transeuntes uiam factus   est obprobrium uicinis

his   þu upahofe þa swyðran ofþriccendra hin[ ]
s*uis*. 43 Exaltasti dexteram   deprimentium e*um*

þu blissodest ealle fynd his   þu acyrdest fultum
letificasti   omnes inimicos eius. 44 *A*uertisti   adiuto-

        sweordes his 7 n[ ] [ ] gefylsteð him on gefeohte
rium gladii   eius et non es auxiliatus ei in bello.

        þu towurpe hine fram clænsunge   7 setl   his on
45 *D*estruxisti eum ab   emundatione et sedem eius in

eorðan þu forgnide 1 þu* gecnysedest*   þu wanodest
terra collisisti.   46 Minorasti

dagas tide   his þu þurhgute hine gedrefednesse
dies temporis eius perfudisti eum confusione.

41 *firmamentum*: not glossed; RPs. *munitiones*.

223

hu lange driht   þu awendest ł þu awændst on ende
47 Vsquequo domine auertis   in finem

byrnð ł onb[ ]eð*   swaswa fyr   yrre   þin   gemun
exardescet   sicut   ignis ira   tua. 48 Memorare

hwylc min sped   ac la   soðlice on gemear' ł idellice*
quę   mea substantia nunquid enim   uane

þu gesettest ealle   suna ł bear[ ] manna   hwilc is
constituisti omnes   filios   hominum. 49 Quis est

mann þe leofað 7 na   gesyhð deað   nerat sawle
homo qui uiuet   et non uidebit mortem eruet animam

his   of handa helle   hwær synd mildheortnesse þine
suam de manu inferi. 50 Vbi sunt   misericordię   tuę

ealde   drihten swaswa þu swore   on soðfæstnesse
antique domine sicut   iurasti   dauid in ueritate

þine   gemyndyg beo þu drihten hospes   þeowra
tua. 51 Memor   esto   domine obprobrii seruorum

þinra   þonne ic behæfde on bearme minan   mænegra
tuorum quod continui   in sinu   meo   [f.88ᵛ] multarum

þeoda   þonne þæt edwitendan   fynd   þin[ ]
gentium. 52 Quod   exprobauerunt inimici tui

[ ]   þonne þæt edwitendan   gehwearf ł ongewende[ ]
domine quod   exprobrauerunt commutationem

cristes þines   gebletsod sy drihten on ecnesse sy
cristi tui. 53 Benedictus   dominus in ęternum fiat

[ ]
fiat.

---

47 *auertis:* cor. from *auertes;* the same correction is made in IK.
48 *nunquid:* changed from *num-.*   52 *exprobauerunt:* read *exprobra-.*

89

lxxxuiiii. Oratio moysi hominis dei aecclesia laudis
gratias agit deo uox apostolo*ru*m

	drihten	frofer	geworden	is	us	on	cynrene
1	*D*omine	refugium	factus		es nobis	in	generatione

7 cynrena   ærðam   muntas þe wæron 7 wære
et generationem. 2 Priusquam montes fierent   et forma-

getrymed eorðe 7 ymbhyrhtes fram worulde 7 oð
re*tur*   terra et orbis   a   seculo   et usque

on worul[ ] þu eart god   ne acyr þu mann   on
in seculum tu es   deus. 3 Ne auertas   hominem in

genyðerunge 7 þu cwæde gecyrrað ł gehwyrfað bearn
humilitatem et dixisti   conuertimini   filii

manna   forþam þe þusend geara beforan eagan þine
hominum. 4 *Q*uoniam mille   anni   ante   oculos tuos

swaswa   dæg gyrstan þe   forðsceoc ł fo[ ] 7 heordnes
tamquam dies hesterna quę pręteri*it*.   Et custodia

on niht   þe for nahte synd hæfde heora gear beoð ł
in nocte 5 que pro nichilo habentur   eorum anni erunt.

synd   on mergen swa wyrt gewiteð on mergen bloweð
    6 Mane   sicut herba transeat mane   florea*t*

7 farað   on æfen afylð onastiðað 7 adrugað   forþon
et transeat uespere decidat induret et arescat. 7 *Q*uia

we geteorodon on yrre þinum 7 on hatheortnesse þ[ ]
defecimus   in ira   tua   et in furore   tuo

---

89. 2 *þe wæron:* þe is misplaced and should follow *ærðam. wære
getrymed:* RPs. *firmaretur. ymbhyrhtes:* read *ymbhwyrftes.*

225

gedrefede   we synd   þu asettest   unrihtwisnessa ure
turbati   sumus.   8 Posuisti   iniquitates   nostras

on   gesihðe   [ ]   woruld   ure   on   alyhtnesse
in   conspec*tu* *tuo* seculum nostrum in   inluminatione

andwlitan þines   [ ]rþam þe ealle   dagas [ ]re geteorodon
*u*ultus   tui. 9 *Quoniam*   omnes dies *nos*tri defecerunt

ł asprungon*   [ ] [ ] [ ] [ ] we geteorodon [ ]
                [f.89ʳ] *et in   ira tua* defecimus.   *Anni*

[ ]e   swaswa ren ł grytta hy smeadon   [ ] geara
*n*ostri sicut   aranea   meditabuntur 10 *dies* annorum

ura   on þam hundseofo[ ] gearum [ ] soðlice on
nostrorum in ipsis septua*ginta*   annis. *Si* autem in

anwealdum hundeahtatig geara [ ] [ ]   heora geswinc
potentatibus octoginta   ann*i* et amplius eorum labor

7   sar   forþam þe ofercom   manhwærnesse 7 we
et dolor. Quoniam superuenit mansuetudo   et corri-

beoð geþread   hwilc tacn anweald   yrres þines
piemur.   11 *Q*uis nouit potestatem ir*ę*   tu*ę*

7 for ege   þinum yrre þin   getellan   þa swiðran
et pr*ę* timore tuo   iram tuam 12 dinumerare. *D*exteram

þine swa cuðe do 7 gelærede heortan on wisdome
tuam sic notam fac et eruditos corde in sapientia.

    gecyr   drihten hu lange 7 bentiðe   beo þu
13 *C*onuertere domine usquequo et depr*ę*cabilis esto

---

9 *ren:* as J; cf. D *renge*.   10 *manhwærnesse:* read *-þwærnesse*.   11 *tacn:*
the glossator may have confused *nouit* with *nota*, esp. because *notam* appears
in the next vs. *tacn* glosses *signum* elsewhere (see BTD) and *signum* is a
glossary equivalent of *nota*, as CGL IV.391.25. Less plausibly, Lindelöf
(1904) suggests, "*nachlässiges abschreiben von* cann."

226

ofer   þeowan   þine   gefylled   we synd on   mergen
super   seruos   tuos. 14 Repleti   sumus   mane

on mildheortnesse þinre 7 we blissodon 7 we gelustfullodon
misericordia   tua   et exultauimus et delectati sumus

on eallum   dagum urum   gelustfullade we synd for
in omnibus diebus nostris. 15 Letati   sumus   pro

dagum on þam us þu geeaðm[ ] gearum on þam we gesan
diebus quibus nos humiliasti   annis   quibus uidimus

yfelu   geloca   on þeowan þinum 7 on weorca þin 7
mala. 16 Respice in seruos   tuos   et in opera   tua et

gere[ ] bearn heora   [ ] sig beorhtnes drihtnes godes
dirige filios eorum. 17 Et sit splendor domini dei

ures ofer us 7 weorc handa   ure   rece ofer
nostri super nos et opera manuum nostrarum dirige super

us 7 weorc handa   ure   gerece
nos et opus manuum nostrarum dirige.

90

xc. Iste psalmus profitetur unum quemque diuina
uallari protectione

se   ear[ ] on fultume þæs hyhst[ ]   [ ] [ ]
1 Qui habitat in adiutorio altissimi   [f.89ᵛ] in protec-

godes heofen:[ ] [ ]   he cweð drihten
tione dei cęli   commorabitur. 2 Dicet   domino

andfenge [ ]n [ ]   [ ] 7 frofer   min god min
susceptor meus es   tu   et refugium meum deus meus

────────────

15 *gesan:* probably for *gesawon.*

ic [ ]   on hine ł on þe   forþam þe he   alysde (ł gefreoð)
sperabo in eum.   3 Quoniam ipse liberauit

me of gr[ ]ne huntigendra 7 fram worde wiðerweardum
me de laqueo uenantium   et a   uerbo aspero.

    on eahslum his he sceaðewode þe [ ] [ ] fyðerum
4 Scapulis   suis obumbrabit   tibi et sub pennis

his þu hihst of cyllde ymbsylð   þe soðfæstnes his
eius sperabis. 5 Scuto   circumdabit te ueritas   eius

ne þu ondrædest fram ege   nihtlicum   fram flane
non timebis   a   timore nocturno. 6 A   sagitta

fleonde on dæge fram gestreone ł fram [ ] gangendum
uolante in die a   negotio   perambulante

on þystrum fram onræse 7 deofle   suþernum hy feallað
in tenebris ab incursu a demonio meridiano. 7 Cadent

fram sidan þinre þusend 7 tyn   þus[ ] fram swiþrum
a   latere tuo mille   et decem milia a   dextris

þinum to þe soðlice ne genealæceð   þeah hwæðere
tuis   ad te autem non appropinquabit. 8 Verumptamen

eagan þine þu besceawast 7 eadlean   synna
oculis tuis considerabis   et retributionem peccatorum

þu gesyh[ ]   forþam þe þu eart drihten hiht ł hopa min
uidebis.   9 Quoniam   tu es   domine spes   mea

heah[ ]   þu gesettest frofer   þin   ne nealæceð
altissimum posuisti   refugium tuum. 10 Non accedet

---

90. 2 on þe: var. *in te.*   **4 Scapulis:** initial s on margin and unclear,
but it appears to be a later change, probably from the var. *In scapulis,* and
hence the gloss. **sceaðewode:** read *sceadewode.*   **5 cyllde:** read *scyllde.*
6 a demonio: changed from *et demonio,* hence 7 in the gloss.   **7 a dextris:**
cor. from *ad dextris;* J reads *ad.*   **10 accedet:** changed from *accendent.*

to þe yfel   7 swyngel ne genealæcð   eardungstowe
ad te malum et flagellum non appropinquabit tabernaculo

þi[ ]   forþam þe englum his god bebead   be [ ]
tuo. 11 Quoniam   angelis   suis deus mandauit   de te

þæt hy healdon þe on eallum   wege þinum.   [ ] handum
ut   custodiant te in omnibus uiis tuis.   12 In manibus

hy berað þe þelæs   þu ofspurne æt stane   [ ]   þine
portabunt te ne forte offendas   ad lapidem pedem tuum.

          ofer   næddran 7 fahwyrm þonne þu gæst
[f.90ʳ] 13 Super aspidem et basiliscum   ambulabis

7 þu fortredest leon   7 dracan   forþam þe on
et conculcabis   leonem et draconem. 14 Quoniam   in

me he hihte ic alyse hine ic gescylde hine forþam þe
me sperauit liberabo eum protegam   eum quoniam

he oncweow nama   minne   he clypede to me 7 ic gehyre
cognouit   nomen meum. 15 Clamauit ad me et exaudiam

hine mid him ic eom on geswynce   ic generige hine 7
eum cum ipso sum   in tribulatione. Eripiam   eum et

ic gewuldrige hine   langnesse   daga   ic gefylle hine
glorificabo   eum 16 longitudine dierum replebo   eum

7 ic oðywe him hælo   mine
et ostendam illi   salutare meum.

---

13 fahwyrm: Wildhagen (in ed. of C) incorrectly collates fagwyrm. þonne
is explained by the MS separation of basilis — cum; cf. J næddran mid.
14 oncweow: read oncneow.

229

91

xci. Psalmus cantici Dauid in die sabbati uox aecclesiae

god   is   andettan driħt   7 singan naman þinne
2 Bonum est confiteri domino et sallere nomini tuo

þæs hyhstan   to bodianne   on merigen mildheort-
altissime.   3 Ad annuntiandum mane   miseri-

nesse   þine   7 soðfæstnesse þine þurh niht   on
cordiam tuam   et ueritatem   tuam per noctem. 4 In

tynstrengendum saltere   mid cantic on hearpan ł on
decacordo   psalterio cum cantico in cythara.

citran*   forþon þu gebliðgodest me driħt   on geweorce
      5 Quia   delectasti   me domine in factura

þinum 7 on weorcum handa   þinra   ic blissige   hu
tua   et in operibus manuum tuarum exultabo. 6 Quam

gemicclode synd weorc þin [ ]   swyðe deope   ge-
magnificata sunt opera tua domine nimis profunde facte

wordene synd geþoh[ ]   þin[ ]   wer unwis   ne
         sunt cogitationes tuę.   7 Vir insipiens non

oncnawað 7 disig ne ongyt   þa   þonne upasprytte
cognoscit et stultus non intellegit hęc. 8 Cum   exorti

hy beoð synfylle   swaswa he[ ] 7 ætteowdon ealle
fuerint peccatores sicut fenum et apparuerint omnes

þa þe weorcað   [ ]rihtwisnesse þæt hyg forwurþan
qui operantur [f.90ᵛ] iniquitatem.   Vt intereant

---

91. 3 *merigen:* read *mergen.*   4 *decacordo:* final *o* changed from *a.*
8 *synfylle:* read *synfulle.*

on worulda woruld þu soðlic[ ] þe hyhsta on ecnesse
in seculum seculi 9 tu aut*em* altissimus in eternum

driħt forþam þe on gesihðe fynd þine driħt
domine. 10 *Q*uoniam ecce inimici tui domine

forþam efne fynd þine forwyrðað 7 beoð gedrefe[ ]
quoniam ecce inimici tui peribunt et dispergent*ur*

ealle þa þe wyrcað unrihtwisnesse 7 bið upahafen
omnes qui operantur iniquitatem. 11 Et exaltabitur

swaswa anhyrnede horn [ ] 7 yld min on mild-
sicut unicornis cornu m*eum* et senectus mea in miseri-

heortnesse geniht[ ] [ ] g[ ]seah eagan mine fynd
cordia uber*i*. 12 Et despexit oculus meus inimicos

mine 7 onarisende on me wyrgende gehyrde earan
meos et insurgentibus in me malignantibus audiet auris

mine rihtwis swaswa twyg bloweð swaswa cedarbea[ ]
mea. 13 Iustus ut palma florebit ut cedrus

beam gemænigfylled (1 gemonifealdod) plantode on
libani multiplicabitur. 14 *P*lantati in

huse driħt on cafertunum huses godes ures blowað
domo domini in atriis dom*us* dei nostri florebunt.

nugyt bið gemænifylled on ylde genih[ ] 7 wel
15 *A*dhuc multiplicabuntur in senecta uber*i* et bene

---

11 *mea:* cor. from *meam.* 12 *despexit:* changed from *dis-.* 13 *beam.*
libani: gloss probably induced by the preceding *cedarbea*[ ], but cf. FI
holtes and Rolle, " . . . the rote of the palme is sharpe, but the *braunchys*
ere fayere as cedire of liban."

231

þyldigende hy be   þæt hy cyðað   forþam þe rihtwis
patientes   erunt 16 ut annuntient. *Q*uoniam   rectus

is driħt   god ure   7 nan is unrihtwisnes on him
dominus deus noster et non est iniquitas   in eo.

92

xcii. Laus cantici Dauid pro assumtione matutina de
regno Christi

drihten   ricsode   wlite   ongescy[ ]d is   ongescynd
1 *D*ominus regnauit decorem indu*tus*   est indutus

is   driħt   strænðe   7 he begyrde hine 7 soðlice
est dominus fortitudin*em* et precincxit se.   Etenim

he getrymede ymbhwyrft eorðan þe ne   bið astyrad
firmauit   orbem   terre qui no*n* commouebitur.

[ ]eara setl   þin of syþþan fram worulde þ[ ] [ ]
2 *P*arata sedes tua ex tunc a   sęculo t*u*   es. [f.91ʳ]

upahofon   flodas   driħt   upa[ ]o[ ] flodas stefne
3 *E*leuauerunt flumina domine eleuaue*runt* flumina uocem

hyra upahofon   flodas yða   hyra   fram stæfnum
suam. Eleuauerunt flumina fluctus suos 4 a   uocibus

wætera   manigra   wuldorlicra ahafennessa sæ   wuldorlic
aquarum multarum. *M*irabilis   elationes   maris mirabilis

on heanessum driħt   cyðnessa þine geleafullicra
in altis   dominus. 5 *T*estimonia tua   credibilia

---

15 *hy be:* for *hy beoð?*   16 *rihtwis is:* RPs. *iustus est;* cf. I *is rihtwis,* with
est in the margin.

92. 1 *ongescynd:* read *ongescyrd.*   2 A word erased between *tua* and
ex; RPs. *tua deus ex.*   3 *hyra:* RPs. *suas.*   4 *manigra:* a slight curl
at top of *i*, perhaps to change to *e.* First *mirabilis:* it appears as if *-is* is
changed from *-es* by erasure of *e*, or *-is* changed to *-es* by scratching *e* over *i;*
-es is correct.

gewordene synd swiðe hus þin gerisað halige
facta sunt nimis domum tuam decet sanctitudo

drihten on longsumnesse (ł on lenge) daga
domine in longitudinem dierum.

93

xciii. ipsi Dauid psalmus quarta sabbati uox ęcclesię
ad dominum de Iudeis

   god wraca drihten god wraca frealice dyde
1 Deus ultionum dominus deus ultionum libere ęgit.

   upahefe þu þe demst eorðan agyld eadlean
2 Exaltare qui iudicas terram redde retributionem

ofermodum hu lange synfulle driht hu lange
superbis. 3 Vsquequo peccatores domine usquequo

synfulle wuldriað hig speliað 7 sprecað un-
peccatores gloriabuntur. 4 Effabuntur et loquentur ini-

rihtwisnesse hy sp[ ] ealle þa þe wyrcað unrihtwis-
quitatem loquentur omnes qui operantur iniustitiam.

nesse folc þin drihten hy nyðerodon 7 yrfew[ ]
5 Populum tuum domine humiliauerunt et hereditatem

þin hy drehton wudewan 7 wreccan hy ofslogon 7
tuam uexauerunt. 6 Viduam et aduenam interfecerunt et

steopcild hy acwealdon (ł acwealde) 7 hy cwædon ne
pupillos occiderunt. 7 Et dixerunt non

gesyhð driht ne ongyteð god (iacobes) ongytað
uidebit dominus nec intellegit deus iacob. 8 Intellegite

5 halige: RPs. sancta.
    93. 4 iniustitiam: -iustitiam by contemporary hand B.   5 drehton: an
apostrophe-like mark appears above h.

unwise   on folce   7   dy[ ]   æt suman cyrre
insipientes in populo et stulti aliquando   sapite.

   se þe plantade eare   he ne gehyrð oððe se
9 Qui   plantauit aurem non audiet   aut   qui [f.91ᵛ]

[ ]   eagan   na he besceawað   se þe þreað   ðeoda
fincxit oculum non considerat.   10 Qui   corripit gentes

ne   nyrweð se þe lær[ ] ealle menn ingehyd ł wisdom
non arguet qui   docet hominem   scientiam.

   drihten   wa[ ] geþohtas   manna   forþam þ[ ]
11 Dominus scit   cogitationes hominum quoniam

ydele hy synd   eadig   mann þonne þu lærst   driħt
uane sunt.   12 Beatus homo quem tu erudieris domine

7 of æ æ þinre þu lærst hine   [ ] þu gemil:sige him
et de lege tua   docueris eum. 13 Vt mittiges   ei

fram dagum yfelum oð   beo adolfen þam synfullan
a   diebus malis donec fodiatur   peccatori

seað   forþam þe ne anydeð driħt   folc   his
fouea. 14 Quia   non repellet dominus plebem suam

7 yrfewerdnesse his ne he forlæteð   oð hwæt
et hereditatem   suam non derelinquet. 15 Quoadusque

rihtwisnes bið gecyrred on dom   7 þa wið   hy
iustitia   conuertatur in iudicium et qui iuxta illam

ealle þe rihte synd heortan   hwylc ariseð   me
omnes qui recto sunt corde. 16 Quis consurget mihi

ongean   awyrgede ł þæt awyrgenda: oððe hwilc
aduersus malignantes   aut   qui   stabit

10 *ealle menn: ealle* is a free translation.   14 *forþam þe:* RPs. *Quoniam.*
15 *iustitia:* cor. from *-iam.*

234

mid   me   ongean   þa   wyrcendan   unrihtwisnesse   nim
mecum   aduersus   operantes   iniquitatem.   17 *Ni*si

forþon þe driħt   gefylst me forneah lytle   heo eardode
quia   dominus adiuuit me paulo   min*us* habitauit

on helle   sawle mine   if ic wæs astyred is fot min
in inferno anima mea. 18 *Si* dicebam motus est pes meus

mildheortn[ ] þin driħt   togefylsteð me   æfter
miseric*ordia*   tua domine adiuuabat   me. 19 *S*ecundum

mænigeo   sara   minr[ ] on heortan minre frofra
multitudinem dolorum meoru*m* *i*n corde   meo   consola-

        þine geblissodon sawle   mine   [ ]yst þu
tiones tuę   letificauerunt animam meam. 20 *N*umquid

geþeodeð þe setl   unrihtwisnesse [ ] hywast sara
adheret tib*i* sedes iniquitatis   *qui* *fingis* laborem

on bebode   [ ]hæftað ł foð on sawle   þæs riht
*i*n precepto. [f.92ʳ] 21 *C*aptabunt   in animam iusti

rihtwisnes [ ] [ ]   unscyldig ł unsceððende hy
       et   sangui*nem* innocentem   con-

generiað ł genyðeriað   7   geworden is   me   drihten
*de*mpnabunt.   22 Et factus   est mihi dominus

on frofre   7 god min on fultume   hihte minum
in refugium et deus meus in adiutorium spei meę.

17 *nim:* for *nimþe? anima mea:* cor. from *animam meam;* J *animam meam.*
18 *ic wæs:* gloss not completed; the glossator may have seen *dicebar* or
-bor, noticed his error before finishing the gloss, and not hesitated to erase,
or before completing a gloss ic . . . , he may have jumped forward to
motus es. 20 *laborem:* over erasure, probably of RPs. *dolorem.* Cf. I *laborem. sarnesse;* FJK *dolorem.* 21 [ ]*hæftað: -ft-* appears in microfilm, but
is no longer in the MS. *-ap-* in *Captabunt* and *un-* in *unscyldig* appear
on a fragment mismounted on top-right of f.92ᵛ. *generiað ł genyðeriað:* the
second gloss appears to be a correction of the first.

235

⁊ agyld him unrihtwisnesse heora   ⁊   on yfelnesse
23 Et reddet illis iniquitatem   ipsorum et in malitia

heora forleoseð ꝉ tostredeð hy   forleoseð hy   drihten
eorum disperdet   eos disperdet illos dominus

god ure
deus noster.

94

xciu. Propheta inuitat populos ad psalmodiam

cumað uton blissian drihtene [ ]ton dryma[ ] gode
1 Venite exultemus   domino iubilemus   deo

halende urum   we ocþriccen ansyne his on andetnesse
salutari nostro. 2 Preoccupemus faciem eius in confessione

⁊ on sealmum we dryman him   forþon þe god micel is
et in psalmis iubilemus ei. 3 Quoniam deus magnus

drihten ⁊ [ ] mære ofer ealle godas   forþam þe
dominus et rex magnus super omnes deos. 4 Quia

on handa his endas eorþe ⁊ heahnes[ ] munta his
in manu eius fines terre et altitudines montium ipsius

synd forþon þe his is sæ ⁊ he worht[ ]
sunt. 5 Quoniam ipsius est mare et ipse fecit

[ ] ⁊ þa drigan handa his gescopan   cumað
illud et sicca   manus eius formauerunt. 6 Venite

uton gebiddan ⁊ uton aþénian ⁊ w[ ] beforan
adoremus   et procidamus et ploremus ante

---

94. 2 ocþriccen: c induced by lemma; read ofþriccen.   3 micel is:
RPs. var. magnus est.   4 forþam þe: RPs. var. Quoniam.

236

driht þe worhte us forþam þe he is god ure
dominum qui fecit nos 7 quia ipse est deus noster.

7 us folc fostornoðes his 7 sceap handa [ ]s
Et nos populus pascuę eius et oues manus eius

todæg gif stefn his ge gehyrað nelle ge ahyrdan heortan
8 hodie si uocem eius audieritis nolite obdurare corda

eowre swaswa on aheardian æfter dæge [ ]stnunga
uestra. 9 Sicut in irritatione secundum diem *temptationis*

on westenne [ ] [ ]tnodon me fæderas eow[ ]
*in d*eserto. [f.92ᵛ] *Vb*i temptauerunt me patres uestri

hy fandodon 7 gesawon weorc m[ ] feowertigum
probauerunt et uiderunt opera mea. 10 Quadraginta

gearum ætspurnen ic wæs cneorisse him 7 ic cwæð
annis offensus fui genera*ti*oni illi et dixi

æfre ge dweliað heortan 7 þas ne oncneowon
semper errant corde. 11 Et isti non cognouerunt

gegas mine swa ic swor on yrre minum gif him ingang
uias meas ut iuraui in ira mea si intrabunt

on reste minre
in requiem meam.

---

7 *forþam þe:* RPs. var. *quoniam.* 9 *aheardian:* cf. BTS under *ahirdan:*
þæt yfel hiora unrihtwisnesse hie hæfð ðonne git ahirde. quos malitia suae
impietatis exasperat. *exasperatus* is glossed by *inritatus* at CGL IV.71.50,
and in OHG *exasperare* is glossed by *harten,* Diefenbach I. *westenne:* second
n added by same hand. *eow*[ ]: only *w* now in MS, but *eow* appears in microfilm. 10 *ge dweliað: ge* for *hi?* 11 *gegas:* read *wegas. him:* read *hi.*

95

xcu. Commonet propheta fideles cantare domino

singað   driħt   cantic   niwne singað driħt   ealle
1 Cantate domino canticum nouum cantate domino omnis

eorþan [ ]gað drihtne 7 bletsiað   naman his bodiað
terra. 2 Cantate domino et benedicite nomini eius annun-

      of dæge on dæg hælend his   bodiað   betweox
tiate de die   in diem salutare eius. 3 Annuntiate inter

þeodum wuldor his on eallum   folcum wundra   his
gentes gloriam eius in omnibus populis mirabilia eius.

   forþam þe micel is drihten   7 herigendli[ ] swyðe
4 Quoniam   magnus dominus et laudabilis   nimis

aþreclic 1 egeslic is ofer ealle gode   forþam þe ealle
terribilis   est super omnes deos. 5 Quoniam omnes

godas þeoda   woddreamas 1 de[ ] driħt   soðlice heofenas
dii   gentium demonia   dominus autem cęlos

dyde 1 worhte   andetnes 7 fægernes   on gesihðe
fecit.   6 Confessio et pulchritudo in conspectu

his halignes   7 micclungga on halignesse his
eius sanctimonia et magnificentia in sanctificatione eius.

   bringað driħt   eþelas þeoda   bringað drihtne wuldor
7 Adferte domino patrie gentium adferte domino gloriam

7 arwurþunga   bringað driħt   wuldor naman his
et honorem   8 adferte domino gloriam nomini eius.

95. 4 *micel is: is* probably induced by the MS separation *mag—nus;*
nus taken, on second glance, as *est.*   5 *de*[ ]: cf. J's gloss (!), *demonia.*

adoð upene dura   7 ingað   on cafertunas his   gebiddað
*T*ollite   hostias et introite in atria   eius 9 adorate

drihten   on cafertune halige his   sy astyred   fram
dominum in atrio   sancto eius. *C*ommoueatur affacie

ansyne his eall   [ ]   [ ]   on þeodum
        eius *u*niuersa *terra* [f.93ʳ] 10 *d*icite in gentibus

forþam þe driħt   r[ ]   7 soðlice he gerehte ymbhwyrft
quia   dominus regnauit. *E*tenim correxit   orbem

eorðan þe ne bið astyred   he demeð folce   on efen-
terrę   qui non commouebitur iudicabit populos in equi-

nesse   blissian on heofenan 7 upahebbe eorðan sy
tate. 11 *L*etentur cęli   et exultet   terra   com-

astyred   sæ   7 gefyllednes his   hy blissiað fel[ ]s
moueatu*r* mare et plenitudo   eius 12 gaudebunt campi

7 ealle þe on him synd þonne blissiað   ealle   treowa
et omnia que in eius sunt. *T*unc exultabunt omnia ligna

wuda   beforan ansyne driħt   forþon com forþam
siluarum 13 a   facie   domini quia   uenit quoniam

þe he com dema   eorðan   he demð ymbhwyrft eorðan
    uenit   iudicare terram. *I*udicabit orbem   terrę

on efennesse 7 folc   on soðfæstnesse his
iniquitate   et populos in ueritate   sua.

---

8 *upene: u* appears to be changed to *o*, so perhaps read *opene*.   12 *eius:*
read *eis*.   13 *beforan:* RPs. *ante. iniquitate:* read *in equitate;* the glossator
avoided the error.

96

xcui. Psalmus Dauid predicat propheta uirtutes domini
post resurrectionem

driht   ricsode   gefægnige eorðan blissiað on igland
1 Dominus regnauit exultet   terra   lętentur insule

mænigeo genipu 7 þicnes on ymbhwyrfte his rihtwisnes
multe.   2 Nubes et caligo in circuitu   eius iustitia

7 dom   gerecednes setles his   fyr   beforan him
et iudicium correctio sedis eius. 3 Ignis ante   ipsum

forgæd   7 onæleð   on ymbhwyrfte fynd   his
precedet et inflammabit in circuitu   inimicos eius.

onlyhton   ligræscas his ymbhwyrfte eorðan ges[ ] 7
4 Adluxerunt fulgora   eius orbi   terrę uidit et

gedrefed is eorðe   muntas swaswa weax fleowon of
commota est terra. 5 Montes sicut   cera fluxerunt a

ansyne driht of ansyne driht ealle eorðan bodedon
facie domini a facię domini omnis terra. 6 Annuntiauer-

     heofenas rihtwisnesse his   7 hy gesawo[ ] ealle
unt cęli   iustitiam   eius et uiderunt   omnes

folc wuldor his   asceamigen ealle þe gebiddað
populi gloriam eius. 7 Confundantur omnes qui adorant

deofolg[ ]   [ ] wuldriað on deofolgyldum he[ ]
sculptilia [f.93ᵛ] qui gloriantur in simulacris   suis.

gebiddað him ealle englas his   he gehyrd[ ] 7 geblissod
Adorate eum omnes angeli eius 8 audiuit   et lętata

---

96. 4 onlyhton: RPs. Inluxerunt.

is 1 geblissigende wæs   7 fægnedon 1 gefeogon dohtra
est   sion. Et exultauerunt   filię

1 dohtor iudan for   [ ]omum þinum driħt   forþam þe
     iudę propter iudicia tua   domine. 9 Quoniam

þu drihten se hyhsta ofer ealle   eorðan swyðe upahafen
tu dominus altissimus super omnem terram nimis exal-

þu   eart ofe[ ] ealle   godas   ge þe lufiað   drihten
tatus es   super omnes deos. 10 Qui diligitis dominum

hatiað yfel   gehilt   driħt   sawla halgena   his
odite   malum custodit dominus animas sanctorum su*orum*

of handa synfulra   he alyseð hy   leoht asprungen
de manu peccatorum liberabit eos. 11 *L*ux   orta

is rihtwisum 7 riht heortan blis   blissiað rihtwise
est iusto   et rectis corde   lętitia. 12 Letamini iusti

on driħt   7 anddettað gemynde halignesse   his
in domino et confitemini memorię sanctificationis eius.

97

    xcuii. Laus cantici Dauid uox aecclesie ad dominum
       et ad apostolos ait

  singað   drihten cantic   niwne   forðon þe wundra
1 Cantate domino cantic*um* nouum quia   mirabilia

he dyde 1 worhte hælde   þe seo swyðre his 7 earm
fecit.   *S*aluauit sibi dextera   eius et brachium

halig his   cuðe   dyde drihten hælo   his   on
sanctum eius. 2 Notum fecit dominus salutare suum in

---

11 *rectis:* changed from *rectos;* the *i* written inside the *o*.

gesihðe　　þeoda　　onwreah rihtwisne[ ] [ ]　　　gemyndig
conspectu gentium reuelauit iustitiam　　sua*m*. 3 Recordatus

he is mildheortnesse his　7　soðfæstnes[ ] his huses
est　　misericordię　　suę et ueritati*s*　　　suę domui israhel.

[ ]y gesawon ealle　　gemearu eorðan hælo　　　god[ ] ure
*V*iderunt　　　omnes termini terrę　　salutare dei　　　nostri.

　　drymað driħt　　ealle　　eorðan singað　[ ] blissiað　7
4 Iubilate　domino　omnis　terra　　cant*ate et ex*ultate　et

singað　　　　　singað driħt　　on hearpan on hearpan
psall*i*te. [f.94^r] 5 *P*sallite domino　in　cythara　in　cythara

7　stefne sealmes　　　on bymum gelædendlicum　7　stefne
et uoce　psalmi　6　in　tubis　　ductilibus　　　et uoce

byman hyrnenre drymað on gesihðe　　cyninges　drihtnes
tube　　corneę.　Iubilate in　conspectu regis　　domini

　　sy astyr[ ]d sæ　　7 gefyllednes his　ymbhwyrft eorðena
7 moueat*ur*　　mare et plenitudo　eius orbis　　　terrarum

7　þa þe eardiað　on hyre　　flodas　　(plegeað Ꝉ) gefeoð
et qui　　habitant in eo.　8 *F*lumina　　　　plaudent

hand　samod Ꝉ ætgædere muntas hi blissiað　　beforan
manu　simul　　　　　montes　exultabunt　9　a

ansyne　　driħt　forþam　þe　he com deman　eorðan
conspectu domini quoniam　　　uenit　　iudicare terram.

he demð ymbhwyrft eorðena　on rihtwisnesse 7　folc
Iudicabit orbem　　　terrarum in iustitia　　et populos

on efennesse
in ęquitate.

　　97. 4 *Iubilate:* initial minuscule *i* in black changed to majuscule in
red.　　**9** *beforan:* RPs. *ante.*

98

xcuiii. Psalmus ipsi Dauid quando terra eius restituta
est uox ęcclesię de aduentu domini

    drihten   he ricsode yrsian   folc   þu þe sittest
1 Dominus regnauit   irascantur populi qui   sedes

ofer   beoð astyred eorðan   drihten
super cherubin moueatur   terra. 2 Dominus in sion

micel 7 heah   ofer   eall   folc   andettan
magnus et excelsus super omnes populos. 3 Confiteantur

on naman þinum micclum forþam þe egeslicum 7 haligum
nomini   tuo   magno   quoniam   terribile et sanctum

is   7 wurðmynt cy[ ] dom   he lufað þu gearwodest
est 4 et honor   regis iudicium diligit. Tu parasti

rihtinga   dom   7 rihtwisne[ ] [ ] iacobes þu dydest
directiones iudicium et iustitiam   in iacob tu fecisti.

   upahebbað driht   god   ure   7 gebiddað scamul
5 Exaltate   dominum deum nostrum et adorate   scabellum

fota   his   forþon þe halig   is   on
pedum eius quoniam sanctum est. 6 Moyses et ááron in

preosttum l on biscopum his [ ]   betweox
sacerdotibus   eius et samuel [f.94ᵛ] inter

hym þ[ ] gecig[ ] naman h[ ] hy cigdon drihten 7
eos qui inuocant nomen eius. Inuocabant dominum et

he gehyrde   hy   on swere   gen[ ]pes he spræc
ipse exaudiebat eos 7 in columpna nubis   loquebatur

to him hy geheoldon cyðnessa his 7 bebod   se þe
ad eos. Custodiebant testimonia eius et preceptum quod

243

sealde him   drihten god ure   þu gehyrdest hy god
dedit illis. 8 Domine deus noster tu exaudiebas eos deus

þu gemiltsod   þu þære him 7 wreccende on eallum
tu propitius   fuisti   eis et ulciscens in omnes

afundennessum 1 afundennes heora   upeheobað drihten
adinuentiones   eorum. 9 Exaltate   dominum

god ure   7 tobiddað on munte halgan his   forþam þe
deum nostrum et adorate in monte sancto eius quoniam

halig is driht   god ure
sanctus dominus deus noster.

99

xcuiiii. Psalmus Dauid uox apostolorum ad populum

drymað drihtne ealle   eorðan [ ]   drihtne on blisse
2 Iubilate domino omnis terra   seruite domino in lętitia.

[ ]gað on gesihðe   his on bliðnes[ ]   witað forþam
Introite in conspectu eius in exultatione. 3 Scitote quo-

þe drihten he is g[ ] he worhte us 7 na we sylfe
niam dominus ipse est deus ipse fecit   nos et non ipsi

us folc   his 7 sceap fostornoðes his   ingað
nos. Populus eius et oues pascue   eius 4 introite

gatu his on anddetnesse cafertunas his on ymenum
portas eius in confessione atria   eius in hymnis

---

98. 8 *þære:* read *wære*.   9 *upeheobað:* the letters of this word are
very unclear because of a tear in the MS; it may originally have read
upe(a?)hebbað. tobiddað: this word is not in the dictionaries. *halig is:* RPs.
sanctus est.
99. 3 *na we sylfe us:* cf. F *na selfe we* and I *na we selfe.*

anddettað him heriað   naman his   forþam þe wynsum
confitemini illi.   Laudate nomen eius 5 quoniam suauis

[ ] drihten   on ecnesse mildheortnesse his [ ] [ ]
est dominus in eternum misericordia   eius et usque

on cynrene   7 cynrene   soðfæstnes his
in generatione et generationem ueritas   eius.

100

c. Psalmus Dauid uox Christi ad patrem

mildheortnesse 7 dom   ic singe [ ]e drihten ic singe
1 Misericordiam et iudicium cantabo tibi domine psallam

7 ic ongyte   on wege unwemmedum þonne
2 et intellegam [f.95ʳ] in uia inmaculata   quando

þu cymst to me ic eode   on unscyldignesse heortan
uenies   ad me. Perambulabam in innocentia   cordis

minre on middele huses   mines   ne   ic for
mei   in medio   domus   meę.   3 Non proponebam

beforan eagan minan þing unrihtwis donde   gewem-
ante   oculos meos   rem iniustam facientes preuarica-

mednesse ic h[ ]de na   to   me   heorte þweorh
tiones   odiui. Non adhesit mihi 4 cor   prauum

ahyldende fram me awyrgende ne ic oncneow
declinantem a   me malignum   non cognoscebam.

tælendne   on þystro næhstan his þysne ic ehte
5 Detrahentem secreto   proximo suo hunc persequebar.

100. 3 ic for: gloss is unfinished. unrihtwis here and on þystro næhstan
his in vs. 5 added in postmedieval (prob. 16th-century) hand; this and the
new hand at 11.9 appear to be the same. to: gloss is unfinished.   5 on
þystro: in the RPs. secreto is occulte, and þystro is not inept to occulte; see
H. D. Meritt, Fact and Lore, 4.D.55, para. 3. In addition, note that þystro
is a gloss to caecatum (BTD) and caeca glosses occulta at CGL IV.455.47.

ofermodum eage 7 on gitsigenlicre heortan myd þysum
Superbo   oculo et insatiabili   corde   cum hoc

ne ic ne æt   eagan mine   getreowe eorðan þæt he sitte
non ędebam. 6 Oculi mei ad fideles   terrę ut sedeant

mid me gangende on wege unwemmedum þes me
mecum   ambulans in uia   inmaculata   hic mihi

þenude   ne   eardað on midele huses mines se ðe
ministrabat. 7 Non habitabit in medio domus meę qui

deð ofermodignes se þe sprecð unrihtu ne he ne [ ]
facit superbiam   qui loquitur iniqua non direxit

1 ne gereceð on gesihðe   eagena   minra   on dægrede
        in conspectu oculorum meorum. 8 In matutino

ic ofsloh   ealle   synfull[ ] eorðan þæt ic forspille
interficiebam omnes peccatores terrę   ut   disperderem

of ceastre driħt ealle wyrcað   unrihtwisnesse
de ciuitate domini omnes operantes iniquitatem.

101

ci. Oratio pauperis cum ancxiatus fuerit et coram
    domino effuderit precem uox Christi et aecclesiae

drihten gehyr gebed   min 7 clypung min to
2 Domine exaudi orationem meam et clamor meus ad

þe cume   ne   acyr þu ansyne þine fram me on swa
te ueniat. 3 Non auertas faciem tuam a   me in qua-

hwilcum [ ] [ ]wenced onhyld to me eare þin [ ]n
cumque die tribulor inclina ad me aurem tuam. In

swa hwilcum dæge ic gecige þe sona   g[ ]hyr
quacumque   die inuocauero te uelociter [f.95ᵛ] exaudi

246

me   forþon geteorodon swaswa smic   dagas mines 7
me. 4 Quia   defecerunt sicut   fumus dies   mei   et

ban min swaswa tofan   forsearodon   ofslagen ic eom
ossa mea sicut   cremium aruerunt.   5 Percussus sum

swaswa heig   7 adruwode heorte min   forþon þe
ut   fenum et aruit   cor   meum quia

ic ofergeat ic eom etan   hlaf   minne   of stefne
oblitus   sum   comedere panem meum. 6 A   uoce

geomorunge minre tocleofode muð min   flæsce minum
gemitus   mei   adhesit   os meum carni meę.

 gelic   geworden ic eom stangillan westenes[ ] geworden
7 Similis factus   sum   pellicano solitudinis factus

ic eom swaswa nihthrefen on solere   ic wacude 7
sum   sicut   nicticorax in domicilio. 8 Vigilaui   et

geworden ic eom swaswa spearwa westensetla on þecene
factus   sum   sicut   passer   solitarius   in tecto.

 ælce 1 ealne dæg hyspton   me   fynd   m[ ] 7
9 Tota   die exprobrabant mihi inimici mei et

___

101. 4 *tofan:* this is a hard gloss. It may be pertinent that J glosses
cremium, meos 'moss.' 'Moss' is apt since *cremium* is explained as 'radices
aride que iacte a fluminibus in ripas' (*Ahd. Gl.* V.304.38) and as *aridas
herbas* in the *Thesaurus Linguae Latinae;* in CGL IV.121.8 *muscus* is glossed
genus herbae. If the G glossator thought of *cremia* as something 'cast up' or
'dispersed about,' *tofaran* (intransitively, 'to disperse') would be an apt
gloss. I query, therefore, that *tofan* is a contracted form of the past participle,
tofaren, 'dispersed.' For a similar instance of contraction in G, cf. 89.15:
uidimus. we gesan.   7 *nicticorax:* changed from *nocticorax. domicilio:*
changed from *domocilio. solere:* as DK; *solitudines* in the same vs. may
have suggested this particular word.   8 *westensetla:* as K; cf. OHG
wuostan-sedalo. solitarius, Graff I.1084.

247

þa þe heredon me ongean   me hy sworan   forþon
qui   laudabunt me aduersum me iurabunt.   10 Quia

þe axsan   swaswa   hlaf   ic ete ł ic æt 7 fat::otum
   cinerem tamquam panem manducabam   et poculum

min   mid wope ic gemengde   of ansyne yrre on æbilig-
meum cum flectu   miscebam. 11 A facie irę indigna-

nesse ł on æbylhðe þinre forþam þe ahebbende þu forgnide
tionis   tue   quia   eleuans   allisisti

me   dagas mine swaswa sceadu ahyldon   7 ic
me. 12 Dies mei sicut   umbra declinauerunt et ego

swaswa heig   ic adruwade   þu soðlice drihten on
sicut fenum arui.   13 Tu autem domine in

ecnesse þurhwunast 7 gemyndiglicnes þin   on cynrene
ęternum permanes   et memoriale   tuum in generatione

[ ] cynrena   [ ] [ ]risende drihten [ ]ldsast
et generationem. 14 Tu exsurgens domine misereberis sion

[ ]   [ ]   [ ]:sigend his forðon þe com tid
quia [f.96ʳ] tempus miserendi eius quia   uenit tempus.

    forþam þe gelicedan   þeowum þinum stanas his 7
15 Quoniam   placuerunt seruis   tuis   lapides eius et

eorðe his hy gemiltsiað   7 adrædað þeoda naman
terrę eius miserebuntur. 16 Et timebunt gentes nomen

þin   driħt   [ ] ealle cyniges eorðan wuldor þin
tuum domine   et omnes reges   terre gloriam tuam.

---

9 laudabunt: above u is written a, for the correction -bant. iurabunt: there is
a slight stroke over the second u, perhaps to make the correction -bant.
10 fat::otum: MS very unclear; -um possibly induced by lemma. Cf. WW
329.18, 19: uas. fæt, poculum. drenccuppe.   11 forþam þe: RPs. quoniam.

forþon þe he timbrode drihten   7   he bið gesewen
17 Quia   ędificauit   dominus sion et uidebitur

on wuldre his   he locade on gebed   eadmodra 7
in gloria sua.   18 Respexit   in   orationem humilium et

he   ne forhigde bene   heora   syn awritenne þas on
non spreuit   precem eorum.   19 Scribantur   hęc in

cneorisse   oþerre 7 folc   þe   bið gesceapen herað
generatione altera et populus qui creabitur   laudabit

drihten   forþon þe he gelocade of   mærum halgan
dominum.   20 Quia   prospexit   de   excelso sancto

his [ ]   of   heofenan on eorðan   he beseah   þæt
suo dominus de cęlo   in   terram aspexit.   21 Ut

he gehyrde geomerunga gefotcopsedra   þæt   unwriðe bearn
audiret   gemitus   compeditorum ut   solueret filios

fordondra 1 forwordenra   þæt sig gecyðed 1 þæt hy
interremtorem.   22 Vt   annuntient

gecyðan   nama drih̄t 7 lof   his on iherusalem
in sion nomen domini et laudem eius in ierusalem.

on gemetinge   folc   on án   7 cynigas þæt
23 In conueniendo populus in   unum et reges   ut

hy þeowian drihtne   he andswarode him on   wege
seruient   domino. 24 Respondit   ei   in   uia

mægnes his gehwædne[ ]e da::   minra   gecyð me
uirtutis suę paucitatem   dierum meorum nuntia mihi.

21 *gemitus:* changed from *-um.*   22 *sig gecyðed:* RPs. *adnuntietur.*
23 *seruient:* read *-ant.*

ne gecig þu me on middele daga   minra   on cneor-
25 Ne reuoces   me in dimidio dierum meorum in gener-

esse 7 cneoresse   gear þin   on frymðe þu drihten
atione et generationem anni *tui*. 26 *I*nitio   tu domine

eorðan þu gestaþolodest 7 [ ]   handa   þinra
terram fundasti   et op*era* [f.96ᵛ] manuum tuarum

synd heofe[ ]   hy forwurðað þu soðlice þurhwunast
sunt celi.   27 Ipsi peribunt tu   autem permanes

7 ealle   swaswa hrægl   ealdiað   7 swaswa
et omnes sicut   uestimentum ueterescent. Et sicut

hlyd   þu awenst hy 7 hy beoð awende   þu soðlice
oportorium mutabis   eos et mutabuntur   28 tu autem

se ylca sylfa þu eart 7 gear þine ne geateoriað   bearn
idem   ipse es   et anni tui no*n* deficient. 29 Filii

þeowra   þinra   eardiað   7 sed   heora on woruldæ
seruorum tuorum habitabunt et semen eorum in seculum

bið gereht
dirigetu*r*.

102

cii. Psalmus ipsi Dauid uox ęcclesię ad populum su*um*

bletsa   sawle mine drihten 7 ealle þe wiðinnan
1 Benedic anima mea domino et omnia quę intra

me synd naman haligne his   bletsa   sawle   mine
me sunt nomini sancto eius. 2 *B*enedic anima mea

---

27 *oportorium:* read *opertorium*.   28 *geateoriað:* since *ge-* is at the end of
one line and *a-* at the beginning of the next, *ge-* may be a var. of *a-;* cf.
D *geteoriað,* J *ateoriaþ.*

250

driħt   7 nell[ ]   ofergytan   ealle   edlean   his
domino et nol*i*   obliuisci   omnes   retributiones eius.

se   gemiltsað   eallum   unrihtwisnes[ ] þinum se þe
3 Qui propitiatur omnibus iniquitatib*us*   tuis   qui

hælð ealle   untrumnessa þi[ ]   þe alyseð of forwyrde
sanat omnes infirmitates tu*as*. 4 Qui redimit de interitu

lif   þin   se   gewuldorbeagað þe on mildheortnesse
uitam tuam 5 qui coronat   te misericordia

7 mildheortnessum se getylð on godum gewilnunge
et miserationibus.   *Q*ui replet in bonis   desiderium

þinum bið geedniwod swaswa earn iuguð   þin   donde
tuum renouabitur   ut   aquila iuuentus tua. 6 Faciens

mildheortnesse driħt   7 dom   eallum   onteonan
misericordias dominus et iudicium omnibus iniuriam

geþyldigendum ł þoliendum   cuðe he dyde wegas his
patientibus.   7 *N*otas fecit   uias   suas

[ ]oyses bearnum israheī   willan   [ ]   [ ]ild-
*m*oisi filiis   israhe*l* [f.97ʳ] uolunt*ates su*as. 8 *M*iserator

heort [ ] [ ]igend   drihten   feorran swiðe 7 [ ]
      et misericors dominus   longánimis   et mu*l*tum

mildheortnesse ne   on ecnesse   eorsiað   7 na on
misericors.   9 Non in perpętuum irascetur neque in

ecnesse forbitur   ne   æfter   synnum urum
eternum comminabitur. 10 Non secundum peccata nostra

102. 4 *redimit:* changed from *-et.*   5 *aquila:* perhaps intended for
-ae, as the other MSS.   9 *forbitur:* *-bitur* induced by lemma. The
glossator may have intended a form of *forbelgan,* although this word is
cited only once in the dictionaries, in the form *forbealh* 'was enraged' in
the Blickling Homilies. Cf. I *byð geæbylged.*

he dyde us   7 ne   æfter   unrihtwisnesse   urum
fecit   nobis neque secundum iniquitates   nostras

forgeald us   forþam þe æfter   heahnesse   heofenes
retribuit nobis. 11 Quoniam secundum altitudinem cęli

fram eorðan gestrangode mildheortnesse his   ofer
a   terra   corroborauit misericordiam   suam super

ondrædende hine   swa micclum swa tostent eastdæl fram
timentes   se. 12 Quantum   distat ortus   ab

eastdæle feorr he dyde fram us   unrihtwisnessa ure
occidente longe fecit   a   nobis iniquitates   nostras.

   swaswa   gemildsað fæder bearna mildsade is driht
13 Quomodo miseretur pater filiorum misertus est dominus

ondrædendum [ ]   forþam þe he   oncneow hiw
timentibus   se 14 quoniam   ipse cognouit figmentum

ure   gemyndig is forþam þe dust we synd   mann
nostrum. Recordatus est quoniam   pului   sumus 15 homo

swaswa heig   dæg his   swaswa   blosman æceras swa
sicut   fęnum dies eius tamquam flos   agri   sic

edblewð   forþon þe gast   þurhfarað on him 7
efflorebit. 16 Quoniam spiritus pertransibit in illo et

na   wiðstent 7 ne   oncnawað m[ ]   stowa his
non subsistet et non cognoscet amplius locum suum.

   mildheortnesse soðlice driht   fram ecnesse 7 oð
17 Misericordia   autem domini ab   ęterno   et usque

12 *eastdæle. occidente:* over initial *e* stands *w* in a different hand, correc-
ting to *west-.*   13 *swaswa:* RPs. *Sicut.*   14 *pului:* read *puluis.*
15 *blosman:* *n* added above in same hand.   16 *wiðstent:* cf. P 139.10
subsistent. wiðstanden.

252

on ecnesse ofer   adrædende hine   [ ] rihtwisnes his
in eternum super timentes   eum. *Et* iustitia   illius

on bearnum bearna   þysum þ[ ]   [ ]ldað cyð-
in filios   filiorum 18 his   qu*i* [f.97ᵛ] seruant testa-

nesse   [ ]   7 gemyndige synd beboda   his   to
men*t*um *eius*. Et memores   sunt mandato*ru*m ipsius ad

wyrceanne þa   drihten on heofenan he gyrede setlt
faciendum ea. 19 Dominus in celo   parauit   sedem

his   7 rice   his   eallum   wyldeð ł wealdeð*
suam et regnum ipsius omnibus dominabitur.

    bletsiað   drihten ealle   [ ]g[ ]as his mihtige of
20 Benedicite domino omnes angeli   eius potente uir-

mægne donde   word   his   [ ] hyrenne   stefne
tute   facientes uerbum illius ad audiendam uocem

spræca his   bletsiað   driħt   ealle   mægenu
sermonum eius. 21 Benedicite domino omnes uirtutes

[ ] þegnas his we þe doð willan   [ ]   bletsiað
e*ius* ministri eius qui facitis uoluntatem e*ius*. 22 Benedicite

       ealle   weorc his on ælcere stow[ ] wyldinge
domino omnia opera eius in omni loco   dominationis

his bletsa sawl min driħt
eius benedic anima mea domino.

---

19 *setlt:* read *setl.*   20 *potente:* MS unclear; final *s* erased (?); read
potentes. Cf. J *potentes uirtutes* (!).   21 *we þe:* read *ge þe,* as BE.
22 First *domino* added above in same hand.

103

ciii. Ipse Dauid uox ęcclesię laudantis deum et opera
eius nar[ ]

bletsa   sawle mine driħt   driħt   god   min   gemic-
1 Benedic anima mea   domino domine deus meus magni-

clod   þu eart swyðe   [ ]detnesse   7   wlite
ficatus es   uehementer. Confessionem et decorem

þu scryddest   ge[ ]   of leohte swaswa of hrægle
induisti   2 amictus lumine   sicut   uestimento.

aþeniende heofene swaswa fell   se ðe wryhð wætera
Extendens cęlum   sicut   pellem 3 qui tegis   aquis

þa uferan his   þu þe setst genip upstige   þinne þu ðe
superiora eius. Qui ponis nubem ascensum tuum qui

gæst   ofer   fænn   winda   [ ] þu dest englas
ambulas super pennas uentorum. 4 Qui facis   angelos

hine gast   7 þegnas þine fyr byrnende þu þe
tuos spiritus et ministros tuos ignem urentem. 5 Qui

gestaðeladest eorðan ofer   staðelfæstnesse his   ne bið
fundasti   terram super stabilitatem   suam non in-

ahyld   on worulda woruld deopnes swaswa hrægel
clinabitur in seculum seculi. 6 Abyssus sicut   uesti-

         gegyrelan his   ofer [ ]   [ ]tandað
mentum amictus eius [f.98ʳ] super montes stabunt

wæteru   of þreaunge þine hy fleoð fram stefne
aque. 7 Ab increpatione tua fugient a   uoce

103. 1 es: a final t erased.   2 uestimento: changed from -um.
3 tegis: stands over erasure; RPs. tegit, hence wryhð. fænn. pennas: I do not
understand this gloss.

254

þunorade þine hy forhtigað astigað muntas 7
tonitrui tui formidabunt. 8 Ascendunt montes et

adune astigað 7 ne [ ]yrred on stowe þe þu gestaþolodest
descendunt *campi* in locum quem fundasti

him gemære þu asettest þæt na hig ofergað
eis. 9 Terminum posuisti quem non tra*n*sgradientur

7 ne beoð gecyrred oferwreon eorðan þu þe asentst
neque conuertentur operire terram. 10 Qui emittis

wyllas on denum betweox middele munta þurh-
fontes in conuallibus inter medium montium per-

farað wæteru drincað ealle wildeor æcer an-
transibunt aquę. 11 Potabunt omnes bestie agri ex-

bidiað on æcere on þurste heora ofer ea fugelas
spectabunt onagri in siti sua. 12 Super ea uolucres

heofenes hy eardiað of middele stana syllað stefne
cęli habitabunt de medio petrarum dabunt uocem.

gelæccende muntas of þam uferum his of wæ[ ]me weorca
13 Rigans montes de superioribus suis de fructu operum

þinra bið gefylled eorðe gelædende heig nytenum
tuorum satiabitur terra. 14 Producens fęnum iumentis

7 wyrt þeowdome manna þæt þu gelæde hlaf
et herbam seruituti hominum. *V*t ęducas panem

of eorðan 7 win blis[ ] heorte manna þæt
de terra 15 et uinum lęti*fic*at cor hominis. Vt

---

8 7 *ne* [ ]*yrred:* cf. J *na beoþ gecirred;* the glossator's eye moved ahead
to *neque conuertentur* in vs. 9. 10 *emittis:* -*is* appears to be cor. from
-*es;* cf. the var. *emitte.* 11 *on æcere:* as J *on æceras; onagri* confused
with *in agri,* induced by *agri* in the same vs. *sua: a* over erasure.

he gegladað   ansyne on ele   7 hlaf   heort[ ] mannes
exhilaret   faciem in oleo et panis cor   hominis

getrymeð   beoð gefylled treow feldas 7 cedarbea[ ]
confirmet. 16 Saturabuntur ligna campi et cedri   libani

þe   þu plantadest   þær spearwan nihstia[ ]   wealh-
quas plantauit   17 illic passeres   nidificabunt. Erodii

hafocas hus   latteow is   heora   muntas he[ ]
   domus dux   est eorum 18 montes excelsi

heortum stan   hel[ ]e 1 frofer hilum   he dyde
ceruis   pętra refugium   erinaciis. [f.98ᵛ] 19 Fecit

mona on tide   [ ] [ ]   setlgang on hyre   þu
lunam in tempore sol cognouit occasum suum.   20 Po-

asettest þystru   7 geworden is   niht on þære [ ]rhfarað
suisti   tenebras et facta   est nox in ipsa pertransibunt

ealle   wildeor   [ ]pas leona   grymigende 1
omnes   bestię   siluę. 21 Catuli leonum rugientes

grymetende þæt g[ ]gr[ ]   [ ]   [ ]ecað fram gode mete
   ut   rapiant et querant a deo ęscam

him   uppasprang sunne gesomnunge synd 7 on
sibi. 22 Ortus est sol   congregati sunt et in

cleofum heora hig gesamniað   gange man to weorce
cubilibus suis collocabuntur. 23 Exibit homo ad opus

his 7 to gearwunga his oð to æfene
suum et ad operationem suam usque ad uesperam.

   hu gemicclode synd weorc þin driħt ealle
24 Quam magnificata sunt opera tua domine omnia

---

16 þu plantadest: RPs. plantasti.   20 siluę: not glossed; RPs. siluarum.
21 querant: changed from quae-.

on wisdome þu dydest gefylled is eorðe spede   þinre
in sapientia fecisti   impleta est terra possessione tua.

       þeos sæ   micel   7 rum   handum þær
Gloria 25 Hoc mare magnum et spatiosum manibus illic

wyrmas   þara   ne is gerim   nytena   medmiclu
reptilia   quorum non est numerus. Animalia pusilla

mid micclum   þær scipu þurhfarað   draca þes
cum magnis   26 illic naues pertransibunt. Draco iste

þone þu hywodest to bysmrienne him   ealle   fram te
quem formasti   ad illudendum ei   27 omnia a   te

anbidiað þæt þu sylst him m[ ] on tide   [ ]yllendum
expectant ut   des   illis escam in tempore. 28 Dante

to þe him hy somniað ontynendum þe handa   þine   ealle
te   illis colligent   aperiente   te manum tuam omnia

beoð gefylled godnesse   [ ]yrredum soðlice þe ansyne
implebuntur   bonitate. 29 Auertente   autem te faciem

bið gedrefed [ ]u afyrrest gast   heora 7 hy geteoriað
turbabuntur auferes   spiritum eorum et deficient

7 on duste   heora hy beoð gecyrred   [ ]send gast
et in puluerem suum reuertentur.   30 Emitte spiritum

þinne 7 beoð gescapene   7 þu [ ]   ansyne eorðan
tuum et creabuntur   [f.99ʳ] et renouabis faciem terrę.

    sy w[ ]   [ ]hteñ on worulda woruld beoð geblissod
31 Sit gloria domini in sęculum seculi   lętabitur

---

24 At end of vs., $\overline{\text{GLA}}$ = Gloria is written in later (probably early 13th-
century) hand.   27 a te: cor. from ad te. Gloss te: read þe.   28
[ ]yllendum: um added above in same hand.   29 auferes: cor. from aufes.

257

driħ   on weorcum his   se ðe gelocað eorðan 7 deð
dominus in operibus suis.   32 Qui   respicit terram et facit

hy [ ]ifia[ ] se ðe ætrinð muntas 7 hi smeocað   ic singe
eam tre*mere* qui   tangit montes et fumigant.   33 Cantabo

driħt   on life minan ic s[ ]   [ ] minum swa lange swa
domino in uita mea   psalla*m de*o meo   quamdiu

ic beo   wynsum   sig him spræc   min   ic soðlice
sum.   34 Iocundum sit ei   eloquium meum ego uero

gelustfullige on drihtñ   geteorian synfulle   fram
delectabor in domino. 35 Deficiant peccatores a

eorðan 7 unrihtwise swa þæt ne syn hy gebletsod sawl
terra   et iniqui   ita ut non sint   benedic   anima

min drihten
mea domino.

104

ciiii. Alleluia uox Christi ad apostolos de Iudeis

    andettað   driħt   7 oncigað naman his 7 bodiað
1 Confitemini domino et inuocate nomen eius annuntiate

betweox þeodum weorc his   singað him 7 sealmmiað
inter   gentes   opera eius. 2 Cantate ei   et psallite

him cyþað þe ealle   wundra   his   beoð herigende on
ei   narrate omnia mirabilia eius 3 laudamini   in

---

104. 1 7 *bodiað:* no Latin authority for *et*, but 7 probably induced
by the parallel construction, *et inuocate.*   2 One or two letters erased
between *ei* and *narrate. cyþað þe: þe* glosses *-te* of the lemma.   3 *laudamini
in nomine:* in contemporary hand B.

naman haligum his   blissigen heorte secendra   driħt
nomine sancto eius. Lętetur cor   quęrentium dominum

  secað   drihten   7 beoð getrymede secað   ansy[ ]
4 querite dominum et confirmamini   querite faciem

his symble ł æfre   gemunað   wundra   his þa
eius semper.   5 Mementote mirabilium eius quę

he dyde foretacnu his 7 domas muðes his   sæd
fecit   prodigia eius et iudicia oris   eius. 6 Semen

    þeowan his suna   geco[ ] [ ]   he driħt
abraham serui   eius filii iacob electi   eius. 7 Ipse dominus

god ure on eallre   eorþan domas his   gemyndig
deus noster in uniuersa terra   iudicia eius 8 Memor

wæs he on worulde cyðnesse   his word þa   he bebead ł
fuit   in seculum testamenti sui uerbi quod mandauit

þæt he bebead on þusenda cynrena ł cneo[ ]
        in   mille   generationes.   [f.99ᵛ]

 þa   he tosette to abraham [ ] [ ]ge ł aðswe[ ] him
9 Quod disposuit ad abraham et   iuramenti   sui

7 to isaace   7 he sette þæt   on bebod   [ ]
et isaac.   10 Et statuit   illud iacob in pręceptum et

    on cyðnesse ece   [ ]   þe ic sylle
israhel in testamentum aeternum. 11 Dicens tibi dabo

eorðan   raphi[ ]cel [ ]dnesse eowre   [ ]
terram chanaan funiculum hereditatis uestre. 12 Cum

wæron on gerime scortum feawostte 7 on eardbegang
essent numero   breui   paucissimi et incole

---

7 After *dominus* a second *dominus* erased.   9 *et isaac:* RPs. and GPs. *ad
isaac.*

his   7 hy foron þurh of þeode on þeode 7 of rice
eius. 13 Et pertransierunt de gente in gentem et de regno

to folce   oðerum   ne   he forlet mann   derian
ad populum alterum. 14 Non reliquit   hominem nocere

him 7 he þreade for him cyninges   nelle ge æthrinan
eis   et corripuit   pro eis   reges. 15 Nolite   tangere

cyningas mine 7 on witigum   minum nelle ge wyrian
cristos   meos et in prophetis meis   nolite   malignari.

   7 he cigde hunger ofer   eorðan 7 ealle trumnesse
16 Et uocauit famem super terram et omne firmamentum

hlafes he forgnad   he sende beforan hy wer   on þeowne
panis contriuit. 17 Misit   ante   eos uirum in seruum

becyped wæs is ł wæs   hu geeadmeddum on
uenundatus   est   ioseph. 18 Humiliauerunt   in

fotcopsum fet   his   isen   þurhfor   sawl   his
compedibus pedes eius ferrum pertransiit animam eius

     oð   com   word   his   spræc   driħt onælde
19 donec ueniret uerbum eius. Eloquium domini inflam-

          hine   sende cyning 7 alysde hine ealdor
mauit eum   20 misit rex   et soluit eum princeps

folc   [ ] [ ]rlæt hine   [ ]esette hine drihten
populorum et   dimisit eum. 21 Constituit eum dominum

huses his [ ] ealdor   ealle æhte   his
domus suę et principem omnis possessionis suę. [f.100ʳ]

   þæt he læ[ ] [ ]ras   his swaswa hine sylfne 7 ea[ ]
22 Vt erudiret principes eius sicut   semetipsum et senes

18 hu: induced by Hu- of lemma; read hi or hy.

260

his   gleawnesse   he   lærde ł tæhte   7   ineode
eius   prudentiam   doceret.   23 Et   intrauit   israhel

on egypt   7   bugend wæs on eorðan   7
in egyptum et iacob accola   fuit   in   terra cham. 24 *Et*

yhte folc   his   swið[ ]   7   trymmende   hine
auxit populum suum   uehe*menter* et firmauit   eum

ofer   fynd   [ ]   he gecyrde heortan heora   þæt
super inimicos ei*us*. 25 Conuertit   cor   eorum   ut

hy hatedon [ ]   his   7 facn   dydon   on   þeowes
odirent   p*o*pulum eius et dolum facerent in   seruos

his   he sende   þeowan his   þone he geceas
eius. 26 Misit   moysen seruum suum ááron quem elegit

hine   he sette on him word   tacna   his   7
ipsum. 27 *P*osuit   in   eis uerba signorum suorum   et

foretacna   on eorðan   he sende þystro   7
prodigiorum in   terra cham. 28 Misit   tenebras   et

forþystrode   7 ne teorode   spræca   his   he
obscurauit   et non exacerbauit sermones suos. 29 Con-

gecyrde wætera heora   on blode   7   ofsloh   fixas
uertit   aquas   eorum in sanguinem et occidit pisces

---

27 *eis:* cor. from *eos.*   28 *teorode:* BTD (under *tirgan*) relates *tirgan,* 'to
vex,' with *teorian,* 'to tire,' mentioning ME *tarien* and citing *terwyd. lassatus.
fatigatus* from the *Promptorium Parvulorum.* Skeat also cites *tirgan* as an ety-
mon of 'tarry.' *teorode,* with its usual meaning in OE, 'tired' or 'fainted,' is
not an exact gloss to *exacerbauit,* but may be explained by the possibility
that in late OE *teorian* and *tirgan* had become semantically confused, i.e.,
both might mean 'to tire' or 'delay.' Since the other psalters (except ABC)
all gloss the lemma with a form of *tirgan,* G's glossator might have
sought for another form and chosen *teorian.*

heora   acende eorðan heora ycan 1 eacan on iñylfum
eorum. 30 Edidit terra   eorum ranas   in penetra*libus*

cyninga hyora   he cwæð 7 com hundes 7 gnæt
regum   ipsorum. 31 *D*ixit   et uenit cinomia et scynifes

on eall[ ]   endum heora   he asette renas   heora
in om*nibus* finibus eorum. 32 Posuit   pluuias eorum

yste*   fyr   byrnende   on eorðan heora   7
grandinem ig*nem* comburentem in terra   ipsorum. 33 *E*t

he ofsloh wingeardas heora 7 fictreow 7 forgnad treow
percussit uineas   eorum et ficulnea*s* et contriuit lignum

enda   heora   he cwæð 7 com gærstapa 7 ceafer
finium eorum. 34 Dixit   et uenit locusta   et bruchus

þæs næs nan gerim   7 he ofsloh ælcne
cu*ius* non erat numerus. [f.100ᵛ] 35 Et commedit omne

he[ ]   [ ]   heora 7 he ofsloh ælcne   wæstm   eo[ ]
foenum *terre* eorum et comedit   omnem fructum terrę

heora   7   he ofs[ ]h ælcne frumsceaft   on eorþan
eorum. 36 Et percussi*t*   omne primogenitum in terra

[ ]   fr[ ]msceaft ealles geswinces heora   [ ] [ ]e
eorum primitias   omnis laboris   eorum. 37 *Et eduxit*

hy mid seolfre 7 golde 7 na   wæs [ ] [ ]um   heora
eos cum argento et auro et non *er*at *in tribu*bus eorum

untrum   [ ]   is   on gefære   heora
infirmus. 38 *L*ę*ta*ta est egyptus in profectione eorum

---

30 *Edidit:* changed from *Ededit* (cf. J *Et dedit*); see K for a similar change.
penetralibus: as FI. A *b* appears to be erased after *penetra-*, so that originally
the word may have been *penetrabilibus,* as J. *inylfum:* read *inclyfum.*   35 *he
ofsloh:* as J; the glossator's eye apparently moved ahead to *percussit* in
vs. 36.

forþon ongehrihte ege   heora ofer hy   he aþenede
quia   incubuit   timor eorum super eos.   39 Expandit

lyft   on gescyldnesse heora 7 fyr   þæt hit lihte
nubem in protectionem eorum et ignem ut   luceret

him þurh niht   hy bædon 7 com edischænn 7 hlaf
eis   per   noctem. 40 Petierunt et uenit coturnix   et pane

heofen' he gefylde hy   he toslat stan   7 fleowon
cęli   saturauit   eos. 41 Disrupit petram et fluxerunt

wæteru eodon   on drigum flodas   forþam þe gemyndig
aquę   abierunt in sicco   flumina. 42 Quoniam memor

wæs wordes haliges his þæt   he hæfde to   cnihte
fuit uerbi   sancti   sui quod habuit   ad abraham puerum

his   7 he lædde folc   his   on gefægnunga 7
suum. 43 Et ęduxit   populum suum in   exultatione   et

gecorene his   on blisse   [ ] he sealde him ricu
electos   suos in lętitia. 44 Et dedit   illis regiones

þeoda   7 geswinc folca   hy ahton   þæt hy ge-
gentium et labores populorum possederunt. 45 Vt   custo-

healdon rihtwisnesse his 7 æ   his he secan
diant   iustificationes eius et legem eius requirant.

105

cu. Alleluia uox ecclesiae ad apostolos et ad populum

andettað   driht   forðam þe god   forþam þe on
1 Confitemini domino quoniam   bonus quoniam   in

---

38 *ongehrihte:* Sisam, in ed. of K (p. 70), believes this gloss is for *-þrihte*
(pret. of *þryccan*). While one cannot reject this suggestion as a possibility, it seems more likely that the gloss is for *-hriste*. DIK have forms of
(ge)hreosan and BTD & S cite the preterites *hryst, hrist, gehrist.*

worulde mildheortnesse his   [ ]wylc spræce   mihta
seculum misericordia   eius. 2 *Qui*s   loqu*ę*tur *p*otentias

dri*ħ*t   gehyrde   do   [ ]   [ ]   his   eadige
domini auditas   [101^r] faciet omnes laudes eius. 3 *B*eati

þa þe gehealdað dom   *7* doð   rihtwisnes[ ]   on
qui   custodiunt iudicium et faciunt iustitiam   in

ælcere tide   gemunn ure   dri*ħ*t   on cwem:e[ ]
omni tempore. 4 Memento nostri domine in benepl*acito*

folces þines gecneosa us on hæle   [ ]   to geseonne
populi tui uisita   nos in salutar*i tuo*. 5 Ad uidendum

on godnesse gecoren[ ] [ ]   to blissianne on blisse
in bonitate *ę*lector*um* *tuorum* ad laetandum in l*ę*titia

þeode þ[ ] [ ] gehered mid yrfewerdnesse þinre   we
gentis tu*ę* *ut* lauderis cum hereditate   tua. 6 *P*ec-

syngodon mid fæderum urum unrihte we dydon un-
cauimus cum patribus nostris iniuste egimus   ini-

rihtwisnesse we dydon   fæderas ure   on   ne
quitatem fecimus. 7 Patres   nostri in *ę*gypto non

ongeaton   wundra   þine na ne wæron gemyndige
intellexerunt mirabilia tua non   fuerunt memores

manega   mildheortnesse þinre *7* hy tyndon asti-
multitudines misericordi*ę*   tu*ę*. Et irritauerunt ascen-

gende on sæ   sæ   reade   *7* gehælde hy for
dentes in mare mare rubrum 8 et saluauit eos propter

naman his þæt cuðe he dyde anweald his   *7*
nomen su*um* ut   notam faceret potentiam suam. 9 *E*t

105. 4 *gecneosa:* read *geneosa*.   5 *tua:* cor. from *tue*.

264

he þræde sæ   reade   7 heo gedruwod is   7 he l[ ]
increpuit mare rubru*m* et exsiccatum   est et ded*uxit*

hy on seaðum swaswa on westene   7 he gehælde hy
eos in abyssis sicut   in deserto. 10 Et saluauit   eos

of handa hatigendra 7 he aly[ ] hy of handa fyndes
de manu odientium et rede*mit* eos de manu inimici.

    7 he oferwreah wæter swencende hy an   of h[ ]
11 Et operuit   aqua   tribulantes eos unus ex ei*s*

ne belaf   7 hig gelyfdon on wordum his 7
non remansit. 12 *E*t crediderunt in uerbis eius et

hy heredon lof   his   raðe hy dydon ofergeaton
laudaueru*nt* laudem eius. 13 Cito fecerunt   obliti

    weorc his ne forþyldegadan geþeaht his
sunt operum eius no*n* sustinuerunt consilium eius. [f.101ᵛ]

    hy wilnodon   gewiln:[ ]   on w[ ]   7
14 Et concupierunt concupiscentiam in deser*to* et

hy costnodon god on drignesse   7 he sealde him
temptaueru*nt* deum in inaquoso. 15 *E*t dedit   eis

bena heora   7 he sende [ ]se   on sawla
petitionem ipsorum et misit saturita*tem* in animas

heora [ ] [ ]   on ceastrum l on fyrd-
eorum. 16 *E*t irritau*erunt* moysen in castris

---

9 *increpuit:* changed from *increpauit. rubrum:* in hand B. *seaðum:* this word
is not cited elsewhere in BTD & S as a gloss to *abyssus.* But it does gloss
baratrum. baratrum is equivalent to *profundum* at CGL IV.487.18, and
profundum glosses *abyssus* at CGL IV.201.19. Also pertinent is the entry
under *neowolness* (the gloss in FJ) in BTD: on þa neowolnesse ðæs seaþes.
in profunda.

wicum*   [ ]   driħt   [ ]   [ ]s eorðe 7
    ááron *sanctu*m   domini. 17 *Aperta* est   terra   et

forswealh   [ ] [ ]rwreah ofer   gesamnunga ꝉ ge-
deglutiuit dathan et operuit   super congregationem

gæderunge   7 abarn   fyr   on   gesomnunga
    abirón. 18 *E*t exarsit ignis in   synagoga

heora [ ]   forbærnde synfulle   7 hig worhton
eorum flamm*a* combussit peccatores. 19 Et fecerunt

ceaf   on   7 togebædon þæt agrafenlice   7
uitulum in horeb et adorauerunt sculptile.   20 Et

hy awendon wuldor his   on gelicnesse   cealfes etendes
mutauerunt gloriam suam in similitud*inem* uituli come-

        heig   hy ofergeaton   god   se ðe hælde
dentis foenum. 21 Obliti   sunt deum qui   saluauit

hy se ðe dyd micele mærða* on   wundra   on
eos qui   fecit magnalia   in egypto 22 mirabilia in

eorðan   egeslicum on sæ   readre   7 he cwæð þæt
terra   cham terribilia in mari rubro. 23 *E*t dixit   ut

he forspilde hy gif na   gecoren his stode   on
disperderet eos si non moyses electus eius stetisset in

gebrice on gesihðe his   þæt he acyrde yrre his þylæs
fractione in conspectu eius. *V*t auerteret iram eius ne

he fors[ ]   [ ]   [ ] for nahte   hy hæfdon eorðan
disperderet eos 24 et pro nichilo habuerunt terram

---

20 *comedentis:* cor. from -*tes*, which was perhaps induced by the RPs.
manducantes; cf. K.   21 *magnalia:* final *a* on erasure.   23 *fractione:*
read *confractione.*

gewilnigendlice [ ]e hy gelyfdon on worde his   7
*de*siderabilem.   *N*on crediderunt   in   uerbo   eius 25 et

hy murcnodon   on eardungstowum heora ne   hy ne ge-
murmura*ue*runt in tabernaculis   suis   non exaudierunt

hyrdo[ ] [ ]fne drihtnes   [ ] he ahof [ ]nd
      *uoc*em domini. [f.102ʳ] 26 Et eleua*uit* *m*anum

heora ofer   hy þæt he aðenede hyg on westene   7
suam super eos ut   prosterneret eos in   deserto. 27 Et

þæt þu awurpe sæd   heo[ ] on cynnum   7 forspilde
ut   deiceret   semen eoru*m* in nationibus et dispergeret

hy on ricum   7 hy þeoddon   7
eos in regionibus. 28 *E*t initiati   sunt beelfegor et

hy æton   offrunga deadra   7 hy hypstan hine
com*ederunt* sacrificia mortuorum. 29 Et irritauerunt eum

on gemætingum   heora 7 gemænigfylled is   on him
in adinuention*ibus* suis   et multiplicata   est in eis

hryre   7 stod   7 gladade 7 ablan   toquæscednes
ruina. 30 Et stetit finees et placauit et cessauit quassatio.

ł toswencennes   7 geteald   is   him   ounrihtwisnesse
              31 *E*t reputatum est ei in iustitiam

on cynrene   7 cynrena   oð   on ecnesse
in generatione et generationem usque in sempite*r*num.

27 *deiceret:* cor. from *deieceret;* cf. J *deie-*.   28 *þeoddon:* the glossator
has rendered elliptically, 'they served.' This is apt, since Cassiod.
comments: "Sic enim in culturas daemonum ritusque transierant, ut iam
non Domini, sed daemonum serui esse probarentur." A similar ellipsis
occurs in OHG glosses to the same passage: *iniciati sunt. heilizidun*, Ahd.
Gl. I.524.32. 29 *hypstan:* read *hysptan. hyspan*, 'to scorn,' is inexact to *irrito*, 'to provoke.' The glossator may have rendered from
context: 'They ate the sacrifices of the dead' (vs. 28), viz., they scorned
or reviled God in doing so. 31 *ounrihtwisnesse:* read *on unriht-*.

267

    7 hy bysmrodon hine to wæterum wiðersæces
32 Et irritauerunt   eum ad aquam   contradictionis

7 gedreht is   for   hy   forþā þe hy gremedan
et uexatus est moyses propter eos 33 quia   exacerbauerunt

gast   his 7 gemearcode on welerum his   ne
spiritum eius. Et distincxit in labiis   suis 34 non

hy forspildon þeoda þa sæde driħ   him   7
disperdiderunt gentes quas dixit dominus illis. 35 Et

gemengde synd betweox þeodum 7 hy leorno[ ] weorc
commixti sunt inter   gentes et didicerunt   opera

heora   7 hy þeowodon deofolgildum h[ ]   7 gedon
eorum 36 et seruierunt   sculptilibus eorum et factum

is him on æswinc   7 hy offrodon   suna heora
est illis in scandalum. 37 Et immolauerunt   filios suos

7 dohtra heor[ ] deoflum   7 hy aguton blod
et filias suas   demoniis. 38 Et effuderunt sanguinem

unscyldig blod   suna heora 7 dohtra h[ ]
innocentem sanguinem filiorum suorum et filiarum suarum

þa hy offrodon deofolgildum   7 ungewæm-
quas sacrificauerunt sculptilibus chanaan. Et inter-

med is eorðe on blodum   7 besmit:n
fecta est terra in sanguinibus [f.102ᵛ] 39 et contaminata

is o[ ] [ ]   [ ] 7 hy fyrealigeredon on geme[ ]
est in operibus eorum et fornicati sunt   in adinuen-

---

33 *distincxit*: -*cx*- on erasure; J also has -*cx*- spelling.   36 *æswinc*: cf.
F *æswicungum*, I *æswicnesse*.   38 *ungewæmmed*: *un*- probably for *on*-.
39 *fyrealigeredon*: read *fyren*-.

heora   7   yrsode   is   [ ]heortnesse   driħt
tionibus   suis.   40   Et   iratus   est   *fu*rore   dominus

on folce   his 7   he a[ ]unode   is   yrfewerdnesse   his
in populo   suo et abhominatus   est   hereditatem   suam.

[ ] [ ]de   hy   on handa þeoda   7   hy gewylde   [ ]nd
41 *Et tradid*it eos in   manus gentium   et dom*inati*   *sun*t

heora   þa þe   feodon ꝉ hatedon   hy   [ ]   [ ]encton
eorum qui   oderunt   eos. 42 E*t*   *trib*ulauerunt

hy þa fynd heora   [ ] [ ]y geadmedde synd under   handum
eos inimici   eorum *et h*umiliati   sunt   sub   manibus

heora   [ ]   he alysde hy   hy   soðlice gremedon
eorum 43 sepe liberauit   eos. Ipsi   autem   exacerbauerunt

hine on geþeahte heora 7   hy genyðerade synd on unriht-
eum in   consilio   suo   et humiliati   sunt   iniqui-

wisnesse [ ]   7   he geseah þa   hy wæron geswencede
tatibus su*is*. 44 *E*t uidit   cum tribularentur

7   he gehyrde gebed   heora   7   gemyndyg ic wæs
et audiuit   orationem eorum. 45 Et memor   fuit

cyðnesse   his 7   hreaw   hin[ ]   æfter   manegeo
testamenti sui et penituit eum   secundum multitudinem

mildheortness[ ] [ ]   7   he sette hy on mildheortnesse
misericordię   su*e*. 46 *E*t dedit   eos in misericordias

on gesihðe   ealra   þa þe ongunnon hy   hale
in conspectu omnium qui   coeperant eos. 47 *S*aluos

do us driħt   god ure   7 geso[ ]na us   of cynnum
fac nos domine deus noster et congrega   nos de nationibus.

---

43 *Ipsi:* cor. from *Ipse;* J *Ipse.*   46 *he sette: dedit* taken as if *sedit. eos:*
changed from *eis.*

[ ] [ ]e andettað naman halgum þinum 7 wuld[ ]   on
Vt confiteamur   nomini sancto tuo   et gloriemur in

lofe   þinum   [ ]ebletsod driħt   god   on
laude tua.   48 *B*enedictus dominus deus israhel a

worulde 7 oð   on woruld   7 cweðe eall   folc   [ ]e
seculo et usque in seculum et dicet omnis populi *f*iat

gesæle
fiat.

106

cui. Alleluia uox Christi de Iudeis qui in prosperitate
deum de*r*eliquerunt et in aduersis clamau*erunt*

  andette   driħt   forþon   god   for[ ]m þe   on
1 *C*onfitemini domino quoniam bonus quon*i*am   *in*

worulde mildheortnesse his   cyðað   þa þe
seculum misericord*ia*   *eius*. [f.103ʳ] 2 *D*icant qui

a[ ]sde   synd fram drihtne þa þæ he alysde of handa
redempti   sunt a   domino quos redemit de manu

feondes [ ]f ricum   he gegaderade hy   fram sunnan
inimici *de* regionibus congregauit eos. 3 A   solis

upryne 7 setlgange fra[ ] norððæle 7 sæ   hy dweledon
ortu   et occasu   ab   aquilone et m*ari*. 4 Errauerunt

on westene   on wæterig:[ ] we[ ] ceastre eardungstowe
in solitudine in inaqu*oso* *uiam* ciuitatis habitaculi

ne hi gemetton hingrigende 7 þyrstende sawl heora
non inueneru*nt*. 5 *E*surientes et sitientes anima eorum

48 *populi*: read *populus*. *gesæle*: this is an odd gloss to *fiat*, and does not
occur elsewhere in the psalters.
   106. 4 *on wæterig:*[ ]: cf. F 62.3 *inaquoso. on wæterigum.*

[ ] [ ]im geteorode   7 hy clypedon to drihtne   þonne
in ipsis defecit.   6 Et clamauerunt ad dominum cum

hy geswencte wæron 7 of neadum   heora he generede
tribularentur   et de necessitatibus eorum eripuit

hy   7 he lædde hy on wege rihtne þæt hy oneodon
eos. 7 Et deduxit   eos in uiam rectam ut   irent

on ceastre   eardunge   andettan   driht   mildheort-
in ciuitatem habitationis. 8 Confiteantur domino miseri-

nesse his 7 wundra his bearnum manna   forþon
cordię eius et mirabilia eius filiis   hominum. 9 Quia

gefylde he   sawle   æmtige 7 sawle   [ ]ingrigende
satiauit   animam inanem et animam esurientem

he gefylde godum   sittende on þeostrum 7 sceaðe
satiauit   bonis. 10 Sedentes in   tenebris   et umbra

deaðes gewriþenne on wædlinga   7 iserne   forþon þe
mortis uinctos   in mendicitate et ferro. 11 Quia

hy gremedon   geswinc godes 7 geþeaht   þæs hyhstan
exacerbauerunt eloquia dei   et consilium altissimi

hy gebysrodon   7 geeadmed is on geswincum heorte
irritauerunt.   12 Et humiliatum est in laboribus   cor

heo[ ] 7 on geuntrumude synd næs   þe fultumode
eorum et infirmati   sunt nec fuit qui adiuuaret.

7 hy clypedon to driht   þonne hy wæ[ ] swencede
13 Et clamauerunt ad dominum cum   tribularentur

7 *oneodon: on-* is probably induced by the var. *inirent* (as D).   10 *uinctos:*
cor. from *uinctus.*   11 *geswinc:* the glossator's eye slipped to *laboribus* in
the next vs., but presumably he caught the error and didn't complete
geswinc. gebysrodon: s added above; for *gebysmrodon.*

271

7 of neadum   heora he alysde hy   7 he lædde
et de necessitatibus eorum liberauit eos. 14 Et eduxit

hy of þystrum 7 sceade deað[ ]   7 bendas
eos de tenebris et umbra mortis [f.103ᵛ] et uincula

he[ ]ra toslat   andettan   driħt mildheortnesse
eorum dirupit. 15 Confiteantur domino misericordie

his 7 wundra [ ]is bearnum manna   forþon þe
eius et mirabilia eius filiis   hominum. 16 Quia

he forg:ad geatu ærenne 7 stafas [ ]ne he forbræc
contriuit   portas aereas et uectes ferreos confregit.

  [ ]eng hy of wege unrihtwisnesse heora [ ]
17 Suscepit eos de uia   iniquitatis   eorum propter

unrihtwisnesse soðlice heora genyþerod[ ] hy sy[ ]
iniustitias   enim   suas humiliati   sunt.

  ælcne mete anscunode is sawl heora 7 hy
18 Omnem escam abhominata est anima eorum et appro-

efstan ł hy* genealæhtan* oð   to gatum deaþes   7
pinquauerunt   usque ad portas mortis. 19 Et

hy clypedon to driħt   þonne hy wæron swencede 7
clamauerunt ad dominum cum   tribularentur   et

of neadum   heora he [ ] hy   he sende word
de necessitatibus eorum liberauit eos. 20 Misit   uerbum

his 7 he hælde hy 7 he ner[ ] [ ]y of forwyrde
suum et sanauit eos et eripuit   eos de interitionibus

heora   andettan   driħt mildheortnesse his 7
eorum. 21 Confiteantur domino misericordię eius et

14 dirupit: changed from dis-.

wundra   his   bearnum   manna   7   hy offrigen
mirabilia eius   filiis   hominum.   22 *E*t sacrificent

offrunga   lofes 7 bodian   weorc his on blisse
sacrificium laudis et annu*nti*ent opera eius in exultatione.

     þa þe adun astah on sæ on scipum donde   wyrcendra
23 *Q*ui   descendunt mare in nauibus facient*es* operationem

on wæterum manegum   hy   gesawon weorc drih̄t
in aquis   multis.   24 *I*psi uiderunt opera domin*i*

7 wundra his on deopnesse   he cwæð 7 stod gast
et mirabilia eius in profundo. 25 *Di*xit   et stetit spiritus

yste   7 upahafene sy[ ] [ ]   his   astigað
þrocellę et exaltati   *sunt* *f*luctus eius. 26 *As*cendunt

oð   to [ ]eofenan 7 nyðerastigað oð   to grundu[ ]
usque a*d* cęlos   et descendunt *us*quę ad abyso*s*

sawl' heora on yfel[ ]   [ ]   [ ]refede
*ani*ma eorum in mali*s* [f.104ʳ] *tab*escebat. 27 *Tur*bati

hy synd 7 astyrede synd swaswa druncen 7 ealle
sunt   et moti   sunt sicut   ebrius   et omnis

wisdomas heora   forswolgen [ ]   7 hy clypedon to
sapientia eorum deuorata   *est*. 28 *E*t clamauerunt ad

drihtne þonne hy wæron geswencede 7 of neadum
dominum cum tribularentur   et de necessitatibus

heora he alædde hy   7 he gesette yste   his on
eorum eduxit   eos. 29 Et statuit   procellam eius in

lyfte 7 [ ]igedon yða   his   7 blissodon
auram et *sil*uerunt fluctus eius. 30 Et lętati   sunt

_____

22 *sacrificent:* a letter erased between *c* and *e*.   26 *abysos:* read *abyssos*.

273

forþon hy swigedon 7 he lædde hy on muðan willan
quia siluerunt et deduxit eos in portum uoluntatis

heora andettan driħt mildheortnesse his 7
eorum. 31 Confiteantur domino misericordię eius et

wundra his bearn manna 7 hy ahebban hine
mirabilia eius filiis hominum. 32 Et exaltent eum

on gesomnunga folces 7 on heansetle yldrena hi ::rian
in ęcclesia plebis et in cathedra seniorum laudent

hine he sette flodas on westene 7 utrynas wætera
eum. 33 Posuit flumina in desertum et exitus aquarum

on st:rste eorðan wæstmbære on sealtsyleðan fram
in sitim. 34 Terram fructiferam in salsuginem a

yfelnesse on eardigendra on hyr[ ] [ ]e sette westen
malitia habitantium in ea. 35 Posuit desertum

on mere wætera 7 eorðan butan wætere on unry[ ]
in stagna aquarum et terram sine aqua in exitus

wætera 7 he gesamnode þær hingrigende 7 hy
aquarum. 36 Et collocauit illic esurientes et con-

gesetton ceastre ear[ ] 7 hy seowon æceras
stituerunt ciuitatem habitationis. 37 Et seminauerunt agros

7 hy plantodon wingeardas 7 hy worhton wæstm
et plantauerunt uineas et fecerunt fructum

acenned[ ] 7 bletsode hy 7 gemænigfylde synd swiðe
natiuitatis. 38 Et benedixit eis et multiplicati sunt nimis

---

33 st:rste: for þurste? 34 habitantium: read inhabitantium. 35 unry[ ]:
read ut-. 33-36 The part beginning et exitus aquarum and ending ciuitatem
habitationis added by hand B. 38 hy: RPs. eos.

7 nytenu heora ne gewanude   7 feawe gewordene
et iumenta eorum non minorauit. 39 Et pauci facti

synd 7 gedrehte synd of geswi[ ]   yfela   7 sara
sunt et uexati   sunt a tribula*ti*one malorum et dolore.

  agoten is geflit   ofer ealdras 7 dweli[ ] he dyde
40 Effusa est contentio super principes et err*are*   fecit

hy on wegelaste 7 na on wege   [ ] gefylsteð þearfan
eos in inuio   et non in uia. 41 Et adiuuauit pauperem

of wædlunga   7 he sette swaswa sceap hy[ ]as
de inopia   [f.104ᵛ] et posuit sicut   oues fam*i*l*i*as.

  geseoð rihtwise 7 blissiað 7 ealle unrihtwisne[ ]
42 *V*idebunt recti   et letabuntur et omn*is* iniquita*s*

[ ]:dytte muð [ ]   hwylc wis   [ ] [ ]ehyl: [ ]
*op*pilabit os suum. 43 Quis sapiens et custodiet hęc

[ ] agyt (I̵ ongyt) mildheortnesse driħt
et intellige*t*   misericordias domini.

107

cuii. Alleluia psalmus Dauid uox timentis deum

  geara heorte min god gear: heorte min
2 Paratum cor   meum deus paratum cor   meum

ic singe 7 sealm on wuldre [ ]   aris   saltere
cantabo et psallam in gloria mea. 3 Exsurge psalterium

7 hearpan ic arise of dægrede ic andette þe on
et cithara exsurgam diluculo. 4 Confitebor tibi in

folce driħt 7 ic sealm⁻ ge I̵ ic s:nge þe on þeodum
populis domine et psallam   tibi in nationibus.

<hr>

42 *oppilabit:* changed from *-uit.*   43 *intelliget:* changed from *intelle-.*

forþon þe micel ofer heofeñ mildheortnesse þine 7
5 Quia   magna super cęlos   misericordia   tua   et

oð   wolcnu soðfæstnesse þinre   beo upahafen ofer
usque ad nubes   ueritas   tua. 6 Exaltare   super

heofeñ godes 7 ofer ealle   eorðan [ ]   þin   þæt
cęlos   deus et super omnem terram gloria tua 7 ut

syn alysed gecorene þine halne   fac seo swyðre þin 7
liberentur dilecti   tui. Saluum do dextera   tua et

gehyr me   god spræce his on halgum his ic fægnige
exaudi me 8 deus locutus est in sancto   suo. Exultabo

7   ic todæle   7   dene   getelda
et diuidam   siccimam et conuallem tabernaculorum

byrþen ł ic todæle*   min   is   7 min   is
dimetiar.   9 Meus est galaad et meus est manasses

        onfangenes heafdes mines   cyning min
et effraim susceptio   capitis   mei. Iuda rex   meus

        deofol hwer hihte minum [ ] [ ]   ic aþenige
10 moab lebes spei   meę. In idumeam extendam

gescy   mi[ ] me   elþeodige freond gewordene
calciamentum meum mihi alienigene amici facti

synd   [ ]wilc læded me on ceastre getrymede
sunt. 11 Quis   deducet me in ciuitatem munitam

        hwilc læded me oð to [ ]   hu ne
[f.105ʳ] quis deducet me usque in idumeam. 12 Nonne

---

107. 8 *his.est:* read *is.* *byrþen:* belongs as a gloss to *siccimam;* for an explanation of *byrþen* in this context, see Wildhagen's note in C and cf. Hieronymus, *P.L.* 26.1152.   10 *deofol:* as DK; this is a common explanation of *moab,* as Hieronymus (*P.L.* 26.1153): "Moab ergo diabolus interpretatur."

þu god [ ] þu anyddest us ꝥ na [ ]:gæs[ ] god on
tu deus qui reppulisti nos et non exibus deus in

mægnum urum syle us fultum of geswince
uirtutibus nostris. 13 Da nobis auxilium de tribulatione

for[ ] idel hælo mannes on gode we don mægene ꝥ
quia uana salus hominis. 14 In deo faciemus uirtutem

mihte ꝥ he to nah[ ]e gelædeð fynd ure
et ipse ad nichilum deducet inimicos nostros.

108

cuiii. In finem psalmus Dauid uox Christi de Iudeis
et de Iuda traditore

god lof min ne spræc forþon muð synfulles
2 Deus laudem meam ne tacueris quia os peccatoris

ꝥ muð facenfulle ofer me open is hy spræcon
et os dolosi super me apertum est. 3 Locuti

ongean me tunge facenfulle ꝥ spræcum hatung
sunt aduersum me lingua dolosa et sermonibus odii

ymbsealdon me ꝥ oferwunnon me [ ] forþan
circumdederunt me et expugnauerunt me gratis. 4 Pro

þæt hy me lufodon hy tældon me ic soðlice
eo ut me diligerent detrahebant mihi ego autem

ic gebæd ꝥ hy setton ongean me yfelu for god[ ]
orabam. 5 Et posuerunt aduersum me mala pro bonis

ꝥ hatunga for lufan minre gesete ofer hine
et ꞇodium pro dilectione mea. 6 Constitue super eum

108. 2 *ne spræc:* as DH (both *sprec*); see Roeder's ingenious note in
ed. of D.

synfulne   7 deofol   stande to swyðrum his   þonne
peccatorem et diabol*us* stet   a   dextris   eius. 7 *C*um

gédemed bið he gange* genyðerad   7 gebed his   sie
iudicatur   exeat   condemnatus et oratio eius fiat

on synne   syn   dagas his feawa 7 bisceophad
in peccatum. 8 *F*iant dies   eius pauci et episcopatum

his onfo   oðerne   syn   bearn his steopcild 7 wif
eius accipiat alter.   9 *F*iant filii   eius orfani   et uxor

his wyduw[ ]   [ ]ende   syn ferende suna his
eius uidua.   10 *Nu*tantes transferantur filii eius [f.105ᵛ]

hy wædlien aworpen of eardungstowum [ ]   [ ]scrudnie
mendicent eiciantur de habitation*ibus*   suis. 11 *S*crutetur

[ ]rhgiend ealle   speda   [ ]is [ ] [ ]eafien fremde
*f*enerator   omnem substantiam eius et   diripiant alieni

geswinc his   ne   sy him gefylsta ne sy se ðe mildsige
labores eius. 12 *N*on sit illi adiutor nec sit qui   misereatur

steopcildum his   syn suna his on forwyrde on cynrene
pupillis   eius. 13 Fiant nati eius in interitu in genera-

          anre sy adylgod naman his   on gemynde
tione una   deleatur   nomen eius. 14 In memoriam

edhwyrfe unrihtwisnesse [ ]   his on gesihðe   driħt
redeat   iniquitas   *patrum* eius in conspectu domini

7 synna   [ ]   [ ] ne adylegode   hy syn ongean
et peccatum m*atris eius* non deleatur.   15 *F*iant   contra

driħt   symle   7 forweorðe of eorðan gemynd heora
dominum semper et dispereat de terra   memoria eorum

13 *interitu:* changed from -*um*.

forþon þæt [ ] is gemunen don mildheortnesse
16 pro eo quod *non* est recordatus facere misericordiam.

7 he ehte is mann   þearfan 7 w:[ ]   7
17 Et persecutus est hominem inopem et me*n*dicum et

abryrdne   heortan cwylma[ ]   7 he lufode awyrged-
conpunctum corde mortific*are*. 18 Et dilexit   male-

nesse   7 cumað hi[ ] 7 he nolde bletsunga   7
dictionem et ueniet ei   et noluit   benedictionem et

he bið afyrre[ ] fram him 7 he scrydde awyrgednesse
elongabit*ur*   ab eo. *E*t induit   maledictionem

swaswa hræ[ ]   7 he ineode swaswa wæter on þa
sicut uesti*mentum* et intrauit sicut aqua in in-

inran innoðas [ ] 7 swaswa ele   on banum his
teriora *eius* et sicut oleum in ossibus eius.

sy him swaswa hrægl   þam þe oferwrogene
19 *F*iat ei sicut   uestimentum quo   operitur

[ ] swaswa gyrdels þam simble he bið begyrd   þis
et sicut zona   qua semper pręcingitur. 20 *H*oc

weorc heora þa þe tælað   me [ ] driħt   7
opus eorum qui   detrahunt mihi *apud* dominum et

þa þe sprecað yfelu ongean   sawle minre
qui   locuntur mala aduersu*s* [f.106ʳ] animam meam.

7 þu drihten driħt do mid me [ ]   naman þinan
21 Et tu domine domine fac mecum propt*er* nomen tuum

forþon þe wynsum is mildheortnesse þin alys me
quia   suauis est misericordia   tua. *L*ibera me

19 *operitur:* letter erased between *i* and *t; RPs. operietur.*

forþon wædla 7 þearfa ic eom 7 heorte min
22 quia   egenus et pauper ego sum et cor   meum

[ ]dr[ ]   is on me   swaswa scadu þonne
conturbatum est intra me. 23 Sicut   umbra cum

heo ahyldeð ablænd ic eom 7 ahrysod ic eom swaswa
declinat   oblatus sum   et excussus sum   sicut

gærstapa   cneowa mine geuntrymmed synd of fæstene
locustę. 24 Genua mea infirmata   sunt a ieiunio

[ ] [ ] min awend   is for   ele   7 ic
et caro mea immutata est propter oleum. 25 Et ego

geworden eom hosp   him hy gesawon me 7 hrysedon
factus   sum obprobrium illis uiderunt   me et mouerunt

ł cwehton heafda heora   gefylste me driħt   god min
         capita sua. 26 Adiuua me domine deus meus

hælne me do æfter   mildheortnesse þin[ ]
saluum me fac secundum misericordiam tuam. 27 Vt

hy witon forþon þe handa þine þeos 7 þu drihten dydest
sciant   quia   manus tua hęc et tu domine fecisti

him   wyriað   hy 7 þu bletsast þa ðe onari[ ]
eam. 28 Maledicent illi et tu benedices qui   insurgunt

on me hy syn gescynde þeowa soðlice þi[ ] blissiað
in me confundantur   seruus autem tuus lętabitur.

---

23 *oblatus:* read *ab-.* *ablænd:* this gloss was suggested by the context, i.e.,
umbra . . . declinat = light taken away (night)=blindness. Pertinent is
Haymo's comment (*P.L.* 116.577): " 'sicut umbra cum declinat,' scil., ita
leuiter ut umbra recedit ueniente lumine, nullam uim ostendans, ita raptus
ab eis . . . "; cf. *In Psal. Lib. Exeg.:* "Umbra enim propter occasum solis declinantem fit nox, et declinante uita fit mors." 27 *Vt: e* written
over *V,* for GPs. *Et.*

syn gescrydde þa þe tælað   me   scame 7 hy syn
29 Induantur   qui   detrahunt mihi pudore et operiantur

oferwrigen swaswa getwyfealdum mentle sce:[ ]   h[ ]
          sicut   dyploide   confusione sua.

   ic andette driħt   swiðe on muðe minum 7 on middele
30 Confitebor domino nimis in ore   meo   et in medio

manigra   ic herige hine   forþon þe he ætstod æt
multorum laudabo   eum. 31 Qui   adstitit   a

swyþran þearfena þæt hale   he dide fram ehtendum
dextris   pauperis ut   saluam faceret a   persequentibus

sawle   mi[ ]
animam meam.

109

[f.106ᵛ] cuiiii. Alleluia psalmus Dauid uox ęcclesię de
        patre et filio

   cwæð drihten drihtene minum site of swyþrum minum
1 Dixit dominus domino meo   sede a dextris   meis.

oð   ic [ ]ette fynd   þine fotscamul fota   þinra
Donec ponam   inimicos tuos scabellum pedum tuorum.

   gyrd[ ] mægenes þines asendeð drihten of sion wealdan
2 Virgam uirtutis tuę   emittet dominus ex sion dominare

on middele feonda   þinra   mid ðe fruma   on
in medio   inimicorum tuorum. 3 Tecum principium in

dæge mægenes þines on beorhtnessum haligra   of
die   uirtutis tuę in splendoribus sanctorum ex

31 forþon þe: RPs. quia or var. quoniam.

innoðe ær dægsteorran ic cænde þe   swor   drihten
*u*tero ante luciferum   genui   te.   4 Iurauit dominus

7 ne hreoweð hine þu eart preost on ecnesse æfter
et non penitebit eum tu es   sacerdos in eternum secundum

endebyrdne[ ] melchisedeh   drihten of þam swyðrum
ordinem   melchisedech. 5 *D*ominus a dextris

þinum he tobræc on dæge yrre his cyninges he demde
tuis   confregit in die irę suae reges.   6 *I*udicabit

on cynnum   he gefylð hryras he forcwysde heafda on
in nationibus implebit ruina*s* conquassabit capita in

eorðan manegra   of burnan on wege he dranc forþon
terra multor*um*. 7 *D*e torrente in uia bibet   propterea

he upahof heafod
exultabit caput.

110

cx. Alleluia uox ecclesiae de Christo cum laude

ic andette þe driħt   on ealre heortan minre on geþeahte
1 Confitebor tibi domine in toto corde   meo   in consilio

rihtwisra 7 gesomnunga   miclu weorc driħt gestryned
iustorum et congregatione. 2 *Ma*gna opera domini exquisita

on ealle   willan   his   andetnes 7 micclung
in omnes *u*oluntates eius. 3 *C*onfessio et magnificentia

weorc his   7 rihtwisnesse his wunað on worulda
opus eius [f.107ʳ] et iustitia   eius manet in seculum

woruld gemynd   he dyde wundra   heora   mildheort
seculi. 4 Memoriam fecit mirabilium suorum misericors

7 mildsigend drihten   [ ]   he sealde þam adrædendum
et miserator   dominus 5 *escam* dedit   timentibus

hine gemyndig ic beo on worulde cyðnesse   [ ]   mægen
se. *M*emor   erit   in seculum testame*nti sui* 6 uirtutem

weorc   heora   he b[ ]   folce   his   þæt he sylleð
operum suorum ann*un*tiabit populo suo. 7 Vt   det

him yrfewerdnesse þeoda   weor[ ] handa   his   soð-
illis hereditatem   gentium opera   manuum eius ueritas

fæstnes 7 dom   getreowlicu ealle   bebodu his
          et iudicium. 8 Fidelia   omnia mandata eius

getrymede on worulda woruld geworden on soðfæstnesse
confirmata in seculum seculi   facta   in   ueritate

7 efnesse   alysednesse   he sende folce   his
et aequitate. 9 *R*edemptionem misit   populo   suo

he bebead on ecnesse cyðnesse   his   halig   7
mand*a*uit   in ęternum testamentum su*u*m. Sanctum et

egeslic nama his   on fruman wisdomes ege   driħt
terribile nomen eius 10 initium   sapientię timor domini.

andgyt   god   eallum   dondum   h[ ] herung his
Intellectus bonus omnibus facientibus e*um* laudatio eius

wunað on worulda wor[ ]
manet in sęculum sęculi.

111

cxi. Alleluia reuersio Aggei et Zacharię uox ęcclesię
de *Christo*

eadig wer þe ondrædeð drihten on bebodum his
1 *B*eatus uir qui timet dominum in mandatis eius

wile swiðe ł þearle rice on eorþan bið sæd his
uolet nimis. 2 Potens in terra erit semen eius

cneorisse rihtwisra bið gebletsod wuldor 7 welan on
generati*o* rectorum benedicetur. 3 Gloria et diuitię in

huse his 7 rihtwisnes[ ] [ ] wunað on worulda woruld
domo eius et iustitia ei*us* manet in seculum seculi.

asprungen is on þystro leoht riht heo[ ]
4 *E*xortum est in tenebris lumen rectis cor*de* [f.107ᵛ]

mildheort 7 mildsigend 7 riht[ ] wynsum man þe
misericors et miserator et iustus. 5 Iocundus homo qui

miltsiað 7 lænð tosetteð on spræce his on do[ ]
miseretur et com*modat* disponet sermones suos in iu*dicio*

[ ] on ecnesse [ ] he bið astyred ł gedrefe[ ] [ ]
6 *q*uia in ęternum non commouebi*tur*. 7 *In*

[ ] ecum bið rihtwis of geher[ ] [ ]re ne he adrædeð
*mem*oria ęterna erit iustus ab au*ditio*ne *m*ala non timebit.

gearo heorte his hihtan on drihtne [ ]trymed
*P*aratum cor eius sperare in domino 8 confirmatum

is heorte his na ne bið astyrad oð þæt he gesyhð
est cor eius non commouebitur donec despiciat

---

111. 1 *þearle:* cf. the entry in BTD, under *þearle:* vehementer nimis.
swiðe þearle.

fynd   his   he lædde he sealde þearfum   rihtwisnesse
inimicos suos. 9 Dispersit dedit   pauperibus iustitia

his wunað on worulda woruld horn   his   bið upahafen
eius manet in   seculum seculi   cornu eius exaltabitur

on wuldre   synful   gesyhð 7 eorsað   toðum   his
in gloria. 10 Peccator uidebit et irascetur dentibus suis

he grymetet 7 swindeð gewilnung synfulra   forweorðeð
fremet   et tabescet desiderium peccatorum peribit.

112

cxii. Uox aecclesia cum laude alleluia

heriað   cnihtas driħt   heriað naman driħt   syg
1 Laudate pueri   dominum laudate nomen domini. 2 Sit

nama driħt gebletsod   heononf[ ] nu   7 oð   on
nomen domini benedictum ex hoc   nunc et usque in

worulde   fram sunnan upryne oð   to setlgange heria[ ]
seculum. 3 A   solis   ortu   usque ad occasum laudabile

naman drihtnes   heah   ofer   ealle   þeoda [ ]h[ ]
nomen domini. 4 Excelsus super omnes gentes dominus

[ ]   heofenes wuldor his   hwilc swaswa driħt   god
super cęlos   gloria   eius. 5 Quis sicut   dominus deus

ure   se ðe on heannessum eardað   7 þa nyðerlican
noster qui in   altis   habitat 6 et humilia

gesyhð on heofenan 7 on eorðan   aweccende fram eorðan
respicit in cęlo   et in terra. 7 Suscitans a   terra

9 lædde: an error for dælde (as DFIK)? or is this an idiomatic use of lædan,
which is used elsewhere in many senses (see BTD & S)?   10 grymetet:
final t induced by Lat.; read -eð.
   112. 3 heria[ ]: cf. J heriað. laudabile; RPs. laudate.

wædlan 7 of cweade   aræremde þearfan   þæt
inopem et de stercore [f.108ʳ] erigens   pauperem. 8 Vt

he gesamodlæceð hine mid ealdrum   mid ealdrum
collocet   eum cum principibus cum principibus

folces his   se þe eardian deð stedige on [ ]   modor
populi sui. 9 Qui   abitare facit sterilem in *domo* matrem

bearna   blissigend
filiorum lẹtant*em*.

113

cxiii. Uox apostolica cum Iudẹis increpans idol[ ]

on utgange   of egipt[ ] hus   of folce
1 In exitv   israhel de ae*gipto* domus iacob de populo

ælþydigum 1 [ ]digum   geworden is   halgung
barbaro.   2 *F*acta   est iudẹa sanctificatio

his   anweald his   sæ   geseah 7 fleow
eius israhel potestas eius. 3 Mare uidit   et fugit iordanis

gecyrred is   underbæc   muntas gefægnodon swaswa
conuersus est retrorsum. 4 Montes exultauerunt ut

rammas 7 hylla swaswa lambra sceapa   hwilc is þe
arietes   et colles sicut   agni   ouium. 5 *Q*uid   est tibi

sæ   þæt þu fluge 7 þu   forhwi cyrrað (1 forþā
mare quod fugisti et tu iordanis quia conuersus es

þu gecyrdest) under[ ]   muntas gefægnodon swaswa
        retrors*um*. 6 Montes exultastis   sicut

9 *facit:* changed from *fecit.*
    113. 1 A fragment [ ]*enum* stands on margin below [ ]*digum;* it
may be a third gloss to *barbaro.*

286

rammas 7 hylla swaswa lambra sceapa   of ansyne driħt
arietes et colles sicut   agni   ouium. 7 Affacie domini

astyrad is eorðe of an[ ] godes   [ ]e gecyrde
mota   est terra a facie dei iacob. 8 Qui conuertit

stan   on mere wæte[ ] 7 clud   on wyllas wætera
petram in stagna aquarum et rupem in fontes aquarum.

 ne us   driħt na us ac nam[ ] þinum syle
1 Non nobis domine non nobis sed nomini tuo   da

wuldor   ofer   mildheortnesse þinre 7 soðfæstnesse
gloriam. 2 Super misericordia   tua   et ueritate

þin[ ] þylæs hwænne hi secgan þeoda hwær is [ ]
tua   nequando   dicant   gentes ubi est deus

[ ]   god soðlice ure on heofenan ealle
eorum. [f.108ᵛ] 3 Deus autem noster in cęlo   omnia

swa hwilce he wolde dyde   deofolgyld þeoda   seolfor
quęcumque uoluit   fecit. 4 Simulacra gentium argentum

7 gold [ ]   [ ]anda manna   [ ] [ ]   [ ] ne
et aurum opera manuum hominum. 5 Os habent et non

sprecað eagan hy habbað 7 [ ]   [ ]seoð   ea[ ]
loquentur oculos habent   et non uidebunt. 6 Aures

habbað 7 ne gehyrað næsðyrlu hy habbað [ ] [ ]
habent et non audient nares   habent   et   non

hy geswæccað   handa hy habbað 7 na hy grapiað
odorabunt.   7 Manus habent   et non palpabunt

fet hy habbað 7 ne gangað   hi ne clypiað
pedes habent   et non ambulabunt non clamabunt

on hracan heora gelice him beoð þa þe doð þa 7
in gutture suo. 8 Similis illis fiant qui faciunt ea et

8 Similis: read -les.

287

ealle þa þe truwiað on him   hus   he hihte
omnes qui   confidunt in   eis. 9 Domus israhel sperauit

on   driħt   gefylsta heora 7 gescyld   heora   he is
in   domino   adiutor eorum et protector eorum   est.

    hus   he hihte on driħt   gefylsta heora 7
10 Domus ááron sperauit in domino adiutor eorum et

gescyld   heora is   þa þe ondrædað driħt   hi
protector eorum est. 11 Qui   timent   dominum spe-

hihton   on driħt   gefylsta heora 7 scyld   heora
rauerunt in domino adiutor eorum et protector eorum

is   driħt   gemyndig wæs ure   7 he gebletsað
est. 12 Dominus memor   fuit nostri et benedixit

us   gebletsað huses   bletsað hus (ł hiwr[ ])
nobis. Benedixit domui israhel benedixit domui

        he bletsade ealle   þa þe ondrædað driħt
ááron. 13 Benedixit omnibus qui   timent   dominum

litle (ł medmiclum) mid marum   geice   driħ
pusillis   cum maioribus. 14 Adiciat dominus

ofer eow ofer   eow 7 ofer   bearn eowre   gebletsode
super uos super uos et super filios uestros. 15 Benedicti

eow fram driħt   se þe dyde heofeñ 7 [ ]orðan
uos a   domino qui fecit cęlum et terram. [f.109ʳ]

    heofenan heofen driħt   eorðan soðlice he sealde
16 Cęlum   celi   domino terram autem dedit

bearnum manna   ne deade heriað þe dr[ ]ħt
filiis   hominum. 17 Non mortui laudabunt te domine

12 hiwr[ ]: cf. hiwræden at 117.3.   15 a: added above by a contemporary corrector.

288

[ ]   ealle   þa þe nyðerastigað o[ ] [ ]   ac   us
neque omnes qui   descendunt   in   *infernum.* 18 Sed nos

we þe libbað   we bletsiað [ ]   heononforð nu   7
qui   uiuimus benedic*imus* *domino* ex hoc   nunc et

oð   on w[ ]
usque in sęcu*lum.*

114

cxiiii. Alleluia uox Christi est

ic lufude forðon   gehyrde driħ   stefne gebedes
1 Dilexi   quoniam exavdiet dominus voce*m* orationis

mines   forþon he ahylde eare   his   me   7 on dagum
meae. 2 Quia   inclinauit aurem suam mihi et on diebus

minum ic gecige   ymbsealdon   me sara   deaðes
meis   inuocabo. 3 Circumdederunt me dolores mortis

7 frecennessa on helle gemettan   me   geswincg
et periculа   inferni   inuenerunt me. Tribulationem

7 sar   ic gemette   7 naman driħt ic gecige eala
et dolorem inueni   4 et nomen domini inuocaui. O

driħt   alys   sawle mine   mildheort drihten 7
domine libera animam meam 5 misericor*s* dominus et

rihtwis 7 god ure   mildsigend gehealdende lytle
iustus et deus noster miseretur. 6 Custodiens paruulos

driħ   geeadmed [ ] 7 he alysde me   beo gecyrred
dominus humiliatus su*m* et liberauit   me. 7 Conuertere

sawle min on reste   þinre forþon þe driħt   wel dyde
anima mea in requiem tuam quia   dominus benefecit

289

þe   forþon þe he nerede sawle   mine   of deaðe
tibi. 8 Quia   eripuit   animam meam de morte

eagan mine of tearum fet   mine of slide   ic cweme
oculos meos a lacrimis pedes meos a lapsu. 9 Placebo

driħ   on rice   lifigendra ł cwiccra
domino in regione uiuorum.

115

cxu. Uox Pauli apostoli

  ic gefylde forþy   þæt ic spræc   ic soðlice
10 Credidi   propter quod locutus sum [f.109ᵛ] ego autem

geeadmed ic eom swiðe   ic cwæð on utgange minum
humiliatus sum   nimis. 11 Ego dixi in excessu meo

ælc   man   [ ]   [ ] [ ]   driħt   for
omnis homo mendax. 12 Quid retribuam domino pro

eallum þe   he [ ] [ ]   [ ]   [ ]des ic onfo
omnibus quę   retribuit mihi. 13 Calicem salutaris accipiam

7 naman driħt [ ]   [ ]ilnunga min[ ] [ ]ħt
et nomen domini inuocabo. 14 Vota   mea   domino

ic agylde beforan eallan folce his   deorwurðe on
reddam   coram   omni populo eius 15 preciosa   in

gesihðe driħt   dea[ ] halig[ ]   his   eala driħt
conspectu domini mors sanctorum eius. 16 O   domine

forðon ic þeowa þin 7 suna :i::e þinre þu toslite
quia   ego seruus tuus et filius ancillę tuę. Disrupisti

bendas mine   ðe ic offrige onsægdnesse lofes 7
uincula mea 17 tibi sacrificabo hostiam   laudis et

290

naman driħt   ic gecige   gewilnunga mine driħ
nomen domini inuocabo.   18 Vota   mea   domino

ic agylde on gesihðe   ealle folces his   on cafertunum
reddam   in conspectu omnis populi eius 19 in atriis

huses driħt   on middele þinum
domus domini in medio   tui   hierusalem.

116

cxui. Alleluia uox apostolorum ad gentes

heriað   driħt   ealle   þeoda heriað hine eall
1 Laudate dominum omnes gentes laudate eum omnes

folc   forþon getrymed is ofer us mildheortnes[ ]
populi. 2 Quoniam confirmata est super nos misericordia

[ ] 7 soðfæstnes driħt   wunað on ecnesse
eius et ueritas   domini manet in ęternum.

117

cxuii. Alleluia ut ostendatur hominibus uia idem
       Christus per quam ::[ ] ad por[ ] ingress' claud::

andettað   driħt   forðon god fo[ ]   on worulde
1 Confitemini domino quoniam bonus quoniam in seculum

is mildheortnesse his   [ ]   nu   forþon
    misericordia   eius. 2 Dicat nunc israhel quoniam

god   forþon [ ] worulde mildheortnesse his   cweðe
bonus quoniam in seculum misericordia   eius. 3 Dicat

---

115. 18 *populi:* appears to be cor. from *populo.*
117. 1 *is:* possibly misplaced, belonging above *bonus;* cf. RPs. var.
bonus est.

nu   hus (ł hiwræden)   forþon   on worulde
nunc domus   ááron quoniam in sęcul*um* [f.110ʳ]

mildheortnesse his   cweðe nu   þa þe ondrædað
misericordia   eius. 4 Dicant nunc qui   timent

driħt   forþon   [ ] [ ]   mildheortnesse his   of
dominum quoniam *in   seculum* misericordia   eius. 5 De

geswince ł of gedrefednesse ic gecige [ ]   7 he gehyrde
tribulatione   inuocaui *dominum* et exaudiuit

me on tobrædn[ ] [ ]   drihten me   gefylsta ne
me in latitu*dine* *dominus*. 6 Dominus mihi adiutor no*n*

[ ]   [ ] do   me man   driħt   me   to gefylsta
timebo quid faciat mihi homo. 7 Dominus mihi adiutor

7 ic [ ]   fynd   mine   betere is getreowan
et ego des*piciam* inimicos meos. 8 Bonum est confidere

on driħ   þonne getreowan on m[ ]   betere is
in domino quam confidere   in homine. 9 Bonum est

gehihtan   on driħt þonne   gehihtan on ealdrum
sperare   in domino quam   sperare   in principibus.

   ealle   þeoda ymbsealdon me 7 on naman driħt
10 Omnes gentes circuierunt me et in nomine domini

forþon þe ic beo wrecen on hy   ymbsyllend   hy
quia   ultus sum   in eos. 11 Circumdantes cir-

ymbsealdon   me 7 on naman driħt   forþon ic wr[ ]ce
cumdederunt me et in nomine domini quia   ultus

---

8 *betere:* on margin opposite stands *gode* in the main glossing hand.
9 *betere:* on margin opposite stands *gode* in the main glossing hand.
est: added in the same hand.   10 *ymbsealdon:* RPs. *circumdederunt.*

eom on hy   hy ymbsealdon   me   swaswa beon 7
sum in eos. 12 Circumdederunt me   sicut   apes et

hy burno[ ] swaswa fyr   on þornum 7 on naman driht
exarserunt   sicut   ignis in spinis   et in nomine domini

forþam þe ic beo wrecen on hy   onahrysod acyrred
quia   ultus sum   in eos. 13 Inpulsus   euersus

ic eom þæt ic hrure 7 drih   anfeng me   strangnes
sum   ut caderem et dominus suscepit me. 14 Fortitudo

min 7 lof 1 hérincg* min driht   7 geworden is me
mea et laudatio   mea dominus et factus   est mihi

on hælo   stefn blisse 1 fægnunge* 7 hælo   on
in salutem. 15 Vox   exultationis   et salutis in

eardunge   rih[ ]   seo swyðre drih   dyde mægen
tabernaculis iustorum. 16 Dextera   domini fecit uirtutem

seo swyþre drih   upahof   me seo swyðre drih   dyde
dextera   domini exaltauit me dextera   domini fecit

mægen   ne   i[ ] swylte ac   ic lyfige 7
uirtutem. [f.110ᵛ] 17 Non moriar   sed uiuam   et

ic cyðe weorc drih[ ]   [ ]:ende clænsigende me drih
narrabo opera domini. 18 Castigans castigauit   me dominus

7 deaðe ne [ ]   [ ]   [ ]   [ ] gatu rihtwis-
et morti non tradidit me. 19 Aperite mihi portas iustitie

nesse 7 ongangen [ ] [ ] [ ]   driht   þis get
    et ingressus in eas confitebor domino 20 hec porta

driht [ ] [ ]   on þam   [ ]   [ ] forþam
domini iusti intrabunt in eam. 21 Confitebor tibi quoniam

þu gehyrdest me [ ] [ ]   [ ] me on hælo   [ ]
exaudisti   me et factus es mihi in salutem. 22 Lapidem

293

þone hy wiðcuron   timbrigende þes geworden is on
quem reprobauerunt ędificantes hic factus   est in

heofod hyrnan   fram driħt   geworden is [ ]is
caput   anguli. 23 A   domino factum   est istud hoc

is   wundorlic on eagum urum   þes is dæg þe
est mirabile   in oculis nostris. 24 Hec est dies quam

worhte driħ   we fægnigen 7 blissigen on þam   eala
fecit   dominus exultemus et lętemur in ea. 25 O

driħt   halne   me do eala driħt   wel gesyntlæ[ ]n
domine saluum me fac o   domine bene prosperare

    gebletsod se ðe towerd is [ ] naman driħt
26 benedictus qui   uenturus est in   nomine domini.

we bletsodon eow of hus   driħt   god driħ   7
Benediximus uobis de domo domini 27 deus dominus et

alyht us   gesette þe dæg symbel   on þicnessum
illuxit nobis. Constituite diem solemnem in   condensis

oð   to horne weofodes   god min   eart þu 7
usque ad cornu altaris.   28 Deus meus es   tu et

ic andette þe god min eart þu 7 ic upahebbe ðe
confitebor tibi deus meus es   tu et exaltabo   te.

ic andette þe forþā   þu gehyrdest me 7 geworden
Confitebor tibi quoniam exaudisti   me et factus

þu eart me on hælo   andettað driħt   forþā
es   mihi in salutem. 29 Confitemini domino quoniam

god forþā   on woruld[ ] mildheortnesse his
bonus quoniam in seculum   misericordia   eius.

27 *gesette þe: þe* induced by MS separation *Constitui — te.*

294

118

cxuiii. Alleluia Aleph idem doctri*na* [f.111ʳ] uox Christi
ad patrem de Iudeis et de passione sua et de
*adue*ntu suo et eius regn[ ] [ ]cio

eadige þa unwemman on wege þa þe gað   on æ
1 Beati immaculati   in via   qvi   ambulant in lege

drihtnes   eadige þa þe scrydniað cyðnessa [ ] on ealre
domini. 2 *B*eati qui   scrutantur testimonia *eius in* toto

secað   hine   na   soðlice þa þe wyrcað   unrihtwisn[ ]
exquirunt eum. 3 Non enim   qui   operantur iniquit*atem*

[ ] wegum his   hy eodon   þu bebude beboda
in uiis   eius ambulauerunt. 4 Tu mandasti mandata

þinra gehealdan swyðe   ic wyrce syn gerihte wegas mine
tua   custodire nimis. 5 *V*tinam dirigantur uię   meae

to gehealdenn[ ] rihtwisnesse þine   þonne ic ne beo
ad custodie*n*das iustificationes tuas. 6 Tunc non   con-

gescryd þonne ic geseo   on eallum   bebodum þinum
fundar cum   perspexero in omnibus mandatis tuis.

  ic andette þe on gecyrrednesse heortan on þam þætte
7 Confitebor tibi in directione   cordis in eo   quod

ic leornode dom   rihtwisnesse þine   rihtwisnessa þine
didici   iudicia iustitię   tuę. 8 Iustificationes tuas

gehealde ne me forlæt þu   ahwar
custodiam non me derelinquas usquequaque.

118. 2 *in toto:* read *in toto corde.*   5 *wyrce:* read *wysce,* as D.
6 *gescryd:* read *gescynd,* as K?

Beth idem domus uox nouelli populi

on þam gerecð gyngra   weg his   and sy onge-
9 In quo corrigit adolescentior uiam su*am* in   custo-

healde spræca   þine   on ealre heortan minre ic sohte
diendo sermones tuos. 10 *I*n toto   corde   meo   exquisiui

þe ne anyde þu me fram bebodum þinum   on heortan
te ne repell*as*   me a   mandatis tuis.   11 In corde

minre ic behydde spræca   þine   þæt ic n[ ] syngode þe
meo   abscondi   eloquia tua   ut   non peccem   tibi.

    gebletsod   þu eart driht   lær   me rihtwisnessa
12 *B*enedictus es   domine doce   me iustificationes

þine   on welerum minum ic bodude   ealle   dom*a*s
tuas. 13 In labiis   meis   pronuntiaui omnia iudici*a*

muþes þines   on wege cyðnesse   þinra
oris   tui. [f.111ᵛ] 14 In uia   testimoniorum tuorum

gelustfullod eom swaswa on eallum welum   on
delectatus   sum sicut   in omnibus diuitiis. 15 *I*n

[ ]nesse þinum ic gearwige ⁊ ic ne besceawige [ ] [ ]
*man*datis tuis   exercebor et considerabo   *uias tua*s.

   [ ] [ ]nessum   þinum   ic smeade ne [ ]
16 *I*n *iustifica*tionibus tuis   meditabor non *obliuisc*ar

spræca   þine
sermones tuos.

Gemel idem *ple*nitudo uox confessorum

    agyld   þeowe þinum gelifæst me ⁊ ic gehealde
17 Retribue seruo   tuo   uiuifica me et custodiam

_____

9 *and sy ongehealde:* there is no latin var. to account for this gloss, and I
fail to understand it.

spræca   þine   awreoh eagan mine 7 ic besceawige
sermones tuos. 18 Reuela oculos meos et considerabo

wundra of æ þinre   on ealðeodig ic   eom on eorðan
mirabilia de lege tua.   19 Incola   ego sum in terra

ne   þu behyddest fram me beboda   þine   wilnode
non abscondas   a   me mandata tua. 20 Concupiuit

sawl   min wilnung   rihtwisnessa þine on ælcere tide
anima mea desiderare iustificationes tuas in omni tempore.

    þu ðreadest oferbos   awyrgede þa þe hyldað   of
21 Increpasti   superbos maledicti qui   declinant a

bebodum þinum   afyr   fram me hosp   7 for-
mandatis tuis.   22 Aufer a   me opprobrium et con-

hogunga forþon cyðnessa   þine ic sohte   7 soðlice
temptum quia   testimonia tua   exquisiui. 23 Etenim

sæton   ealdormen 7 ongean   [ ] hy spræcon   þeowa
sederunt principes   et aduersum me loquebantur seruus

soðlice þin wæ[ ]::n   on rihtwisnessum   þinum witod-
autem tuus exercebatur in iustificationibus tuis. 24 Nam

lice 7 cyðnessa   þine smeagung min 7 geþeaht   min
     et testimonia tua meditatio mea et consilium meum

rihtwisnessa þine
iustificationes tuę.

       Daleth idem tabularum uox secularium

    tocleofode flora   sawl   min   geliffæsta
25 Adhesit   pauimento anima mea [f.112ʳ] uiuifica

---

19 *ealðeodig:* read *el-* or *æl-*; cf. 40.2.   21 *oferbos:* -*bos* induced by lemma.

297

me æfter   word   þin   wegas mine ic cydde
me secundum uerbum tuum. 26 Vias   meas   ęnuntiaui

7 þu gehyrdest me lær me rihtwisnesse   þine   weg
et exaudisti   me doce me iustificationes tuas. 27 Viam

rihtwisnesse   þinra   [ ]   me 7 ic gearwige   on
iustificationum tuarum instrue me et exercebor   in

wundr[ ]   [ ]   slep   sawl min [ ] [ ]   [ ]
mirabilibus tuis. 28 Dormitauit anima mea prę tedio confirma

me on wordum   þinum   weg   unrihtwisnesse astyra
me in uerbis   tuis.   29 Viam iniquitatis   amoue

fram me 7 of æ   [ ] mildsa   me   weg soðfæstnesse
a   me et de lege tua miserere mei. 30 Viam ueritatis

ic geceas domas   þine ne   ic [ ] ofergeat   ic tocleofode
elegi   iudicia tua non sum oblitus. 31 Adhesi

cyðnesse   þine driħt   nelle þu me gescyndan   weg
testimoniis tuis domine noli me confundere.   32 Viam

beboda   þinra   ic arn þonne þu tobreddest heortan
mandatorum tuorum cucurri cum   dilatasti   cor

mine
meum.

Heth idem ista uox monachorum

      æ   sete   me   drihten weg rihtwisnessa   þinra
33 Legem pone mihi domine uiam iustificationum tuarum

7 ic sette hy symble   syle me   andgyt   7
et exquiram eam semper. 34 Da   mihi intellectum et

33 ic sette: error for sece, induced by pone in same vs.

298

ic scrudnige æ   [ ]   7 ic gehealde hy   on ealre
scrutabor   legem tuam et custodiam   illam in   toto

heortan minre   gelæd me on siðfæt beboda   þinra
corde   meo.   35 Deduc me in semita mandatorum tuorum

[ ] [ ]   ic wolde   ahyld heorte min   on cyðnesse
quia ipsam uolui.   36 Inclina cor   meum in testimonia

þinre 7 na on gytsunge   acyr   eagan mine þylæs
tua   et non in   auaritiam. 37 Auerte oculos meos ne

hy geseon idelnesse   on   wege þinum geliffæsta me
uideant   uanitatem   in   uia   tua   uiuifica   me.

    ofaceorf þeowe þinum gespræc   þin   on ege
38 Statue   seruo tuo   eloquium tuum in   timore

[ ]   ofaceorf hosp   minne þonne ic wende
tuo. 39 Amputa opprobrium meum quod suspicatus sum

forþon domas þine wynsume   efne nu ic gewilnode
quia iudicia tua iocunda. [f.112ᵛ] 40 Ecce   concupiui

beboda þine on efennesse [ ] geliffæsta me
mandata tua in equitate tua uiuifica   me.

    Vau idem et uox sacerdotum

  [ ] [ ]   [ ]er me mildheortnesse þine driħt   [ ]
41 Et ueniat super me misericordia   tua domine salutare

[ ]   æfter   spræce   þinum   [ ] [ ]   [ ]um
tuum secundum eloquium tuum. 42 Et respondebo expro-

    me word [ ] [ ]   [ ] [ ]   þinum
brantibus mihi uerbum quia speraui in sermonibus tuis.

36 gytsunge: u changed from y.   38 ofaceorf: the glossator skipped a line,
to Amputa in vs. 39.

299

[ ] [ ] [ ]rsa þu of muðe [ ]   word   soðfæstnesse
43 *Et ne* auferas   de ore   meo uerbum ueritatis

æghwar   forþon on domum þinum ofer ic hihte   7
usquequaque quia   in iudiciis tuis   supersperaui. 44 *Et*

ic gehealde æ   þine æfre   on worulde 7 [ ] worulda
custodiam   legem tuam semper in sęculum et in sęculum

woruld   7 ic eode   on bræde   forþon bebodu
sęculi. 45 *Et* ambulabam in latitudine quia   mand*ata*

þinum ic sohte   7 ic spræc on cyðnessum þinum
tua   exquisiui. 46 Et loquębar de testimoniis tuis

on gesihðe   cyninga 7 ic ne scamude   7 ic smeage
in conspectu regum et non confundebar. 47 Et meditabor

on bebodum þinum þe ic lufu[ ]   7 ic ahof handa
in mandatis tuis   quę dilex*i*.   48 *Et* leuaui manus

mine to bebodum þinum þa ic lufode 7 ic gearwude
meas ad mandata tua   quę dilexi   et exercebar

on rihtwisnessum þinum.
in iustificationib*us* tuis.

Zain idem hęc uox uiri sancti

gemyndig sy þu wordes þines þeowan þinum on þa[ ]
49 Memor esto uerbi tui seruo tuo   in q*uo*

me   hiht þu sealdest   þes me gefrefrod is on
mihi spem dedisti.   50 *H*aec me consolata est in

eadmodnesse minr[ ] forþon gespreca þin   geliffæsta
humilitate mea   quia eloquium tuum uiuificauit

me   [ ]fermode unrihte hy dydon æghwær   of æ
me. 51 *S*uperbi inique agebant usquęquaque a lege

---

46 *on cyðnessum:* GPs. *in testimoniis.*

soðlice þin ne ic ahylde   [ ]   [ ]s doma
autem tua non declinaui. 52 *M*emor fui iudiciorum

þinra fram worulde driħt 7 gefrefred ic eom
tuorum a   sęculo domin*e* et consolatus sum. [f.113ʳ]

    geteorung nam me for synfullum forlætendum
53 Defectio tenuit me pro peccatoribus derelinquentibus

æ   þine   singendlice me   wæron rihtwisnesse
legem tuam. 54 *C*antabiles mihi erunt iustificationes

þinre on stowe elþeodignesse minre   gemyndig ic wæs
tuę in loco peregrinationis meae. 55 Memor   fui

on nihte naman [ ] [ ]   7 ic healde æ   þine
nocte   nom*in*is *tui* domine et custodiui legem tuam.

    þeos geworden is me [ ]rþon rihtwisnesse þine
56 Haec facta   est mihi quia   iustificationes *tu*as

ic sohte
exquisiui.

        Het idem uita uox doctorum

    dæl ł byrþen min driħt   ic cwæð gehealdan æ
57 *P*ortio   mea domine dixi   custodire legem

þine   ic bæd   ansyne þine on ealre heortan
tuam. 58 Deprecatus sum faciem tuam in toto corde

minre gemildsa me æfter   spræce þin[ ]   þohte
meo   miserere mei secundum eloquium tu*um*. 59 Cogitaui

wegas mine 7 ic gecyrde fet   mine on cyðnesse þinre
uias meas et conuerti   pedes meos in testimonia tua.

---

54 *erunt:* read *erant.*

301

geara ic eom 7 na ic eom gedrefed þæt ic gehealde
60 Paratus sum et non sum turbatus ut custodiam

beboda þine rapas synfulra ymbclypton me
mandata tua. 61 *F*unes peccatorum circumplexi sunt me

7 æ þin na ic eom ofergyten on middere nihte
et legem tuam non sum oblitus. 62 Media nocte

ic aras to andettenne þe ofer domas rihtwisnesse
surgebam et confitendum tibi super iudicia iustificationis

þinre dælnimend ic eom ealra ondrædendra þe
tuę. 63 *P*articeps ego sum omnium timentium te

7 heald[ ]dra beboda þine mildheortnesse þin
et custo*di*entium mandata tua. 64 *M*isericordia tua

driht full is eorðe rihtwisnessa þinra lær me
domine plena est terra iustificationes tuas doce me.

Thet idem bonum uox sanctorum

godnesse þu dydest mid þeowum þinum drih
65 Bonitatem fecisti cum seruo tuo domine

æfter worde þinum godnesse 7 lare
secundum uerbum tuum. 66 Bonitatem et disciplinam

7 ingehyd lær me forþon on bebodum þinum
et scientiam doce me quia [f.113ᵛ] in mandatis tuis

ic gelyfde ærþam þe ic geeadmedde ic ægylde
credidi. 67 Priusquam humiliarer ego deliqui

forþon spræce þine ic heold god eart
propterea eloquium tuum ego custodiui. 68 *B*onus es

---

62 *et:* read *ad.*   67 *ægylde:* as J; read *ægylte.*

þu 7 on godnesse þinre lær me rihtwisne[ ] þin::
tu et in bonitate tua doce me iustificatio*nes* tuas.

gemæ[ ]gfyl[ ] [ ] ofer me unrihtwisnes ofermodra
69 *M*ultip*l*icata est super me iniquitas superborum

ic soðlice on ealre heortan minre ic smeage [ ]eboda
ego autem in toto corde meo scrutabo*r* mandata

þine gerunnen is swaswa meolc heorte heora ic
tua. 70 Coagulatum est sicut lac cor eorum ego

[ ] æ þine smeade ic eom god me forþon
uero legem tuam meditatus sum. 71 *B*onum mihi quia

þu eadmeddest me þæt ic [ ] rihtwisnesse þine god
humiliasti me ut discam iustificationes tuas. 72 Bonum

me æ muðes þines ofer þusend goldes 7 seolfres
mihi lex oris tui super milia auri et argenti.

Ioth idem principium uox praepositiuorum et confessorum
ac uirginum deum credentium

handa þine worhton me 7 scopon me da me
73 Manus tue fecerunt me et plasmauerunt me da mihi

andgyt þæt ic leornige beboda þine þa þe
intellectum ut discam mandata tua. 74 *Q*ui

ondrædað þe hy geseoð me 7 hy blissiað forþon on worde
timent te uidebunt me et lętabuntur quia in uerba

þinum ofer ic hihte ic oncneow driħt forþon efnes
tua supersperaui. 75 Cognoui domine quia ęquitas

domas þ[ ] 7 [ ] soðfæstnesse þu geeadmeddest me
iudicia tua et in ueritate humiliasti me.

303

sy   mildheortnesse þin þæt he offrige me æfter
76 Fiat misericordia   tua ut consolętur me secundum

spr[ ]   þinum þeowan þinum   cuman me   mildsunga
eloquium tuum seruo   tuo.   77 Veniant mihi misera-

þine 7 ic libbe forþon [ ] þin smeaung min is
tiones tuę et uiuam   quia   lex tua meditatio mea est.

syn gescynde ofermode forþon unrihte þa unrihtwis[ ]
78 Confundantur superbi   quia   iniuste iniquitatem

dydon   on me ic   soðlice beo gegearwod on
[f.114ʳ] fecerunt in me ego autem   exercebor   in

bebodum þinum   syn gecyrred me   adr:[ ]   [ ] [ ] þe
mandatis tuis.   79 Conuertantur mihi timentes te et qui

witon   cyðnesse   [ ]   sy heorte min   ungew[ ]
nouerunt testimonia tua. 80 Fiat cor   meum immaculatum

[ ] [ ]   þinum þæt ic ne gesc[ ]
in iustificationibus tuis   ut   non confundar.

Caph idem manus uox penitentium hominum

geteorode on hæle   þinre sawl   min 7 on word
81 Defecit   in salvtari tuo   anima mea et in uerbum

þin oferhihte   geteoredon eagan mine on spræce
tuum supersperaui. 82 Defecerunt oculi mei in eloquium

þin[ ] cweþende hwænne frefrast þu me   forþon
tuum dicentes quando consolaberis me. 83 Quia

geworden ic eom swaswa cyll I byt on hagule rihtwisnessa
factus sum sicut uter   in priuina iustificationes

76 offrige: read affrefrige? Cf. IK gefrefrige. Or is the meaning of the gloss
to be taken elliptically, i.e., 'he offers (or gives) consolation'? Note Cassiod.
comment: "Consolatio est enim, quando miserarum patientiam donat . . . ".

þinra ne   ic eom ofergyten   hu fela synd dagas þeowes
tuas non sum   oblitus.   84 Quot   sunt dies   serui

þines hwænne dest ðu of ehtendum   me dom
tui   quando   facies   de persequentibus me iudicium.

    hy cyddon   me   þa unrihtwis:n spellunga   ac na
85 Narrauerunt mihi iniqui   fabulationes sed non

swaswa æ   þine   ealle   bebodu   þine   soðfæstnes
ut   lex tua.   86 Omnia   mandata   tua   ueritas

þa unrihtwisa[ ] hy ehton   me gefylst me   forneah
iniqui   persecuti sunt me adiuua me. 87 Paulo

        hy fornamon   me on eorð[ ] ic   soðlice na
minus consummauerunt me in terra   ego autem non

forlet   beboda   þine   æfter   mildheortnesse þine
dereliqui mandata tua.   88 Secundum misericordiam tuam

geliffæsta me 7 ic gehealde cyðnesse   muðes þines
uiuifica   me et custodiam   testimonia oris   tui.

Lamech idem disciplina siue cordis uox clericorum in gradu
                nouo intr::

    on ecnesse driħt   word   þin   þurhwunað on heofe[ ]
89 In eternum domine uerbum tuum permanet   in cęlo.

    [ ] [ ]eorisse   7 cynrena   soðfæstnes[ ]
90 In generatione et generationem ueritas   [f.114ᵛ]

þin þu gestaðolodest eorðan 7 þurhwunað   endebyrd[ ]e
tua fundasti   terram et permanet. 91 Ordinatione

þin þurhwunað dagas forþon   ealle   þ[ ]   [ ]   [ ]
tua perseuerat dies   quoniam omnia seruiunt tibi. 92 Nisi

[ ]   [ ] [ ] smeagung min is   þonne [ ]   [ ]   [ ]
quod lex tua meditatio mea est tunc   forte perissem in

305

[ ]odnesse mine   [ ]n [ ]   ne ofergyte ic rihtwis-
*hum*ilitate mea. 93 *In*   ẹ*ter*num non obliuiscar   iustifica-

nessa [ ]   forðon on þam geliffæstodest me   þin
tiones tuas quia   in ipsis uiuificasti   me. 94 Tuus

ic   eom halne   me do forþam þe rihtwisnes[ ] þine
sum ego saluum me fac quoniam   iustificati*one*s tuas

ic sohte   [ ]:bidodon me   synfulle   þæt hy for-
exquisiui. 95 *M*e expectauerunt peccatores ut per-

swildon me cyðnessa þine ic ongeat   ealre gefyllunge
derent me testimonia tua intellexi. 96 Omni consum-

        ic geseah ende bradne bebod[ ]   þin   swiðe
mationi uidi   finem latum mand*atum* tuum nimis.

              Mem idem ex ipsis

      hu   ic lufode æ   þine driħ   ælce dæg
97 Quomodo dilexi   legem tuam domine tota die

smeaung min is   ofer fynd   mine gleawne
meditatio mea est. 98 *S*uper inimicos meos prudentem

me þu dydest beboda þine forþon on ecnesse me is
me fecisti   mandato tuo quia   in ẹternum mihi est.

    ofer ealle lærende me ic agea[ ] forþon cyðnesse
99 Super omnes docentes me intell*exi* quia   testimonia

þin smeaung min is   ofer ealdum ic ongeat for
tua meditatio mea est. 100 Super sẹnes intellexi quia

beboda þine ic soh[ ]   of ælcum wege yfelum
mandata tua quẹ*siui*. 101 *A*b omni uia   mala

---

95 *forswildon:* read *forspildon.*   100 *for:* gloss not completed.

ic forbead fet   mine þæt ic gehealde word þin   fram
prohibui pedes meos ut custodiam uerba tua. 102 A

domum þinum na ic gehylde forþon þu æ   þu gesettest
iudiciis tuis   non declinaui quia   tu legem posuisti

me   hu   swete gomum minum gespræce þine
mihi. 103 Quam dulcia faucibus meis   eloquia tua

of[ ] hunig [ ]uðe minum   fram bebodum
super mel   ori   meo.   [f.115ʳ] 104 A   mandatis

þinum ic ageat forþon   ic hatude ealne   weg un-
tuis   intellexi propterea odiui   omnem uiam ini-

rihtwisnesse
quitatis.

Nun sempiternum

    leahtfæt fotum   mi[ ] [ ]   [ ] ⁊ leoht siðfatum
105 Lucerna pedibus meis uerbum tuum et lumen semitis

minum   ic swor ⁊ ic teohhode gehealda[ ] [ ]
meis.   106 Iuraui   et statui   custodire iudicia

[ ]nesse þine   geeadmed ic eom æghwær   driħ
iustitię tuę. 107 Humiliatus sum   usquequaque domine

ge[ ]fæsta me æfter   worde þinum   wilnunga
uiuifica   me secundum uerbum tuum. 108 Voluntaria

muðes mines gecweme do driħ ⁊ domas þine lær
oris   mei   beneplacita fac domine et iudicia tua doce

me   sawl min on handum minum symle ⁊ æ
me. 109 Anima mea in manibus meis   semper et legem

106 teohhode: second h added in same hand.

307

þine ne ic eom ofergyten   hy gesetton þa synfullan
tuam non sum   oblitus.   110 *P*osuerunt   peccatores

grin: me 7 of bebodum þinum ne   ic ne dwelede
laqueum mihi et de mandatis tuis   non erraui.

    yrfeweardnesse ic gestrynde cyðnessa   þine on ecn[ ]
111 Hereditate   acquisiui   testimonia tua in *ęternum*

forþon gefægenung heortan minre hy synd   ic ahylde
quia   exultatio   cordis   mei   sunt.   112 Inclinaui

heortan mine to donne   rihtwisnesse þine on ecnesse
cor   meum ad faciendas iustificatio*nes* tuas in eternum

fore   eadleane
propter retributionem.

            Samech idem adiutorium

    unrihtwise hatunge ic hæfde 7 æ   þine ic lufode
113 *I*niquos   odio   habui   et legem tuam dilexi.

    gefylsta ł gefultumigend 7 onfond   min þu eart
114 Adiutor   et susceptor meus es tu

on worde   þ[ ] ofer ic hihte   ahyldað fram me
in uerbum *tuum* supersperaui. 115 Declinate a   me

awyrgede 7 scrudnige beboda god[ ] [ ]   afoh
maligni   et scrutabor mandat*a* dei   m*ei*. 116 *S*uscipe

me æfter   gespræce þinum 7 ic lyfige 7 ne gescynd
me secundum eloquium tuum et uiuam   et non con-

þu   me fram anbidunga   minra   gefylst me 7
fundas me ab   expectatione mea. 117 *A*diuua me et

---

111 *acquisiui:* changed from *ad-.*

308

hale   ic beo   7   ic smeage   on   [ ]twisnessum   þinum
saluus ero   et meditabor   in   iustificationibus tuis

symle   þu forhygdest ealle   gewitendum
semper. [f.115ᵛ] 118 Spreuisti   omnes discedentes

fram rihtwisnesse þinre forþo[ ] unrih[ ] [ ]   heora
a   iustitiis   tuis   quia   iniu*sta cogitatio* eorum

is   wen:[ ]   [ ]e   ealle   synfulle   eorðan
est. 119 Prᴇu*aricantes* *repu*taui omnes peccatores terrᴇ

for[ ] [ ]   [ ]ðnessa þine   on[ ]   [ ]   [ ] flæsc
ide*o*   *dilexi testim*onia tua. 120 Confi*ge timore tuo* carnes

min   fram domum soðli[ ] [ ]num ic adred
meas a   iudiciis enim   tuis   timui.

Ain idem fons siue oculus

    ic dyde dom   7   rihtwisnesse ne   syle þu me
121 Feci   iudicium et iustitiam   non tradas   me

teonigendum me   onfoh   þeowan þinne on godum
calumniantibus me. 122 *Su*s*ci*pe seruum tuum in bonum

ne   hearmcwydelian m[ ] ofermode   eagan   mine
non calumnientur   me   superbi. 123 Oculi   mei

geteorodon on hæle   þinre 7 on spræce   rihtwisnesse
defecerunt in salutare tuum et in eloquium iustitiᴇ

þinre   do mid þeowan þinum æfter   mildheortnesse
tuᴇ. 124 Fac cum seruo   tuo   secundum misericordiam

þinre 7 rihtwisnesse þine lær me   þeow   þin
tuam et iustificationes tuas doce me. 125 *S*eruus tuus

eom ic syle me   on andgyte þæt ic wite cyðnessa þine
sum ego da   mihi intellectum ut   sciam   testimonia tua.

    tid   to donne driħt   tostencton   æ   [ ]
126 *T*empus faciendi   domine dissipauerunt legem *tuam.*

    forþon ic lufude beboda þine ofer gold 7
127 Ideo   dilexi   mandata tua   super aurum et

þone b:[ ]   forþon   7 to eallum bebodum þinum
topa*zion.* 128 *P*ropterea et omnia   mandata   tua

ic gerehte ealne   weg unrihtne on hatunge
dirigebar omnem uiam iniquam odio   habui.

    Fe idem os ab ore et nab ore osse

    wunderlicra cyðnessa ł gewitnessa þine driħt forþon
129 Mirabilia   testimonia   tva domine ideo

scrudnod is þa sawl min   beorhtnes spræca
scrutata   est ea anima mea. 130 Declaratio sermonum

þinra alyhteð me 7 on andgyte syleð lytlum   muð
tuorum illuminat me et intellectum dat   pa*r*uulis. 131 *O*s

min ic atynde 7 a[ ]eohte gast   forþon þe bebo[ ]
meum aperui   et attraxi spiritum quia   m*a*nda*ta*

    þine ic wilnode   beseoh on me 7 gemiltsa me
[f.116ʳ] tua desiderabam. 132 Aspice in me et miserere m*ei*

æfter   dome   lufigendra naman þinne   stæpas
secundum iudicium diligentium nomen tuum. 133 Gressus

mine gerece æfter   [ ]   [ ] 7 ne wylde
meos dirige secundum el*oquium tuum* et non dominetur

---

128 *et omnia:* read *ad omnia;* gloss *to* added in same hand. Title: *In Psal.
Lib. Exeg.* reads: *os ab ore non ab osse.*   130 Latin *me:* added in same
hand.   131 *a*[ ]*eohte:* perhaps read *a*[ ]*eoh to;* cf. DJ *ateah to.*

min ænig   unrih[ ]   alys   me   fram hospum
mei omnis iniustitia. 134 Redime me   a   calumnis

manna   þæt ic gehealde bebodu þine   ansyne þine
hominum ut custodiam   mandata tua.   135 Faciem tuam

alyht   ofer   þeowan þinne 7 lær   me rihtwisnesse
illumina super   seruum tuum   et doce me iustificationes

þinre   utgang 1 siðfæt wætera gelæddan eagan mine
tuas. 136 Exitus   aquarum deduxerunt oculi mei

forþo[ ] þe ne heoldon   æ   þine
quia   non custodierunt legem tuam.

                    Sade idem iustitiae

        rihtwis eart þu driħt   7 riht   dom   þin
137 Iustus es   domine et rectum iudicium tuum.

    þu bebude rihtwisnesse cyðnessa þine 7 soðfæstnesse
138 Mandasti iustitiam   testimonia tua   et ueritatem

þine swyðe   swindan me dyde æfþanca min forþon
tuam nimis. 139 Tabescere me fecit zelus   meus quia

ofergea[ ] [ ]   word þine fynd   mine   fyren
obliti   sunt uerba tua inimici mei.   140 Ignitum

spræce   þin swiðe   7 þeowa þin lufode þæt
eloquium tuum uehementer et seruus tuus dilexit illus.

    geongra 1 gingra eom ic 7 forhogud rihtwisnesse
141 Adolescentulus sum ego et contemptus iustificationes

þine na ic eom ofergyten   rihtwisnesse þin rihtwisnesse
tuas non sum   oblitus. 142 Iustitia   tua iustitia

---

136 siðfæt: the gloss is inexact, but it does render exitus elsewhere (see
BTD); cf. Rolle's translation, 'passyngis.'

on ecnesse 7 æ   þin soðfæstnes   geswinc 7 agnes
in ęternum et lex tua ueritas.   143 *Tribulatio* et angustia

gemetton   me beboda þine smeaung   min is   [ ]nis
inuenerunt me mandata tua   meditatio mea est. 144 *Aequitas*

cyðnessa   þine on ecnesse 7 on and[ ]   syle
testimonia tua   in ęternum et intel*lec-*   [f.116ᵛ] tum da

ł gif me 7 ic libbe
*m*ihi et uiuam.

Coph idem uocatio

    [ ]   on ealre heortan gehyr me driħt   [ ]
145 C*lamaui in tot*o   corde   exaudi me domine *iustifica-*

þine ic sohte   ic [ ]   [ ] [ ] [ ]alne me do
*tion*es tuas requiram. 146 Clam*aui ad te sa*luum me fac

7 ic gehealde bebod[ ] [ ]   ic forecom on ripunga ł
ut custodiam   man*data tua.* 147 Pręueni   in maturitate

gelomlice 7 ic clypode on word þin ofer ic hihte   fore-
      et clamaui   in uerb*a* tua superspeaui. 148 *P*ręuen-

comon eagan mine to ðe on dægred þæt ic smeade ł
erunt   oculi   mei   ad te diluculo   ut   meditarer

leornode spræca þine   stefne mine gehyr æfter
      ęloquia tua. 149 *V*ocem meam audi secundum

---

146 *ut. 7:* as FJK; for the var. *et,* see Weber and ed. of C.   147 *gelomlice:*
In Psal. Lib. Exeg. explains: " . . . 'in maturitate,' id est, in consedulitate.
Quod tractum est a vicinus, habentibus poma communia, quorum quisque
sedulus est anticipare alios in collectione pomorum." At WW 243.1,
gelomlic glosses *assidua,* and this meaning renders exactly the interpreted
sense of *maturitate.*   148 *leornode. meditarer:* as J. Cf. the entry in
BTD under *leornung:* 'on smeawunge and on leornunge haligra gewrita.
meditatione scripturarum. OHG *lernen* glosses both *discere* and *meditari*
(Graff II.260.262).

mildheortnesse þinre dri[ ]   7 æfter   dome   þinum
misericordiam tuam domine et secundum iudicium tuum

geliffæsta me   hy genealæhton   ehtende   me
uiuifica   me. 150 *A*ppropinquauerunt persequentes me

unriht   of æ   soðlice þinre feorr geword[ ]   [ ]
iniquitati a lege autem   tua   longe facti   su*nt*.

     neah eart þu driħt   7 ealle   wegas þine soðfæstnes
151 Prope es   tu domine et omnes uię   tuę ueritas.

     on ærest ic oncneow of cyðnessum þinum forþon on
152 *I*nitio   cognoui   de testimoniis tuis   quia   in

[ ]   þu gestaþelodest
ęternum fundasti   ea.

Res idem capitis

     geseoh eadmodnesse minre 7 genere me forþon æ
153 Vide   humilitatem meam et eripe me qui*a*   legem

þine na ic eom ofergytende   demme dom   minne
tuam non sum   oblitus.   154 *I*udica iudicium meum

7 alys   me forþon þe spræce   þin   gelyffæsta me
et redime me propter   ęloquium tuum   uiuifica   me.

     feor   fram synfullum   hælo forþon þe rihtwis-
155 *L*onge a   peccatoribus salus quia   iustifi-

nes[ ]   þine hy ne sohton   mildheortnesse þine
cat*i*ones tuas non exquisierunt. 156 Misericordię   tuę

fela   driħt æfter   dome   þinan þu geliffæsta
multę domine secundum iudicium tuum   uiuifica

150 *iniquitati:* changed from *-te.*

313

me   [ ]ænige þa þe ehton   me 7 swencende me
me. 157 *M*ulti   qui   persecuntur me et tribulant   me

of cyðnessum þinum ne ahylde   ic ne
a testimoniis tuis   non declinaui. [f.117ʳ] 158   Vidi

geseah n[ ]   [ ] ic weornode forþon spræce þine
        prẹuaricantes et tabescebam quia   eloquia tua

ne hy ne healdon   ic geseah forþon   beboda   þin
non custodierunt.   159 Vide   quoniam mandata tua

ic l[ ]ode [ ]   [ ] mildheortnesse þinre gelyffæsta [ ]
dil*exi*   *domine in* misericordia   tua   uiuifica   me.

      fruma   worda   þinra   [ ]   [ ]   [ ]nesse
160 Principium uerborum tuorum u*erit*as in   ẹternum

ealle   domas rihtwisnessa þine
omnia iudicia iustitiẹ   tuẹ.

              Sen idem dentium

      ealdormen min ehton   buton gewyrhton
161 *P*rincipes   persecuti sunt me gratis

7 of [ ]dum þinum forhtode   heortan mine   blissige
et a uerbis tuis   formidauit cor   meum. 162 Lẹtabor

ic ofer spræca þine swaswa se ðe findeð l se ðe fund[ ]
ego super eloquia tua sicut   qui   inuenit

herehyða manega   on unrihtwisnesse on hatunge ic hæfde
spolia   multa. 163 Iniquitatem   odio   habui

7 ascunigende ic eom æ   soðlice ic lufude   seofon-
et abhominatus sum   legem autem dilexi.   164 *S*epties

---

157 *swencende:* RPs. *tribulantes.*   158 *ic ne geseah:* RPs. *Vidi non.*
159 *geseah:* as J; induced by *Vidi* in vs. 158.   161 *min:* cf. K *me. min.*

siðum on dæg lof   ic lufude þe ofer domas rihtwis-
in die laudem dixi   tibi super iudicia iustitię

nesse þine   sibb micel lufigendum æ   þine 7 na
tuę. 165 Pax multa diligentibus legem tuam et non

is on h[ ] æswic 1 [ ]   ic anbidode hælo   þine
est illis   scandalum. 166 Exspectabam salutare tuum

driht 7 beboda þine ic lufode   geheald   sawle
domine et mandata tua dilexi.   167 Custodiuit anima

mine 7 gecyðnessa þine 7 he l[ ] þa swiðe   ic
mea   testimonia tua et dilexi ea uehementer. 168 Ser-

heold bebodu þine 7 gecyðnessa þine for[ ] ealle   wegas
aui   mandata tua et testimonia tua quia omnes uię

mine on gesihðe   þinre
meae in conspectu tuo.

Tau idem signa

     genealæceð   gebed   min on gesihðe   þinre
169 Appropinquet deprecatio mea in conspectu tuo

drih   wið   spræce þinum syle me   andgyt
domine iuxta ęloquium tuum   da   mihi intellectum.

   ic ingange 1 inga ben   min on gesihðe   þinre
170 Intret   postulatio mea in conspectu tuo

æfter   spræce þine nera [ ]   bealcettað
secundum [f.117v] eloquium tuum eripe me. 171 Eructabunt

weleras mine lofsang þonne þu lærst me r[ ]ess[ ]
labia   mea ymnum cum   docueris me iustificationes

164 ic lufude: dixi taken as if dilexi.   167 mine 7: cf. J's Latin, mea et.

315

þine   forb[ ]   [ ]ungan mine spræca   þine forþon
tuas. 172 Pronuntiabit lingua   mea ęloquium tuum quia

ealle   [ ]   [ ]ne efnes   sy   handa þine þæt
omnia mandata tua   ęquitas. 173 Fiat manus tua   ut

halne me forþon   beboda þine ic geceas   ic wilnode
saluet me quoniam mandata tua elegi.   174 Concupiui

hæle   þine driħt   7 æ þin smeaung min is   lyfað
salutare tuum domine et lex tua meditatio mea est. 175 Uiuet

sawl   min 7 hereð   þe 7 domas þin[ ] gefylstað   me
anima mea et laudabit te et iudicia tua   adiuuabunt me.

    ic dwelede swaswa sceap þe forwearð sec   þeowan
176 Erraui   sicut   ouis quę periit   quęre seruum

þinn[ ] forþon beboda þine ne ic eom ofergyten
tuum   quia   mandata tua non sum oblitus.

119

cxuiiii. Canticum graduum uox Christi in passione sua

    to driħt   þonne ic swence ic clypode 7 he gehyrde
1 Ad dominum cum   tribularer clamaui   et exaudiuit

me   [ ]riħt alys sawle   mine fram welerum unriht-
me. 2 Domine libera animam meam a   labiis   iniquis

wisnessum 7 fram tungan facenfulre   hwæt bið geseald þe
        et a   lingua dolosa. 3 Quid detur   tibi

oððe hwæt bið togesett þe of tungan facenfulre   flana
aut quid apponatur tibi ad linguam dolosam. 4 Sagittę

173 halne: RPs. saluum.

rices   scearpe mid gledum   tolysed   hyla me
potentis acutę   cum carbonibus desolatoriis. 5 *H*eu mihi

forþon eardbegængnes min afeorrod   is ic eardude
quia   incolatus   meus prolongatus est habitaui

mid wuniendum syfullum   swyðe ælðeodig wæs sawl
cum habitantibus cędar   6 multum incola   fuit anima

min   mid þam þa þe hatedon sibbe ic wæs gesibsum
mea. 7 Cum his   qui   oderu*n*t pacem eram   pacificus

þon[ ] ic spræc to him hy on[ ]unnon me ceapun[ ]
cu*m*   loquebar illis   inp*u*gnabant   me gratis.

120

[f.118ʳ] cxx. Canticum   graduum   uox aecclesiae ad
      apostolos

ic ahof eagan mine on muntum þanan cumað fultum
1 *L*euaui oculos meos in   montes   unde   ueniet auxilium

me   fultum   min   fram driht   se þe worh[ ] [ ]
mihi. 2 Auxilium meum a   domino qui   feci*t*   *celum*

119. 4 *potentis:* cor. from *-es. gledum: e* partially erased; originally
probably *æ. tolysed:* was the lemma misread as *desolatus*? For confusion
about this gloss in other psalters, see Wildhagen, ed. of C, p. 323, n.4.
5 *syfullum:* the usual medieval explanation of *cedar* is that it means 'shadow'
or 'darkness,' and hence the marginal gloss in I: 'dymnysse. cedar hatte an
holt 7 getacnað sweartnysse.' Cassiod. also explains *cedar* as '*tenebrae*,' but
then comments: "Hoc ad saeculi huius pertinet amatores, qui tenebrosis
actibus inuoluti, illa magis diligunt unde perire noscuntur. Sed ut uerbi
huius breuiter noscamus originem, Cedar Ismael filius fuit, qui genti suae
nomen dedit, cuius fines usque ad Medos Persasque prolati sunt: hi nunc
Sarraceni appellantur. Quo uocabulo competentur significat peccatores,
inter quos se adhuc habitare suspirat." Also cf. Hieronymus on *cedar* at
Ps. 28.5 (*P.L.* 26.901). I take *syfullum* as an error for *synfullum*, reflecting
Cassiod. explanation, '*peccatores*.' 6 *ælðeodig:* as FJ. That the gloss
renders *incola* exactly in context, cf. *In Psal. Lib. Exeg.*: "Incola enim, qui
alienam terram incolit, quasi peregrinatur ... ".   7 *ceapun*[ ]: cf. FJ
orceapunga, D *-um.*

⁊ eorðan   ne sylle on styringe   [ ]   [ ]ne
et terr*am*. 3 Non det in commotionem pe*dem* tuum

⁊ [ ] slapað se þe healdeð þe   efne nu hnappað
neque dormitet qui   custodit te. 4 *E*cce non dormitabit

⁊ ne slapeð se ðe healdeð   drihten   healdeð
neque dormiet qui custodit israhel. 5 Dominus custodit

þe driħt   gescyldnes þin ofer handa swiðran þine
te dominus protectio   tua super manum dexteram tuam.

   þurh dæg sunne ne bærnð þe ⁊ ne mona þurh
6 Per   diem sol   non uret   te neque luna per

niht   driħt   gehealde þe of eallum yfelum gehealdað
noctem. 7 *D*ominus custodit te ab omni   malo   custodiat

sawle   þine driħt   driħt   gehealde ingang
animam tuam dominus. 8 Dominus custodiat introitum

þinne ⁊ utgang þinne heononforð nu   ⁊ oð   on woruld
tuum et exitum tuum ex hoc   nunc et usque in seculum.

121

cxxi. Canticum graduum uox aecclesiae ad apostolos

ic blissode   on þam þe gesæde synd m[ ] on huse
1 Letatus   sum in his   que dicta   sunt mih*i* in domum

driħ   we gangað   standende wæron fet   ure   on
domini ibimus.   2 *S*tantes erant   pedes nostri in

cafertunum þinum   ierusal'   seo þe bið
altriis   tuis   h*ierusalem*. 3 Hierusalem qu*ę*   *ę*di-

getrimbred swa ceaster [ ]e dælnumenis his on þæt sylfe
ficatur   ut ciuitas c*u*ius participatio eius in idipsum.

---

4 *efne nu:* probably for *efnenu na* or *efne na.*
  121. 3 *dælnumenis:* cf. A *dælniomenis.*

þider soðlice astigon   mægð mægðe driht   cyðnesse
4 *I*lluc enim   ascenderunt tribus tribus domini testimo-

    to andettenne   naman dr[ ]   forþon
nium israhel ad confitendum nomini dom*ini*. 5 *Q*uia

þær sæton   setl   on dome   setl   of[ ]   hus   dauid
illic sederunt sedes in iudicio sedes su*per* domum dauid.

  biddað   þe   to sibbe   syndon   ier'   7
6 *R*ogate   qu*ę* ad pacem sunt   ierusalem [f.118ᵛ]   et

genihtsumnes lifigendum [ ]   sy   sybbe   on   mægene
abundantia   diligentibu*s* *te*. 7 Fiat pax   in   uirtute

þinum   7 genihtsumnes   on   stype[ ]m   þinum   for
tua   et abundantia   in   turribu*s*   *t*uis.   8 *Pro*pter

[ ]   minum   7 magas   mine   ic spræc [ ]   be [ ]
*fratres meo*s   et proximos meos loquebar pacem de te.

  for   husu   [ ]   [ ]odes ures ic sohte gode þe
9 Propter domum *domini* dei   nostri qu*ę*siui bona tibi.

122

cxxii. Canticum graduum uox Christi ad patrem

   to   þe ic ahof eagan   mine   þu þe eardast on heof[ ]
1 Ad te leuaui   oculos meos qui   habitas in c*ę*lis.

efnenu swaswa eagan þeowra   on handum [ ]laforda
2 Ecce   sicut   oculi seruorum in   manibus dominorum

heora   swaswa eagan mennenne on handum hlæfdian
suorum. Sicut   oculi   ancill*ę*   in   manibus domin*ę*

---

6 *lifigendum:* read *lufi-*.

    122. 2 *hlæfdian:* there is an unfinished stroke before *h*, perhaps for *a;*
i added above by same hand.

hyre swaswa eagan ure   to driht   gode urum
suę ita   oculi nostri ad dominum deum nostrum

oð ðæt he miltsige ure   miltsa ure   driht miltsa
donec misereatur nostri. 3 Miserere nostri domini miserere

ure   forþon swyðe gefylled ge synd forsewennesse
nostri quia   multum replęti sumus   despectione.

  forþon swyðe gefylled is sawl ure   hosp
4 Quia   multum replęta est anima nostra opprobrium

genihtsumnesse 7 forsewennesse ofermodum
abundantibus   et dispectio   superbis.

123

cxxiii. Canticum graduum uox apostolorum

  nimþe forþon driħ   wæs on us   cweðe nu
1 Nisi quia   dominus erat in nobis dicat nunc israhel

  nimþe forþon driħ   wæs on us   þonne arisað
2 nisi quia   dominus erat in nobis. Cum   exsurgerent

men   on us   wenunga lifigende hy forswulgon us
homines in nos 3 forte   uiuos   deglutisent   nos.

þonne eorsade   hatheortnes heora on us   wenunga
Cum   irascerętur furor   eorum in nos 4 forsitan

wæter hy forswulgon us   burnan   þurhfare sawl
aqua obsorbuisset nos. 5 Torrentem pertransiit anima

---

3 *ge synd:* read *we.*
  123. 3 *wenunga:* the glossator's eye slipped down two lines to *forsitan*
in vs. 4. *deglutisent:* read *-ssent.*   4 *hy forswulgon:* RPs. *obsorbuissent.*

ure   wenunga   þurhfore   sawl   ure   wæter   un-
nostra forsita*n* pertransisset anim*a* nostra aquam   in-

arefned[ ]   [ ]   [ ]   [ ] [ ] sealde
tolerab*ilem*. [f.119ʳ] 6 Ben*edic*tus dominus qui non dedit

[ ]s on hæftned   toþum   heora   sawl   ure   swaswa
n*o*s in captionem dentibus eorum. 7 Anima nostra sicut

spearwa genered is   of   grine   huntiendra   grin
passer erepta   e*st* de laqueo uenantium.   Laqueus

forgniden is   [ ] [ ]ysde [ ]   to fultume urum
contritus est et   liberati *sumus*. 8 *A*diutorium nostrum

on naman drih[ ] [ ] worh[ ] heofenan 7 eorðan
in nomine domini qui *feci*t c*e*lum   et terram.

124

cxxiiii. Canticum graduum uox aecclesi*e*

þa þe truwiað on driħt   swaswa munt: ne
1 Qui confidunt in domino sicut mon*s* sion non

bið astyred   on ecnesse se ðe eardað   on
commouebitur in e*ternum qui   habitat 2 in ierusalem.

muntas on ymbhwyrfte his 7 driħ   on ymbhwyrfte
Montes in circuitu   eius et dominus in circuitu

folces his heononforð nu 7 oð   on woru[ ] forþon
populi sui ex hoc   nunc et usque in seculum. 3 *Q*uia

ne forlæteð driħt   gyrd   synfulra   ofer   hlot
non relinquet dominus uirgam peccatorum super sortem

---

7 *et liberati:* read *et nos liberati;* there is a large lacuna above *et,* where *nos*
may have been added.
124. 2 *ierusalem:* initial *h* erased.

rihtwisra þæt ne aþenigen rihtwise to unrihtwisnesse
iustorum ut non extendant iusti ad iniquitatem

handa heora wel do driħt godům 7 rihtwisum
manus suas. 4 Benefac domine bonis et rectis

heortan ahyldende soðlice to ofergytelnesse gelædeð
corde. 5 Declinantes autem in obligationes adducet

driħt mid weorcendum unrihtwisnesse sibb ofer
dominus cum operantibus iniquitatem pax super

israhel
israhel.

125

cxxu. Canticum graduum uox apostolorum de impiis
Iudeis et de infidelibus conuertentibus se[ ]

on gecyrringe driħt hæftned geworden
1 In conuertendo dominus captiuitatem sion facti

we synd swaswa frefrode þonne gefylled is of gefean
sumus sicut consolati. 2 Tunc repletum est gaudio

muð ure 7 tunge ure on gefægnunge þonne
os nostrum et lingua nostra exultatione. Tunc

cweðað betweox þeodan gemicclade driħ don mid
dicent inter gentes magnificauit dominus facere cum

him gemicclade driħ don us mid geworden[ ]
eis. 3 Magnificauit dominus facere nobiscum facti

[ ] blissigend[ ] gecyrr dr[ ] [ ]
sumus lętantes. [f.119ᵛ] 4 Conuerte domine captiui-

5 to: RPs. ad.
    125. 2 on: in erased before exultatione.

[ ]   [ ]   burnan on suðdæle   þa þe s[ ]wað
tatem nostram sicut torrens in austro. 5 Qui   seminant

on tearum on fægnunga hy [ ]   [ ]nde hi [ ] [ ]
in lacrimis in   exultatione metent. 6 Euntes ibant   et

weopon berende   sæd   heo[ ] [ ]de   soðlice cumað
flebant mittentes semina sua.   Venientes autem uenient

on fægnunga berende gripan   heora
in exultatione portantes manipulos suos.

126

cxxui. Canticum graduum uox Christi ad futuram
aecclesiam

nimþe driħt   timbrie   hus   on idel   hy swincað
1 Nisi   dominus edificauerit domum in uanum laborauerunt

þa þe   hine nimþe driħt   gehealde   ceastre
qui   ędificant eam. Nisi   dominus custodierit ciuitatem

on idel waciað þa þe healdað hy   idel   is eow   ær
frustra uigilat qui   cusodit eam. 2 Uanum est uobis ante

leohte arisað   arisað   æfter þam þe ge sittan þa þe etað
lucem surgere surgite postquam   sederitis qui   mandu-

     hlaf   sares   þonne hy sylð gecorenum his swefn Í
catis panem doloris. Cum dederit dilectis   suis somnum

slæp loca n[ ] hyrfe   driħt   bearn gestreones wæstm
     3 ecce   hereditas domini filii   merces   fructus

in[ ]ðes   swaswa stræla on handa rices   swa [ ]
uentris. 4 Sicut   sagitte in   manu potentis ita   filii

---

6 mittentes: stands over erasure, probably of the var. portantes.
126. 1 waciað ... healdað: RPs. uigilant ... custodiunt.

aflemendra   eadig   wer   he gefylde gewilnunga [ ]
excussorum.   5 Beatus uir qui impleuit   desiderium su*um*

of hym na   bið gescynd þonne he sprecð wið feondum
ex ipsis non confundętur cum   loquętu*r*   inimicis

his on geate
suis in porta.

127

cxxuii. Canticum graduum de Christo et de ęcclesia
        dicit propheta

eadige ealle   þa þe ondrædað driħt   þa þe gað
1 Beati omnes qui   timent   dominum qui   ambulant

on wegum his   ge[ ]c hand[ ] þinra   forþon þe
in uiis   eius. 2 *Labores* ma*n*uum tuarum quia

þu etst   [ ]adig þ[ ] 7 wel þ[ ] bið   wif
mandu- [f.120ʳ] cabis beatus es   et bene tibi er*it*. 3 Vxor

þin swaswa wingeard genihtsu:[ ] [ ] sidum   huses
tua sicut   uitis   abundans   *in* *la*teribus domus

þines suna þin swaswa æðele ł ælegrene elebergena
tuę.   Filii tui sicut   nouella   oliuaru*m*

elebeam: [ ] [ ]wyrfte mysan þinre efne swa nu beoð
         in *circui*tu mensę tuę. 4 *E*cce sic   bene-

gebletsod ælc   man [ ] [ ]rædað [ ]hten   gebletsige
dicetur   omnis homo q*ui* timet   *dominu*m. 5 Benedicat

þe drihten   7 geseoh þu gode   eallum
tibi dominus ex sion et uideas   bona ierusalem omnibus

---

5 *wið:* cf. C *on,* ABL *to.*
     127. 3 *æðele:* as FJP; see Wildhagen's note in C.

dagum lifes þines   7 þæt þu geseo suna suna   þinra
diebus uitę tuę.   6 Et   uideas   filios filiorum tuorum

sibbe   ofe[ ]
pacem super israhel.

128

cxxuiii. Canticum graduum uox aecclesiae

  oft   hi oferwunnon me fram iuguðe   minre cweðe
1 Sepe expugnauerunt me a   iuuentute mea   dicat

nu   oft hi oferwunnon me fram iugoðe
nunc israhel. 2 Sepe expugnauerunt me a   iuuentute

m[ ] 7 soðlice ne mihton   me   ofe   hri:[ ] minne
mea etenim   non potuerunt mihi. 3 Supra dorsum meum

hy timbredon   synfulle   hyg lengdon   unrihtwisnesse
fabricauerunt   peccatores prolongauerunt iniquitem

heor[ ]   driħt   rihtwis gefylð   hnollas   synfulra
suam. 4 Dominus iustus   concidet ceruices peccatorum

  syn gescynde 7 gehwyrfan   underbæc ealle   þa þe
5 confundantur et conuertantur retrorsum omnes qui

hatedon   hy syn swaswa heig   þecena
oderunt sion. 6 Fiant   sicut   foenum tectorum quod

---

128. 3 *ofe*: for *ofeʳ*; the gloss is uncompleted because -*ra* of the lemma
is crowded above the Latin line. *iniquitem*: read -*tatem*.   4 *gefylð*: as
J *gefilleð; concīdo*, 'to cut up,' confused with *concido*, 'to fall utterly.' *hnollas*:
as DFIJK. Lindelöf (*Der Lambeth Ps.*, Acta Soc. Scient. Fennicae, XLIII:
3[1914], 29) suggests that the glossator saw *uertices*. But note WW 291.9
ceruix. hnoll, and 156.7 *uertex. hnol*. Rolle, at this psalm, translates *ceruices*
as *skalkys* (cf. Icel. *skalli*, 'a bald head'), and *uerticem* at Ps. 67.23 also as
skalke. See further the reference to Wycliffe in BTD under *hnol*.

ærþam   ut alocen sy adruwode   of þam ne gefylð
priusqu*am* euellatur   exaruit.

7 De quo   non implebit

hand   his   se þe ripð 7 bearn his   þe gripon
manum suam qui   met*et* et sinum suum qui manipulos

gæderiað   7   ne   cwædon þa þe forðferdon bletsode
colliget. 8 *Et* non dixerunt qui   preteribant benedictio

driħ   ofer   eow we bletsodon eow   on naman drihtnes
domini super uos benediximus uob*is* in nomine domini.

[f.120ᵛ]

129

cxxuiiii. *Legend*us ad lectionem Ionae prophetae

[ ] [ ]m   ic cleopode to ðe driħ   driħt   [ ]r
1 De *pro*fundis clamaui   ad te domine 2 domine *exau*di

stefne mine   [ ]   [ ]ran þine behealdende on stefne
uocem meam. *Fiant au*res tuę   intendentes in uocem

[ ]   minre g[ ] [ ]isnessa þu bewarnast driħ
*deprecati*onis meę. 3 Si in*iqui*tates obseruabis   domine

driħ   hwylc ar[ ]eð   forþon mid þe gemiltsung
domini qui   sust*ine*bit. 4 Quia apud te propitiatio

[ ] 7 for   æ   þin[ ] ic arefnige þe drihten aþylgode ł
est et propter legem tuam sustinui te domine. Sustinuit

---

7 *bearn:* read *bearm.* It seems possible that *bearn* was induced by the
resemblance of Lat. *sinum* to OE *sunnum.*
  129. 3 *obseruabis:* for this var. of *obseruaueris,* see Weber. *qui:* for
quis; qui is run on to *sustinebit.*

aþolað sawl   min on worde   his   hyhte   sawl   min
     anima mea in   uerbum eius 5 sperauit anima mea

on driht   fram heordnesse dægredlicra oð   on niht
in domino. 6 A   custodia   matutina   usque ad noctem

hih[ ]   on driht   forþon mid driht   mild-
speret israhel in domino. 7 Quia   aput dominum miseri-

heortnesse 7 genihtsuma m[ ] hine aly[ ]   7 he
cordia   et copiosa   aput eum redemptio. 8 Et ipse

alysde   of eallum   unrihtwisnessum his
redemit israhel ex omnibus iniquitatibus   eius.

130

cxxx. Canticum graduum uox sancte Mariae et ęcclesię
      rogantis

driht   na   is upahafen heorte min   7 na wlance
1 Domine non est exaltatum cor   meum neque elati

synd eagan mine 7 na   ic eode   on micclum 7 na   on
sunt oculi mei. Neque ambulaui in magnis   neque in

wundor[ ]cum ofer   me   gif ic na eadmodlice geðafode
mirabilibus   super me. 2 Si non humiliter   sentiebam

ac ic upahof sawle   mine   swaswa gesiced ł awæned
sed exaltaui   animam meam. Sicut   ablactatum

is ofer modor his [ ]swa þu agyldest on sawle min[ ]
est super matrem suam ita   retributio in anima mea.

8 *redemit*: -*it* over erasure in later hand. If the original was *redemet*, the
corrector may have intended to correct to *redimet*, since *redemit* appears
elsewhere only in M, C and L.
    130. 2 *þu agyldest*: as J; RPs. *retribues*.

hihte   on drihtne heononforþ nu   7 oð
3 *S*peret israhel in domino ex hoc   nunc et usque

on worulde
in seculum.

131

cxxxi. Canticum graduum profeta ad patrem de Christo
    d*icit*

gemun   driħ   dauides 7 ealre ge[ ]w[ ]
1 *Memento* domine dauid   et omnis *mansue-* [f.121ʳ]

        his   swaswa ic swor driħ   gehat   he gehet
tudinis eius. 2 Sicut   iurauit domino uotum uouit

[ ]cobes gif ic inga on eardungum hu[ ]   mines
d*eo ia*cob. 3 Si introiero in tabernaculum do*mus* me*ę*

gif ic astige on bedd aþenincge min[ ]   gif ic sylle
si ascendero in lectum strati   mei. 4 *S*i dedero

swefen ł slæp eagan mine 7 [ ]   minum hnappunga
somnum   oculis meis et *palpeb*ris meis   dormitationem.

7 reste   tidum   minum oð   ongemette stow
5 Et requiem temporibus meis   donec inueniam locum

driħt   eardungstow gode iacobe efnenu we gehyrdon
domino tabernaculum deo iacob. 6 Ecce   audiuimus

þa on sceawungum we gemetton þa on feldum wudes
ea in effrata   inuenimu*s*   eam in campis silu*ę*.

---

131. 2 *ic swor:* RPs. var. *iuraui,* as E.   6 *sceawungum:* an interpretive gloss. Cassiod. remarks: "Ephrata significare memoratur speculum."
The Latin gloss *effrata. speculum* appears in *Ahd. Gl.* V.311, and Graff
records the OHG gloss *scouwunga. speculum* (VI.556).

we ingað   on eardunge   his   we gebiddað on stowe
7 *I*ntroibimus in tabernacula eius adora*bi*mus   in   loco

þær stodon   fet   his   aris   driħt   on reste
ubi   steterunt pedes   eius.   8 Surge domine in requiem

þinre þu 7 earc ha[ ]nesse   þinre   preostas   þine
tuam tu et arca sanctifi*c*ationis tuę.   9 Sacerdotes tui

unscryddest rihtwisnesse 7 halige þine blissiað   for
induantur   iustitia   et sancti tui exultent. 10 *P*ropter

dauide þeowan þinne   ne   acyrre   ansyne cristes þines
dauid   seruum tuum   non auertas faciem christi tui.

swor   driħ   dauide soðfæstnesse 7 na   bepæhte
11 Iurauit dominus dauid ueritatem   et non frustrabitur

hine of wæstme innoðes þines ic asette ofer   setl   þin
eum de fructu uentris tui   ponam   super sedem tuam.

gif ge geheoldon suna þine cyðnesse   mine 7 cyð-
12 Si custodierint filii tui testamentum meum et testi-

nesse mine þas þe ic lære hy 7 bearn heora oð
monia mea hęc quę docebo eos. *E*t filii   eorum usque

on worulde hy setton ofer   setl   þin   forþon
in   seculum sedebant super sedem tuam. 13 Quoniam

geceas driħ   geceas hy on eardunge   hi[ ]
elegit dominus sion elegit eam in habitatio*nem* sibi.

þeos rest   min on worul'   woru' her ic eard[ ]
14 *H*aec requies mea in   seculum seculi hic habit*abo*

forþon   ic [ ]ceas hyg   wuduwa[ ] [ ]
quoniam eleg*i*   eam. [f.121ᵛ] 15 Viduam   *eius*

9 *unscryddest:* read *on-?*

bletsigende   ic ge[ ]ge   [ ]   [ ]   ic ge[ ]   hlafum
benedicens   benedicam   pauperes   *eius*   satu*rabo*   panibus.

       pr:[ ]   his   ic scrydd[ ]   hælo   7   halige   his
16 *Sacerdote*s   eius   induam   salutari   et   sancti   eius

of [ ]nge   gefægnog[ ]   [ ]   [ ]æde   horn   dauides
e*xultati*one   exultabunt.   17   Il*luc*   *prod*ucam   cornu   dauid

ic gearwude   leohtfæt   cr[ ]   [ ]num   feond   his
paraui   lucernam   christo   meo.   18 Inimicos   eius

ic scrydde   of scamunge   ofer   hine   soðlice   blæwð
induam   confusione   super   ipsum   autem   efflorebit

halignes   min
sanctificatio   mea.

132

cxxxii. Canticum graduum uox aecclesiae orantis

efne   hu   god   7   hu   wynsum   eardian   broþra
1 Ecce   quam   bonum   et   quam   iocundum   habitare   fratres

on anum   swaswa smyringc   on heafde   seo   [ ]stah
in unum. 2 *S*icut   unguentum   in   capite   quod   descendit

on beard   beard   aarones   þæt   nyþer astigeð   on   wlite
in barbam   barbam   aaron.   Quod descendit   in   ora

1 ::da: hrægles   his   swaswa   deaw   se ðe
                uestimenti   eius   3 sicut   ros   hermon   qui

astah   on mu[ ]   forþam   þær bebad   drih
descendit in montem sion. Quoniam illic mandauit dominus

bletsunga   7   lif   oð   on worulde
benedictio*nem*   et   uitam   usque   in   seculum.

132. 2 *on wlite: ora* confused with *os, oris,* 'face, countenance.' For
the second, fragmentary gloss to *ora,* cf. DK *endas.*

133

cxxxiii. Canticum graduum uox aecclesiae in futuro

efne nu bletsiað drih ealle þeowwas drihtnes
1 Ecce nunc benedicite dominum omnes serui domini.

ge þe standað on huse driht on fafertunum huses g[ ]
Qui statis in domo domini in atriis domus dei

ur[ ] on nihtum ahebbað handa eowre on halige 7
nostri. 2 In noctibus extollite manus uestras in sancta et

bletsiað drihten bletsige þe drih se
benedicite dominum. 3 Benedicat te dominus ex sion qui

ðe dyde 1 worh[ ] heofo[ ] [ ] [ ]
fecit cęlum et terram.

134

cxxxiiii. Alleluia uox ęcclesię operantibus que increpat
idola gentium quod nullas :[ ]

heriað naman driht heriað þeowan dri[ ] [ ]e
1 Laudate nomen domini laudate serui dominum. 2 Qui

stan[ ] [ ] huse driht on cafertun[ ]m huse[ ] [ ]od[ ]
statis in domo domini in atriis domus dei

[ ] her[ ] [ ]rihten forþon god is driht
nostri. [f.122ʳ] 3 Laudate dominum quia bonus dominus

singað naman his forþon wynsum forþon
psallite nomini eius quoniam suauę. 4 Quoniam iacob

133. 1 fafertunum: read cafer-.
134. 3 god is: RPs. benignus est.

331

geceas him driħt   israhelæ folc' on æhte   him
elegit sibi dominus israhel   in possessionem sibi.

   forþon þe ic oncneow þæt micel is drihten 7
5 Quia   ego cognoui quod magnus est dominus et

god ure   for eallum dagum   ealle swa hwæt swa
deus noster prę omnibus diis.   6 Omnia quecumque

he wolde driħ   worhte on heofen' 7 on eorðan on sæ
uoluit   dominus fecit   in celo   et in terra   in mari

7 on eallum   deopnessum   alædende genipu fram
et in omnibus abyssis.   7 Educens   nubes   ab

gemære eorðan ligræscas on renga   he dyde se   forð-
extremo terrę   fulgora   in pluuiam fecit.   Qui pro-

lædeð windas of goldhordum heora   se ofsloh   þone
ducit uentos de thesauris   suis   8 qui percussit pri-

frumcennendan on egyptum fram men   oð   on nyten
mogenita   egypti   ab   homine usque ad pecus.

   he sende [ ]   [ ] foretacna on middele þinum [ ]gipti
9 Emisit   signa et prodigia in medio tui   egypte

on faraon   7 on ealle   þ[ ]as his   se ofsloh
in pharaonem et in omnes seruos eius. 10 Qui percussit

þeoda manega 7 ofsloh cy[ ] strange   sion cyninge
gentes multas et occidit reges fortes. 11 Seon regem

amorreiscra 7 of cyninge   7 ealle rice chananea-
amorreorum et og regem basan et omnia regna chanaan.

---

5 *dagum: diis* confused with a form of *dies*.   7 *renga:* MS *reiga,* with
a small loop joining *e* and *i;* read *regna?*   9 *egypte:* a letter (*a?*) erased
between *t* and *e.*   11 Second *regem:* an initial *g* erased.

lande   7   he sealde eorðan heora   yrfeweardnesse yrfe-
12 Et dedit   terram eorum hereditatem   here-

wea[ ]   folce   his   driħt   naman þinne on
ditatem israhel populo suo.   13 Domine nomen tuum in

ecnesse   driħt   me ge   þin   on   cynrene   7
ęternum domine memorialę   tuum   in   generationem et

cynrena   forþon he demeð driħt   folce
generationem.   14 Quia   iudicabit   dominus populum

his   7   on þeowum his he bið miltsigende   heregeas
suum et in seruis   suis depręcabitur.   15 Simulacra

þeoda   seolfor   7 gold   weorc   handa
gentium argentum et aurum opera   [f.122ᵛ] manuum

mannum ł manna   muð hy habbað 7 hi ne sprecað
hominum.   16 Os   habent   et non loquentur

[ ]agan hy habbað 7 hy ne lociað   earan hy habbað
oculos habent   et non   uidebunt. 17 Aures habent

7 ne gehyrað 7 na   soðlice is   gast   on muðe heora
et non audient neque enim   est spiritus in ore   ipsorum.

  gelice   him   beoð þa þe doð   þa 7 ealle   þa
18 Similes illis fiant qui   faciunt ea et omnes qui

getrywað on him   huses   bletsiað   driħ
confidunt in eis.   19 Domus israhel benedicite domino

huses   bletsiað   drihten   huses   leui bletsiað
domus ááron benedicite domino. 20 Domus leui benedicite

13 *me ge:* gloss unfinished. Because of the MS division *memoria —
le,* the glossator may have seen *me moria,* and not known what to do with
-moria.   14 *bið miltsigende:* as FJ. This may be a rendering of RPs.
consolabitur (cf. K *deprecabitur. he bið gefrefred*), but note CGL V.189.17:
deprecare. excusare uel expurgare.

driħt   ge   þe   adrædað   drihten   bletsiað   drihten
domino   qui   timetis   dominum   benedicite   domino.

gebletsod   drihten   se þe eardað on iers'
21 Benedictus dominus ex sion qui   habitat in hierusalem.

135

cxxxu.   Uox apostolos ad sinagogam

andettað   drihtne forþon   god   forþon   on ecnesse
1 Confitemini domino quoniam bonus quoniam in eternum

mildheortnesse his   andettað   gode goda   forþam þe
misericordia   eius. 2 Confitemini deo   deorum quoniam

on ecnesse is mildheortnesse his   andettað   driħt
in eternum   misericordia   eius. 3 Confitemini domino

drihtena   se
dominorum quoniam in eternum misericordia eius. 4 Qui

geworhta wundra   micclu ana
facit   mirabilia magna solus quoniam in eternum miseri-

          se   geworhte heofes on andgyte
cordia eius. 5 Qui fecit   celos in   intellectu quoniam

                se   gestaðolode eorðan
in eternum misericordia eius. 6 Qui firmauit   terram

ofer   wætera   se
super aquas   quoniam in eternum misericordia eius. 7 Qui

geworhte leoht   micel
fecit   luminaria magna quoniam in eternum *miseri-*

          su[ ]n on anwealde   dæges
cordia eius. 8 *Sol*em in potestatem diei   quoniam in

135. 2 *is:* no Latin authority for *est.*   5 *heofes:* read *heofenas?*

334

[ ]   [ ] [ ]or[ ]
ęternum misericordia eius. [f.123ʳ] 9 Luna*m et* stellas

[ ] anwealde   nihtes
in potestatem noctis quoniam in ęternum misericordia

[ ] he ofsloh   mid frumsceaftum heora
eius. 10 *Q*ui percussit egyptum cum primogenitis eorum

þe he alædde
quoniam in ęternum misericordia eius. 11 Qui ęduxit

of middele heora
israhel de medio eorum quoniam in ęternum miseri-

on handa mihtygre 7 earme   mærum
cordia eius. 12 In manu potenti   et brachio excelso

se todælde
quoniam in ęternum misericordia eius. 13 Qui diuisit

sæ   þa readan on gedal l:ngoda
mare rubrum   in diuisiones   quoniam in ęternum

7 he lærde (ł gelædde)   þurh
misericordia eius. 14 Et eduxit   israhel per

middele his ł midlen his
medium eius   quoniam in ęternum misericordia

7 he ofsloh ł he gescynde   7 mægen
eius. 15 Et excussit   pharaonem et uirtutem

---

13 *diuisiones:* cor. from *-is. l:ngoda:* perhaps for *lengoða.*   14 *lærde:*
læran used in the sense, 'to show the way,' as 'he lærde þa leode on
geleafan weg' (cited in BTD); cf. also CGL IV.59.42: educere. instituere,
enutrire, and IV.97.52: docet. instituit.   15 *ofsloh:* as FJ. Wildhagen,
in his collations to C, suggests that this is an inept gloss. The meaning,
'he slew,' however, is clearly implied in *excussit.* Hieronymus (*P.L.* 26.1229),
remarks, equating Pharao with the devil, "Deus pugnat pro nobis, et nos
tacebimus, et prosternit diabolem cum satellitibus suis ... ". In OHG

335

his on sæ readre
eius in mari rubro quoniam in ęternum misericordia

se gelædde folc his þurh westen
eius. 16 Qui transduxit populum suum per desertum

se ofsloh
quoniam in ęternum misericordia eius. 17 Qui percussit

cyningas manega
reges magnos quoniam ęternum misericordia eius.

7 he ofsloh cyningas strange
18 Et occidit reges fortes quoniam in ęternum

sion cyning amorrea heora
misericordia eius. 19 Seon regem amorreorum quoniam

7 þone cyning basan
in ęternum misericordia eius. 20 Et og regem basan

7 he sealde
quoniam in ęternum misericordia eius. 21 Et dedit

eorðan heora yrfeweardnesse
terram eorum hereditatem quoniam in ęternum miseri-

yrfeweardnesse þeowan his
cordia eius. 22 Hereditatem israhel seruo suo quoniam

forþ[ ] [ ]n eadmodnesse
in ęternum misericordia eius. 23 Quia in humilitatem

ure gemyndig he wæs ur[ ] forþam ðe on
nostram memor fuit nostri [f.123v] quoniam in

---

prosternere is glossed by nyder-slahen, and excutere by utslan, ausslahen
(Diefenbach I). Also relevant is Rolle's comment: "And he shot out pharao
and his vertu in the red see. So he slees the vices of his servauntis in baptym
or penance." 19 heora: renders -eorum in the lemma.

336

ecnesse mildheortne[ ] [ ]   7   he alysde us of
ęternum misericordia   eius.   24   Et   redemit   nos ab

feonda   urum
inimicis nostris quoniam in ęternum misericordia eius.

   se þe sylð   mete   ælcum   flæsc ł lichaman
25   Qui   dat   escam omni   carni   quoniam in

               andettað   gode heofenes
ęternum misericordia eius.   26   Confitemini   deo   cęli

               andettað   driħt
quoniam in ęternum misericordia eius.   Confitemini domino

drihtna   forþon   on ecnesse   mildheo[ ]   his
dominorum quoniam in   ęternum misericordia eius.

136

cxxxui. Ipsi Dauid lamentatio Hieremię uox ecclesię

  ofer ealle flodas   þære byrig þær we sæton 7 we wepað
1 Super   flumina babilonis   illic sedimus   et fleuimus

ł weopon   þa þe   we gemundan   on   sealmum   on
          cum   recordaremur sion.   2   In   salicibus   in

middele his   we ahengon ł ahoð   [ ]   ure   forþon
medio   eius suspendimus   organa nostra.   3   Quia

þær hy ahsodon   us þa gehæfde   lædde   us   word
illic interrogauerunt nos qui captiuos   duxerunt nos uerba

sanga   7 þa þe   lædde   us   ymen   singað
cantionum.   Et qui   abduxerunt nos ymnum   cantate

---

136. 1 *ealle:* a free translation. *þa þe:* RPs. *dum.* *-cordaremur sion:* in
hand B.   2 *salicibus:* changed from *sall-*. *sealmum:* cf. K *sealman*, D
sealum.

us   of cantice ł of sangum   swa   we ł hu
nobis de canticis   sion. 4 Quomodo canta-

singað cantic   drih   on eorðan fremedre   ofergyten
bimus canticum domini in terra   aliena.   5 Si oblitus

ic beo þin celestis uita heofenlic lif to ofergytelnesse
fuero   tui hierusalem   obliuioni

bið gese[ ] seo swyðre min   togeclifige   tunge min
detur   dextera   mea. 6 Adhereat   lingua mea

ceolum   minum gif ic n[ ] sy þin gemyndig ł gif* ic* ne*
faucibus meis   si non   meminero tui.

gemune* þin* gif ic ne gesette   celestis uita heofenlic
             Si non proposuero hierusalem

lif on fruman   blisse [ ]   wære þu gemyndig driht
  in principio lętitię meę. 7 Memor esto   domine

bearna   on dæge gerusa[ ] þa þe cweðað gewitað
filiorum ędom in diem ierusalem. Qui   dicunt exinanite

ic aidlige ł adwinað* oð   to grundwealle   on hyre
exinanite   usque ad fundamentum in ea.

   dohtor babilones earm   eadig se ðe agyldeð þe
8 Filia   babilonis misera beatus qui   retribuet tibi

---

4 ł *hu:* a second gloss to *Quomodo.*   5,6 *celestis uita. heofenlic lif:* added
above in main hand. *celestis uita* appears as marginal commentary to
hierusalem in D and interlineally in K, but is not glossed in DK. I have not
found a specific source of *celestis uita,* but similar interpretations of
Jerusalem are *aeternae ciuitatis, uisio pacis* (*In. Psal. Lib. Exeg.*), and
'*ciuitas Dei, illa coelestis . . .* ' (Rhabanus Maurus, *P.L.* 112.331).
7 *gewitað: exinanite* confused with a form of *exanimo.* Elsewhere in OE
gewitan glosses *occidio* (see BTDS) and *occidio* is a glossary equivalent of
exanimo (CGL IV. 337.53). Cf. also the citation in BTDS: ðæs lichoman
deað is þonne seo sawul him of gewit. corporis mors est dum corpus
deseritur ab anima.

eadlean   þi[ ]   [ ]t   þu agu[ ]de   us
retributionem tuam quam retribuisti   nobis.   [f.124r]

eadig   þe nim[ ] [ ]ehafað 7 forgnideð lytlingas þin[ ]
9 Beatus qui tenebit   et allidet   paruulos tuos

to stane
ad petram.

137

cxxxuii. Ipsi Dauid uox Christi ad patrem

ic andette þe   on ealre heortan minre forðon   þu ge-
1 Confitebor tibi in toto corde   meo quoniam audisti

hyrdest ealle   word muðes mines on gesihðe   engla
        omnia uerba oris   mei.   In conspectu angelorum

ic singe þe   ic bidde to templum halgum þinum 7
psallam tibi 2 adorabo   ad templum sanctum tuum   et

ic andette naman þinum ofer   mildheortnesse þine 7
confitebor nomini tuo.   Super misericordia   tua te

soðfæstnesse þine forðon   þu gemicclodest ofer   ealle
ueritate   tua quoniam magnificasti   super omne

naman haligan þinne   on swa hwilcum dæge ic gecige
nomen sanctus tuum. 3 In quacumque   die   inuocauero

þe gehyr me þu gemænigfyldest on sawle minre mægen
te exaudi me multiplicabis   in anima mea   uirtutem.

andette   þe driht ealle cyningas eorðan 7 forþon
4 Confiteantur tibi domine omnes reges   terre   quia

9 *Beatus qui tenebit* . . . *petram:* parts of these words and their glosses
appear on a fragment mis-mounted at the top of f.124v.
    137. 1 *ic andette:* the letters *ic an-* are on the fragment at top of f.124v.
2 *sanctus:* MS unclear, but final *s* appears to be on erasure, probably of *m*.
haligan: i added above.   4 7 *forþon:* cf. J *et qui(a)*.

339

gehyrdon   ealle   word   muðes þines   7   he sungon
audierunt omnia   uerba   oris   tui.   5 Et cantent

on wegum driħt   forþon   micel   is   wuldor driħt
in uiis   domini quoniam   magna est gloria   domini.

   forþon   se hyhsta driħt   7   eadmode he gesyhð 7
6 Quoniam excelsus dominus et humilia   respicit   et

heah   feorran hy oncnaweð   gif ic gange   on middele
alta a longe   cognoscit.   7 Si ambulauero in medio

geswinces   þu geliffæsta me   ofer   yrre feonda
tribulationis uiuificabis   me et super iram inimicorum

minra   þu aþenedest handa þine 7 halne me dyde seo
meorum extendisti   manum tuam et saluum me fecit

swiðre   þin   driħt   agyld   for me driħt   mild-
dextera tua. 8 Dominus retribuet pro me domine miseri-

heortnesse þine on w[ ]   weorc handa   þinra   ne
cordia   tua   in seculum opera manuum tuarum ne

forseoh
despicias.

138

cxxxuiii. In finem psalmus Dauid uox ęcclesię ad
          populum conl[ ]

drihten   þu afandodest   7   þu acneowe me   [ ]
1 Domine probasti   me et cognouisti   me 2 tu

oncneowe   setl   mine   7   æriste   mine
cognouisti sessionem meam et resurrectionem meam.

---

6 *excelsus:* changed from *exsc-.* *hy:* read *he.*   7 *et super: et* added
later.   8 *agyld:* RPs. *retribue.*

a[ ]geate   geþ[ ]htas   [ ]   [ ]   [ ]   stige
3 *In*tellexisti   *cogitationes*   *meas*   *de*   *longe*   [f.124ᵛ]   semitam

mine   ⁊   hreaw   min[ ]   [ ]   ⁊   ealle   wegas
meam   et   funiculum   meum   *inuestigasti.*   4 Et   omnes   uias

mine   þu   foresceawadest   for[ ]   [ ]   [ ]   [ ]   on   tungan
meas   pręuidisti   quia   n*on*   est   sermo   in   lingua

mine   efne   driħt   þu   acneowe   ealle   þa   endenexstan
mea.   5 Ecce   domine   tu   cognouisti   omnia   nouissima

⁊   þa   ealde   þu   hiwadest   me   ⁊   þu   settest   ofer   me   handa
et   antiqua   tu   formasti   me   et   posuisti   super   me   manu*m*

[ ]   wundorlic   geworden   is   gewitnes   þin   of   me
tu*um*.   6 Mirabilis   facta   est   scientia   tua   ex   me

gestrangod   is   ⁊   ne   mæg   to   þam   hwider   gange   fram
confortata   est   et   non   potero   ad   eam.   7 Quo   ibo   a

gaste   þinum   ⁊   hwider   fram   ansyne   þinu[ ]   hwider   gif
spiritu   tuo   et   quo   a   facie   tua   fugiam.   8 Si

ic astige   on   heofenum   þu   þær   eart   gif   ic   astige   adune   on
ascendero   in   cęlum   tu   illic   ęs   si   descendero   in

helle   æt   þu   eart   gif   ic   nime   feðera   mine   on   ærne
infernum   adęs.   9 Si   sumpsero   pennas   meas   diluculo

mergen   ⁊   ic   wun[ ]ge   on   þam   ytemestan   sæ   ⁊   soðlice
et   habitauero   in   extremis   maris. 10 Etenim

þider   hand   þin   gelædeð   me   ⁊   nimð   me   seo   swiðre
illuc   manus   tua   deducet   me   et   tenebit   me   dextera

þin   ⁊   ic   cwæð   wenunga   þystro   fortredað   me   ⁊
tua.   11 Et   dixi   forsitan   tenebrę   conculcabunt   me   et

---

138. 7 *þinu*[ ] *hwider:* the RPs. syntax, *tua quo fugiam,* may account
for the redundant *hwider.*

niht min anlyhtnes   on bleofæstnessum minu[ ]   forþon
nox   illuminatio in deliciis   meis.   12 Quia

þe þystro ne   forþystrod bið fram þe 7 niht swaswa dæg
   tenebrę non obscurabuntur a   te et nox sicut   dies

onlyht bið   swaswa   þystro   his   [ ] 7 leoht   his
illuminabitur sicut   tenebre eius ita et lumen eius.

      forþon þu ahtest 1 besæte ædran 1 lendena mine
13 Quia   tu possedisti   renes   meos

þu afenge me of innoðe modor minre   ic andette þe
suscepisti me de utero   matris meę.   14 Confitebor tibi

forþon egeslice   wundorlic[ ] is wundorlice weorc þin
quia   terribiliter magnificatus es mirabilia   opera tua

7 sawl   [ ] ic oncneow swiðe   [ ] is   bedigled
et anima mea cognoscet   nimis. 15 Non est occultatum

muð min   fram þe þæt þu dydes[ ] [ ] [ ]   [ ]
os   meum a   te quod fecisti   in   occulto et

[ ]   min on nyðeru[ ] [ ]   onge[ ]
substantia mea inferioribus   terre. [f.125ʳ] 16 Inperfectum

[ ]inre hy gesawon eagan þine 7 on bocum þinum eall[ ]
meum uiderunt   oculi tui et in libro   tuo   omnes

bið awriten dæg bið getremed 7 nænig on him   me
scribentur dies formabuntur et nemo in eis. 17 Mihi

soðlice swiðe gearwurðode synd frynd þine god swiðe
autem nimis honorificati   sunt amici tui   deus nimis

---

11 *niht min anlyhtnes:* RPs. *nox illuminatio mea.*   13 *besæte: besittan* is
cited elsewhere as a gloss to *possidere;* see BTD and cf. Diefenbach
I: *possidere. besitzen.*   14 *wundorlic*[ ]: the glossator may have looked
forward to *mirabilia,* but note RPs. *mirificatus es mira. ic oncneow:* RPs.
var. *noui.*   15 *muð:* as ACEFIJ. In G most likely a derived error: *os,
ossis* ('bone') confused with *ōs, ōris* ('mouth').

342

gestrangod is ealdordom heora   ic telle   hy
confortatus est principatus eorum.   18 Dinumerabo eos

7 ofer sand hy beoð gemænifylled ic aras   7 nugyt
et super arenam multiplicabuntur   exsurrexi et adhuc

ic eom mid þe   gif þu ofslyhst god synfulle   weras
sum   tecum. 19 Si occideris   deus peccatores uirum

blod   ahyldað fram me   for   ge cweðað on
sanguinum declinate a   me. 20 Quia dicitis   in

geþohte onfoð on idelnesse ceastra heora   nelæs
cogitatione accipient in uanitate ciuitates suas. 21 Nonne

þa þe hatedon þe drih   ic hatede 7 ofer   fynd   þine
qui   oderunt te domine oderam   et super inimicos tuos

ic aþolige l ic hatode   fulfremede hatunga ic hatode
tabescebam.   22 Perfecto   odio   oderam

hy fynd gewordene [ ]   me   cunna me god 7
illos inimici facti   sunt mihi. 23 Proba me deus et

wite heortan mine axa   me 7 acnaw   stiga l siðfata
scito cor   meum interroga me et cognosce semitas

mine   7 geseoh gif weg unrihtwisnesse on me is 7
meas. 24 Et uide   si uia iniquitatis   in me est et

gelæd me on weg ecnesse
deduc me in uia eterna.

19 *uirum:* MS dark, but -*ū* appears to stand on erasure, probably of *i*,
since *uirum* is a known var. of *uiri*. 20 *for:* gloss not completed.
21 *nelæs:* this spelling unrecorded in BTD & S; read *nalæs? apolige:* 'I
sustained or endured' is an odd gloss to *tabescebam*, and the glossator seems
to have had in mind an implied meaning of the passage. Cassiod., e.g.,
remarks: "Et merito se supra eos tabescere dicit sancta pietas, quoniam
dum hic sustinentur diutius ad correctionem. . . . " *hatode* (the second gloss
to *tabescebam*): as J, renders *oderam* in the same vs.

343

139

cxxxuiiii. In finem psalmus Dauid uox Christi fuit

nera me driħ   fram men   yfela fram were unrihtum
2 Eripe me domine ab   homine malo a   uiro iniquo

nera me   forþam þe hy geþohton unrihtwisnesse on
eripe me. 3 Qui   cogitauerunt iniquitates   in

heortan ælce dæge þa gesettað gefeoht hi hwetton ł
corde tota die   constituebant proelia. 4 Acuerunt

wegað tungan heora swaswa næddran ættr[ ]   næddrena
linguam suam sicut   serpentes uenenum aspiduum

under welerum heora   geheald me driħt of handa
sub labiis   eorum. 5 Custodi me domine de manu

synfulra fra[ ] [ ]   unrihtwisum nera me
peccatoris ab hominibus iniquis   eripe me. [f.125ᵛ]

þa þe þohton ł þa þe þencað besw[ ]   [ ]   min[ ]
Qui cogitauerunt   subplantare gressus meos

hy behyddon þa ofermodan gr[ ]   me   7 rapas
6 absconderunt superbi   laqueum mihi. Et funes

hy aþenedon on grine be siðfære æswicunge ł wrohte
extenderunt in laqueum iuxta iter   scandalum

gesetton me ic sæde driħt god min eart þu
posuerunt mihi. 7 Dixi domino deus meus es tu

gehyr driħt stefne gebedes mines driħ driħ
exaudi domine uocem deprecationis meę. 8 Domine domine

139. 3 *forþam þe: Qui* taken as if *Quia.*   4 *wegað:* this gloss, meaning
'moved,' was suggested by the comparison to tongues of serpents in context.
Note Isidore's comment in his *Etymologies* (XII.iv.44): "Nullum autem
animal in tante celeritate linguam mouet ut serpens. . . . " *aspiduum:* read
-um.

mægen hælo   mine þu ofscadedest ꝉ fram scadu ofer
uirtus salutis meę obumbrasti   super

heofod min   on dæge gefeohtes   ne   syle   me driħ
caput   meum in die   belli.   9 Non tradas   domine

gewilnunga minre   þa synfullan hy þohton   ongean me
desiderio meo   peccatori   cogitauerunt contra me

ne forlæt þu   me þelæs   hy syn ahafone   heafod
ne derelinquas me ne forte exaltentur.   10 Caput

ymbhwyrftes heora   geswinc welera   heora   oferwreht
circuitus   eorum labor   labiorum ipsorum operiet

hy   feallað ofer hy gleda   on fyr   þu awyrpst
eos. 11 Cadent super eos carbones in ignem deicies

hy on yrmðum ne hi ne wiðstandað   wer sprecul
eos in miseriis non subsistent.   12 Vir linguosus

ne bið gereht on eorðan wer   unrihtwisn' yfelu gegripað
non dirigetur in terra   uirum iniustum   mala capient

on forwyrde   ic oncneow forþon dyde driħ   dom
in interitum. 13 Cognoui quia   faciet dominus iudicium

earmra 7 wrace   þearfena   þeah hwæðere riht-
inopis et uindictam pauperum. 14 Verumtamen   iusti

wisnesse andettað   on naman þinum 7 eardiað
          confitebuntur nomini   tuo   habitabunt

rihtwise mid andwlitan þin[ ]
recti   cum uultu   tuo.

8 fram scadu: RPs. obumbra taken as if ab umbra.   9 ne syle me: RPs. ne
tradas me.   11 miseriis: medial s on erasure.   12 in interitum: a
superfluous in added above.   13 earmra: RPs. inopum.   14 7 eardiað:
RPs. et habitabunt.

345

140

cxl. Psalmus Dauid uox aecclesiae

driħt   ic clypode to ðe gehyr me on beheald stefne
1 Domine clamaui   ad te exaudi me intende   uoci

mine mid ic clypode to ðe   [ ]reht   gebed min swaswa
meae cum clamauero ad te. 2 *Dirig*atur oratio mea sicut

onbærnesse on [ ]sihðe þinre upah[ ]fennes   handa
incensum   in *cons*pectu tuo eleu*atio*   m*anuum*

[ ]   [ ]   [ ]ce   [ ]   [ ]
mearum [f.126ʳ] *sacrificium uesper*tinum. 3 P*one* domine

g[ ]dnesse muðes mines ⁊ duru   ymbstandendra welerum
custodiam ori   meo   et ostium circumstantie   labiis

minum   ne   ahylde heorte min   on word yfela
meis. 4 *N*on declines cor   meum in uerba malitię

to wreganne wrohta ł ladunga on synnum mid mannum
ad excusandas excusationes   in peccatis. Cum hominibus

wyrcendum unrihtwisnesse ⁊ na ic ne beo geþeowod
operantibus iniquitatem   et non communicabo

mid gecorenum heora   þreað ł gestyr me rihtwis on
cum electis   eorum. 5 Corripiet   me iustus in

mildheortnesse ⁊ oncideð me ele   soðlice synfulles
misericordia   et increpau*it* me oleum autem peccatoris

ne smerigað heafod min   forþon nagyt ⁊ gebed
non inpinguet caput meum. Quoniam adhuc et oratio

---

140. 4 *excusationes:* cor. from *-is. ic ne beo geþeowod:* RPs. *non con-binabor* (var. *conminabor*).

min on gecwemnessum heora   besencte syndon geþeodde
mea in beneplacitis   eorum 6 absorti   sunt   iuncti

stane deman heora   gehyrað word min forþon   hy mihton
petre iudices eorum. Audient uerba mea quoniam potuerunt

   swaswa   fætnes   eorðan   tosliten   is   ofer   eorðam
7 sicut   crassitudo   terrę   erupta   est super   terram.

tostencede synd ban ure   neah on helle   forþon to
Dissipata sunt ossa nostra secus infernum 8 quia   ad

þe driht   driht   eagan mine on þe ic hihte ne   afyr þu ł
te domine domine oculi mei in te speraui non auferas

ne ætbred þu sawle   mine   geheald me fram grine
            animam meam. 9 Custodi me a   laqueo

þæt   hy gesetton me   ꝛ fram æswicum wyrcendum
quem   statuerunt   mihi et ab   scondalis operantium

unrihtwisnesse   hreosað ł feallað on nette scearpnesse
iniquitatem.   10 Cadent   in retiaculo

his synfulle   synderlice eom ic   oð   ic fare
eius peccatores singulariter sum ego donec transeam.

         141

  cxli. Intellectus Dauid cum esset in spelunca oratio
      uox Christi ad [ ]

  stefne mine to driht   ic clypode stefne mine [ ]
2 Voce   mea   ad dominum clamaui   uoce   mea   ad

---

7 *eorðam: m* induced by lemma; read *-an. on helle: Psalterium Ambro-*
sianum, in infernum; in erased here.   9 *scondalis:* read *scan-. wyrcendum:*
RPs. *operantibus.*   10 *retiaculo:* letter erased between *l* and *o;* perhaps
originally *-lū.* Cf. I.

driħt   ic halsade ic eom biddende   ic ageote on
dominum deprecatus sum.   3 *Effun*do   in

[ ]sihðe his gebed   m[ ] [ ] [ ]   [ ]
con*spectu* eius orationem *meam et   tribulationem   meam*

[ ]eforan h[ ] ic [ ]   on geteorunga of
ante   ipsum pronuntio. [f.126ᵛ] 4 *In* deficiendo   ex

m[ ] [ ]   [ ]   [ ] [ ] [ ]   siðfata mine on
me spiritum *meum et   tu cognouisti* semitas meas. In

wege þysum   þær ic eode   hy be[ ]yddon grin
uia hac   qua ambulabam absconderunt   laqueum

me   ic besceawode to þære swyðran 7 ic geseah 7
mihi. 5 Considerabam ad dexteram   et uidebam et

n: [ ] se ðe oncneowe   [ ] forwearð fleam fram me
non erat qui cognosc*eret me. P*eriit   fuga   a   me

7 nan is se þe sece   sawle mine   ic clypode to
et non est qui requirat anim*am* meam. 6 Clamaui   ad

ðe driħt ic cwæð ðu eart hiht min dæl   min on eorþan
te domine dixi   tu es spes mea portio mea in terra

lyfigendra   beheald to gebede   minan forþon
uiuentium. 7 Intende ad deprecationem meam quia

geeadmed ic eom swiðe [ ]lys me fram ehtendum
humiliatus sum   nimis. Libera me a   persequentibus

me forþon gestrangode synd ofer me   gelæd of hæftnien-
me quia   confortati sunt super me. 8 Educ de custodia

dum   sawle   mine to andettenne on naman þinum
       animam meam ad confitendum nomini   tuo

me anbidiað rihtwise oð   þu agyldest me
me exspectant iusti   donec retribuas   mihi.

142

cxlii. Psalmus Dauid quando persequebatur eum filius
suus Absalon

  driħt   gehyr gebed   min   mid earum onfoh
1 Domine exaudi orationem meam auribus   percipe

halsunga   mine on soðfæstnesse þinre gehyr me
obsecrationem meam in ueritate   tua   exaudi me

on þinre rihtwisnesse   7 na þu inga on dom   mid
in tua   iustitia.   2 *Et* non intres in iudicium cum

þeowe þine forð[ ] [ ] gerihtwisod on gesihðe   þinum
seruo tuo quia   no*n* iustificabitur in conspectu tuo

ealle lifig[ ]   forþon ehtende wæs his feond   sawle
omnis uiu*ens*. 3 *Q*uia   persecutus   est inimicus animam

minne he geeadmedde on eorðan lif   min   [ ]e gesam-
*mea*m humiliauit   in terra uitam meam. *C*ollocauit

node me on þystrum swaswa deade [ ]ld   7 geángud
    me in obscuris sicut   mortu*os seculi* 4 et anxiatus

is ofer me [ ]   min on [ ] [ ]   is heorte [ ]
est super me *spiritus meus in me turbatum est cor*   *meum.*

        [ ]ndig ic wæs daga   ealra   ic smeade
[f.127ʳ] 5 *M*emor fui   dierum antiquorum meditatus

[ ]om [ ]n eallum weorcum þinum on dædum handa
sum in   omnibus operibus tuis   in factis   manuum

þinra ic smeage   ic aþenede handa mine to ðe sawle
tuarum meditabor. 6 Expandi   manus meas ad te anima

---

142. 3 *wæs his:* read *wæs 1 is?*   4 *geangud:* as D. This form is not
recorded in BTD & S; it may be a contraction of *geangsumad.*   5 *ealra:*
read *ealdra.*

mine swáswá eorðe butan wætere þe   hrædlice gehyr
mea sicut   terrę sine aqua tibi. 7 Velociter exaudi

me driħt geteorode gast   min ne acyr ðu ansyne
me domine defecit   spiritus meus. Non auertas faciem

þine fram me 7 gelic ic beo nyðer astigendum on
tuam a   me et similis ero   descendentibus   in

seað   cuðne   do me on mergen mildheortnesse
lacum. 8 Auditam fac mihi mane   misericordiam

þine forþon on þe ic hihte cuðne do me weg on
tuam quia in te speraui. Notam fac mihi uiam in

wætere ic gange forþon to þe ic ahof sawle   mine
qua   ambulem quia   ad te leuaui animam meam.

   nera me of feondum minum driħ to ðe ic fleah
9 Eripe me de inimicis meis   domine ad te confugi

   lær me don willan   þinne forþon god min
10 doce me facere uoluntatem tuam quia   deus meus

þu eart gast þin god gelædeð me on eorðan rihtum
es tu. Spiritus tuus bonus deducet me in terram rectam

   for   naman þinum driħt þu geliffæstast me on
11 propter nomen tuum domine uiuificabis   me in

efnesse þinre þu læddest of geswince   sawle   mine
aequitate tua. Educes   de tribulatione animam meam

   7 on mildheortnesse þinre þu forspildest sawle
12 et in misericordia   tua   disperdes   inimicos

---

6 terrę: read terra.   8 cuðne. Auditam: the glossator looked ahead
to Notam in the same vs. wætere: qua taken as if aqua, perhaps induced by
aqua in vs. 6.   12 sawle. inimicos: the glossator saw animam in vs. 11 or
12; in the MS animam stands directly above and below inimicos.

mine 7 þu forspilst ealle þa þe swencað sawle mine
meos. Et perdes omnes qui tribulant animam meam

forþon ic þeowa þin ic eom
quoniam ego seruus tuus sum.

143

cxliii. Dauid adue*rsus* Goliad uox Christi aduersus diabolum cum satellitiu*m*

geb[ ]od driħt god min se þe lær[ ] [ ] mine
1 B*enedi*ctus dominus deus meus qui do*cet manus mea*s

to gefeohte 7 fingr[ ] [ ] [ ] [ ] [ ]eort-
ad proelium et digi*tos meos ad bellum.* [f.127ᵛ] 2 Miseri-

nesse mine 7 [ ] [ ] 7 andfeng[ ] [ ] 7
cordia mea et refugium *me*um suscept*o*r *meus* et

alysend min gescyldend min 7 on him ic hihte þe
liberator meus. Protector meus et in ipso speraui qui

þu unde[ ] folc min under me driħ hwæt
subdis populum meum sub me. 3 Domine quid

is man forþon þu cyddest him oððe bearn mannes
est homo quia innotuisti ei aut filius hominis

forþon þu tælest hine man idelnesse gelic geworden
quia reputas eum. 4 Homo uanitati similis factus

is dæg his swaswa scadu forðscocon ł gewiteþ driħ
est dies eius sicut umbra pretereunt. 5 Domine

143. 1 *geb*[ ]*od:* the letters *geb-* appear on a fragment mismounted on f.127ᵛ. 2 *7 andfeng*[ ]: no Latin authority for *et*, but the *7* is probably induced by the parallel constructions: *et refugium . . . et liberator. alysend: n* added above in same hand. 4 *uanitati:* changed from *-tis*.

ahyld heofenas þine 7 niðerastih ahrin muntas 7 hy
inclina cęlos tuos et descende tange montes et fumi-

smeocað ligræscas mid glitenunge 7 þu drefest hy
gabunt. 6 Fulgora coruscationem et dissipabis eos

asende flana þinra 7 þu gedrefest hy asend handa
emitte sagitas tuas et conturbabis eos. 7 Emitte manum

þine of heannesse genera me 7 alys me of wæterum
tuam de alto eripe me et libera me de aquis

manegum 7 of handa bearna ælfremendra þara
multis et de manu filiorum alienorum. 8 Quorum

muð sprecende wæs idelnesse 7 seo swyðre heora
os locutum est uanitatem et dextera eorum

swiðre unrihtwisnesse god sang niwne ic singe
dextera iniquitatis. 9 Deus canticum nouum cantabo

þe on saltere tintrega ic singe þe þu þe sylst
tibi in psalterio decachorda psallam tibi. 10 Qui das

hælo ciningum þu þe alysdest dauid þeowan þinne
salutem regibus qui redemisti dauid seruum tuum

of sweorde yfelum alys me 7 genere me of handa
de gladio maligno 11 eripe me. Et erue me de manu

bearna ælfrem[ ] þara muð sprecendra wæs idelnesse
filiorum alienorum quorum os locutum est uanitatem

7 seo swyð[ ] heora seo swyðre unrihtwisnesse þara
et dextera eorum dextera iniquitatis. 12 Quorum

bearn swáswá æðele [ ]ntunga on iuguðhade heor[ ]
filii sicut nouellę plantationes in iuuentute sua.

---

7 de alto eripe me: in hand B. 9 tintrega: read tinstrenga. 12 [ ]ntunga
and -tat- in lemma on fragment mismounted on f.127ʳ.

[ ]   heora geset[ ]   [ ]   [ ] [ ]
Filie eorum composite circumornate ut simili-   [f.128ʳ] tudo

templ   hordernu   heora   fulle of genihtsumnesse
templi.   13 Promptuaria eorum   plena eructantia

of þysum on þæt   sceap heora teamfulle genihtsumnesse
ex hoc   in illud. Oues eorum fetosę   abundantes

on stapum heora   oxa   heora fætte   ne   is hryre
in gressibus suis 14 boues eorum crassę. Non est ruina

wealles 7 ne   fara 1 ne* þurhfæreld* na   clypung on
macerię neque transitus   neque clamor in

strætum heora   eadige hi sædon folc   þam þas
plateis   eorum. 15 Beatum dixerunt populum cui hęc

synd eadig bið þæt folc þæt he is drih   god his
sunt beatus   populus cuius est dominus deus eius.

144

cxliiii. Alleluia laudatio Dauid uox ęcclesię ad Christum

  ic fægnige þe god min cyning 7 ic bletsige naman
1 Exaltabo   te deus meus rex   et benedicam nomini

þinne on worulde 7 on worulda woruld þurh syndrie
tuo   in seculum et in seculum seculi. 2 Per singulos

dagas ic bletsige þe 7 ic herige naman þinne on worulde
dies benedicam tibi et laudabo nomen tuum in seculum

7 on worulda woruld micel driħt 7 herigendlic
et in seculum seculi. 3 Magnus dominus et laudabilis

---

13 *of genihtsumnesse. eructantia:* see Roeder's note in ed. of D.   15 *eadig*
bið: as J; *bið* may anticipate *est.*

swyðe 7 micelnesse his ne is ende of cneorisse
nimis et magnitudinis eius non est finis. 4 Generatio

7 of cneorisse heriað weorc þin 7 miht þin
et generatio laudabit opera tua et potentiam tuam

hy bodiað gemicclunga wuldor halignesse þine
pronuntiabunt. 5 Magnificentiam glorię sanctitatis tuę

hy spræcon 7 wundra þine hy cyðað 7 mægen
loquentur et mirabilia tua narrabunt. 6 Et uirtutem

egeslicra þinra hy cweðað 7 micelnesse þine
terribilium tuorum dicent et magnitudinem tuam

hy cyðað gemynd 7 genihtsumnesse wynsumnesse
narrabunt. 7 Memoriam ┤abundantię suauitatis

þine areccað 7 rihtwisnesse þine hy upahebbað milt-
tuę eructabunt et iustitia tua exultabunt. 8 Miser-

sigend 7 mildheort driht geþyldig 7 swiðe mildheort
ator et misericors dominus patiens et multum miseri-

wynsum drih eallum 7 miltsungnes his
cors. 9 Suauis dominus uniuersis et miserationes eius

ofer eal[ ] [ ]eorc his ic andette þe
super omnia opera eius. [f.128ᵛ] 10 Confiteantur tibi

drih ealle [ ]eorc þine 7 halig þin bletsige þe
domine omnia opera tua et sancti tui benedicant tibi.

wuldor rices þines hy cweðað 7 miht þin
11 Gloriam regni tui dicent et potentiam tuam

hy sprecan þæt hy cuðan don bearnum mannum
loquentur. 12 Vt notam facient filiis hominum

---

144. 5 *halignesse þine:* RPs. *sanctitatem tuam.* 7 7 *genihtsumnesse:*
the *spiritus asper* sign mistaken as an abbreviation of *et.*

miht   þin   7   wuldor   gemicclunge   rices   þines
potentiam tuam   et gloriam magnificentię regni   tui.

rice   þin   rice   eallr   worulda   7   hlaford-
13 Regnum tuum regnum omnium   seculorum et dominatio

scipe þin on ælcum cynrene   7   cynrena   getryw is
tua in omni generatione et generationem. Fidelis

drih   on eallum   wordum his   7 halig   on eallum
dominus in omnibus uerbis   suis et sanctus in   omnibus

weorcum his   upa[ ] [ ]   [ ]   þa þe hreosað
operibus suis. 14 Alleuat dominus omnes qui   corruunt

7 he aræreð ealle   forgnidene   eagan ealra   on þe
et erigit   omnes elisos.   15 Oculi omnium in te

h[ ]tað [ ]   7 þu sylst me[ ] [ ]   on tide
sperant domine et tu das   escam illorum in tempore

gedafencre l gelimplicre   þu openast   handa   þine
oportuno.   16 Aperis   tu   manum   tuam

7 þu fylst   ælc   nyten   mid bletsungr[ ]   rihtwis
et imples   omne   animal benedictione.   17 Iustus

driħt   on eallum   wegum his 7 halig   on eallum
dominus in omnibus uiis   suis et sanctus in   omnibus

weorcum his   neah is driħ   eallum   [ ]cigendum
operibus suis. 18 Prope est dominus omnibus   inuocantibus

hine eallum   ongecigendum [ ] on soðfæstnesse   willan
eum omnibus inuocantibus   eum in ueritate.   19 Volun-

ondræ[ ]endra h[ ]e deð   [ ] gebeda   heora
tatem timentium   se   faciet et deprecationem eorum

---

13 *eallr:* for *eallra. getryw is:* cf. I, on margin *est: is;* no Latin authority for
est in Weber.

he gehyrð ⁊ halne deð hy   gehealdeð drihten
exaudiet   et saluos faciet eos.   20 Custodit   dominus

ealle   lufigende hine ⁊ ealle   synfulle   he forspilð
omnes diligentes se   et omnes peccatores disperdet.

   lof   driħt   sprecð   muð min   ⁊ bl[ ]sige
21 Laudationem domini loquętur os   meum et benedicat

ælc   flæsc naman halig his on worulde ⁊ on worulda
omnis caro nomini sancto eius in seculum et in seculum

woruld
seculi.

145

   cxlu. Alleluia uox Christi ad populum

   hera   sawle mine driħt   ic herige drihten   on life
2 Lauda anima mea dominum laudabo dominum in uita

min[ ] s[ ]nge go[ ]e m[ ] [ ]ge swa ic beo
mea   psallam deo   meo   quamdiu   fuero. [f.129ʳ]

nelle ge   treowan on   ealdormonnum   on bearnum
Nolite   confidere in   principibus   3 in filiis

mannum on þam ne is hælo   utgange gast   his
hominum quibus non est salus. 4 Exibit spiritus eius

⁊ bið gecyrred on eorðan his   on þam dæge forweorðað
et reuertetur   in terram suam in illa die   peribunt

ealle   geþohtas   heora   eadig wæs þes god iacobes
omnes cogitationes eorum. 5 Beatus cuius   deus iacob

gefylsta his hiht his on driħt gode his   se þe
adiutor eius spes eius in domino deo ipsius 6 qui

145. 5 wæs þes: var. cuius est.

356

worhte Ɩ dyde* heofenan ⁊ eorðan sæ ⁊ ealle þa þe
fecit cęlum et terram mare et omnia quę

on þam syndon se þe hylt soðfæstnesse on worulde
in eis sunt. 7 Qui custodit ueritatem in seculum

he deð dom on teonan þoligendum he sylð mete
facit iudicium iniuriam patientibus dat escam

hingrigendum driħt tolyseð gefotcopsade driħt
esurientibus. Dominus soluit compeditos 8 dominus

onlyht blinde driħ arecð forgnidene driħt lufoð
illuminat cęcos. Dominus erigit elisos dominus diliget

rihtwise driħt gehealdeð wreccan steopcild ⁊
iustos. 9 Dominus custodit aduenas pupillum et

wuduwan afehð ⁊ wegas synfulra he forspilð
uiduam suscipiet et uiam peccatorum disperdet.

ricsað driħt on worul god þin on cynrene
10 Regnabit dominus in secula deus tuus sion in genera-

⁊ cynrena
tione et generationem.

146

cxlui. Alleluia uox ęcclesię et apostolorum ad nouellum
populum

heriað drihten forþon god is sealm gode
1 Laudate dominum quoniam bonus est psalmus deo

urum sy wynsum ⁊ wlitig his her:nes getimbrigende
nostro sit iocunda decoraque laudatio. 2 Aedificans

8 *diliget:* cf. the vars. *diriget, dilegit.*
146. 1 *⁊ wlitig his:* his stands over -*que* in MS separation *decora — que.*

357

ierusalem   driħt   tostenceð   israhelis   somnigende
hierusalem   dominus   dispersiones   israhel   congregabit.

se þe hæleð forgnidene heortan ⁊ gewrið forbrytennessa
3 Qui   sanat contritos   corde   et alligat contritiones

heora   se þe tæleð l tælð*   manega   steorrena ⁊
eorum. 4 Qui   numerat   multitudinem stellarum et

eallum   his naman   cigende   micel is driħt   ure
omnibus eis nomina uocans. 5 Magnus   dominus   noster

⁊ micel mægen his   ⁊ wisdom   his   ne   is
et magna *ui*rtus   eius [f.129ᵛ] et sapientiae eius non est

gerim   onfonde   þa manhwæron driħt   he nyðerað
numerus. 6 Suscipiens mansuętos   dominus humilians

soðlice synfulle   oð   to eorðan   aginnað   driħt
autem   peccatores usque ad terram. 7 Pręcinite   domino

on andetnesse singað gode urum on hearpan   se þe
in   confessione psallite deo   nostro in   cithara.   8 Qui

oferwryht   heofenes   of genipum ⁊ gyrað þære eorðan
operit   cęlum   nubibus   et parat   terre

mid rene se þe forðgelæt on muntum heig   ⁊ wyrt l
pluuiam. Qui   producit in   montibus foenum et herbam

gærs to þeowdome mannum   se þe sylð nytenum mete
   seruituti   hominum. 9 Qui   dat iumentis escam

heora   [ ] briddum hroca   oncigendum hine   ne
ipsorum et   pullis   coruorum inuocantibus eum. 10 *Non*

---

2 *dispersiones:* cor. from *-is;* cf. J *-is. somnigende:* RPs. *congregans.*   4 *eis:*
changed from *eius;* see Wildhagen's note in ed. of C.   5 *is:* cf. I, on
margin *est.is;* no Latin authority for *est* in Weber.   6 *manhwæron:* read
-þwæron. he nyðerað: RPs. *humiliat.*

on strenðe   horses willan   habbað ne   on eardungum
in fortitudine equi   uoluntatem habebit nec in tibiis

wer:s gecweme   bið him   welgecweme is   driht
uiri beneplacitum erit ei.   11 Beneplacitum est domino

ofer ondrædende hine 7 on þam þa þe hihtað   ofer
super timentes   eum et in eis   qui   sperant super

mildheortnesse his
misericordia   eius.

147

cxluii. Uox Christi ad ęcclesiam alleluia

herige ierusalem drihten   herige god   þinne
12 Lauda ierusalem dominum lauda deum   tuum sion.

forþon   he gestrangode scyttelas gata   þinra
13 Quoniam confortauit   seras   portarum tuarum

he bletsode bearn þine on þe   se þe sette endas þine
benedixit   filiis tuis in te. 14 Qui posuit fines tuos

sibbe 7 of fætnesse hwætes gesylleð þe   se þe asent
pacem et adipe   frumenti satiat te. 15 Qui   emittit

spræce his   eorðan hrædlice yrnð spræc his   se þe
eloquium suum terrę uelociter currit sermo eius. 16 Qui

sylð snaw swaswa wulle nenip   swaswa   axa[ ]
dat   niuem sicut   lanam nebulam sicut   cinerem

he tostredeð   he asendeð him gimstan his
spargit.   [f.130ʳ] 17 Mittit   cristallum suum

10 *ei*: cor. from *eis*; cf. J *eis*.
   147. 12 latin *ierusalem*: initial *h* erased.   14 *gesylleð*: read *gefylleð*;
s induced by lemma.   16 *nenip*: read *genip*.   17 *he asendeð him*:

swaswa snæda   beforan ansyne cyles his   hwylc
sicut   buccellas ante   faciem frigoris eius qui

standeð   he asendeð word   his   7 he gemelteð
sustinebit. 18 Emittit   uerbum suum et liquefaciet

þa bleow gast   his   7 flowað wætera   se þe bodiende ł
ea flabit spiritus eius et fluent aquę. 19 Qui annuntiat

se gecyðeð word   his   iacobes rihtu   7 domas his
           uerbum suum iacob   iustitias et iudicia sua

isr'   ne   dyde hwilc ælcre mægðe 7 domas his
israhel. 20 Non fecit taliter omni nationi et iudicia sua

he ne swutelode   him
non   manifestauit eis.

148

cxluiii. Alleluia uox apostolos ad populum

heriað driħt   of heofonum heriað hine on heannes-
1 Laudate dominum de celis   laudate eum in excelsis.

sum   heriað hine ealle   englas his heriað hine ealle
    2 Laudate eum omnes angeli eius laudate eum   omnes

mægen his   heriað   hine sunne 7 mona heriað hine
uirtutes eius. 3 Laudate eum sol   et luna laudate eum

ealle   steorran 7 leoht   heriað hine heofenes heofena
omnes stelle   et lumen. 4 Laudate eum cęli   cęlorum

7 wætera þa þe ofer   heofen:s synd herien naman driħt
et aque   quę super celos   sunt laudent nomen domini.

---

cf. F *he sende him. him* appears to be a free translation, i.e., 'He sends
his crystall to them ... ' *qui:* run on to *sustinebit,* and probably for
quis, as the glossator read it; *qui* is, however, a var. of *quis* in Weber.
19 *bodiende:* RPs. var. *adnuntians.*

forþon þe he cwæð [ ] geworden hy synd he   bebead
5 Quia   ipse dixit et facta   sunt   ipse mandauit

7 gescapene hy syndon   he sette hi on ecn   7 on
et creata   sunt.   6 Statuit   ea in ęternum et in

worulda woruld bebod   he sette 7 he ne forhogude
seculum seculi   pręceptum posuit   et non preteribit.

heriað   driħ   of eorðan dracan   7 ealle grundas
7 Laudate dominum de terra   dracones et omnes abyssi.

fyr   storm   snaw is   gast   storm[ ]   þa þe
8 Ignis grando nix   glacies spiritus procellarum qui

doð   word   his   muntas 7 ealle   h[ ]   treowa
faciunt uerbum eius.   9 Montes et omnes colles ligna

wæstm   7 ealle   ceadras   wildeor 7 ealle
fructifera et omnes cędri.   [f.130ᵛ] 10 Bestię et uniuersa

nytena næddran 7 fugelas 7 gefyðerede   cyningas
pecora serpentes et uolucres   pennatę.   11 Reges

eorðan 7 eall   folc   ealdormen 7 ealle   deman eorðan
terre   et omnes populi principes et omnes iudices terrę.

geonge 7 fæmnan ealde mid gingrum   heriað
12 Iuuenes et uirgines senes cum iunioribus laudent

naman drihtnes   forþon upahafen is naman his
nomen domini 13 quia   exaltatum est nomen eius

anes   andetnes his ofer heofenan 7 eorðan 7
solius. 14 Confessio eius super cęlum   et terram et

148. 6 ecn: gloss not completed.   10 7 gefyðerede: no Latin authority
for et.

he upa[ ] horn folc   his ymen eallum   halgum his
exal*tabit* cornu populi sui. *Y*mnis omnibus sanctis eius

bearnum israh̄ folce   togenealæcendum him
filiis   israhel populo appropinquanti   sibi.

149

cxluiiii. Alleluia uox Christi ad fideles de futuro et de
*re*surrectione

singað drih̄   lofsang niwne lof   [ ] on cyrican
1 Cantate domino canticum nouum laus *eius* in ęcclesia

haligra   blissige israh̄ on þam se þe dyde 1 worhte
sanctorum. 2 Letetur israhel in eo   qui   fecit

hine 7 dohtra   fægnigen on cyning his   he herige
eum et filie   sion exultent in rege   suo. 3 *L*audent

naman his on choro on glibe:[ ] 7 saltere hy syngen
nomen eius in choro in tempano et psalterio sallant

him   forþon gecwemedlic is drih̄t on folce his
ei. 4 Quia   beneplacitum est domino in populo suo

7 he upahefð þa manþwæron on hælo   gefægniað 1
et exultabit   mansuętos   in salutem. 5 Exultabunt

blissiað halige on wuldre blissiað   on incleofum heora
       sancti in gloria lętabuntur in cubilibus suis.

gefægnunga godes on þrotan heora 7 sweord [ ]yecgede
6 *E*xultationes dei in guture eorum et gladii *an*cipites

on handum heora   to donne   wrace   on mægþum
in manibus eorum. 7 *Ad* faciendam uindictam in nationi-

---

14 *Ymnis:* as J; read *Ymnus.*
   149. 6 *guture:* read *gutture.*

on þreaung   on   [ ]lcum   to   gewryðene
bus increpationes in   populis.   [f.131ʳ] 8 Ad   alligandos

cyningas heora on fotcopsum   7 æðele   heora   on
reges   eorum in compedibus   et nobiles eorum in

handcopsum isernum   þæt hy dydon on þam dom
manicis   ferreis.   9 Vt faciant   in eis   iudicium

to awriten   wuldor þis is eallum   halgum his
conscriptum gloria   hec est omnibus sanctis eius.

150

cl. Uox Christi post seculum deuictum in regno suo
letantis

heriað   driħt   on halgum his heriað hine on
1 Laudate dominum in sanctis eius laudate eum in

trumnesse mægnes his   heriað   hine on mægenum
firmamento uirtutis eius. 2 Laudate eum in uirtutibus

his   heriað hine æfter   manego   micelnesse
eius laudate eum secundum multitudinem magnitudinis

his   heriað   hine on swege byman heriað hine on
eius. 3 Laudate eum in sono   tubę   laudate eum in

saltere   7 hearpan   heriað   hine on glybeame 7 chore
psalterio et cythara. 4 Laudate eum in timphano et choro

heriað hine on heortan 7 organadreame   heriað   hine
laudate eum in cordis   et organo.   5 Laudate eum

on cymballum wel swegendum heriað hine on cimballum
in cymbalis   bene sonantibus laudate eum in cymbalis

windreamas   [ ]   gæst   herige drihten
iubilationis 6 omnis spiritus laudet dominum.

9 to awriten: cf. F to awritenne.

363

151

Hic salmus Dauid propie scriptus extra numerum cum pugnauit cum Goliad hic psalmus in Ębreis codicibus non habetur sed a l̄x̄x̄ interpretibus editus est et idcirco repudeandus

1 Pusillus eram inter fratres meos et adolescentior in domo patris mei pascam oues patris mei. 2 Manus meę fecerunt organum et digiti m*ei* aptauerunt psalterium. 3 Et quis annuntiauit domino meo ipse dominus ipse omnium exauditor. 4 *I*pse misit angelum *suum et tu*lit me de *ouibus* [f.131ᵛ] patris mei et unxit me in misericordia unctionis suę. 5 Fratres mei boni et magni et non fuit beneplacitum in eis domino. 6 Exiui obuiam alienigenę et maledixit me in simulacris suis. 7 *Ego* autem euaginato ab eo ipsius gladio amputaui caput eius et abstuli opprobrium a filiis israhel.

Prayer

Omnipotens et misericors deus clementiam tuam suppliciter deprecor ut me famulum tuum tibi fideliter concedas deseruire et perseuerantiam bonam et felicem consummationem mihi largiri digneris et hoc psalterium quod in conspectu tuo cantaui ad salutem et ad remedium anime meę proficiat sempiternum. amen.

---

151. 1 *pascam:* read *pascebam.*   7 Erasure before *ab.*

Prayer. On the use of this prayer and its appearance in other English MSS, see the ed. of K by Celia and K. Sisam, p. 6 (para. 11 and n.2), p. 284. It is significant that the prayer occurs also in J (f.134ᵛ) where, according to Sisams, it was added later. *deseruire* and *-ue-* in *perseuerantiam* added in postmedieval (probably 16th-century) hand. The line beginning *anime* and ending *amen* (which agrees with MS Harley 863) is written over an erasure in the same, late hand.

CANTICLE I

Incipiunt cantici in primis canticum Aesaiae prophaetae

ic andette þe drihten forþon þu [ ] me gecyrred
1 Confitebor tibi domine quoniam iratus *es* mihi conuersus

is hatheortnesse þin 7 þu frefredest me [ ]ne god
est furor tuus et consolatus es me. 2 Ecce deus

hælend min getreowlice ic dó 7 ne ic ondræde forþon
saluator meus fiducialiter agam et non timebo. Quia

strenðe [ ] [ ] lof 1 herung min driħt 7 geworden
fortitud*o mea* et *l*aus mea dominus et factus

[ ] [ ] [ ]n hæl[ ]
est mihi in salutem.

* * * * * * * * * *

CANTICLE IV

* * * * * * * * * *

[ ] [ ] [ ] 7 ofsloh hy [ ]
[f.132ʳ] *Euaginabo galdium* meum interficiet eos *manus*

[ ]in [ ] [ ]t þin 7 oferwre[ ]h hy sæ
*m*ea. 10 *Flauit* spiritus tuus et operuit eos mare

hy be[ ] 1 hy besengte wæron swaswa lead on wæt[ ]
sub*mersi* sunt quasi plumbum in aquis

sw[ ]: 1 þearlum hwylc [ ]lic þin on strengðe driħt
ue*hemen*tibus. 11 Quis similis tui in fortibus domine

I. 2 After *salutem*, at the end of f.131ᵛ, two leaves have been lost.
IV. 9 7 *ofsloh:* as J.

365

hwylc sy gelic þin gemærsod on halgum   angrislic oððe
quis   similis tui magnificus in sanctitate terribilis atque

herigendlic 7 donde wuldra   þu aðenedest handa
laudabilis   et faciens mirabilia. 12 Extendisti   manum

þine 7 forswealh hy [ ]   læð þu wære on þeowon
tuam et deuorauit eos terra. 13 Dux fuisti   in miseri-

mildheortnesse   folce   þe   þu alysdest 7 þu bære
cordia   tua populo quem redemisti. Et portasti

hine on strengðe   þinre to eardungstowum halgum
eum in fortitudine tua   ad ╞abitaculum   sanctum

þinum   hy astigon folc 7 hy   eorsodon saru
tuum. 14 Ascenderunt populi et irati sunt   dolores

hy begeaton eardunga to philistealande þa   wurdon
obtinuerunt habitatores   philistim.   15 Tunc contur-

gedrefede synd fromringas ł ealdras   þa strencgstan
bati   sunt principes   edom robustos

     heold   bifung ablaco[ ] ł astíðedan ealle eardi-
moab obtinuit tremor obriguerunt   omnes habita-

gende   on:ehreas ofer hy fyrhto 7 oga
tores chanaan. 16 Irruat   super eos formido et pauor

on micelnesse earmas þine hy synd on stealle swaswa
in magnitudine brachii tui. Fiant   immobiles quasi

---

11 on halgum: D in sanctis.   13 læð: for læððeow. þeowon: I do not
understand this gloss here.   15 fromringas: as D; J frumrincas. The
dictionaries place this word under fram- cmpds., but it more likely belongs
with frum- cmpds., as similarly, frumcyn, frumgar. astiðedan: perhaps an
error for astif-, as I astifedon, but astiðedan would be correct. Elsewhere
astiðian glosses indurare and arescere (as F 89.6: induret et arescat. hit
astiðaþ and drugaþ) and induresco is a gloss equivalent of obrigeo (For-
cellini, Totius Latinitatis Lexicon; CGL V.228.10: obrigescunt. indurescunt
calore aut rigore).   16 magnitudine: e over erasure, in hand of glossator(?).

stan oð þæt þurhfare folc þin driħt oð ðæt
lapis donec pertranseat populus tuus domine donec

þurhfare folc þin þis þu ahnodest [ ]
pertranseat pop*ulus* tuus iste quem possedisti. 17 *Intro-*

    hy 7 þu plantodest on munte yr[ ] [ ] [ ]mestan
duces eos et plantabis in monte h*ereditatis tue firmissimo*

eardungstowe [ ] [ ] [ ] [ ] [ ] halig-
habitaculo *tuo quod operatus es domine.* [f.132ᵛ] Sanctua-

nesse þi[ ] [ ] [ ] [ ] [ ] þine drihten
rium tuum domine quo*d firmauerunt manus* tuę 18 dominus

þu þe rixs:[ ] [ ] [ ]ess[ ] [ ] [ ] inferde is
regnabit *in* eternu*m et ultra.* 19 Ingressus est

soðlice se [ ]ning mid cr[ ] [ ] [ ] his on sæ
enim pharao cum cur*ribus et equitibus* eius in mare

7 he me lædde ofer hy [ ] [ ]æte[ ] sæ bearn
et reduxit super eos *dominus aq*uas maris. Filii

soðlice israhel hy eodon [ ] drigu[ ] [ ] [ ] his
autem israhel ambulauerunt per siccum in *medio* eius.

<h3 style="text-align:center">CANTICLE V</h3>

    Canticum Abbacuc prophetae

    drihten ic gehyrde þine stefne 7 ic ondr[ ] drihten
2 *Dom*ine audiui auditionem tuam et timui. Domine

weorc þin on middele geara geliffæst þæt on middele
opus tuum in medio annorum uiuifica illud. In medio

---

17 *halignesse:* D *Sanctimonium.* 18 *þu þe rixs:*[ ]: D *qui regnas.*
19 *he me lædde:* probably for *inlædde,* as D (= *induxit*).
    V. 2 *auditionem:* -*tionem* over erasure; Roman version *auditum.*

geara   cuð   þu dest   þonne yrre   þu bist   mildheort-
annorum notum facies   cum   iratus fueris   miseri-

nesse þu gemunest   god   fram suðdæle cymeð 7 halig
cordię recordaberis. 3 Deus ab   austro   ueniet et sanctus

of munte   oferwreah heofen wuldor his   7 lof
de monte pharan. Operuit   cęlos   gloria   eius et laude

his full   [ ] eorðe   beorhtnes his   swaswa leoht bið
eius plena est   terra. 4 Splendor   eius ut   lux   erit

hornas   on hand[ ] his   þær he behyd is strengð his
cornua   in manibus eius. Ibi   abscondita est fortitudo eius

   beforan ansyne his   gangeð deað utfærð   se deofol
5 ante   faciem eius ibi   mors. Egrediętur diabolus

beforan fet   his   stod 7 metende is eorðan he beheold
ante   pedes eius 6 stetit et mensus est terram. Aspexit

7 he tolysde þeoda 7 tobrytte sy[ ] muntas woruld
et dissoluit   gentes et contriti sunt montes seculi.

ongebigede synd borgas middan[ ]s fram fæ[ ]   ecnesse
Incuruati   sunt colles mundi   ab   itineribus aeterni-

   his   [ ] [ ]ihtwisnesse ic gese[ ] [ ]   [ ]
tatis eius. 7 Pro iniquitate   uidi   tentoria ethiopie

[ ]   [ ] [ ] [ ]   [ ]   on
turbabuntur pelles terre madian. [f.133ʳ] 8 Numquid in

flod[ ]   yrre þu eart drihten [ ] [ ] flodum
fluminibus iratus es   domine aut in fluminibus

---

3 heofen: MS dark; there may be a horizontal stroke over n.   5 ibi: read
ibit.   6 borgas: read beorgas? The spelling borgas is not cited in BTD & S,
and the earliest citation in the NED is 1393.

[ ]theortnesse þin oððe on sæ   [ ]sse   þin [ ] astihst
furor   tuu*s* uel in mari *indign*atio tua. *Qui ascen*dis

ofer hors þine 7 crætu þine halwendnesse   awr[ ]-
super equos tuos et quadrigę tuę saluatio.   9 *S*usci-

cende þu awrecst bogan þinne aðswara   mægðum þa þu
*t*ans suscitabis   arcum tuum iuramenta tribubus quę

sprecende wære of flodum bið tosliten eorðan   geseoð
locutus   es.   Fluuios   scindes   terrę   10 uiderunt

7 sarig (ł hr::sedan) muntas wælas wætera   he gefærð
et doluerunt   montes gurges aquarum transiit.

(ł he þurhleorde) he sealde   stefne his   of heah-
            D*edit*   abyssus uocem suam altitudo

nesse handa his upahefð   sunne 7 mona hi stodon
    manus suas leuauit. 11 Sol   et luna steterunt

on eardungstowe his on leohte flana   þinra   gangað
in habitaculo   suo in luce sagittarum tuarum ibunt

on b[ ]rhtnessese ligræscendes speres þines   on gryme-
in splendore   fulgorantis hastę tuę. 12 *In* fremitu

tinge þu trydst eorðan on hatheortnesse wafigende þu dest
    conculcabis terram in furore   obstupefacies

þeoda   faren   þu eart on hæle   folces þines on
gentes. 13 *E*gressus es   in salutem populi tui   in

hæle   [ ]id cyninge þine þu ofsloge heofod of huse
salutem cum christo tuo. *P*ercussisti caput de domo

8 *ascendis: i* appears to be over erasure of *e; cf.* K *Qui ascendes.*   9 *of*
flodum bið tosliten: Rom. version *Fluminibus scindetur.* 10 *geseoð:* D
uidebunt. sarig: cf. D *sariggað. dolebunt. of heahnesse:* D *ab altitudine.*
11 *b[ ]rhtnessese:* in MS *splen-* occurs at end of line, *-dore* at beginning
of next line; *-se* in gloss over *-dore.*

þæs arleasan þu benæce[ ]d[ ]s grundstaþelunga oð þæne
impii   denundasti   fundamentum   usque ad

swyran   [ ]igdest   anweald his heafda feohtendra
collum. 14 *Maled*ixisti sceptris eius capita bellatoru*m*

[ ] cumendum   swaswa   blast to drifende   me
*ei*us uenientibus ut   turbo ad dispergendum me.

upahaf[ ]nes heora swaswa his þe forswylhð þearfan
*E*xultat*io*   eorum sicut   eius qui deuorat   pauperem

on digelnesse   weg þu [ ]htest on sæ horsum þinum
in abscondito. 15 Viam fe*cisti*   *i*n mari equis   tuis

on læteme[ ] [ ]   manegra   [ ]   [ ] [ ]
in luto   *aquarum multa*rum. 16 *Audiui et   conturbatus*

is wamb [ ]   [ ] [ ]   bifedon ł for[ ] [ ]   [ ]
*e*st uen*ter meus a   uoce* [f.133ᵛ] contremueru*nt   labi*a mea.

infærð ł infare r:::[ ]   [ ] bannum minum 7 und[ ] [ ]
*I*ngrediatu*r*   putr*edo* in ossibus meis   et sub*ter me*

[ ]rmð 7 ic reste   on dæge geswynces   [ ] [ ]
*sca*teat. Vt requiescam in die   tribulation*is ut   ascen*dam

ad folcum   begyrdum ur[ ]   fictreow soðlice ne
to populum accinctum nostrum. 17 Ficus   enim   non

---

13 *denundasti:* read *denud-.*   14 *turbo: o* over erasure; cf. J *turba.*
blast: over erasure in later, probably early 13th-century, hand. In OE,
blæst is rare. It occurs a few times in the cmpd. *blæstbelg*, but only once,
according to BTD & S, as a simplex, and that is in Cædmon: Sæ
grundas suþwind fornam bæþweges blæst. BTDS enters one citation of a
form, *blæs:* þurh ðæs windes blæs. Cf. Diefenbach I: *turbo. wint; flatus.*
blasse. blast o. wind. See Sisams' note in K, pp. 45-6 (incorrectly, it is stated
there that G glosses *turbo* with *þoden*).   15 *læteme*[ ]: was *luto* confused
with a comparative form of *lento?* Cf. WW 430.15: *lento. late.*   16 *Vt:*
V in black ink over erasure.

blewð 7 ne bið sæd   o[ ] wingeardum sægeð
florebit et non erit germ*en* *in*   uineis.   Mentiętur

of sceapa heorde meten 7 wongas ne ne bring:ð mete
opus   oliuę   et arua   non   afferent cibum.

bið forcorfen of sceapa nyten 7 ne bið   on
Abscidetur   de ouili   pecus et non erit arm*en*tum in

binnan   ic soðlice on driħt blissige 7 fægnige
presepibus. 18 *E*go autem in domino gaudebo et exultabo

[ ] [ ] hælende minum   god driħt   strengð min
in deo ihesu   meo.   19 Deus dominus fortitudo mea

7 he geset fet   [ ] swaswa heorta   7 ofer heahnessa
et ponet   pedes m*eos* quasi   ceruorum. Et super excelsa

mine he gelæt me ofer[ ]   on sealmum singende
mea deducet me uic*tor*   in psalmis canentem.

Canticle VI

Canticum Moysi ad filios israhel

begym ðu heofenas þæt ic sprece gehyre [ ] word
1 Audite   cęli   que loquor   audiat *terra* uerba

muðes mines   samodweaxe on rene lar   [ ] flowe
oris   mei. 2 *C*oncrescat in pluuia doctrina m*ea* fluat

swaswa deaw spræc   min   swaswa hagul ofer sæd
ut   ros eloquium meum. *Q*uasi imber super herbam

---

17 *sægeð:* read *wægeð. of sceapa heorde meten: meten* glosses *cibum; of
sceapa heorde* glosses *de ouili* . . . *armentum* in the next line. The transpo-
sition of glosses was induced by the similarity of *oliue — ouili.* The glossator apparently caught his error, since he does not gloss *armentum. afferent:*
first *f* over erasure.
    VI. 1 *begym ðu heofenas:* D *Adtende caelum.*

7 s[ ]wa dr[ ] [ ]fer cwicas   forþon naman dr[ ]
et quasi stille super gramina 3 quia   nomen domini

ic gecige syllað gemiclunga   gode [ ]   godes [ ]
inuocabo. Date magnificentiam deo nostro 4 dei   perfecta

[ ]d weorc 7 ealle   weg[ ] his [ ]   [ ]   [ ]w[ ] 7
sunt opera et omnes uię   eius iudicia. Deus fidelis et

bu[ ] [ ] [ ]   [ ]   7 riht   hy syngodon
absque ulla iniquitate iustus [f.134ʳ] et rectus 5 peccauerunt

[ ] [ ] nan bearn his on horgum cynren   þweor oððe
ei et non filii   eius in sordibus. Generatio praua atque

forhwyrfed þ[ ]s þu yrfeweardast driħt folce   disig
peruersa   6 haecine reddis   domino popule stultę

7 unwisum cwest ðu ne se is fæder þin þe ageð
et insipiens. Numquid non ipse est pater tuus qui possedit

7 he dyde 7 he gescop þe gemun   daga   ealra
te et fecit   et creauit te. 7 Memento dierum antiquo-

geþenc cynrena   syndriga (ł ænlipige) axa
rum cogita generationes singulas.   Interroga

fæder þinne 7 he bodað þe yldran þine 7 hy secgað
patrem tuum et annuntiabit tibi maiores tuos et dicent

þe   hwænne todælde se hyhsta þeoda hwænne he
tibi. 8 Quando diuidebat altissimus gentes quando se-

todælde bearn adames he gesette gemæro folca
perabat filios adam. Constituit terminos populorum

wið   gerime ł getæle bearna   dæl soðlice
iuxta numerum   filiorum israhel. 9 Pars autem

---

6 *Numquid:* a stroke (a tilted 2) over *m* in same hand. *possedit te: te*
added in postmedieval hand; cf. K.   7 *ealra:* read *ealdra.*   8 *sepera-*
bat: first *e* added later; read *separ-.*

372

driħt   folc   his   iacobes   r[ ]cel   yrfeweardnesse
domini   populus   eius   iacob   funiculus   hereditatis

his   he gemette hine on eorðan awestene on stowe
eius. 10 *I*nuenit   eum in terra   deserta   in   loco

anþr::licre   7   bereafodre   annesse   he ymblædde hine
horroris   et   uastę   solitudinis.   *Circ*umduxit   eum

7   he lærde   7   he geheold   swaswa   [ ]   eagan   his
et   docuit   et   custodiuit   quasi   *pu*pillam   oculi   sui.

[ ]waswa earn   clypigende   to fleonne   briddas   his
11 Sicut   aquila prouocans   ad uolandum   pullos   suos

7   ofer   hy   flicrigende   he eaðmedde   fiðera   his   7   he
et   super   eos   uolitans.   Expandit   alas   suas   et   as-

genam   hine   7   bær   on eaxlon   his   driħt
sumpsit   eos   at*que* portaui*t* in   humeris   suis.   12   *Dominu*s

ana   laþeow   his   wæs   7   na   næs   mi[ ]   [ ]   [ ]   [ ]
solus   *d*ux   eius   fuit   et   non   erat   *cum*   *eo*   *deus alienus.*

     he gesette hine   [ ]er   henre   eorðan   þæt
[f.134ᵛ]   13   Constituit   eum   *s*uper   exscelsam   terram   ut

he æte   wæstm   [ ]era   7   þæt hy sucan hunig of
commederet   fructus   *a*grorum.   Et   suggeret   mel   de

stane   7 ele   of   stane   þam heardostan   buteran
petra   oleumque   de   saxo   durissimo.   14   Butirum

---

11 *eaðmedde:* this gloss reflects the implied sense of the context, i.e.,
'he humbled' = 'he was gracious or charitable.' Haymo (*P.L.* 116.711) explains: " 'expandit' longe 'alas suas,' protectiones . . . "; cf. Rolle: "Crist
spredis twa wengys of charite." It is pertinent that the subst. *eaþmed*
glosses *humanitas* (see BTD) and that *humanitas* is equivalent to *humilitatio*
at CGL II.582.4.   13 *henre:* read *heare,* thus modifying *eorðan,* 'above
the high earth.' *commederet:* MS *cōme-;* read *come-. Et:* read *Vt. hy:*
unclear, but appears to be changed from *hi;* cf. I.

of ywde   7 meolc of sceapum mid rysele lamba
de armento et lac   de ouibus   cum adipe agnorum

7 ramma bearna   7 buccena mid smedman
et arietum filiorum basan. Et hircos   cum medulla

hwætes 7 blod   winberian hy druncon þæt niweste
tritici et sanguinem uuę   biberet   meracissimum.

    ongemæst   is gecoren 7 he geedhwyrfte gemæst
15 Incrassatus est dilectus et recalcitrauit   incrassatus

ongefættod tobrædd he forlet god   scyppend his
impinguatus dilatatus. Dereliquid deum factorem suum

7 he gewat fram go[ ] hælo   his   hy geclypedon hine
et recessit a   deo. salutari suo. 16 Prouocauerunt eum

on godum ælfremedan 7 on ascununggum   to yrsung-
in diis   alienis   et in abhominationibus ad iracun-

um   hy hine clypedon   hy ofrodon deoflum 7 na
diam concitauerunt.   17 Imolauerunt demoniis et non

gode godum þam hy ne cuðon niwe 7 edniwigende þa
deo diis   quos ignorabant.   Noui recentesque

hy cómon þa ne wurð:don fæderas heora   god
uenerunt quos non coluerunt patres eorum. 18 Deum

þe þe cenð þu forlete 7 þu for[ ]:te drih   scyp-
qui te genuit dereliquisti et oblitus   es domini crea-

pendes þines geseah driht 7 to yrsunge geclypod
toris tui.   19 Vidit dominus et ad iracundiam concitatus

---

14 *biberet. hy druncon:* cf. I *biberent*, J *biberi.* *þæt niweste:* as J(-*tan*). The meaning, 'pure,' is not recorded for *niwe.*   16 *hy hine:* as J; *hine* induced by the similar construction, *Prouocauerunt eum,* in the same vs. *clypedon. concitauerunt:* as J. This gloss is inexact. It may have been induced, like *hy hine,* by *Prouocauerunt,* but cf. V.19 *concitatus. geclypod,* and Diefenbach I: *concito. beruffen.*   17 *Imolauerunt:* read *Immo-.*

is   for[ ] hy clypedon   hine suna his 7 dohtra   [ ]
est qu*ia*   prouocauerunt eum filii sui et fili*ę*.   20 *Et*

he cwæð ic behydde ansyne mine fram him 7 ic [ ]ge
ait   abscondam faciem meam ab   eis et con*sidera*bo

þa endenehstan dagas heora [ ]neores heora forhwyrfed
nouissima   eorum. *Gene*ratio eorum peruers*a*

is 7 un[ ]leafulle [ ]   [ ] [ ] clyped[ ]   [ ] [ ]
*est et infide*les   *filii.* 21 *Ipse me prouocauerunt in   eo*

[ ] [ ] [ ] [ ]   7 hy gremedon ł hypston* on
qui non erat deus [f.135ʳ] et irritauerunt   in

idelnessum heora 7 ic gecige hy on þam se þe ne is
uanitatibus suis. *E*t prouocabo eos in eo   qui   non est

folc   7 on þeode stuntne ic bysmrige hy   wuldor
populus et in gente stulta irritabo   illos. Gloria

    fyr onæled is on hatheortnesse minre 7 byrneð
22 Ignis succensus est in furore   meo et ardebit

oð   to helwarum nyðeweardre 7 forswylhþ eorðan
usque ad inferni   nouissima.   Deuorabítque terram

mid eallum hyre cynrene 7 munta   grundweallas he
cum germine suo   et montium fundamenta com-

forbyrnð   beoð fornumene ofer hy yfelu 7 flana
buret. 23 *C*ongregabo   super eos mala et sagittas

mine ic gefylle on him   beoð fornumene mid hungre
meas complebo in eis. 24 Consumentur   fame

---

20 *abscondam:* b over erasure; scribe may have begun *auertam* (D).
21 *hypston**: read *hyspton. Gloria:* MS $\overline{GLA}$ in main hand.   22 *eallum
hyre cynrene:* as J. Rom. version *nascentias eorum;* Wildhagen, in his ed.
of C, cites a var. *generationes eius.*   23 *beoð fornumene:* glossator looked
ahead to *Consumentur* in vs. 24. *eis: i* over erasure.

7 forswelgað   hy fugelas mid biteran þam biterestan teð
et deuorabunt eos aues   morsu   amarissimo.   Dentes

wildeora   ic onsende on hy mid hatheor[ ]se teondra
bestiarum inmittam   in eos cum furore   trahentium

ofer eorðan oð   slincendra   ute bereafod hy
super terram atque serpentium. 25 Foris uestabit eos

sweord 7 innan ege   [ ]e iungan samod 7 fæmnan
gladius et intus pauor. Iuuenem   simul ac uirginem

siccende mid mannum [ ]an   [ ] [ ]wæð hwar   synd
lactantem cum homine sene. 26 Et dixi   ubinam sunt

hy geswican ic do of mannum gemynd heora   [ ]
cessare   faciam ex hominibus memoriam eorum. 27 Sed

for   yrre feonda   ic oferwanude   ofer-
propter iram inimicorum distuli   ne forte super-

modigan feond heora [ ] cwæð   hand ure   mæru
birent   hostes eorum. Et dicerent manus nostra exscelsa

7 na driħt   dyde þas ealle   beoð butan geþeahte
et non dominus fecit hęc omnia. 28 Gens absque consilio

is 7 butan snoternesse   hy wis[ ] hy cuðan 7 ongeaton
est et sine prudentia 29 utinam   saperent et intelle-

          oððe þa endenehst[ ] sceawodon   hu
gerent ac   nouissima   prouiderent. 30 Quomodo

ehteð   an þus[ ] [ ] [ ] afly[ ] tyn   [ ]usenda
persequebatur unus mille et duo fugarent decem milia.

---

24 biteran: -er- perhaps induced by the following gloss.   25 uestabit: read
uas-.   27 oferwanude: cf. J forwandode (note BTD under wandian:
propter iram inimicorum distuli. for hira feonda yrre ic wandode). The
cmpd. oferwanian is not in the dictionaries.   28 beoð: read þeod?
30 ehteð: D persequitur.

[ ]a   forþam þ[ ] [ ]   [ ]   [ ]   [ ]   7 driħt
Nonne ideo   *quia deus suus uendidit eos* [f.135ᵛ] et dominus

beclysde hy   na   soðlice is   god   ure   swaswa god
conclusit illos.   31 Non enim   est deus noster ut   deus

heora   7   feond   ure   [ ]   dema[ ]   of   wingearde
eorum   et   inimici   nostri *sunt* iudic*es*.   32   *De*   uinea

sodomwara   wingeard heora   7   of burh[ ]   þære byrig
sodomorum uinea   eorum et de suburbanis gomorreae.

winberian heora   winberian geallan 7   croppas biternesse
Vua   eorum uua   fellis   et botri   amarissimi.

    hatheortnesse dracena   wingeard heora   7   attor
33 Fel   draconum uinum   eorum   et uenenum

nædrena unhalwendl[ ]   hunu   þas gescapene synd
aspidum insanabile.   34 *Nonne* hẹc   condita   sunt

mid   me 7   bein:[ ]   on þysum goldhordum   min   is
aput   me et signat*a*   in   thesauris meis.   35 Mea   est

wrace   7   ic   agylde   on   him   on   tid[ ]   þæt aslide
ultio   et ego retribuam in   eis   in   tempore ut   labatur

fet   heora   gehende l wið is   dæg forlorennesse 7   ætwesan
pes eorum. Iuxta   est dies perditionis   et adesse

efs[ ]   tid[ ]   demeð   drihten folce   his
festina*nt* temp*ora*. 36 *I*udicabit dominus populum suum

7   on þeowwum hi[ ]   he bið se gedrefed he geseah þæt
et in seruis   suis   miserebitur.   Videbit   quod

---

32 *botri amarissimi:* erasure at end of both words; probably originally
the var. *botrus amarissimus* (as I).   33 *hatheortnesse:* D *furor.*   34 Why
þysum?   35 *in eis: in* added above in same hand.   36 *gedrefed:* read
gefrefred?, as D (= *consolabitur*). *infirmate: e* appears to be over erasure of
i; read -*ata.*

377

untrumode   is   hand   7   [ ]ly[ ]   witodlice   ateorodon
infirmate   sit manus et *clau*si   quoque   defecerunt

7 þa þe to lafe syndo[ ] [ ]   [ ]   7 hy cweðað
residuique   con*sumpti sunt*. 37 Et dicent

hwær syndon dagas heora on þam   [ ]don   getrywþa
ubi   sunt   dii   eorum in qui*bus habe*bant fiduciam.

    of þara   offingrad hi æton   smed:[ ] 7 hy
38 *De* quorum uictimis commedebant adip*es*   et bi-

druncon win   onsægdnesse arisan 7 geheolpon eow
bebant uinum libaminum. Surgant et opitulentur uobis

7 on n[ ]   eow gescyldon   geseoð forþon ic
et in ne*cessitate* uos protegant. 39 Videte quod ego

eom ana   7 ne sy æn[ ] [ ] buton m[ ] [ ] ofslea
sim solus et non sit aliu*s* *deus* prȩter me. *Ego* occidam

7 ic libban ic do ic strice [ ] [ ] [ ]e 7 ne is
et ego uiuere faciam percutiam *et ego sanab*o et non est

þe of handa minre m[ ] [ ]   [ ]   [ ] [ ]
qui de manu mea   po*ssit eruere*. 40 *Leuabo ad celum*

[ ]   [ ]   [ ] ic cweðe ic [ ] [ ] on ecn[ ]
manum meam et dic*am*   uiuo ego in eternum. [f.136ʳ]

   [ ] ic ahwette swaswa lygræsc sweord min 7
41 *Si* acuero   ut   fulgur gladium meum et

gegripð dom   hand min ic agylde wrace
arripuerint iudicium manus meȩ. *R*eddam ultionem

---

7 *þa þe to lafe:* cf. J 7 *þa þe to lafe sind.*   37 *getrywþa:* a final *m*,
induced by lemma, erased.   38 *offingrad:* read *offrung-;* I do not understand *-ad. commedebant:* MS *cŏme-;* read *come-.*   41 *fulgur:* cor.
from *-gor. arripuerint:* changed from *-unt. mee:* MS unclear, but looks
like a change to *mea.*

feondum minum 7 þam þe hatodon me ic agylde
ostibus meis et his qui hoderunt me retribuam.

ondrænce flana mine blode 7 sweord min
42 Inebriabo sagittas meas sanguine et gladius meus

eteð flæsc of beode ofslagendra 7 of hæftnede
deuorabit carnes. De cruore occisorum et de captiuitate

genæcede feonda heafda heriað þeoda folc
nudati inimicorum capitis. 43 Laudate gentes populum

his forþam blode þeowena heora bið gewrecen
eius quia sanguinem seruorum suorum ulciscetur.

7 wrace he agyldeð on feondum heora 7 mildsigende
Et uindictam retribuet in hostes eorum et propitius

bið eorðan folces his
erit terrę populi sui.

CANTICLE XI

Hymnus quem sanctus Ambrosius et sanctus Agustinus
inuicem condiderunt

þe god heriað þe driħt andettað þe
1 Te deum laudamus te dominum confitemur. 2 Te

ecan fæder ealle eorðan arwurðað [ ] ealle
ęternum patrem omnis terra ueneratur. 3 Tibi omnes

englas þe heofenes 7 ealle [ ]hta þe
angeli tibi cęli et uniuerse potestates. 4 Tibi cherubim

---

hoderunt: h added.   42 eteð: perhaps to manducabit, as D, but the sense
of etan 'to devour' is recorded (see BTDS); cf. OHG fressen. deuorare
(Diefenbach I). beode: read blode.

on unablinnendre stefne foreclypiað   [ ]lig
et seraphim incessabili   uoce proclamant. 5 *Sanc*tus

halig   halig   driħt   god   weorada   [ ]lle   synd
sanctus   sanctus   dominus   deus   sabaoth.   6 Pleni   sunt

heofenas 7 eorðan mægenþrymmes wuldres þ[ ]   se ðe
cęli   et terrę   maiestatis   glorie   tuę. 7 Te

wuldorfullað apostla   chor   þe þara witegena
gloriosus   apostolorum   chorus. 8 *Te* prophetarum

þæt herigendlic getæl   þe þara martira þæt scinende
laudabilis   numerus. 9 Te martyrum   candidatus

wered heri[ ]   þe þurh ymbhwyrft eorðena seo halge
laudat exer*citus*. 10 *Te* per   orbem   terrarum sancta

andetnes   [ ]   fæder of metes mægenþrymmes
confitetur ęccles*ia*. 11 *P*atrem inme*nse*   *ma*iestatis. [f.136ᵛ]

toarwurðigen[ ]e þinne þæne soðan   7   ancennedan
12 Venerandum   *tu*um uerum   et   unicum

haligne   wito[ ]ice frofer   gast   þu
filium. 13 *S*anctum quoque   paraclitum spiritum. 14 Tu

cyning wuldru crist   þu fæder ece   þu eart
rex   glorię   christe. 15 Tu patris sempiternus es

sunu ł bearn   þu to alysanne   þu onfenge manna
filius.   16 *T*u ad liberandum suscepturus hominem

þu na aþracodest mædenes innoð   þo oferswiðdest
non horruisti   uirginis   uterum. 17 Tu deuicto

deaðes sticcelsa þu geopenadest g[ ]fullum rice   heofena
mortis aculeo   aperuisti   creden*ti*bus regna cęlorum.

XI. 9 *wered heri*[ ]: glosses placed over wrong lemmata.   17 *þo:*
read *þu.*

380

þu to þære swyðran healfe godes þu sitst on wuldre
18 Tu ad dexteram   dei   sedes   in gloria

fæd[ ]   dema þu eart gelyfed beo toweard   þe
patris. 19 Iudex crederis esse   uenturus. 20 Te

eornostlice we halsiað þinum þeowum gehelp þe ðam
ergo   quesumus tuis   famulis subueni quos

deorw[ ] blode   þu alysdest   þam ecan do þu mid
pretioso sanguine redemisti. 21 Aeternam fac   cum

halgum þinum wuldor beo gelocod   hal   do þu
sanctis tuis   gloria munerari. 22 Saluum fac

folc   þin   driħt   7 gebletsa yrfeweardnesse þine
populum tuum domine et benedic hereditati   tuę.

  7 begym hy 7 beheald hy oð   on ecnes[ ]   þurh
23 Et rege   eos et extolle illos usque in ęternum. 24 Per

syndrige dagas g we bletsiað þe   7 we heriað naman
singulos dies   benedicimus te. 25 Et laudamus nomen

þinne   on worulde 7 on [ ]   [ ]   gedema þu
tuum   in seculum et in seculum seculi. 26 Dignare

drihten dæge þysum butan synne   us gehealdan   ge-
domine die   isto   sine   peccato nos custodire. 27 Mi-

miltsa ure   driħt   miltsa   ure   gewurðe mild-
serere nostri domine miserere nostri. 28 Fiat   miseri-

heortnesse þin driħ   ofer   us   on ðam geme[ ] þe
cordia   tua   domine super nos quemammodum

---

21 *Aeternam:* as J; read -*na*.   24 *g we:* the glossator probably began to
write *geblet-*.   26 *peccato: o* stands after erasure.   28 *gewurðe:* cf. F
68.27 *Fiat. geweorðe.*

we hihtað on ðe   on þe driħt   ic gehihte ne   ic ne beo
sperauimus in te. 29 *In* te domine speraui   non confundar

gescynd on ecnes[ ] þe   lof þe   ymnen þe
      in   *ę*tern*um.* Te decet laus te decet ymnus tibi

[ ]ldor [ ]ode fæder 7 bear[ ] mid hal[ ]an [ ]   on
*gloria   deo   *þ*atri et fili*o*   cum sancto   spiritu* in

w[ ]   woruld   si hit swa
secula [f.137ʳ] seculorum amen.

CANTICLE VII

Hymnus trium puer*o*rum

    bletsiað   ealle   weorc driħ   driħ   heriað 7
57 *B*enedicite omnia   opera   domini domino laudate et

oferblissiað hine on worulde   bletsiað   halgan ł englas
superexaltate eum in secula. 58 Benedicite angeli

driħ   driħ   bletsiað   heofenes driħ   bletsiað
domini domino 59 benedicite cęli   domino. 60 Bene-

      wæteru ealle   þa þe   ofer   heofene synd driħt
dicite aque   omnes quę   super cęlo   sunt domino

    bletsiað   ealle   mægnes driħ   drihten   bletsiað
61 benedicite omnes uirtutes domini domino. 62 *B*enedicite

sunne 7 mona   bletsiað   steorran heof' driħ
sol   et luna domino 63 benedicite stelle   cęli domino.

    bletsiað   ealle   hagul 7 deaw driħ   bletsiað
64 Benedicite omnes imber et ros domino 65 benedicite

VII. 60 *celo:* as J; perhaps intended here as *celos*, since it is run on to
sunt.   64 *omnes* (?): MS *om̅s;* elsewhere in the MS the abbrev. *om̅s* =
omnes. Cf. I *omnis* partially erased, K *omnis* crossed out.

ealle   gast   godes drihten   bletsiað   fyr   7 swolað
omnis spiritus dei   domino.   66 Benedicite ignis et ęstus

driħ   bletsiað   cyle   7 hæte l sw:[ ]
domino 67 benedicite   frigus et ęstas   domino.

   bletsiað   deawas 7 gicel   driħ   bletsiað
68 Benedicite rores   et pruina domino   69 benedicite

forst 7 cyle   driħ   bletsiað   is   7   snaw
gelu   et frigus domino. 70 Benedicite glacies et niues

driħ   bletsiað   niht: 7 dæges driħ   bletsiað
domino 71 benedicite noctes et dies   domino. 72 Bene-

      leoht 7 þystru driħ   bletsiað   ligræscas
dicite lux   et tenebre domino   73 benedicite fulgora

7 genipu driħt   [ ]letsiað eorðan driħ   heriað 7
et nubes   domino. 74 Benedicat terra   domino laudet et

oferblissige hine on worulde   bletsiað   muntas 7
superexaltet eum   in secula.   75 Benedicite montes et

beorgas driħ   bletsiað   ealle   growendra   on
colles   domino 76 benedicite uniuersa germinentia in

eorðan driħ   bletsiað wyllas driħ   bletsiað
terra   domino. 77 Benedicite fontes domino 78 benedicite

sæas   7 flodas driħ   bletsiað   hwælas 7 ealle
maria et flumina domino. 79 Benedicite coete   et omnia

þa þe beoð gestyre[ ] on wæteru driħ   bletsiað
que   mouentur   in aquis   domino 80 benedicite

---

67 *l sw:*[ ]: on margin and visible only in strong light; cf. J *swoloþ*.
68 *pruina:* cor. from -*ne*, perhaps in glossator's hand. *gicel:* cf. DJ *gicelge-*
bland.   74 *eum:* a mis-mounted fragment (which may contain the
missing letters (-*lii*) of fi*lii* in vs. 82) covers *e*.   76 *germinentia:* a horizontal stroke over final *a* crossed out; read *germinan-*.

ealle   fugelas   heofenes   driħ   bletsiað   ealle
omnes   uolucres   cęli   domino. 81 Benedicite omnes

wildeor   7 nytenu driħ   bletsiað   [ ] manna
bestię   et pecora domino 82 benedicite fi*lii* hominum

driħ   [ ]letsiað israhel driħ   heriað 7 ofer-
domino. 83 *Ben*edicat israhel dominum laudet et super-

blissig[ ] hine on w[ ]   bletsiað   preostas
ex*altet*   eum in se*cula.* [f.137ᵛ] 84 Benedicite sacerdotes

driħ   drihten   bletsiað   þeowas driħ   driħ
domini domino 85 *b*enedicite serui   domini domino.

  bletsiað   gast   7 sawla rihtwisra driħ   b[ ]
86 *B*enedicite spiritus et anime iustorum domino 87 bene-

       halig   7 eadmode heortan driħ   bletsiað
dicite sancti et humiles corde   domino. 88 Benedicite

sidrác misáóc abdenago driħ   heriað 7 oferblisiað
ananias azarias misahel   dominum laudate et superexaltate

hine on worulde uton bletsian fæder 7 bearn mid halgan
eum in secula. Benedicamus patrem et filium cum sancto

gaste   uton herian 7 ofer uton ahebban hine on woru[ ]
spiritu laudemus   et superexaltemus   eum in secula.

þu gebletsod eart driħt   on   trumnesse   heofenes
Benedictus   es   domine in firmamento cęli   et

[ ]gendlic 7 wuldorful 7 ofer upahafennesse on wo[ ]
laudabilis et gloriosus et superexaltatus   in secula.

---

88 Two of the alternate names in Hebrew are placed over the wrong lemmata. These personal names are from Daniel 1.7: " . . . Ananiae, Sidrach: Misaeli, Misach: et Azariae, Abdenago."

CANTICLE VIII

Canticum Zacharię prophetę ad matutinas

gebletsod   drihten   god   forþon   on heanesse
68 Benedictus   dominus   deus   israhel   quia   uisitauit

7 dyde   alysednesse   folce   [ ]   7   arærde   horn
et fecit   redemptionem plebis   sue.   69   Et   erexit   cornu

hæle   us   on   huse   cnihtes   his   swaswa
salutis nobis   in   domo dauid   pueri   sui.   70   Sicut

he spræc   is   þurh   muð   haligra   forþon   o[ ]   [ ]
locutus   est per   os   sanctorum   qui   a seculo sunt

witegena   his   hæl   of feondum urum   7   of
prophetarum eius.   71 Salutem   ex inimicis   nostris et de

handa   e[ ]   þa   þe   hatedon   us   to   donne
manu   omnium qui   oderunt   nos.   72 Ad   faciendam

mildheortnesse mid   fæderum :[ ]   7   gemunan cyðnesse
misericordiam   cum patribus   nostris et memorari testimenti

his haligra   [ ]ihtne aðsweringe þonne he swor to
sui sancti.   73 Iusiurandum   quod   iurauit   ad abraham

fæder   urum   to syllanne hine us   þæt butan ege
patrem nostrum   daturum   se   nobis.   74 Vt   sine   timore

of   handa feonda   ura   alysede   we þeowian him
de manu   inimicorum nostrorum liberati   seruiamus   illi.

on halignessum   7   rihtwisnesse beforan   him   eallum
75 In sanctitate   et iustitia   coram   ipso   omnibus

VIII. 68 on heanesse: has the glossator rendered freely and elliptically,
'(he visits) his people on high'?   70 forþon: qui a appears as quia in MS;
cf. J (IX.70) ðe fram cor. from forðon.   o[ ]: tear in margin; w may originally
have stood before o.

385

[ ]   ur[ ]   [ ] þu cnapa witega   þæs h[ ]
diebus n*ostris.* [f.138ʳ] 76 *E*t tu   puer   propheta altissimi

[ ]   [ ]   soðlice beforan ansyne driħt   ge[ ]wa
*u*ocaberis preibi*s* enim   ante   faciem domini parare

wegas his   to syllanne ingehyd hælo folces his
uias   eius. 77 *A*d dandam scientiam salutis plebi eius

on alysednesse synna   heora   þurh innoðas
in remissionem peccatorum eorum. 78 Per   uiscera

mildheortnesse godes ures on ðam   he neosode us
misericordię   dei   nostri in quibus uisitauit   nos

upspringende   :fene   onlyhton   þæm   þe on
oriens   ex alto.   79 *I*nluminare his   qui in

þystrum 7 on scadu deaðes sittað to gereccan fet
tenebris et in umbra mortis sedent ad dirigendos pedes

ure   on wegge sybbe
nostras in uiam pacis.

CANTICLE IX

Canticum sancte Mariae ad uesperum

    gemiclað   saule minre to drihtene   7 gefægnode
46 Magnificat anima mea   ad dominum. 47 *E*t exultauit

gast   min on gode hælo   mine   forþon he geseah
spiritus meus in deo salutari meo. 48 *Q*uia respexit

---

79 *nostras:* read *nostros.*
   IX. The new glossing hand begins here and continues to the end.
The only glosses in the main hand after this point are: *on cneorisse* (50),
heortan his (51), *mihtige* (52), *welige he for*[ ] *on idel* (53), and *gemyndig* (54).
46 *ad:* added by different (?) hand.

eadmodnesse þinene his ef[ ] soðlice heononforð eadige
humilitatem ancille suę ecce enim   ex hoc   beatam

me secgað ealle   cneoressa   [ ]   he dide me
me dicent omnes generationes.   49 *Quia* fecit   mihi

micla þincg se rice   is 7 halig   naman his   [ ]
magna   qui potens est et sanctum nomen eius.   50 *Et*

[ ]dheortnes his   fram cneoresse on cneorisse þraciende
*m*isericordia eius a   progenie in progenies *ti*mentibus

        he dyde mihte   on earme his he tostæncte
eum. 51 *F*ecit   potentiam in brachio suo dispersit

ofermode [ ]de heortan his   sette   rice ł mihtige
superbos *m*ente cordis   sui. 52 *Dep*osuit potentes

of setle 7 he upahof eaðmode   hingriende he gefilde
de sede et exaltauit   humiles. 53 Esurientes impleuit

of gode 7 welige he for[ ] on idel   þu afenge
bonis   et diuites dim*i*s*it*   inanes. 54 Suscepit israhel

cnawan   his   geþancol ł gemyndig mildh[ ]   his
puerum suum recordatus   misericord*ie* suę.

    swaswa he sprecende wæs to   fæderum urum
55 *S*icut   locutus   est ad patres   nostros abraham

7 to sæde his on worulde
et semeni eius in secula.

50 *praciende:* see Roeder's note in D.   54 *cnawan:* read *cnapan.*
55 Preceding *ad* is p = *per,* but it appears to be crossed out.

387

CANTICLE X

Canticum Simeonis ad [ ]

[ ]   [ ]:læt þeow   þine driħt   æfter   wo[ ]
29 *Nun*c dimittę seruum tu*um* domine secundum *uerbum*

[ ]   [ ]   [ ]   [ ]on gesawon [ ]gon mine
tuum in   pace. [f.138ᵛ] 30 *Quia* uiderunt oculi   mei

hælo   þine   þæt he gerwode beforan ansyne ealra
salutare tuum. 31 *Q*uod parasti   ante   faciem omnium

folca   [ ]oht to onwrigenesse þeoda   7 wuldor
populorum. 32 Lumen ad reuelationem gentium et gloria

folces þines israhel
plebis sue   israhel.

CANTICLE XIII

Oratio dominica secundum Mathaeum

fæder ure   þu eart on heofonum si gehalgod
1 Pater noster qui es   in   celis   sanctificetur

nama þi[ ]   to becume rice   þin   gesæle willa
nomen tu*um*.   2 *A*dueniat regnum tuum 3 *f*iat   uoluntas

þin swaswa on hefonum 7 on eor[ ]   hlaf   ure
tua sicut   in cęlo   et in terr*a*. 4 Panem nostrum

dæghwamlice sile us   todæ[ ]   7 forgyf us   giltas
cotidianum   da nobis hodie. 5 Et dimitte nobis debita

ure   swaswa   we forgifað nydgyltum urum
nostra sicut   et nos dimittimus debitoribus nostris.

X. 29 *dimittę:* as D; -*is* CIJK.   31 *parasti:* changed from *preparasti.*
gerwode: read *gearwode.*   32 *sue:* read *tue.*

7 na us forlæt on costnungum   ac alys   us
6 *Et* ne nos inducas in temptationem. 7 Sed libera nos

fram ifele si hit swa
a   malo. amen.

CANTICLE XIV

Incipit symb*olum* ap*ostolorum*

ic gelyfe in god   fæder ælmihtigne   scippend
1 Credo   on deum patrem omnipotentem creatorem

hefone 7 eorðan [ ] [ ]n hælend crist   sunu his
cęli et terrę. *Et* in ihesum christum filium eius

ancynne driħt [ ]   þe anfangen his of gaste
unicum dominum *nostrum*. 2 Qui conceptus est de spiritu

haligum akænned o[ ]   fæmnan   ge:r:wod under
sancto   natus   ex ma*ria* uirgine. 3 Passus   sub

pontiscan pilato ahengen d[ ]ad 7 bebir[ ]   he
pontio   pilato crucifixus m*ortuus* et sepu*ltus*. 4 *Des*-

niðerastah to helle þi ðriddan dæge he a[ ]   of deaðe
cendit   ad inferna tertia   die   resu*rrexit* a mortuis.

he astah to hefnum he sit æt swiðran   godes fæder
5 Ascendit ad cęlos   sedit ad dexteram dei   pat*ris*

ælmihtig   þanone tocume to demen[ ] [ ]endum 7
omnipotentis inde uenturus iudica*re*   uiuos   et

deadum   ic geliue on gast   hal[ ] halige gelaðunge
mortuos. 6 Credo in spiritum sanctum sanctam ecclesiam

XIV. 2 *est.his:* the abbrev. *·ē·* taken as *eius* by glossator.   3 *mortuus:*
-rtuu- and *-ad* of the gloss are on a fragment mismounted on f.138ʳ.
5 Following *uenturus, est* erased.

389

fulfræmede ha[ ]:ra   on gemæn[ ]   forgifnesse   synna
catholicam sanctorum commu*nionem*.   *R*emissionem pecca-

     flæsc   [ ]   [ ] [ ]   ece
torum   carnis   *resurrectionem*   [f.139ʳ]   *et   uitam*   ęternam.

si swa
amen.

CANTICLE XII

Hymnus ad missam

  wuldor on heannessum gode   7 on eorðan sib man-
1 *G*loria in excelsis   deo   2 et in terra   pax homi-

num   godes willan   we heriaþ ðe   we bletsiað þe
nibus bone uoluntatis. 3 Lauda*mus* te. 4 Benedicimus te.

  we biddað þe   wuldorfulliað þe   þancas we doð þe
5 Adoramus te. 6 *G*lorificamus te. 7 Gratias agimus tibi

fore   miclum   wuldre   þinum   driht   god   kyning
propter magnam gloriam tuam.   8 Domine deus rex

hefonlic   god   fæde[ ]   ælmihtig   driht   bearn
cęlestis 9 deus pater   omnipotens. 10 *D*omine filii

ancænnede hælend crist   driht   god   lamb   godes
unigenite. Ihesu   christe. 11 Domine deus agnus dei

bearn 1 sunu fæder   :[ ] ðe genimst synna   middaneardes
filius   patris. 12 *Q*ui   tollis   peccata mundi

gemildsige us   þu þe genimst synna   middaneardes
miserere   nobis. 13 Qui   tollis   peccata mundi

onfoh   bene   ure   þu ðe sitst   æt swiðran
suscipe deprecationem nostram. 14 Qui   sedes ad dexteram

    XII. 10 *filii:* read *fili,* as CDIJK.

fæder gemiltsige us   forðon   þu   ana   halig
patris miserere   nobis.   15 *Q*uoniam   tu   solus   sanctus

þu ana   driħt   þu ana   se hihsta   hælend crist
16 tu solus dominus 17 tu solus altissimus ihesu   christe

mid halgum gaste   on wuldre god feder   fiað
18 cum sancto spiritu in gloria   dei patris. amen.

CANTICLE XV

Incipit fides catholica Athanasii episcopi Alexandrini

swa hwa   wile hal   wæran toforan eal[ ]   þearf is
1 Quicumque uult saluus esse   ante   omnia opus est

þæt he healde þone fulfremede geleaf[ ]   þonne butan
ut teneat   catholicam   fidem.   2 Quam nisi

anra gehwilc onwealhne on unwæmme healde   butan
     quisque integram   inuiolatamque seruauerit absque

tweon on ecnesse   he forwirð   geleafa soðlice se fulfremede
dubio in ęternum peribit.   3 *F*ides   autem catholica

þes is þæt we   anne god   on þrinnesse 7 þrynnesse
hęc est ut   unum deum in trinitate   et trinitatem

on annesse we arwyrþian   7 na   gemængede   þa hadas
in unitate ueneremur.   4 *N*eque confundentes personas

7 na   spede   sindriende   [ ]er is   soðlice had
neque substanti*am* *se*parantes. 5 *Alia* est enim   persona

þæs fæderas oðer þæs sunu oþer ha[ ]   gas[ ]   [ ]
patris   alia filii   alia s*piritus* sancti. 6 *Sed*

18 *fiað*: as J *fiaþ*; read *fiat*, and note CGL IV.206.24: *amen. fiat uel*
[*uere?*] *siue fideliter.*
   XV. 3 *þæt we*: as K; *we* is probably in anticipation of *ueneremur.*
4 *personas*: *a* over erasure; cf. J *persones.*

391

[ ]der 7 sunu 7 ðes sunu   an   is   god[ ]
patris et filii   et spiritus   sancti una est diuinitas [f.139ᵛ]

g[ ]   wuldor efenece   mægenþrim   hwilc   fædter hwilc
equalis gloria   coęterna maiestas.   7 Qualis pater   talis

sunu hwilc 7 gast   hali[ ]   ungescapen fæder un-
filius talis   et spiritus sancti.   8 Increatus   pater in-

gescapen sunu ungesc[ ] [ ] gast   hal[ ]   unametenlice
creatus   filius increatus et spiritus sanctus. 9 Inmensus

fæder unametenlice sunu unametenlic 7 gast   [ ]
pater inmensus   filius inmensus   et spiritus sanctus.

ece   fæder ece   sunu ece   7 gast   halig
10 Eternus pater ęternus filius ęternus et spiritus sanctus.

[ ] þeah   na   þri ece   ac   an   ece   swaswa
11 Et tamen non tres ęterni sed unus ęternus.   12 Sicut

na   þry   ungescapene na   þry   unametegod ac   an
non tres   increati   nec tres   inmensi   sed unus

ungescapen 7 an   unametegod   gelice   ælmihtig
increatus   et unus inmensus.   13 Similiter omnipotens

fæder ælmihtig   sunu ælmihtig   7 gast   halig
pater omnipotens filius omnipotens et spiritus sanctus.

7 þeah   na   þry ælmihtig   ac   an   ælmihtig
14 Et tamen non tres omnipotentes sed unus omnipotens.

swa god   fæder god   sunu god   7 gas   halig
15 Ita deus pater deus filius deus et spiritus sanctus.

7 þeah hwæþere þry dagas an   an   is [ ]   swa
16 Et tamen non   tres dii   sed unus est deus. 17 Ita

6 ðes sunu: cf. CK.   7 fædter: t induced by lemma. 15 gas: for gast.
16 dagas an: underlined with dots (= delete), and godas ac written above
in different, perhaps slightly later, hand.

driħt   fæder driħt   sunu driħt   7 gast   halig
dominus pater dominus filius dominus et spiritus sanctus.

7 þeah hwæþere na þry driħ   ac an   is [ ]
18 Et tamen   non tres domini sed unus est dominus.

forðon þe swaswa syndorlice ana   gehwilcne [ ]
19 Quia   sicut   singillatim unam quamque personam

god 7 godd   andettan on cristenre soðfæstne[ ] we
deum et dominum confiteri christiana   ueritate   com-

beoð genyd   swa þry godas oððe driħt   cweðan
pellimur.   20 Ita tres deos aut dominus dicere

of ciriclicre ætfæstnesse we beoð forobodene   fæder
catholica   religione   prohibemur.   21 Pater

of nanum is geworden ne gescepen ne a[ ]ned   se sunu
a nullo est factus   nec creatus nec genitus. 22 Filius

fram fæder anum is na geworden ne ge[ ] [ ] akænned
a   patre solo est non factus   nec creatus sed genitus.

se halga gas   fram fæder 7 sunu na geword[ ]
23 Spiritus sanctus a   patre et filio non factus

[ ]e gesceapen ne acænned 7c forðstæp[ ]   an
nec creatus   nec genitus sed procedens. [f.140ʳ] 24 Vnus

eorneslice fæder na þry f[ ]eras an is sunu na þry sunu
ergo   pater non trés patres unus filius non tres filii

an is halig gast   na þry halig gastes   7 on þry
unus spiritus sancti non trés spiritus sancti. 25 Et in hac

20 *dominus:* as C (Wildhagen collates *-us* at J also, but Oess's text reads
-os); DEIKL *dominos. ætfæstnesse:* read *æ-* or *æw-;* the *t* in *æt-* was perhaps induced by the second *t. forobodene:* read: *forbodene.*   21 *est:*
added in lighter ink.   23 *gas:* for *gast.* Erasure between *patre* and *et filio.*
acænned: letter or stroke erased after *a,* probably by same hand. *7c:* read *ac.*
24 *an is:* cf. I *is an,* with *est* in margin; C *an is sunu. unus filius.* 25 *þry:*
induced by the following lemma.

393

þrynnesse nan þing ofer   oððe æfter   nan þing mære
trinitate   nichil   prius aut   posterius nichil   maius

oððe læsse   ac ealle   þry hadas   efenece   him   sind
aut minus 26 sed tote   tres personę coęterne sibi sunt

7 efe:gelic[ ]   swaswa þæt þuruh ealla þing swa nu ic
et coequales.   27 Ita   ut   per   omnia   sicut iam

bufan gecweden is 7 anes[ ] on þrynnesse 7 þrynnes on
supra dictum   est et unitas in trinitate   et trinitas in

:nnesse to arweorþinne si   se þe wile eornostlice hal
unitate ueneranda   sit. 28 Qui uult ergo   saluus

wæsan swa beo ðære þrinnesse he angite   ac niedbehefe
esse   ita de trinitate   sentiat.   29 Sed necessarium

is to ðære ecan hælo   þætte flæscnesse   witodlice
est ad eternam   salutem ut   incarnationem quoque

driħ   ure   hælendes criste[ ] getreowlic geliue   [ ]
domini nostri ihesu   christi fideliter credat. 30 Est

eornostlice leafa riht þæt we geliua 7 we anddettan
ergo   fides recta ut credamus et confiteamur

þæt ðe driħ   ure   hælend crist   godes sunu 7 god
quia   dominus noster ihesus christus dei filius et deus

fæder 7 man is   god he is of spede   þæs fæder
pariter et homo est. 31 Deus est   ex substantia patris

ær worulda acænned 7 man is of spede   modor
ante secula   genitus et homo est ex substantia matris

---

ofer: inexact to prius, but note the many idiomatic uses of ofer in BTD & S.
27 swa nu ic: read io, as DJ swaswa nu io.   28 beo: read be.   30 leafa:
for geleafa. fæder: pariter taken as if pater.

on [ ] acænned fulfremed god fulfremed man of
in *seculo* natus. 32 Perfectus deus perfectus homo ex

saule wislice 7 menniscum flæsce wuniende efengelic
anima *ratio*nali et humana carne subsistens. 33 *E*qualis

fæder æfter godcundnesse læssa þam fæder æfter
patri secundum diuinitatem minor patris secundum

menniscnesse se þeah god h si 7 man na twegen
humanitatem. 34 *Q*ui licet deus sit et homo non duo

þeah ac a[ ] is crist is soðlice na of gecyr-
tamen sed *unus* est christus. 35 *Vn*us autem non conuer-

rednesse soð godcundne[ ] [ ] [ ]æsce ac anfagannesse
sione diuinitatis *in* *c*arne sed assumptione

gemennisclicn[ ] [ ] [ ]ode [ ] [ ]nga 7 na on
humanit*atis* *in* *deo*. 36 *V*nus omni*n*o non con-

gedrefednesse spede ac of annesse hades
fusione subst*antie* [f.140ᵛ] sed unitate personę.

witodlice swaswa saul gesceadwislic 7 flæsc an
37 Nam sicut anima rationalis et caro unus

[ ] man swa god 7 man an is crist se
est homo ita deus et homo unus est christus. 38 *Q*ui

þrowode for hælo ure he adune astah to helwarum
passus est pro salute nostra descendit ad inferos

þi ðryddan dæge he aras fram deadum he astah
tertia die resurrexit a mortuis. 39 Ascendit

---

34 *h:* for *he.* 35 *is:* stands on extreme left margin, which is very dark.
Perhaps originally *an is,* induced by *unus est* in the line above (vs. 34).
Cf. C *an he is,* K *an is.* It is unclear whether *soð* is a separate gloss or forms
a cmpd. with *godcundne*[ ]. *anfagannesse:* read *afangennesse* or *anfangennesse.*

to hefnum he gesæt to þære swiðran god fæd[ ] æl-
ad cęlos　sedet　ad dexteram　dei patris omni-

mihtiges þanne toweard is deman liuiende 7 deade
potentis inde uenturus est iudicare uiuos　et mortuos.

　[ ]　[ ]　t[ ]cyme ealle　men　to arisann[ ]
40 Ad　cuius aduentum omnes homines resurgere

habbað mid hira lichama　7 to agildann[ ]　　of
habent cum corporibus suis et reddituri　sunt de

geweorcum agenum gescad　　7 þa þe god dydon
factis　propriis rationem. 41 Et qui　bona egerunt

hy gað on þæt lif ece　þa þe soðlice yfelu on fir
ibunt in uitam ęternam qui　uero mala in ignem

ece　þis　is geleafa cyriclicra þone nimðe
ęternum. 42 Haec est fides catholica quam nisi

hwilc getreorlice 7 trumlice gely[ ]　[ ]　[ ] he
quisque fideliter firmiterque crediderit saluus esse non

n[ ] mæg
poterit.

END PRAYER

Omnipotens deus pater ęternę tu es deus indulgentiarum
misericordię secundum multitudine miserationis et pietatis
tuę et tua clementia...[f.141ʳ]...in futuro per dominum.

42 getreorlice: Read getreowlice.
　　End Prayer. This prayer immediately follows Canticle XV and
continues onto f.141ʳ; it is in the main scribal hand. Much of the text has
been lost at the margins, and I print here only a few words from the
beginning and end. No source for the prayer has been found.

INDEX OF WORDS

Listed here are glosses which in some way are unusual,
and for which there is discussion in the textual notes.

397

INDEX OF WORDS

Printed in Bruges, Belgium, by the St Catherine Press, Ltd.